작문과 스피킹에 바로 적용할 수 있는

영어 조동사 사용설명서

초판 [2023 · 11]

책임연구원 박 수 규 편저

An Instruction Manual on the English Auxiliary Proverbs

SGA 글로벌연구센터
|사| 한국자치행정연구원 부설

머리말

　영어 문장은 주(主) 요소와 수식 요소로 나눠볼 수 있는데, 주요소란 주부(主部), 동사부(動詞部), 보어, 목적어의 4개 파트로서 해당 문장의 골격을 이루는 주된 요소를 일컫는다. 이 가운데서 주부, 보어, 목적어 파트는 대개 단어 하나만으로도 구성할 수 있는 등 구조가 간단하고, 게다가 시제나 상황에 따른 해당 단어 자체가 변화할 일이 거의 없어서 파트 상호간의 배열 순서를 비롯한 약간의 용법만 익혀도 문장을 작성하는 데 별로 어려움을 느끼지 않는다.

　그러나 주요소들 중 동사파트는 주부를 제외한 전체 서술부 가운데서 가장 핵심적인 부분인 데다가 유달리 구성이나 용법이 복잡·난해하여 각별한 지식과 연습을 쌓지 않은 상태에서는 섣불리 대들어 다루기가 어렵다. 이 점은 마치 수식 요소에서 전치사·접속사·관계사 및 의문사 등의 연결사를 능숙히 다루지 못하면 문장 작성에 엄두를 내기 어려운 것과 흡사하다.

　동사파트가 이렇게 다루기 어려운 근본적 이유는 영어 동사가 지니는 언어학상의 큰 취약점에 기인한다. 즉 영어 동사는 의사전달상의 필요와 상황에 따라 적응할 수 있는 자체적 변화의 범위가 너무나 제한적이기 때문이다. 이 점은 한국어 등 교착언어에서는 동사 자체가 어미변화를 통해 온갖 상황에 대응할 수 있는 것과는 극명하게 대조된다. 영어의 동사는 대개 같은 동사가 어미변화 없이 문맥에 따라 자동사와 타동사로 겸용이 가능하다는 이점(利點)이 있긴 하지만, 이것도 영어를 배우려는 외국인들(특히 한국인 등 교착언어권 사람들)에게는 편리하다기보다는 되레 혼란을 가중시키는 역효과로 작용하게 마련이다.

　예컨대 영어는 시제만 해도 기본적인 것만 쳐도 무려 12가지나 되면서도 이러한 시제변화에 대응해야 할 동사의 변화는 딱 2가지에 불과하다. 즉 현재시제에서 주어의 인칭과 수(數)에 따른 어미변화와, 과거시제임을 나타내기 위한 어미변화(규칙적 변화와 불규칙적 변화)로 대응하는 것 외에는 동사 자력으로 적응할 수 없는 취약점이 있다. 물론 그밖에도 분사(分詞)라는 형태의 어미변화(현재분사와 과거분사)를 통해 진행형 시제와 완료형 시제, 그리고 수동태 문장을 만드는

데 그 나름의 대응을 하고는 있지만, 이마저도 동사 단독으로는 안 되고 조동사(助動詞)의 도움을 받아야 완성될 수가 있다.

영어에서 조동사는 이렇게 동사가 지니는 의사전달상의 각종 상황과 경우에 따른 근본적 적응력 취약점을 보완하기 위해 필요 불가결하게 생겨난 단어군(單語群), 즉 동사를 도와주는 품사(品詞)이다. 의사전달상의 각종 상황이라고 하면 시제뿐만 아니라, 주어와 객체(목적어)간 역할이 서로 바뀜에 따른 문장형태의 변화(즉 수동태 문형)을 만들 때는 물론이고, 더 나아가 동사의 본래 의미에다가 더 구체적이고 다양한 의미들(즉 의지/정중, 가능/필요, 허가/금지, 추측/후회, 의무 등)을 덧붙여 섬세한 뉘앙스를 가미함으로써 완전하고 풍성한 의미를 나타내어 전달할 필요가 너무나 많다.

그런 의미에서 조동사가 포함되는 동사파트는 결국 스피킹이나 문장작성 과정에서 가장 중요하면서도 반드시 거쳐야 할 첫 단계, 즉 「제1관문(First Gate)」인 셈이다. 일단 이 관문만 통과하면 목적어나 보어 등 다른 요소는 대개 그냥 배열순서에 맞춰 해당단어 하나만 골라 넣어도 되는 경우가 허다하니까, 동사파트에 비하면 훨씬 수월하게 해낼 수 있는 과정이다. 물론 장문(長文)에서는 주부나 보어•목적어에도 수식어가 각각 따를 수도 있고, 특히 문장 말미에서(어떤 경우에는 문장 앞머리에서도) 동사부나 보어•목적어 또는 문장전체를 길게 수식하는 수식어구(구/절)를 만드는 과정이 첨가될 경우에는 그에 따른 전치사, 접속사/관계사, 의문사 등 "연결사" 사용이라는 또 다른 과정, 즉 「제2관문」내지는 「부가적 과정」이 기다리고 있기는 하지만. 그런데도 영어 학도들 중에는 의외로 이 동사파트 구성작업의 중요성과 어려움을 간과한 채, " 아, 동사파트야 필요하면 본동사 앞에 조동사라는 것만 그냥 더 갖다 붙이면 되지 않나?"하고 쉽게 생각하려는 경향이 있는데, 이는 큰 오산(誤算)이며 잘못된 영어 학습태도라 하겠다.

따라서 이 책은 영어 조동사가 포함되는 동사파트의 이 같은 중요성과 난해성을 염두에 두고서, 영어를 정확하게 익혀 원활하게 사용하려는 영어학도 여러분들의 고충을 들어드리고자 영어 조동사에 대한 광범하고 심도 있는 이해의 바탕 위에서 그 사용법을 효과적으로 터득하실 수 있게 내용구성과 설명방식을 필요 충분하면서도 알기 쉽게 그리고 체계적으로 전개하는 데 주력했습니다. 그런 의도에서 본서는 조동사와 그 주변관계에서 있을 수 있는 각 경우를 빠짐없이 망라했으며, 경우별 예문을 다각적이고 풍부하게 수록했습니다. 또한 해당 조동사(특히 준/유사 조동사들)뿐만 아니라 그와 관련해 본동사 자체만으로 사용될 때의 주요 예문도 덧붙임으로써 양자 간의 쓰임새 차이가 선명하게 부각되도록 하는 데도 유의했습니다. 그러므로 본서를 접하는 독자 여러분들께서는 각 항목의 앞쪽에 서술된 설명문으로 대강의 요령을 익히신 다음에는, 반드시 후속되는 관련 예문들을 빠짐없이 유의해서 읽으신다면 한결 이해하기가 쉽고 부지불식간에 응용력이 부쩍 향상되고 있음을 자각하시게 될 것입니다.

그리고 각 장(章)의 말미에 제시된 연습문제는 해당항목 조동사들의 사용법 핵심을 환기시켜드리려는 목적 외에도, 영어 표현력 전반에 대한 역량을 향상시켜드리려는 저자 나름의 고심과 의지와 열정이 담겨져 있으며, 본문에서 미처 커버하지 못한 내용도 응용폭을 넓혀드리려는 의도로 본문의 연장선 측면에서 수록하고 설명(힌트)을 가하기도 했으니, 해도 되고 안 해도 되는 귀찮은 부수적 학습과정으로 치부하지 마시고, 꼭 하나 하나 직접 영작해 보시고 해답과 비교해 나가시면 정확한 표준적 문법토대 위에서 말로써든 글로써든 영어로 표현하는 능력이 기필코 크게 향상되실 것으로 확신하는 바입니다.

아무쪼록 독자 여러분들께서는 본서를 통해 공부하심으로써 영어에 대한 새로운 안목과 지평(地平)에 좀 더 용이하고 효과적으로 접근하시어 표현능력 향상에 획기적인 전기(轉機)가 마련되고, 겸하여 각종 영어 능력시험이나 영어면접 등의 기회에 임해서도 괄목할 성과를 거두게 되시기를 기원해 마지 않습니다.

2023년 11월 **저자**

■ 총 목 차 ■

Ⅰ. 조동사의 종류와 특징 ─────────── 1~78
  1. 조동사의 종류와 부정문/의문문 개입방식/3
  2. 조동사의 일반적 특징/26
  3. 대동사와 조동사간 특징 비교/44
  4. 부가적 의문문에서 조동사·주어 사용방식/49
   ◇ Expression Exercises ① /57
   ◇ Answer Sheet ① /74

Ⅱ. 시제구분과 의지표현을 위한 조동사의 활용 ─────── 79~268
  1. 영어 시제(Tense)의 구성체계 /81
  2. 미래 시제에서의 조동사 활용/86
  3. 현재·과거 시제에서의 조동사 활용/112
  4. 완료형 시제에서의 조동사 활용/159
  5. 진행형 시제와 수동태에서의 조동사 활용/179
   ◇ Expression Exercises ② /241
   ◇ Answer Sheet ② /263

Ⅲ. 본동사에 특별한 의미를 부여하는 조동사 ─────── 269~469
  1. Will/Would, Shall/Should의 부가적 특별용법/271
  2. 전문적 의미부여 조동사들의 기본/특병 용법/313
  3. 준(準) 조동사들(Quasi Auxiliary Verbs)의 활용/389
   ◇ Expression Exercises ③ /433
   ◇ Answer Sheet ③ /460

제1장
조동사의 종류와 특징

1. 영어 조동사의 종류와 부정·의문문 개입방식

2. 영어 조동사의 일반적 특징

3. 대동사와 조동사간 특징 비교

4. 부가적 의문문에서 조동사·주어 사용

영어에서 조동사는 무엇이며 왜 필요한가?

" 영어의 동사(원형동사)는 자체의 변화만으로는 현재시제와 과거시제밖에는 나타내지 못한다."

" 영어의 동사는 조동사의 도움을 받아야 여러 시제(時制)와 각종의 부가적 의미를 다양하게 표현할 수 있다."

▶ 영어에서 **동사(원형동사)**는 자체의 변화만으로는 현재시제와 과거시제 외에는 나타내지 못하는 등 **표현능력이 극히 제한적이다.**

원형동사		현재시제	He **takes** the bus to his work/office. (그는 버스를 타고 출근한다)
take (~를 타다)	⇒	과거시제	He **took** the bus to his work/office. (그는 버스를 타고 출근했다)

▶ 「조동사」란 본동사 앞에 덧붙여 써서 그 **본동사에 다양한 의미를 부가시켜 주는 동사**를 말한다.

- It **will** become clear tomorrow. -----<미래 시제를 나타냄>
  (내일은 날씨가 **개일 것이다**)

- He **must** go there at once.   -----<의무적 의미를 부가시킴>
  (그는 즉시 거기에 **가야 한다**)

- I **do not** know him well.   -----<부정적 의미를 나타냄>
  (나는 그를 잘 **알지 못한다**)

- **Do** you like her really?   ------<의문적 의미를 나타냄>
  (너는 그녀를 정말로 **좋아하느냐**)

1 조동사의 종류와 부정/의문문 개입방식

▶ 영어의 조동사(助動詞; Auxiliary Verb)는 본동사에 대하여 수행하는 기본적 역할/기능에 따라 다음과 같이 3개 그룹으로 분류할 수 있다.

〈 영어 조동사의 전형적인 3개 그룹 〉

그룹 1	• **부정(否定)의 뜻과 의문의 뜻을 나타낼 때 사용되는 조동사** - 여기에는 이 그룹에 고유한 조동사 외에도, 그룹2와 그룹3에 속하는 조동사들도 포함됨
그룹 2	• 영어는 시제가 매우 다양한 언어인데, **각 시제와 화법의 태(態)를 서로 구분되게 나타낼 때 쓰이는 조동사** - 미래 시제와 관련해서 주어나 화자(話者) 또는 상대방의 의지를 나타낼 때 사용되는 조동사 - 동작이나 상태의 완료를 나타낼 때 사용되는 조동사 - 진행형과 수동태 문장을 만들 때 사용되는 조동사
그룹 3	• **본동사에 각종 특별한 의미를 부가시킬 때 사용되는 조동사** - 이 그룹에 속하는 조동사들이 가장 많으며 전형적인 것들임

▶ 준(準)조동사 또는 유사 조동사 그룹

• 위와 같은 전형적인 조동사 분류에는 속하지 않지만,
  - 관행적으로 조동사와 유사하게 본동사에 특별한 의미를 부가시킴

(1) 부정·의문의 뜻을 나타내는 데 개입되는 조동사군

1) 현재형과 과거형 시제에서

① 본동사가 일반동사인 문장: 조동사 Do 사용

☐ **본동사가 일반 동사들(Have나 Be 동사가 아닌 동사들)인 경우**

▶ 현재 및 과거 시제에서 부정문 및 의문문을 만들 때에는 반드시 Do 조동사의 도움이 필요하다(본동사가 Do 자체인 경우에도 마찬가지).

– 조동사 Do는 본동사 때와 같이 주어의 인칭과 수(數)에 따라 변화한다.

Does	주어가 3인칭 대명사(He/She/It)이거나, 단수인 명사일 때
Do	주어가 1인칭/2인칭 대명사(I/You), 3인칭 중 They, 복수인 명사일 때

주(註): 조동사 Do가 위와 같이 인칭/수에 따라 어형을 변화하면 본동사는 당연히 어형을 변화시킬 필요가 없이 원형 상태로 둔다.

- I **do no**t[=don't] like it. (나는 그걸 좋아하지 않는다)
- **Does** he like it? (그는 그걸 좋아하느냐)
- when **does** he leave? (그는 언제 떠나느냐)

- Dark colors **don't** do anything for you.
  (어두운 색은 너에게 전혀 어울리지 않는다)
- It **doesn't** do you any harm to do so.
  (그렇게 한다고 해서 당신에게 해(害) 될 건 없다)
- What **did** you do yesterday? (넌 어제 뭘 했느냐)
- She **don't** do what others dislike.
  (그녀는 남이 싫어하는 짓은 하지 않는다)

- I **don't** like wearing anybody else's clothes.
  (누구의 것이든 남의 옷을 입기는 싫다)
- I **don't** think the boss noticed that you weren't here.
  (사장님은 네가 나타나지 않은 걸 눈치 채지는 못하신 것 같아 보여)

▶ 그러나 never/not, seldom, hardly, scarcely, barely 등의 부정부사나, no, few, little 등의 부정 형용사, 또는 nothing/none 등 부정 대명사, neither/nor 따위의 상관적 부정 부사/접속사가 개입된 문장에서는

- Do 조동사의 도움 없이도 이들이 직접 본동사 또는 주어/보어/목적어)를 부정하여 부정문을 만든다(이른 바 "준(準) 부정").

- He **never** does anything **but** heap up money.
  (본동사)
  (그는 돈 모으는 일밖에는 아무것도 하지 않는다)
- I **never** said such a thing. (난 그런 말을 한 적이 없다)
- **Never** break your word[promise].
  (네가 한 약속은 절대 깨뜨리지 마라)
- I had **hardly** any sleep last night.
  (어제 밤은 거의 한잠도 자지 못했다)
- She **seldom** or **never** scolds her children.
  (그녀는 여간해서는 아이들을 꾸짖지 않는다)
- **Not** all the bees go out for honey. ……〈 부분 부정문 〉
  (꿀벌이라고 모두 꿀을 따러 나가는 것은 아니다)
- I have **no** money on[with] me. (나는 수중에 돈이 전혀 없다)
- **Few** tourists stop here. (이곳에 들르는 관광객은 거의 없다)
- Office jobs require **little** physical effort.
  (사무실 근무는 육체적 노력을 거의 필요로 하지 않는다)
- **Nothing** is more precious than time. (시간보다 귀중한 것은 없다)
- **None** of them went out yesterday. ……〈 None는 복수로 취급 〉
  (어제는 아무도 외출하지 않았다)
- There were **none** present. (출석한 사람은 아무도 없었다)
- **Nobody** knows the trouble I have[=I've] seen.
  (내가 겪은 이 고통 아무도 모르리라) ………〈 흑인 영가 중에서 〉
- It is **neither** hot **nor** cold. (날씨는 덥지도 춥지도 않다)
- **Neither** she **nor** I am wrong. (그녀도 나도 잘못은 없다)
- They could **neither** advance **nor** retreat.
  (그들은 전진도 후퇴도 할 수 없었다)

▶ 참고: 부정어(부정 부사/형용사 등) 없이 부정의 뜻을 지닌 문형도 있다.

- There is **no** rule **but** has exceptions. ········〈 이중 부정문 〉
  [=There is **no** rule **without** some exceptions]
  [=Every rule **has** some exceptions] (예외 없는 규정은 없다)
- The two boys **never** meet **but they quarrel**[=**without** quarreling]. (그 두 소년은 만날 때마다[만나면] 반드시 싸운다)
- He is **anything but** a poet.(그는 결코 시인이 아니다)··〈 관행적 〉
  [=He is never a poet: He is not a poet at all]
- She is **far from** (being) happy. (그녀는 조금도 행복하지 않다)
- He is **the last** man **to do** such a thing.
  (그는 결코 그런 짓을 할 사람이 아니다)
- I was **too young and foolish to** understand her saying.
  [= I being too young and foolish, I could not her saying]
  (나는 너무 어리고 어리석어서 그녀의 말을 이해할 수 없었다)

▶ 참고: ever/never 등과 함께 어울린 과거형은 현재완료형 기능을 수행해 경험 등을 나타내기도 한다.

- **Did** you ever see a fox? (당신은 여우를 본 적이 있나요?)
  [=**Have** you ever seen a fox?]
- I **never dreamed** of such a thing.
  [= I **have never** dreamed of such a thing]
  (그런 것은 꿈에도 생각하지 못했다)

▶ 부정부사나 한정적 부사구/절, 또는 기타의 부사(구)이 문두에 선치된 "도치구문"에서는 Do 조동사가 부정 또는 강조를 위해 개입한다.

- **Never did** I dream that he had told a lie.
  (그가 거짓말을 했으리라고는 꿈에도 생각지 않았다)
- **Not only did** he understand it, but he remembered it.
  (그는 그것을 이해했을 뿐만 아니라 기억까지도 했다)
- **Not until yesterday did** I know the fact.
  (어제 비로소 나는 그 사실을 알았다)

- Only after weeks of vain effort did the right idea occur to me.
  (헛된 노력을 몇 주일간 한 뒤에야 비로소 적절한 생각이 떠올랐다)

▶한편, 의문사가 문두에 선치되는 의문문 중에서 <u>의문사 자체가 주어일 때</u>:
Do 등 다른 조동사의 도움 없이 본동사가 직접 의문문과 부정문을 만든다.

- What made you think of coming here?
  [X = What did make you think of coming here?]
  (너 무슨 영문으로 이곳에 올 생각을 했느냐)
- What made you so cheerful? (무슨 일로 네가 그렇게 명랑해졌느냐)
- Who else ordered steak? (그밖에 어느 분이 스테이크를 주문하셨죠?)
- Who takes[plays/assumes] a leading role in this project?
  [X = Who does take[play/assume] a leading role ~]
  (누가 이 프로젝트에서 주도적인 역할을 맡고 있습니까)
- What seems to be the trouble? (어디가 아프신 것 같습니까)

② 명령형문인 경우: 긍정형·부정형별로 상이

▶ 긍정형 명령문에서는 : <u>Do 조동사 도움 없이 본동사만 사용한다.</u>
　　　　　　　　　　　- 단, 특별히 강조하려면 Do 조동사를 사용

- Come to my office any time. (언제든지 내 사무실[회사]에 오시오)
  ⇒(강조 시) Please do come. (제발 꼭 오시오)
- Be kind to old people. (노인들에게 친절히 하시오)
- Be quiet! (조용히 해라) ⇒ (강조) Do be Quiet! (제발 좀 조용히 해라)
- God said, "Let there be light," and there was light.
  (하느님이 이르시되, "빛이 있으라 하시니 빛이 있었다)
- Have some consideration for others. (남에 대해 배려를 좀 해라)
- Have him come early in the morning. (그를 아침 일찍 오게 해주게)

▶ 부정형 명령문에서는 : 모든 본동사(일반 동사는 물론이고, Be 동사와 Have 동사까지도)에 <u>Do 조동사의 도움이 필요</u>

　※단, 고어에서는 "Be not"로, never가 개입 시는 Do 없이 [never+본동사 원형]으로

- **Don't** <u>let</u> that dog <u>loose</u>. (그 개를 풀어주지 마라)
- **Don't** <u>go</u> there again. (다시는 거기에 가지 마라)
- **Don't** <u>be</u> <u>blind</u> with avarice. (탐욕에 눈멀지 마라)
- **Don't** <u>have</u> a grudge against him. (그에게 원한을 품지 마라)
- **Don't** <u>be</u> factitious.(농담은 그만해라) ❖고어 ⇒ **Be no**t factitious.
- **Never** <u>break</u> your words[promise]. (약속은 절대 깨뜨리지 말라)

③ 본동사가 Have 동사인 경우: 영·미식 혼용

☐ 본동사가 Have 동사인 경우, 현재형과 과거형 시제에서 의문문/부정문 만들 때는 아래와 같이 <u>미국식과 영국식의 2가지 방식이 혼용되고 있으나, 점차 미국식화 되어가는 추세에 있다.</u>

▶ <u>미국식</u> 관행: 본동사 Have도 일반동사와 마찬가지로 간주해 부정문과 의문문 만들 때 Do 조동사 하나로 통일해 사용하는 방식

- **Do** you <u>have</u> a pen? ― No, I **don't**[==**do not**] (have).

▶ <u>영국식</u> 전통: Have 동사도 엄연한 조동사이니 조동사와 본동사를 겸하고 있다고 보아, 부정문이나 의문문을 만들 때 Be 동사가 그러한 것처럼 굳이 Do 조동사의 도움을 받지 않고 Have를 그대로 본동사와 조동사로 겸해 사용하는 방식

- **Have** you a pen? ― No, I **haven't**[=have not].

▶ 그러나 영국에서도 현재는 개별적·구체적 사실행위가 아닌 습관적·일반적 내용을 말할 때나, Have가 take·get, experience, receive 같은 특별한 의미의 단어 대신 쓰이거나, 문법적으로 have to 및 사역동사 같이 특별한 용법으로 쓰이는 경우 등에서는 미국식의 예를 따르는 경향이 있다.

- **Do** you <u>have</u> any money? ― No, I **do not**[=don't]
  [=**Have** you (got) any money? ― No, I **have not**[=haven't]
  (너 돈 좀 갖고 있느냐 ― 아니, 전혀 없어)

- We **had no**t=hadn't] any money on=[with, about] us.
  (우리는 수중에 가진 돈이 전혀 없었다)

- I **didn't**[=did not] have my passport with me.
  (나는 여권을 휴대하고 있지 않았다)
- **Do** you have sugar in your (black) tea? ········ 〈습관적 내용〉
  (당신은 홍차에 (보통) 설탕을 타십니까)
- **Have** you sugar in your tea? ········ 〈구체적 사실행위〉
  (당신은 (이미) 홍차에 설탕을 넣었습니까)
- The shop **hasn't** ice cream, because it **doesn't** have it.
  (그 가게에는 아이스크림이 없다. 왜냐 하면 그 가게에서는 (으레) 그걸 취급하지 않으니까) ······〈전자는 사실, 후자는 습관을 나타냄〉
- **Did** you have any difficulty in doing it?
  (그 일을 하는 데 얼마라도 어려움이 있었습니까)
- **Did** you have him wait? (당신은 그를 기다리게 했습니까)
- You **don't** have to answer all the questions.
  (당신은 모든 질문에 답할 필요는 없습니다)
- They **did not** have a good time. (그들은 즐겁게 놀지 않았다)

2) 현재완료형•과거완료형 시제에서

☐ 완료형 시제에서는 조동사 Have가 완료형 구조 자체를 구성하면서, 의문문과 부정문을 만드는 데도 직접 개입한다.

▶ 완료형 기본구조

현재 완료형	Have/Has + 본동사의 과거분사	-Have: 1,2인칭+3인칭 대명사중 they, 복수명사가 주어일 때 -Has: 3인칭 대명사중 he/she, it + 단수명사가 주어일 때
과거 완료형	Had + 본동사의 과거분사	-Had: 주어의 인칭/수에 무관(동일)

주(註): 완료형 시제를 구성하는 조동사로서는 Have/Has와 Had가 거의 모든 본동사에 대해 통일되게 사용되지만, 본동사가 운동이나 변화를 나타내는 일부 자동사인 경우(특히 go)들 중 동작의 결과로서의 상태를 표현 시에는 [Be + 본동사]의 구조를 띠기도 한다.

- I have not[=haven't] <u>seen</u> much of her these days.
  (나는 근래에 그녀를 자주 보지[만나지] 못했다)
- I had not[=hadn't] <u>waited</u> long before he came.
  (얼마 기다리지 않아 그가 왔다)
- I had not (ever) <u>heard</u> of her before I met her.
  (그녀를 만나기 전에는 한 번도 그녀에 대해 소식을 들은 적이 없었다)
- **Have** you <u>got[=caught]</u> a cold now? (너 지금 감기 걸렸느냐)
- **Have** you <u>got to go</u> yet? (벌써 가셔야만 합니까)❖<u>have got to=have to</u>
- **Have** you ever <u>been</u> to London? (런던에 가보신 적이 있습니까)
- Before I got up, **had** you <u>finished</u> your breakfast already?
  (내가 일어나기도 전에 너는 벌써 아침식사를 마쳤단 말이냐)
- **Haven't** we <u>met</u> before somewhere?
  (전에 우리 어디에서 만난 적이 없나요?)
- **Haven't** you <u>learnt</u> yet that he (had) already left for America?
  (당신은 그가 이미 미국으로 떠났다는 사실을 아직 듣지 못했습니까)
- **Hadn't** you <u>seen</u> her the day before (she left for New York)?
  ((그녀가 뉴욕으로 떠나기) 그 전날 자네는 그녀를 만나지 않았었느냐)
- He **had never** <u>been</u> to school. (그는 결코 학교에 다닌 적이 없었다)
- Winter **is** <u>gone</u>, and spring **has** <u>come</u>. (겨울이 지나고, 봄이 왔다)

(2) 미래시제 조동사 및 조동사/본동사 겸용의 Be 동사

1) 미래시제와 의지를 나타내는 조동사 그룹

① 고유의 기능: 미래시제와 의지를 표현

▶ 조동사 will/would, shall/should가 이 부류에 속한다.
▶ 용법 : 단순미래냐 의지미래냐의 구분은 인칭(1,2,3인칭)별로, 문형별(평서문과 의문문), 그리고 때로는 필자의 의도와 상황(문맥)에 따라서 달라질 수 있다(이에 대해서는 제2장에서 다시 자세하게 설명될 것임).
　- 따라서 각 사용특성을 정확하게 파악하여 원활하게 사용하려면 기본원칙을 우선 이해한 후에 해당되는 대표적 예문을 익혀야 한다.

⟨ Will/Would ⟩

· He **will** come soon. (그는 곧 올 것이다)　·········⟨ 단순 미래형 ⟩
· I **will** do my best. (나는 최선을 다하겠다)　·········⟨ 주어의 의지 ⟩
· She believed that her husband **would** soon get well.
　(그녀는 남편의 병이 곧 나을 것이라고 믿었다) ···⟨ 과거 속의 단순미래 ⟩

⟨ Shall/Should ⟩

· I **shall** be twenty years old next month.　········⟨ 단순 미래형 ⟩
　(나는 다음 달이면 20세가 된다)
· He **shall** come soon. (그를 곧 오게 하겠다) ······⟨ 화자(話者)의 의지 ⟩
· **Shall** we go out for a walk?　··················⟨ 상대방의 의지 ⟩
· He said that he **should** get there before dark.
　(그는 어두워지기 전에 거기에 도착할 것이라고 말했다)
　　　　　　　　　　　　　　　·········⟨ 과거 속의 단순미래 ⟩

② 부정·의문의 뜻을 나타내는 데 직접 개입

Will/Shall, Would/Should는 위와 같은 미래시제(단순/의지) 관련 모든 유형의 문장에서와, 뒤에 설명할 이들이 지니는 특별 부가적 의미의 문장에서는 물론이고, 각종 혼합시제에서도 다른 조동사들을 제쳐두고 최우선적으로 부정·의문의 뜻을 나타내는 데 직접 개입한다. 즉 조동사가 2개 이상인 경우 다른 조동사들보다 앞에 배치되고 부정사도 바로 뒤에 둔다.

☐ **조동사 Will/Shall**

- I **won't[=will not]** go to such places again. ······⟨ 화자(話者)의 의지 ⟩
 (나는 두 번 다시 그런 곳에는 가지 않겠다)
- I **will** give her a call today. (오늘 그녀에게 전화 한번 해보겠어요)
- When **shall** we see you again?　　　········⟨ 상대방의 의지 ⟩
 (언제쯤 또 우리가 당신을 만날 수 있을까요?)
- You **won't[=will not]** say that, **will** you? (그건 말하지 않으시겠죠?)
- **Will** we see you again next term?　　········⟨ 단순미래 ⟩
 (다음 학기에 다시 여러분과 만날 수 있을까)
- Male employees **will** also **be** entitled to 10 days of paid childbirth [maternity] leave after their partners give birth.
 (남성 근로자들도 배우자가 아기를 낳은 후 10일 간의 유급 출산휴가를 갈 수 있게 된다)
- **Shall** you be at home tomorrow afternoon?
 (내일 오후에 집에 계실 건가요?)
- How long **shall** you stay here in Seoul?
 (여기 서울에는 얼마 동안 머무시게 됩니까? ; 머물 예정이신가요?)
- I **shall not** have come[been] home until six o'clock.
 (6시가 지나야 집에 돌아올 것이오)

- There **will** be trouble, **won't**[=will not] there?
  (아마도) 문젯거리가 있겠죠?)
- Even after merger, my job **won't**[=will not] really much change.
  (합병 후에도 내 업무는 별로 변할 게 없을 거요)
- Heaven and earth **shall** pass away, but my words **shall not** [=shan't] pass away.　　⋯⋯⋯⟨신약성서 마태복음 24:35⟩
  (천지는 없어지겠으나, 내 말은 없어지지 아니 하리라)

☐ 조동사 should/would

▶should/would가 엄밀하게 단순미래 조동사로 쓰이는 경우는 위에 예시된 will/shall이 간접화법의 종속절 내에서 주절 본동사가 과거형 시제일 때 "과거속의 미래"로 쓰인 경우가 대부분이며,

―그 밖의 경우에서는 대개 의무·놀람·추측·불확실·공손함을 표현하거나, 기타 각종 부가적 의미가 내포된 뜻으로 쓰인다.

- Exactly! We'd[=We **would**] be blazing a trail.
  (맞아요! 우리는 새로운 길을 열게 되는 겁니다)
- He said that he **shouldn't**[=shoud not] get there until afternoon.
  (그는 정오까지는 그곳에 도착하지 못할 것이라고 말했다)
- He **would not**[=wouldn't] say that even if he knew.
  (설사 그가 알고 있다 하더라도 그런 말은 하지 않을 것이다)
- How **should** we increase productivity?
  (어떻게 하면 우리는 생산성을 높일 수 있을까요?)
- **Should** I sell my stock in GM Technology?
  (지 엠 테크놀로지 사(社)의 주식을 팔아야 할까요?)

2) 특이 유형의 조동사 : 본동사와 조동사를 겸하는 Be 동사

▶ Be 동사는 부정형(또는 강조형) 명령문 외에는, <u>Do 조동사의 도움 없이 스스로 부정문과 의문문을 만든다.</u>
- <u>본동사로서의 Be는 의미상으로는 존재(위치/유무)와 주어의 속성(가/부)를 나타낸다.</u> 전자의 경우 Be 동사는 자체 의미를 지닌 완전 자동사이지만, 후자의 경우에는 불완전 자동사로서 단순히 주어•보어 간 「연결적」 기능을 통해 주어의 속성 내지 양자 간 관계만을 나타낸다
- [Be+자동사의 과거분사] 구조로 결과의 상태표시 "완료형' 문장을 이룬 경우의 Be는 당연히 조동사 기능에 속한다.
- 한편 [Be+본동사(자/타동사)-ing] 구조의 진행형 문장과, [Be+본동사(타동사)의 과거분사] 구조인 수동태 문장에서의 현재 및 과거인 경우에는 분명히 조동사 역할을 수행하는 것이 되지만,
- 다른 시제표시 조동사와 어울린, 이른바 "혼합시제"에서는 상위 시제표시 조동사(will/shall, have/has/had)에 대하여는 <u>본동사 기능도 겸</u>하므로 Be 자체가 어형변화까지 해가며 종속하게 된다(즉 완료형 혼합시제에서는 been으로, 진행형 혼합시제에서는 Being으로 어형이 변화; 이에 대해서는 뒤에 따로 더 자세히 설명할 것임).
▶ 본동사로서의 Be 동사는 시제, 문장의 종형, 인칭/수(數)에 따라 상당히 복잡하게 <u>어형이 변화한다.</u>

☐ Be가 본동사/조동사를 겸해 스스로 부정문•의문문을 만든 경우

〈 Be가 존재(위치/유무)를 나타내는 본동사로 쓰일 때 〉

- God said, " Let there **be** light," and there **was** light.
 (하느님이 이르시되, 빛이 있으라 하시니 빛이 있었다) …〈 구약 창세기 〉
- **Where is** Rome? — **It's** [=It is] in Italy.
 (로마는 어디에 있죠? — 이탈리아에 있어요)
- Troy **is** <u>no more</u>. (이제 토로이[트로이 같은 곳]는 없다)

- **Is** there any good news? — No, there **isn't[=is not]** any.
  (무슨 좋은 소식이 있소? — 아니오, 아무것도 없소)
- **Is** there <u>something wrong</u> with the machine?
  (그 기계는 어딘가 고장이 나 있습니까)
- **Were** you at the concert last night?
  (어젯밤 음악회에 갔었나요?)
- **Was** anybody here while I **was** out?
  (내가 없는 동안에 누가 왔습니까)
- **Was** the dog <u>away[off]</u>? (그 개는 달아났느냐)

〈 Be가 주어의 속성(가/부)을 나타내는 본동사로 쓰일 때 〉

- The question **is not** what to do **but** how to do.
  (문제는 무엇을 하느냐가 아니라, 어떻게 하느냐이다)
- What matters **is not** where they live **but** how they live.
  (문제는 그들이 어디서 살고 있느냐가 아니라, 어떻게 살고 있느냐이다)
- **When is** your birthday? (네 생일은 언제냐)
- **How was** the audition? Did you play well?
  (오디션은 어땠어? 연주는 잘 했니?)
- **Are** you <u>a graduate student</u>? (당신은 대학원생입니까)
- This book **is not[=isn't]** a Bible **but** a dictionary.
  (이 책은 성경이 아니고 사전입니다)
- She **is not** <u>what she used to be.</u>
  (그녀는 이제 예전의 그녀가 아니다)
- She **is not** <u>pretty</u> **but** <u>very kind[nice].</u>
  (그녀는 예쁘지는 않지만 무척 상냥하다)
- **Are/Were** you <u>rich</u>? — No, I **am/was** not (rich).
  (당신은 부자입니까/부자였습니까? — 아닙니다/아니었습니다)
- He **is not** <u>in good health</u>. (그는 건강이 좋지 않습니다)

- There **is not** <u>likely to be</u> much traffic tonight.
  (오늘 밤은 통행이 많을 것 같지는 않다)

- This medal **is not** <u>to honor</u> the winner.
  (이 메달은 우승자를 표창하기 위한 것이 아니다)

〈 Be가 각종 특별한 문형에 연계되어 쓰일 때 〉

- **Be** <u>kind</u> to old people. (노인들에게 친절하시오) …〈 긍정형 명령문 〉
     cf: **Don't be** <u>silly</u>! (바보 짓 작작해!) ※ Do 사용…〈 부정형 명령문 〉

- **May** good fortune **be** with you! (행운이 당신과 함께 하기를!)

- If she **be**[구어체; is] <u>guilty</u>, **then** ~ (만일 그녀가 유죄로 밝혀진다면)

- If you **are** <u>to succeed</u>, you must work hard.
  (꼭 성공하고 싶다면 열심히 일해야 한다)

- **Be** it <u>ever so humble</u>, there is no place like home.
  (아무리 초라해도 자기 집 만한/같은 곳은 없다)

    cf: { **Be** that **as it may**. (그것이 어떻든지 간에)
         Be the matter **what it may**. (그 일이야 어떻게 되든 간에)

- We **suggest** that the meeting (should) **be hold** on schedule.
  (우리는 회의가 예정대로 열리기를 제안합니다)

- We **demanded/resolved** that our salary **be raised.**
  (우리는 급여가 인상되도록 요구/결의했다)

- It is **necessary** that he (should) **be informed**[told].
  (그에게 반드시 알려져야[알려줘야] 한다)

- What is to <u>become</u> of her? (그녀는 (장차) 어찌 될 것(운명)인가)

- When am I <u>to come</u>? (저는 언제 오면 되나요?) ……〈 의무/예정 〉

- When is the ceremony <u>to be</u>? (식(式)은 언제 거행됩니까)

- Not <u>a soul</u> was <u>to be seen</u>. (한 사람도 눈에 띄지 않았다)

- The watch **was not** <u>to be found</u> anywhere.
  (시계는 아무 데서도 찾을 수 없었다)

- There **was not** a man **to be seen** on the beach.
  (해변에는 한 사람도 눈에 띄지 않았다)
- There **was** a chandelier hanging from the ceiling.
  (천장에는 샹들리에가 하나 매달려 있었다) ……〈상태 표시〉
- **Let** it/him **be**. (그것을/그를 그대로 내버려 두어라)
- There is going **to be** a concert on Saturday.
  (토요일에 음악회가 있다)
- That's[=That is] the reason[=why] money came **to be**.
  (그래서 화폐가 생기게 되었던 것이다)
- **To be** or **not to be**; that **is** the question.
  (사느냐 죽느냐 그것이 문제로다) ……〈셰익스피어의 '햄릿'중에서〉

※ 주(註) : 위의 특별 문형들 중 각종 [**be** + to-부정사] 형 문장을 Be의 조동사 기능으로 간주하는 연구자도 있으나, 여기서는 관행적인 준 조동사로 취급해 뒤에 더 자세히 설명키로 함

☐ **Be가 본동사로서 다른 조동사의 뒤에 붙어 함께 쓰일 경우**

> 본동사로서의 Be는 ① 미래 표시 조동사들의 뒤에, ② 완료형 시제에서는 Have 조동사 뒤에, ③ 기타 각종 의미 부가적 조동사들 뒤에, 그리고 ④ 혼합 조동사군 뒤에 붙어 쓰이는 경우로 분류할 수 있다. ②에 대해서는 이미 앞에서 예시되었고, ④에 대해서는 나중 자세히 설명될 것이므로 여기서는 ①과 ③에 대해서만 간략히 예시코자 함

〈 미래 표시 조동사 뒤에서 〉

- **Will** you **be** long? (오래 걸리겠느냐)
- **Will[Shall]** you **be** free tomorrow afternoon?
  (내일 오후에 시간이 있습니까)
- **Shall[Will]** you **be** at home tomorrow?
  (내일 댁에 계실 겁니까)
- When **will** the wedding **be**? (결혼식은 언제 거행됩니까)
- If every citizen performs just as you do, **where will** the country

be? (국민 각자가 자네처럼 행동한다면, 이 나라는 어떻게 되겠는가)
- **Will** you **be** seeing him tomorrow?
(내일 그를 만날 예정[생각]이십니까)

〈 기타 의미 부가적 조동사의 뒤에서 〉

- I fear lest the rumor **may be** true.
(나는 그 소문이 사실일까 걱정이다)
- **How can** we **be** so cruel? (어떻게 그런 잔인한 짓을 할 수 있을까)
- **Can** such things **be**? (이런 일이 있을 수 있을까)
- It **might be** better If we told him the truth earlier[then and there]. (진작 그에게 진실을 말해 주었더라면 좋았을 걸)
- It **ought not to be** allowed. (그것은 허락해서는 안 된다)
- It **ought to be** fine tomorrow. (내일은 틀림없이 날씨가 좋을 것이다

☐ **Be가 일부 자동사의 앞에서 조동사로 쓰여 동작의 결과인 상태를 표현 시**

> 운동이나 변화를 나타내는 일부 자동사(주로 go, 드물게는 come, arrive, rise, set, fall, set, fall, grow 등)나 동작/상태를 내포하는 형용사적 부사와 어울려 해당 동작의 완료결과인 상태를 표현하려 할 때에는 Be가 조동사로서 Have 대신에 쓰여, 완료형 구조의 문장을 만들 수 있다.

- Winter **is gone**[over], spring **is in**].
(겨울은 이미 지나갔고, 봄이 와 있다)

    cf: { Spring **has come**.(봄이 이제 막 왔다)
          He **has gone** out. (그는 방금 외출했다)

- **Gone are** the days when my heart was young and gay.
(내 가슴이 젊고 환희로 가득 찼던 그 시절은 가고 없어라)
———미국 민요(포스터 작곡) "Old Black Joe" 중에서

- **Be gone** right now[away]! (당장 가버려라 : 얼른 없어져 버려)

□ Be가 기본시제 상태에서 본동사(자/타동사)의 현재분사와 어울려 진행형 문장을, 본동사(타동사)의 과거분사와 어울려 수동태 문장을 만들 때

> ▶Be가 기본시제인 현재와 과거시제 상태에서 진행형 문장이나, 수동태 문장을 만들 때에는 명백히 해당 본동사에 대해 조동사 기능을 수행한다.
> ▶그러나 다른 시제표시 조동사와 함께 하는 혼합형 시제에서는 그 시제표시 조동사에 대해 어형까지 변화해 가며 본동사 역할을 한다. 그러면서,
> - 한편으로는 본래의 본동사에 대해 조동사적 기능도 수행하는 이중적 특성을 지닌다.
> - 물론 이때 의문문과 부정문을 만드는 결정기능은 Be에 있지 않고, 다른 조동사에 있다.

⟨ 기본시제에서 Be가 본동사에 대해 조동사 역할을 하는 경우 ⟩

- **Are** you <u>playing</u> cards or <u>listening</u> to music?
 (너희들은 지금 카드놀이를 하고 있느냐, 음악을 듣고 있느냐)

- How **is** the condition[state] of the book? — It **is** clearly <u>printed</u>.
 (그 책의 인쇄 상태는 어떤가요? — 인쇄가 아주 선명합니다)

- When **is** the book <u>published</u>? — That **is** <u>being printed</u> now.
 (그 책은 언제 발간되나요? — 현재 인쇄 중입니다)

⟨ 혼합시제에서 Be가 상위 조동사에 대해서는 본동사 대행기능을, 본동사에 대해서는 조동사 역할을 수행하는 경우 ⟩

- He **has**[=He's] **been** <u>growing</u> some vegetables under glass for 3 months.　　　　　　　　　　……⟨ 현재완료 진행형 시제 ⟩
 (그는 몇 가지 채소를 3개월 동안 온실에서 키워 왔다)

- The doll **will have been** <u>made</u> by then. ‥⟨ 미래완료 수동태 시제 ⟩
 (그 인형은 그때 쯤이면 만들어져 있을 것이다)

〈 참고: Be 동사의 어법, 인칭/수 및 시제에 따른 어형변화 〉

(1) 직 설 법				
시 제	인 칭	단 수		복 수
현재	1인칭	I **am** (I'm)		We **are**(We're), [aren't]
	2인칭	You **are**(You're), [aren't]		You **are**(You're), [aren't]
	3인칭	He **is**	(He's), [isn't]	They **are**(They're), [aren't]
		She	(She's), [isn't]	
		It	(It's), [isn't]	
과거	1인칭	I **was**, [wasn't]		We **were**, [weren't]
	2인칭	You **were**, [weren't]		You **were**, [weren't]
	3인칭	He **was**	(wasn't)	They **were**, [weren't]
		She	(wasn't)	
		It	(wasn't)	
과거분사	전인칭	been		been
현재분사	전인칭	being		being
동 명 사		being		being
(2) 가 정 법		[인칭·성(性)·수(數)에 상관없이] ― 현재형에서는 be, 과거형에서는 were 사용이 원칙 ※ 다만, 현대영어(특히 구어)에서는 현재형의 경우; - be(원형) 대신에 am/are/is(변형)로 흔히 사용		
(3) 명 령 법		■ 「Be(원형)」로 통일되게 사용하되 ― 부정 명령문에서는 반드시 「Don't be」로 사용하고 ― 긍정 명령문에서는 강조할 때만 「Do be」로 사용.		

(3) 본동사에 특별한 의미를 부가시키는 조동사 그룹

> 여기에는 다음과 같은 2가지 부류의 조동사로 대별된다.
> ▶ 첫째 부류: 미래시제 조동사인 Will/Would와 Shall/Should가 고유한 기능 외에, 본동사에 몇 가지 특별한 위미를 부가시키는 "특별용법"이 있고
> ▶ 둘째 부류: 자체 어미의 변화에 의해 의미를 다양하게 추가할 수 없는 영어 동사의 근본적인 취약점을 보완하기 위해 생겨난 독립적인 단어군으로서, 본동사에 각종 다양한 의미를 부가시키는 전문적인 조동사들이 있다. 이들이 본동사에 부가시키는 의미로서는
> ― 능력/가능성, 허가, 추측, 의뢰/부탁, 목적/소망, 당연, 필요, 의무 등 의사표현에 쓰이는 다양한 의미가 포함되어 있다.

1) 미래시제 조동사의 부가적 특별용법

☐ **Will/Would의 특별용법**

조동사	용법구분	본동사에 부가시키는 특별의미
Will	① 강한 의지, 고집	"~하려고 한다", "결코/좀체 ~하지 않는다"
	② 습성, 경향	"~하는 법이다", "~하게 마련이다"
	③ 습관	"~하곤 한다", "~하기 일쑤다"
	④ 가벼운 명령	"~하시오", "~할 것", "~하는 게다"

조동사	용법구분	본동사에 부가시키는 특별의미
Would	① 과거의 의지	"(어떻게 하든) ~하려고 했다"
	② 과거의 습관	(often/sometimes와 함께 쓰여) "~하곤 했다"
	③ 현재의 소망	"~하기를 바라다", "~하고 싶다"
	④ 정중/간곡한 표현	"~하시겠습니까", "(몹시) ~하고 싶습니다" ※ would like (to)로도 자주 쓰임

☐ Shall/Should의 특별용법

조동사	용법구분	본동사에 부가시키는 특별의미
Shall	① 1인칭(I/we) 주어의 강한 의지	"결코 ~하지 않겠다", "반드시 하겠다"
	② 인칭에 상관없이 예언, 공언	— (성경 등에서) "~할/될 것이다" — (공중 앞에서) "(맹세코) ~할 것이다"
	③ 법령/규칙 등에서 강행규정	"~하지 않는다/않아야 한다", "~해야 한다"

조동사	용법구분	본동사에 부가시키는 특별의미
Should	① 의무	"(마땅히) ~해야 한다[=ought to]" ※ shoud have + 과거분사: "~했어야만 했다"
	② 당연, 의외, 놀람, 유감, 회의 등의 감정을 표현	■ It~ that의 형태로 쓰여 "~하는 것도 당연하다", "~했다니 이상하다,/놀랍다/유감이다" ■ (의문사와 함께 쓰여) '어떻게 ~하겠는가'
	③ 기타(소망, 당부)	■ (should like to~의 형태로 쓰여) "~하고 싶다" ■ lest 주어+ should : "~하지 않도록"

2) 본동사에 특별한 의미를 부가시키기 위해 존재하는 전문적인 조동사군

이들 조동사는 앞에서 살펴본 Do•Be•Have•Will/Shall 등과는 달리, 본동사에 의사 표현상 필요한 다양한 의미를 부가시키기 위해 생겨난 전문적인 조동사들이다. 물론 이들 조동사도 조동사이니만큼 부정문이나 의문문 만드는 데는 직접 개입을 한다.

이 부류에 속하는 조동사로서는 Can/Could, May/Might, Must/Need가 대표적이며, 그밖에 Dare, Ought to, Used to가 있다.

☐ Can/Could의 전문적 부가용법

조 동 사	용 법 구 분	본동사에 부가시키는 전문적 의미
Can/Could	① 능력/가능성	"~할 수 있다", '~할 줄 안다" ※ be able to로도 쓸 수 있음(미래 및 완료형에서는 반드시 be) able to로)
	② 허 가	"~해도 좋다, 해도 된다"
	③ 추측(회의/단정)	■ 의문문에서: (강한 회의를 나타내어) 　　　　　　"과연 ~일까" ※ 과거형; Can+주어+ have+과거분사 ■ 부정문에서: (부정적 단정을 나타내어) 　　　　　　"~일 리가 없다" ※ 과거형: 주어+can not+have+과거분사
	④ 의뢰/부탁	■ Can you~? : "~해 줄 수 있습니까" ■ Could you~: "~해 주실 수 있습니까"
	⑤ 관용적 표현	■ cannot but+원형동사[=cannot help+ing] : 　　　　　　"~하지 않을 수 없다" ※ cannot help but+원형동사로도 간혹 쓰임 ■ cannot+be/일반동사+too+형용사/부사 : 　　　　　　"아무리 ~해도 지나치지 않다" ■ cannot+동사+without+~ing : [=never + 동사 + but절] : 　　　　　　"~하면 반드시 … 한다"

☐ May/Might의 전문적 부가용법

조동사	용법구분	본동사에 부가시키는 전문적 의미
May/ Might	① 허가	"~해도 됩니까", "~해도 좋다/해서는 안 된다" ※ can보다는 격식적이며, must보다는 강도가 약함
	② 추측	"~일[할는]지도 모른다", ※ 과거형: may have+과거분사
	③ 가능	"~할 수(도) 있다" ※ can보다는 다소 약세
	④ 특수한 용법	(목적·양보·소망을 나타내는 문절·문장 속에 쓰여) ■ so that+주어+may~ : "~하기 위하여" ■ 특수의문부사+주어+may~: 특수의문대명사+may~: } "~하든/할지라도" ※상기 특수의문사는 [No mater + 의문사]로 대체가능 ■ May you ~: "~하기를 (바라다/빌다)"
	⑤ 관용적 표현	■ may well~: "~하는 것도 당연하다" ■ may as well: "~하는 편이 좋다" ■ as the case may be: 경우에 따라서는

☐ Must의 전문적 부가용법

조동사	용법구분	본동사에 부가시키는 전문적 의미
Must [=Have to] ※ 과거형이 따로 없음	① 필요·의무	"~하지 않으면 안 된다" ※ 부정형에는 다음의 2가지 의미로 골라 쓰야 한다. - need not~[=don't have to~]: "~할 필요가 없다" - must not~: "~해서는 안 된다"(강한 금지) ※ **과거·미래·완료형에는 반드시 "have to"로 대용해야** - 단, 주절이 과거인 간접화법 등 종속절에서는 must를 그대로 과거시제로 사용
	② 단정적 추측	■ must be~: "~임에 틀림 없다" ※ 부정형은 cannot be로 ※ 과거형은 must have+과거분사로

☐ Need, dare, ought to, used to의 전문적 부가용법

조동사	용법구분	본동사에 부가시키는 전문적 의미
Need	필 요	■ 조동사로서는 부정문·의문문에서만 사용 　- need not[=needn't]~: "~할 필요가 없다" 　　　　　　　　　　　　　[=don't have to~] 　- Need+주어+원형동사: "~해야 하느냐" ■ 그래서 긍정문으로 하려면 　- 조동사 must[=have to]로 대용하든지 　- 비조동사 용법, 즉 "need(타동사)+to~"로 쓰야
Dare	용 기	■ 조동사로서는 주로 부정문·의문문에서 사용 　- dared not~: "감히 ~하지 못했다" 　- How dare you ~: "어떻게 감히 ~하느냐" ※ 긍정문에서는 "아마 ~일 것이다(may be)"의 뜻 ■ 그래서 현대영어에서는 dare를 비(非) 조동사(본동사) 용법으로 쓰는 경향이 늘고 있다.
Ought to	당연/의무	■ 긍정형: "(마땅히) ~해야 한다" [=should] ※ 행하지 않은 과거사에 대해 유감·비판 표현 시에는 　ought to have+과거분사: "~했어야만 했다"로 ■ 부정형: "(마땅히) ~하지 않아야 한다"
Used to	① 과거의 습관	과거의 규칙적 습관을 나타낸다. 　- "늘 ~하곤 했다", "~하기가 일쑤였다" ※ 주의: be used to+(동)명사= "~에 익숙해져 있다"
	② 과거의 상태	과거에는 그랬으나 현재는 그렇지 않음을 암시한다. 　- "전에는 ~였(었)다/했(었)다" ※ 부정형: "used not[=usedn't] to"로 ※ 의문문: "Used+주어+ to+본동사"로 　- 현대영어(특히 구어)에서는 used to를 본동사로 　　취급해서 다음과 같이 사용하기도 한다. 　　　- "He didn't use(d) to~"(부정문), 　　　- "Did he use(d) to~"(의문문)

2 조동사의 일반적 특징

(1) 긍정 평서문에서 조동사가 포함된 동사부의 형태

> 기본시제에서 동사부 구성의 일반적 형태는 "**조동사 + 원형동사**"이다.
> ― 단, 진행형에서의 be, 완료형에서의 have는 예외

- You **may** go home now. (이제 당신은 집에 가도 좋다)
  (조동사) (본동사)

- He **may** be rich, but he is not refined.
  (조동사) (본동사)
  (그는 부자인지는 몰라도 세련되지는 못했다)

- He **can** speak English. (그는 영어를 할 줄 안다)

- I said that it **might** rain. (비가 올지도 모른다고 나는 말했다)

- I hope the weather **will** be fine and you **will** have a good time.
  (날씨가 좋아서 즐겁게 지내시기를 바랍니다)

❖ 유의점

> Be, Have, Do를 제외한 나머지 조동사들(Will/Shall, Would/Should 포함)은 주어의 인칭•수에 따른 어미변화를 하지 않는다.

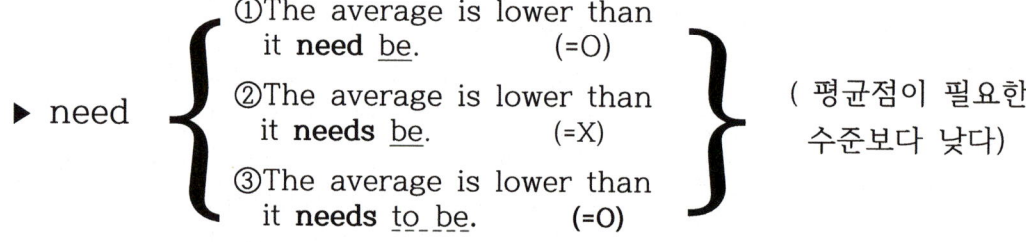

▶ need
① The average is lower than it **need** be. (=O)
② The average is lower than it **needs** be. (=X)
③ The average is lower than it **needs** to be. (=O)

(평균점이 필요한 수준보다 낮다)

주(註): ③항에서 "needs"는 조동사가 아니라 일반동사(타동사)로 쓰인 경우이므로 주어의 인칭•수에 따라 어미가 변하는 것은 당연하다.

▶ must $\begin{cases} \text{She } \textbf{must } \underline{\text{do}} \text{ it.} \quad (=\text{O}) \\ \text{She } \textbf{musts } \underline{\text{do}} \text{ it,} \quad (=\text{X}) \\ \text{She } \textbf{must } \underline{\text{does}} \text{ it.} \quad (=\text{X}) \end{cases}$ (그녀는 그것을 해야 한다)

(2) 부정문•의문문에서 조동사가 포함된 동사부의 형태

▶부정문에서는 동사부(동사파트)가 일반적으로 <u>주어 다음에</u>
 "<u>조동사+부정부사(not, hardly 등)+원형동사"의 형태를 취한다.</u>
  ― 다만, 부정사(부사/형용사)가 대명사/명사 또는 구/절의 앞에서
   직접 부정하는 경우는 예외이다.
▶의문문의 경우는 선택적 의문문[일반 의문문]에서는
 "(주어의)조동사+주어+원형동사"로 역순이 되는 것 말고는 나머지 어순은
 평서문(긍정문/부정문)의 것에 준한다.
  ― 그러나 의문사가 문두에 선치되는 원천적 의문문[특수 의문문]에서는
   "의문사+조동사+주어"의 어순이 원칙이지만, <u>의문사의 문장 내 구실에 따라
   해당 조동사의 종류와 어형(인칭/수 등에 따른)이 달라질 수 있음에 유의해
   야 한다</u>(예컨대 의문사 자체가 주어인 긍정형의 평서문 경우에는 조동사가
   아니라 본동사가 와야 하는 등)

▶조동사가 포함된 동사부의 일반적 형태: 다음 3개 경우로 대별할 수 있다.

― 부정형 평서문에서: "주어+조동사+부정부사+본동사(동사원형)"
― 긍정형 의문문에서: ① "조동사+주어+본동사(동사원형)" …〈선택적 의문문〉
        ②"의문사+조동사+주어+본동사(동사원형)" …〈원천적 의문문
― 부정형 의문문에서: "조동사+부정부사[주로 단축형]+주어+본동사(동사원형)"

주(註): 원천적 의문문 중 의문사 자체가 주어인 경우에는 위의 일반적인 구성형태
    와는 다를 수 있으므로 주의를 요함

- You **must not** go. (너는 가서는 안 된다)
- You **need not** do it at once. (그 일은 당장 하지 않아도 된다)
- I **need hardly** say so. (내가 그렇게 말할 필요는 없겠지)
- That **may not** be true. (그것은 사실이 아닐지도 모른다)
- The baby **will not**[=won't] eat anything.
  (아기가 아무것도 안 먹으려고 해요)
- You **will not** have forgotten him.   ········〈 미래완료형 〉
  (당신이 그를 잊어버리는 일은 없을 것입니다)
- **Will** you stir the soup, please? (수프 좀 저어 줄래요?)
- **Won't**[=Will not] you stay the night? (하룻밤 묵지 않으실래요?)
- Working so hard **cannot**[=can't] be good for you.
  (그렇게 과로하면 몸에 좋을 리 없어요) …〈 can+not은 붙여 쓴다 〉
- I **could not**[=couldn't] stand watching him waste his time.
  (나는 그가 시간을 낭비하는 것을 두고 볼 수 없었다)
- I **can hardly** believe it. (난 그게 거의 믿어지지 않는다)

- There **need** be **no** hurry, **need** there? (서두를 필요는 없겠죠?)
- **No** one can blame her for being angry.
  (그녀가 화를 내는 걸 아무도 나무랄 수 없다: 화내는 게 당연하다)
- I have **no** idea[notion] at all about[as to] her age.
  (나는 그녀의 연령에 대해서는 전연 알지 못한다)
- He has **hardly** any sense of humor. (그는 유머 감각이 거의 없다)
- There is **hardly** any time left. (시간이 거의 남아 있지 않다)
- It **hardly** ever snows here. (여기엔 으레 눈이 거의 내리지 않는다)

  ※ 위의 문장들에서는 부정 형용사(no)가 명사(주어/목적어)를,
    부정 부사(hardly)가 본동사를 직접 부정한 경우이며, 이때는 따로 더 부정
    하지 않는다.

- It **ought not** to be allowed. (그것이 허용되어서는 안 된다)
- We **don't** have to work this afternoon
  [=We **haven't** (got) to work~] … 〈 got 없는 경우는 순수영국식 〉
  (오늘 오후에는 일을 안 해도 된다)
- **Do** we have to go? (우리는 가야 하는가)
  [=**Have** we (got) to go?]

  ※ 위 문장에서 보는 것처럼 ought to의 부정문은 "ought not to"로, have to의 부정문/의문문에는 조동사 "Do"의 도움을 받아야 한다.

- **Will** you stir the soup, please? (수프 좀 저어 줄래요?)
- **Won't**[=Will not] you stay the night? (하룻밤 묵지 않으실래요?)
- What time **will** she arrive? (그녀가 몇 시에 도착하죠?)

▶ 고유한 조동사가 없는 일반동사의 현재 및 과거 시제의 부정문·의문문에서는 모두 조동사 Do[do/does, did]를 사용한다.
   — 본동사가 Do일 때도 조동사는 Do를 사용해야 함

- **Did** he go there yesterday? — No, he **did not**[=didn't] (go).
  (그는 어제 그곳에 갔습니까? — 아니오, 가지 않았습니다)
- **Did not**[=Didn't] your father come yet?
  (부친께서는 아직 오시지 않았습니까)
- What **do** you think of that film? — I **don't** think (that) it is good one.(그 영화를 어떻게 생각하느냐 — 훌륭한 영화라고는 생각하지 않는다)
- What **did** you do yesterday? — I fiddled[loafed] about[around] doing **nothing** all day long.
  (어제 뭘 했니? — 종일 하는 일 없이 빈둥거렸다)

- **Do** you <u>have</u> any question to ask? (질문하실 것이 있습니까)
  [= **Have** you any question to ask?]   ········〈 영국식 〉

- I **didn't** <u>have</u> time to see her. (그녀를 만날 시간이 없었다)
  [= I **hadn't** time to see her.]   ········〈 영국식 〉

  ※ 위 문장에서처럼 현재형·과거형 시제에서 의문문과 부정문을 만들 때, 미국식은 Have도 일반동사로 간주해 Do 조동사로 통일되게 적용하려는 데 비해, 영국식은 Have도 조동사이니까 Do 도움 없이 직접 관여케 하려는 취지이다.

▶ "조동사 + not"은 앞서 각 해당 예문에서 보아온 것처럼, 흔히 단축형으로 사용한다(특히 구어에서). 단, 강조 시에는 단축형을 쓰지 않는 게 효과적이다.

- will not ⇒ **won't**, shall not ⇒ **shan't**(주로 영국), would not ⇒ **wouldn't**
- should not ⇒ **shouldn't**, do not ⇒ **don't**, cannot ⇒ **can't**
- need not ⇒ **needn't**, must not ⇒ **mustn't**, have/has not ⇒ **haven't/hasn't**
- ought not ⇒ **oughtn't**

  ※ 다만, 3인칭 단수 대명사(He/She/It)의 경우, <u>has와 is와 결합된 긍정 단축형</u>은 꼴이 똑같으므로 해당 문맥을 잘 살펴서 분별해야 한다.
    — He/She/It + **has** ⇒ **He's/She's/It's**
    — He/She/It + **is** ⇒ **He's/She's/It's**

▶ 원천적 의문문에서 의문사의 해당 문장 내 역할에 따른 조동사·주어·본동사 간 구성형태를 중심으로 하여 예문을 정리해 보면 다음과 같다.
  — 의문사 자체가 주어인 긍정 의문문에서만 조동사 Do가 필요 없고,
    그 나머지의 모든 긍정·부정 의문문들에서는 조동사 Do가 필요하다.

〈 의문사의 문장 내 역할에 따른 조동사·주어·본동사 간 구성형태 〉

의문사의 문장내 역할	해당문장의 종형	의 문 문 구 성 형 태 (예 문)
(동사의) 목 적 어	긍정의문	• **What do** you <u>mean</u> (by that)?(그게 무슨 뜻이냐) • **What does** your son <u>do</u> nowadays? (요즘 아드님은 무슨 일을 하나요?)
	부정의문	• **What would** I **not** <u>give</u> to be free? (자유를 위해서라면 어떤 대가인들 못 치르겠느냐)

(전치사의)
목 적 어
	긍정의문	• **What will** tomorrow's meeting <u>be</u> <u>about</u>?
		  (내일 회의는 뭣에 관한 것일까요?)
		• ((For) **whom does** the bell <u>toll</u> (<u>for</u>)?
		  (누구를 위하여 종은 울리나?)
		• **What are** you <u>talking</u> <u>about</u>?
		  (뭔 소릴 하고 있는 거냐)

	부정의문	• (For) **What didn't** you <u>go</u> there (<u>for</u>)? (뭣 때문에 거기에 가지 않았느냐)
주격 보어	긍정의문	• **What did** he <u>become</u> later? (그 후 그는 뭐가 됐느냐)
	부정의문	• (Even) **What expert didn't** he <u>make</u> later? (그는 후일 아무 전문가도 되지 못했느냐)
부 사	긍정의문	• **When will** the war <u>end</u>? (전쟁은 언제 끝날까)
	부정의문	• **Why don't** you <u>ask</u> Tom about that? (그것에 관해 톰한테 물어보지 그래요?)
주어 자체 ※부정 의문 문에서는 do 조동사 필요	긍정의문	• **What** (has) *made* him ill?… 〈 <u>조동사 Do 불필요</u> 〉 (그는 뭣 때문에 병이 났느냐)

	부정의문	• **What didn't** <u>happen</u> to him last night?
		  …… 〈 조동사 Do 필요 〉
		  (어젯밤 그에게 아무 일도 일어나지 않았느냐)

(3) 도치문 등 특수문장에서의 조동사 포함 동사부의 형태

> ▶ 강조문, 명령문, 기원문, 조건문 등 특수한 구문에서는 조동사가 정순(正順)이나 도치의 형태로 개입되면서 동사부의 구성형태가 변화되는 경우가 흔하다.
> ▶ 그러나 단순한 강조문에서는 조동사(Do)가 본동사 앞에 덧붙을 뿐, 동사부가 일반적으로 정순형태를 유지한다.
> ▶ 기타의 특수구문에서는 동사부가 도치형태로 변화하는 것이 대부분이다.

〈 단순한 강조문에서 : 「정순형태」 유지 〉

- I **do** know it. (나는 그것을 확실히 알고 있다)
  cf : I know it. (나는 그것을 알고 있다)

- I **do** hate him. (나는 그가 무척 밉다)
  cf : I hate him. (나는 그가 밉다)

- Why didn't you come yesterday? — But I **did** come.
  (너, 어제 왜 오지 않았니? — 하지만 난 틀림없이 갔었다)

- He worked well whenever he **did** work.
  (그는 일을 했다 하면 언제나 잘 했다)

- If you **don't** be quick, you will miss the train.
  (바짝 서두르지 않으면, 너는 열차를 놓치겠다)
  cf : If you are not quick, you will miss the train.
  (서두르지 않으면, 너는 열차를 놓치겠다)

- I never **do** drink wine. (나는 정말 포도주는 절대 안 마신다)
  cf ; I never drink wine. (나는 포도주는 절대 안 마신다)

- How it faded no one knew, but fade it **did**.
  [= How it faded no one knew, but it did fade].

(그것이 어떻게 사라졌는지는 아무도 몰랐지만, <u>아무튼</u> 사라져버렸다)

※ 위 문장의 후절에서 [본동사(fade)+주어(it)+조동사(did)]로 본동사를 선치한 것은 좀 특이한 형태인데, 만약 부사절이 선행됐다고 통상적인 예에 따라 「조동사(did)+주어(it)+본동사(fade)」로 하게 되면 did가 앞 절의 2개 동사들(faded와 knew)중 어느 것을 지칭한 것인지 식별이 얼른 안될 수 있는 것을 피하기 위함으로 생각된다.

- Do <u>come</u> in. (<u>어서</u> 들어오시오)
- please **do** <u>sit</u> down. (<u>자, 어서</u> 앉으세요)
- Do <u>be quiet</u>. (<u>제발 좀</u> 조용히 하라니까요)

 ※ 아래 3개 문장은 강조형이 아니고, 보통의 부정 명령문임

 cf : **Don't** <u>do</u> such a thing. (그런 일은 하지 마라)

 cf : **Don't** <u>be</u> too <u>confident</u>. (너무 뻔뻔스럽게 굴지 마라)

 cf : Whatever you do, **don't** <u>go</u> there.(어쨌든 거기엔 가지 마라)

〈 부정사가 문두에 선치 시 : 「도치형태」로 변화 〉

- <u>Never</u> **did** I <u>dream</u> of meeting you here.
  (여기서 자네를 만나리라고는 꿈에도 생각지 못했네)
- <u>Never</u> **did** I <u>dream</u> such a happy result.
  (그런 다행한 결과를 가져오리라고는 생각지 못했다)
- <u>Never</u> (before) **have** I <u>heard</u> of such a thing.
  (그런 것은 (일찍이) 한 번도 들어본 적이 없다)
- <u>Never</u> **shall** I <u>forget</u> your words.
  (당신의 말씀은 결코 잊지 않겠습니다)
- <u>Never</u> **have** I <u>heard</u> of such a thing.
  (그런 일은 (소문으로도) 들어본 적이 없다)

- <u>Little</u> **did** I <u>dream</u> of meeting you there.
  (거기서 자네를 만나리라고는 꿈에도 생각지 못했다)

- <u>Scarcely</u> **had** he <u>begun</u> his speech//<u>when</u> the door was opened. (그가 연설을 시작하자마자 문이 열렸다)
  [=He had scarcely begun his speech, when the door ~]

- <u>Hardly</u> **had** he <u>gone</u> <u>when[before]</u> they began to speak of him.
  [= He had hardly gone, when[before] they began ~]
  (그가 가자마자 그들은 그를 욕하기 시작했다)

- <u>No sooner</u> **had** he <u>arrived</u> <u>than</u> he fell ill.
  [= He had no sooner arrived than he fell ill.
  (그는 도착하자마자 병이 났다)

- <u>Not until</u> he was ten// **did** he <u>start</u> to read.
  [= He didn't start to read until he was ten]
  [= <u>It</u> was not until he was ten <u>that</u> he started to read]
  (그는 10살이 되어서야 비로소 (책을) 읽기 시작했다)

- <u>Not until</u> I came to Korea//**did** I <u>learn</u> Han-geul.
  [= I didn't learn Han-geul until I came to Korea]
  [= <u>It</u> was not until I came to Korea <u>that</u> I learned Han-geul]
  (나는 한국에 와서야 비로소 한글을 배웠다)

- Bob <u>can't</u> go, and **neither** <u>can I</u>. (보브는 갈 수 없고, 나도 못간다)

- The mountain area <u>isn't</u> heavily <u>populated</u>, and **neither** <u>is the coast</u>. (산악지대는 인구가 많지 않으며, 해안지대도 마찬가지다)

- He sat motionless, **nor** <u>did I make</u> a move.
  (그는 꼼짝 않고 앉아 있었고, 나도 일체 움직이지 않았다)

〈 부사(구)가 문두에 선치 시 : 「도치형태」로 변화 〉

　　※ 그렇지 않는 경우도 있음에 유의해야

- <u>Well</u> **do** I <u>remember</u> him. (나는 그를 잘 기억하고 있다)
- "I am in a hurry." — "**So** <u>am</u> I."

　　("나는 지금 급하다." — "나도 그래.")

　　cf : Are you in a hurry? — So I am.

　　　　(너 지금 급하니? — 암, 급하고말고)

　　cf : They say you like apple very much. — So I do.

　　　　(사과를 무척 좋아 하신다구요. — 예, 좋아하고말고요)

　　cf : You look very happy. — So I am.

　　　　(행복하신 것 같군요. — 예, 행복하고말고요)

- <u>Only when the door closed</u>// **did** I <u>realized</u> I was alone.

　　(문이 닫히자 비로소 나는 혼자라는 것을 깨달았다)

〈 기원문에서 : 조동사 선치 시에는 「도치형태」로 〉

　　※ 정순형태에서도 (본)동사는 원형동사로 해야 한다(현재형이 아님)

- **May** God <u>bless</u> you ! [= God <u>bless</u> you!]

　　(당신에게 하느님의 축복이 있으시기를!)

- **May** the King <u>live</u> long! [= Long <u>live</u> the King]!

　　(국왕 폐하 만세!)

〈 가정·양보의 조건절)에서 : 접속사 생략 → 「도치형태」로 전환 가능 〉

- **Were** I <u>rich</u>, <u>I could help</u> all of them.

　　[= If I were rich, I could help all of you]

　　(만약 내가 부자라면, 그들 모두를 도울 수 있을 텐데)

- **Were** I <u>to die</u> tomorrow, <u>I should never forget</u> your name.

　　[= If I were to die tomorrow, I should never forget ~]

　　(설사 내가 내일 죽는다 해도, 당신 이름은 절대로 잊지 않겠다)

- **Should** I <u>fail</u> this time, <u>I would try</u> it again.
  [= If I should fail this time, I would try ~]
  (만약[설사] 이번에 실패한다면[실패한다 해도], 나는 그걸 다시 해보겠다)

- **Had** he <u>seen</u> it, <u>he would have been</u> astonished.
  [= He had seen it, he would have been astonished]
  (만약 그걸 보았더라면, 그는 아마도 크게 놀랐을 것이다)

- **Had** I <u>left</u> the house a little earlier, <u>I might have been</u> killed.
  [= If I had left the house a little earlier, I might have been ~]
  (내가 만약 좀 더 일찍 그 집을 나섰더라면, 죽었을는지도 모른다)

- Oh, **had** he <u>listened</u> to us then!
  (아, 그때 그가 우리 말을 들었든 들!)

〈 양보의 조건절에서 : 형용사·동사가 문두에 선치→「도치형태」로 변화 〉

- **Rich** <u>as he is</u>, he is very industrious.
  [=**Be** <u>he rich</u> as he is, he is very industrious]
  [=Let him be rich as he is, he is very industrious]
  (그는 비록 부자이지만, 무척 부지런하다)

- **Do** what <u>he may</u>, he will not succeed.
  [= No matter what he may do, he will not succeed]
  [=Let him do what he may, he will not succeed]
  (그는 무엇을 하더라도/하든 성공하지 못할 것이다)

- **Be** <u>it ever so humble</u>, there is no place like home.
  [= However humble it may be, there is ~]
  [= No matter how humble it may be, there is ~]
  (아무리 초라하다고 해도, 내집만한 곳은 없다)

- **Be** <u>he who he may</u>, I don't[will not] care a bit.
  [= Whoever he may be, I don't/will not ~]

[= Be the matter who he may, I don't/will not ~]
(설사 그가 누구일지라도, 나는 조금도 개의치 않는다[않을 게다])

(4) 조동사의 과거형

> 1) 과거형이 있되 순수한 과거시제의 표시 외에, 2) 가정이나 추측, 또는 겸손의 의미를 강조하는 뜻으로 쓰이는 경우가 있고, 3) 과거형이 없거나, 현재/과거 겸용으로 쓰이는 경우도 있으며, 3) 항상 과거형으로만 쓰이는 것도 있다.

1) 순수한 과거 외에, 가정•추측, 유감•희망•충고, 겸손, 불확실성 등의 의미가 강조되는 조동사

□ 조동사 Would

- I suppose he **would** be about fifty when he obtained a doctorate.
  (그가 박사 학위를 딴 것은 50세쯤 되었을 때였을 것이다).

- If a car hit it, the occupants **would** be killed on the spot.
  (만약 차가 거기에 충돌한다면, 탑승자들은 즉사할 게다) 〈hit=과거형〉

- You **would**[=You'd] look like an idiot in that hat.
  (너 그 모자를 쓰면 바보 같아 보일 거야)

□ 조동사 Might

- You **might** fail if you were lazy. 〈were=현재사실의 반대상황 가정〉
  (게으르면 실패할지도 모른다)

- I **might** have done it if I had wanted to.〈과거사실의 반대상황 가정〉
  (하고 싶었더라면 그걸 했을지도 모른다)

- The vase **might** have been broken if you hadn't caught it.
  (네가 그 꽃병을 붙잡지 않았더라면 그건 깨져버렸을 거야)

  ※ Might는 May의 과거형이지만, "허가"의 뜻으로는 과거형을 쓸 수 없다. 따라서 허가의 뜻으로 과거형을 쓰려면 "was/were (not) allowed to + 동사원형"의 형태로 바꿔 쓰야 한다. [X=might (not)+본동사]

- Women **were not allowed to** <u>enter</u> the mosque.
  (여성들은 이슬람 사원에 들어가는 것이 허용되지 않았다)〉

☐ 조동사 Must

- You **must** <u>know</u> this, mustn't you?   ……〈현재에서의 추측〉
  (자넨 틀림없이 이걸 알고 있을 테지, 그렇지?)
- He **mustn't** <u>have known</u> it.   ……〈과거에서의 추측〉
  (그는 그것을 몰랐음에 틀림없다)

2) 과거형이 없거나, 현재/과거 겸용이거나, 과거형으로만 쓰이는 조동사

☐ 과거형이 없는 조동사: Must, Need, Ought to

▶ Must에는 과거형과 미래형이 없기 때문에
― "~해야 했다"는 "had to"로 대용하고
― "~해야 할 것이다"는 "will have to"로 대용해야 한다.

  - I **had to** <u>get up</u> at five this morning.
    (나는 오늘 아침 5시에 일어나야 했다)
  - You'll[=You **will**] **have to** <u>study</u> harder next year.
    (너는 내년에는 더 열심히 공부해야 될 것이다)

▶ 조동사로서의 Need에는 과거형이 없다. 그래서
― 현재완료형을 쓰든지, 아니면 본동사로 사용해야 한다. 그런데
  - need를 조동사로 하여 <u>본동사 파트에 현재완료형을 쓴 경우에는 안 해도 될 일을 이미 해버린 뜻을 나타낸다</u>. 그러나
  - need를 본동사로 사용 시에는 to 다음에 원형동사를 쓴 경우와, 현재완료형을 쓴 경우 간에 의미상 차이가 있음에 유의해야 한다.

  - He **needn't**[=**need not**] <u>have done</u> it.…〈현재완료형으로 대용〉
    (그는 그것을 할 필요가 없었는데, 이미 해버렸다)

〈 위의 need를 본동사로 하여 만든 과거형 문장의 2가지 유형 〉

- He **didn't** need to do it.
  (그는 그것을 할 필요가 없었다 : 그래서 (당초부터) 안 했다)

- He **didn't** need to have done it.
  (그는 그것을 할 필요가 없었다 : 그런데도 (모르고) 해버렸다)

• We **needn't** have ordered so much food.
  (이렇게 많은 요리를 주문할 필요가 없었는데도, 이미 해버렸다)

▶ Ought to 또한 과거형이 없기 때문에 "안 했어야 될 과거의 행위(특히 의무, 당연, 소망, 충고 등)"을 나타낼 때는 to 다음에 현재완료형을 사용해야 한다. 단, 예상/추정의 의미로 쓰일 때는 그렇지 않다.

• You **ought not to** have said it.
  (너는 그것을 말해서는 안 되었다: 그런데 이미 말해버렸다)

• You **ought to** have informed me of it at once.
  (너는 그것에 관해 진작 나한테 알려 주었으면 좋았을 텐데)

• That step **ought not to** have been taken.
  (그 수단[조치]은 피했어야[채택되지 않았어야] 했는데)

  cf: He **ought to** have arrived there now. ……〈 예상•추정 〉
  (그들은 지금쯤 거기에 도착했을 것이다)

☐ 현재형•과거형 겸용으로도 쓰이는 조동사: Dare

▶ 조동사로서 Dare가 "감히 (용기/뱃심 있게) ~하다'의 뜻으로 쓰이는 경우는 의문문과 부정문에서이며,
  — 긍정문에서는 "아마 ~일 것이다(maybe)"의 뜻으로 접속사 that가 생략된 명사절을 목적어로 두는 경우이다.

▶ Dare가 조동사로 쓰이면 당연히 주어가 3인칭/단수 현재형이라도 어미에 "s"를 붙이지 않아야 하고, 부정 시에도 Do 조동사의 힘을 빌리지 않고 직접 부정부사(not)를 수반하며, dare 뒤에는 본동사가 원형동사 형태로 와야 한다.

— dare의 과거형으로서는 "dared"가 있지만, 부정문에서는 현재형인 "dare not[=daren't]"가 과거시제로도 쓰인다.

▶ Dare는 현대영어에서는 조동사 용법으로서보다는 본동사로서 "dare to + 동사원형(또는 명사)"의 형태로 더 흔히 쓰이는 경향이 있다.

— 이 경우 간혹 'to'를 생략할 때도 있는데, 그렇게 되면 외관상으로는 dare가 조동사로 쓰인 것과 같은 꼴이 되어 독자에게 혼란을 야기할 우려가 있거나, 정상적 문법규칙을 벗어난 이상한 모양이 되므로 그런 용법의 사용은 가급적 자제해야 할 것임

⟨ **dare가 조동사로서 "감히 ~"의 뜻으로 현재형일 때: 부정문/의문문** ⟩

- He **daren't[=dare not]** tell us the truth.
  (그는 감히 우리에게 진실을 말할 용기가 없다)
- **Dare** he fight against your opinion?
  (그는 감히 당신의 의견에 반대해 싸울 용기가 있을까)
- **How dare** you[he] say such a thing?
  (네[그]가 어떻게 감히 그런 말을 할 수 있느냐)

⟨ **dare가 조동사로서 "감히 ~"의 뜻으로 과거형일 때: 부정문** ⟩

- They **dared not** look me in the face.
  (그들은 감히 똑바로 내 얼굴을 쳐다보지도 못했다)
- He met her, but he **daren't** tell her the truth.
  (그는 그녀를 만났으나 진실을 이야기할 용기가 나지 않았다)
- Until yesterday I **daren't** tell him the fact.
  (어제까지 난 차마 그 사실을 그에게 말해 줄 수 없었다)

  ※ 위 문장들에서는 dare의 과거 부정형으로서 dared not과 daren't의 2가지가 다 쓰였다.

⟨ **dare가 조동사로서 "아마도 ~이겠지요"의 뜻으로 현재형일 때** ⟩

- I **dare** say that's[=that is] true. (아마도 그것은 정말이겠지요)

⟨ dare가 본동사로서 "dare (to)+동사원형" 형태로 쓰일 때 ⟩

- **He does not** dare to tell us.
  (그는 우리들에게 말할 용기가 없다)

- **Do** you dare to ask her?
  (뱃심 좋게 그녀에게 물어볼 수 있겠어요?)

- I **have never dared** (to) speak to him.
  (나는 감히 그에게 말을 건네 본 적이 없다)

- I **did not** dare (to) go home so late.
  (나는 그렇게 늦게 집에 들어갈 엄두가 안 났다)

- **Did** he dare to refuse the offer?
  (그가 감히 그 제안을 거부했다고?)

- **Don't** you dare to touch me.
  ((건방지게) 나에게 함부로 손을 대지 마라)

- **Nobody dared** to ask any questions.
  (누구도 감히 질문을 하지 못했다)

- I wonder **how** she dares (to) say that.
  (그녀가 어떻게 감히 그런 말을 할 수 있을까)

  ※ 위의 두 문장은 조동사 Do가 개입되지 않는 부정문 형태임

☐ 항상 과거형으로만 쓰이는 조동사

▶ 조동사로서의 Used to는 "used to+본동사 원형"의 형태로 쓰여 " 항상 (~하곤) 했다", "이전에는 ~이었다 "의 뜻으로서, 과거의 상당한 기간에 걸친 상습적 동작·상태를 나타내며, 특히 현재와의 차이를 대비시킨다.

— 한편 유사한 형태인 "be[get/become] used to+명사/동명사"는 "~에 익숙해 있다(be accustomed to)"로 전혀 뜻이 다르게 쓰인다.

▶ 현대 영어에서는 Used to를 본동사로 간주해서 의문문과 부정문 만들 때 종종 Do 조동사를 개입시켜 사용하는 경향이 있다.

⟨ used to가 조동사로서 과거의 상습적 동작/상태를 나타낼 때 ⟩

- He **used to** go to work by bus.
  (그는 (늘) 버스로 통근했다)

- I do not eat so much as I **used to**.
  (나는 고기를 이전처럼 많이 먹지 않는다)

- He **used not**[=usedn't/usen't] **to** drink while young.
  (그는 젊었을 때는 술을 마시지 않았다)

- He **used to** live in London, **usedn't** he?
  (그는 런던에 살았었지요?)

- You **used no**t **to** fuss like this.
  (너, 전에는 이렇게 법석을 떨지 않았잖아)

- There **used to** be many tall poplars in front of the school buildings. (전에는 교사 앞에 키 큰 포플러 나무가 많이 있었다; 그러나 지금은 없거나 적다)

⟨ used to를 본동사로 간주해 쓸 때 ⟩

- **Did** he use(d) to smoke? ― No, he didn't use(d) to (smoke). ……⟨ used to를 본동사로 간주 시 ⟩

  [=**Used** he to smoke?―No, he **used not**[=use(d)n't] **to** (smoke)]. ……⟨ used to를 조동사로 간주 시 ⟩
  (그는 이전에 담배를 피웠습니까 ― 아니오, 피우지 않았어요)

(5) 동일 문장 내에서 조동사와 조동사 간 어순

> ▶ 하나의 문장 내에서 2개 또는 그 이상의 조동사가 연이어 쓰일 때는 다음 규칙에 따른다.
>
> ① 미래시제 표시 조동사(will/shall, would/should)는 모든 다른 조동사들보다 앞에 선치한다.
>   - Can은 미래표시 조동사의 뒤에서는 "be able to"로 대용해야 한다.
>   - Can을 "be able to"로 대용할 때는 과거형과 완료형 등에서도 "be" 동사에 준한 위치에 두어야 한다.
>
> ② 미래표시 이외의 시제표시 조동사(have/be)는 일반 전문조동사(can, may 등)의 뒤에 와야 한다.

- Maybe by then you **will have changed** your mind.
  (그때쯤에는 네 생각이 바뀌어 있을지도 모르지)

- **Will** he **be able to** come here tomorrow?
  (그 분은 내일 여기 오실 수 있을까요)

- He **cannot have told** such a lie.
  (그가 그런 거짓말을 했을 리 없다)

- I **can have got** the dinner ready by 10 o'clock.
  [= I **will be able to** get the dinner ready by 10 o'clock]
  (나는 10시까지는 오찬 준비를 다 끝내고 있을 거다)

- I was afraid (that) he **might have lost** his way.
  (나는 그가 길을 잃지 않았는지 걱정되었다)

- I **might have gone** to the party, but I decided not to.
  (나는 그 파티에 갈 수도 있었을지 모르지만, 가지 않기로 했다)

3　대동사와 조동사간 특징 비교

(1) 대동사의 의미

▶ "대동사(代動詞; Pro-Verb)"란 앞 문절에 쓰였던 동사를 같은 맥락에서의 뒷 문절에 중복해서 사용해야 할 경우에, 해당 동사를 대신하여 그것의 조동사 계열을 쓰는 것을 말한다. 이러한 대동사도 광의로서는 조동사라고 볼 수도 있겠지만,

― 순수한(엄밀한) 의미에서의 조동사는 본동사와 병렬적/보완적 관계로 쓰이는 데 비해, 대동사는 본동사와 동일한 차원/관계에서 쓰인다는 점에서 양자 간에는 특성상 차이가 있다.

― 같은 어구를 중복해서 사용하지 않는 것은 영어의 주요 특징 중 하나인데, 이는 대명사가 명사를 중복해서 쓰지 않기 위해서, 또는 화자(話者; speaker)나 청자/독자가 이미 그 명사를 알고 있는 경우에 해당 명사를 대신해 쓰는 것과 같은 이치이다.

▶ 대동사는 주절·종절에 상관없이, 무조건 뒤에 나올 동사를 대신하여 쓰인다.

― 즉, 전체 문장 중에서 비록 주절이 뒤에 나와 후절이 되면 그 후절의 동사가 전절(종절)의 동사와 같은 맥락에서 쓰일 경우에도 대동사를 사용해야 한다. 대동사로서는 조동사 Do가 쓰인다.

(2) 대동사의 용례

1) 일반 문장에 쓰인 대동사

- I <u>know</u> her better than you **do**[=know].
  (나는 당신이 그녀를 알고 있는 것[정도]보다 더 잘 안다)
- She <u>**loves**</u> me as I **do**[=love] her.
  (내가 그녀를 사랑하듯이 그녀도 날 사랑한다)

- I speak French as well as she **does**[=speaks French].
  (나는 프랑스 어를 그녀가 하는 만큼 잘 한다)
- He paid double the price (that) I formerly **did**[=paid].
  (그는 내가 이전에 치른 값의 갑절을 치렀다)
- I wanted to go to bed, and I **did**[=went] so.
  (나는 잠자리에 들고 싶었고, 그래서 그렇게 했다)
- I want to **enjoy reading** as I **used to (do)**[=enjoy reading].
  (나는 예전에 그랬듯이 독서를 즐기고 싶다)
- He studies hard, as **does**[=studies] his sister.
  (그는 열심히 공부하는데, 그의 누이도 또한 같다)
- Women **don't reason** in the same way that men **do**[=reason].
  (여성이 사리를 밝히는 방법은 남성이 하는 것과는 다르다)
- I think he will come soon. — So **do**[=think] I.
  (나는 그가 곧 오리라고 생각한다 — 저도 그렇게 생각해요)
- Who saw it? — I **did**[=saw].
  (누가 그것을 보았느냐? — 제가 봤어요)
- If you want to see her, **do** it[=see her] now.
  (그녀를 만나고 싶으면 지금 만나라)
- Just as the French love their wine, so **do**[=love] the German their beer. (프랑스인들이 자국의 와인을 사랑하는 것과 똑 같이, 독일인들은 자국의 맥주를 사랑한다)
- The moon shines when the sun's light strikes it, just as a mirror **does**.
  (달은 그것에 햇빛이 쪼이면 거울이 그러한 것과 똑같이 빛난다)
- Does she play tennis?
  — Yes, I've seen her **doing**[=playing] so/that.
    (그녀는 테니스를 치나? —응, 테니스 치는 걸 본 적이 있어)

2) 특수문장(분사구문)에 쓰인 대동사

▶ 분사구문에서 "As+주어+대동사(do)'를 삽입하여 "이유"를 강조한 특별한 형태의 대동사들이 있다.

- 이때 쓰인 Do는 외견상 문장 앞에 선치된 분사(준동사)를 대신하는 대동사라고 볼 수 있다.
  - 물론, 분사구문 자체에 문맥상 이유도 내포할 수 있으나, 「이유」를 좀 더 확실히 그리고 강조하기 위하여 "As+주어+대동사(do)" 형식을 추가 사용
- 한편으로는 분사(준동사)와 조동사가 분리되어 있는 조동사 용법이라고 주장할 수도 있겠으나,
  - 본동사가 동사원형이 아니라 분사(준동사)라는 점에서 대동사 용법이라고 보는 것이 더 타당하다 하겠다.

- <u>Standing</u> as it **does** on the hill, my house commands a fine view.
  [=As it (really) stands on the hill, my house commands ~]
  (우리 집은 언덕 위에 서있기 때문에 아래를 다 내려다 볼 수 있다)

- <u>Living</u> as I **do**, so remote from town, I rarely have visitors.
  [= As I (really) live so remote from town, I rarely have ~]
  (이런 외진 시골에 살고 있다 보니, 찾아오는 사람도 드뭅니다)

- I regard it as a special case, <u>occurring</u> **as it** <u>does</u> only once a year. [=I regard it ~, as it (really) occurs only once a year]
  (그것은 1년에 오직 한번 일어나기 때문에, 나는 그것을 특별한 경우라고 생각한다)

(3) 대동사와 혼동하기 쉬운 조동사 용법

1) 부정문에서 본동사를 생략하는 경우

▶ 부정문의 후절이나 그 대응문, 또는 부정적 답변에서 [조동사+본동사]의 형태가 될 것을 전절과의 중복을 피하기 위해 조동사까지만 쓰고 본

동사는 생략해버리는 꼴이다.

― 그 후절, 또는 뒷 문장의 조동사는 본동사 자리를 대신 차지하는 것은 아니라는 점에서 대동사 용법과는 다르다.

- He **will not** <u>go</u>, **nor will** I (<u>go</u>).
  (그는 가지 않을 것이며, 나 역시 안 가겠다)
- I **don't** <u>want</u> to go. ― **Nor do** I (<u>want</u>).
  (나는 가고 싶지 않다. ―저도 그러고 싶지 않아요)
- I **don't** <u>like</u> rock music so much. ― **Nor do** I (<u>like</u>).
  (나는 록 음악을 그다지 좋아하지 않는다. ― 저도 그래요)
- They **couldn't** <u>understand</u> it, and **nor could** we (<u>understand</u>).
  (그들은 그것을 이해할 수 없었는데, 우리도 마찬가지였다)
- I said I **had not** <u>seen</u> it, **nor had** I (<u>seen</u>).
  (나는 그것을 보지 못했다고 말했는데, 실제로 보지 못했었다)
- **Do** you <u>like</u> music? ― No, I **don't** (<u>like</u>).
  (너 음악 좋아하니? ― 아니, 난 좋아하지 않아)
- **Have** you ever <u>been</u> to Liverpool? ― No, I **never have** (been).
  (너 리버풀에 가본 적 있니? ― 아니, 한 번도 없어) [X=have never]

  cf: I **have** <u>**never**</u> **been** to Liverpool. (리버풀에 가본 적이 전혀 없다)

※ 위 두 문자에서 보는 것처럼, never는 본동사가 생략되면 조동사 앞에 위치

2) 긍정 의문문에 대해 긍정으로 되받아 답한 문장

▶ 의문문에 대한 대답에서 질문한 조동사를 그대로 되받아 긍정으로 대답한 경우이다.

― 이 역시 얼핏 보면 대동사 같지만, 조동사를 조동사가 되받는 형태이므로 대동사라고 볼 수 없다.

- **Do** you <u>like</u> green tea? ― Yes, I **do**.
  (녹차를 좋아하세요? ― 예, 좋아합니다)

- **Did** you go there? — Yes, I **did**.
 (자네 거기 갔었나? — 예, 갔습니다)

- **Can** you speak Japanese? — Yes, I **can**.
 (자네 일본어 할 수 있나? — 예, 할 수 있습니다)

- **May** I come in? — Yes, you **may**.
 (들어가도 좋습니까? — 예, 좋아요)

3) 종속절에서 주절 동사의 의미상 조동사를 쓴 경우

▶ 명령문의 종속절에서 주절 동사의 의미상 조동사를 쓴 경우

- Gather roses while you **may** (gather). ……⟨속담 중에서⟩
 (장미는 딸 수 있는 동안에 실컷 따라: 매사엔 제 철이 있다)

- Run away as far as you **can** (run away).
 (달아날 수 있는 한 멀리 달아나라)

▶ [본동사+접속사/관계사+조동사] 형태로 본동사를 문두에 선치해 "양보"의 뜻을 강조한 종속절의 경우

- Laugh as they **would**, he maintained the story was true.
 (그들은 으레 웃었지만, 그는 그 얘기가 정말이라고 우겼다)

- Try as I **might**, I couldn't figure dot the answer[solution].
 (아무리 노력해 봐도 그 해답[해결책]을 찾을 수 없었다)

- Do what he **may**, he will not succeed.
 [=Whatever he may do, he will not succeed]
 (그는 무엇을 하더라도 성공하지 못할 거다)

- Be that as it **may**, you are wrong.
 [=However that may be, you are wrong]
 (어쨌든/아무튼 그것은 네가 나쁘다)

- Be the matter what it **may**, I will go.
 [=Come what **may**, I will go]
 (무슨 일이 일어나더라도/있어도 나는 가고야 말거다)

4 부가적 의문문에서 조동사·주어 사용방식

▶ "부가적 의문문"이란 실질적 내용은 앞절에서 긍정문으로 서술 후, 그 내용을 상대방에게 동의 또는 확인을 요구하듯이 의문문 형태의 후절을 부가해 되묻는 형식의 구문을 말한다.
— 이때 후절인 부가적 의문문에서는 앞절 본문 서술부와의 중복을 피하기 위해, 반드시 조동사를 사용하고 나머지 부분은 생략함으로써 간략한 의문문 형태를 취한다.

▶ 한편 이와 유사하게, 두 사람이 대화할 때, 화자 A가 말한 내용에 대해 청취자인 B가 맞장구를 칠 때도 조동사만을 사용하여 간략한 의문문 형태로 대응한다.
— 이때 맞장구나 응답시의 요령이 영어·한국어간 언어 습관상에 일부 차이가 있으므로 유의해야 한다.

(1) 각 경우별 문형

1) 부가적 의문문: "~이죠, 안 그래요?"

방법	■ 앞절에서 긍정했으면, 후절에서는 부정형으로 되물어야 하고, ■ 앞절에서 부정했으면, 후절에서는 긍정형으로 되물어야 한다.

- He <u>works</u> in a bank, **doesn't** he? (그는 은행에 근무하고 있죠?)

- You <u>didn't read</u> that book yet, **did** you?
  (너 그 책을 아직 안 읽었지?)

- The store <u>sells</u> high-class clothes, **doesn't** it[**don't** they]?
  (그 가게에서는 고급 의류를 팔고 있죠?) ※ it=가게, they=가게 사람

- You **are going to** <u>move</u> to New York for a new job, **aren't** you?

- 49 -

[=You **are going to** <u>move</u> to New York for a new job, **right**?]
(너 직장 때문에 뉴욕으로 이사 갈 거라며?)

※ 위 문장에서처럼 현대영어에서 친한 사람끼리의 회화 시에는 종종 "**aren't you?**"나 "**doesn't it**"라고 반문해야 할 것을 그냥 "(is that) **right/true?**"라고 긍정형으로 묻기도 한다.

2) 상대편 말에 맞장구 칠 때와, 부정형 질문에 응답할 때

▶ 상대편의 말에 맞장구 칠 때의 문형

방법	■ 화자 A가 긍정했으면, 청취자 B도 긍정으로 맞장구 치고, ■ 화자 A가 부정했으면, 청취자 B도 부정으로 맞장구 친다.

- I <u>bought</u> a new car. — Oh, **did** you?
  (저는 새 차를 샀습니다. — 아, 그랬어요?)

- I <u>don't like</u> coffee. — Oh, **don't** you?
  (저는 커피를 좋아하지 않습니다. — 아, 그러세요?)

▶ 부정형 일반 의문문(선택적 의문문)에 응답할 때의 문형

어법상차이	■영 어: 화자 A가 긍정으로 물었건 부정으로 물었건 상관없이, 청취자 B는 자신이 말하는 응답문절의 내용(긍정/부정)에 따라 긍정/부정을 선택적으로 사용한다. ■한국어: 청취자 B는 자신의 응답문절의 내용(긍정/부정)과는 상관없이, 화자 A의 말이 맞으면 무조건 문두에 "예", 맞지 않으면 "아니오"라고 답한다.

- **Didn't** you <u>go</u> there? — **No**, I **didn't**.
  (거기에 가시지 않았나요? — 예, 안 갔습니다)
- **Aren't** you a student? — **No**, I **am not**.
  (당신은 (대)학생이 아닙니까? — 예, 아닙니다)

- **Can't** you <u>speak</u> English? — **No**, I **can"**t.
 (당신은 영어를 하실 수 없습니까? — 예, 저는 할 줄 모릅니다)

    cf: **Have** you ever <u>been</u> to Hawaii? — No, I haven't
    　　　　　　　　　　　　　　　　[=No, I never have]

 (하와이에 가보신 적 있나요? — 아뇨, 못 가봤어요[한 번도 없어요].

(2) 부가적 의문문의 유형별 조동사•주어 사용법

1) 주절에 본동사만 있을 때의 부가적 의문문

▶ 주절 본동사가 일반 동사일 때

- She <u>saw</u> you, **didn't** <u>you</u>? (그녀는 당신을 만났죠?)
- Mary <u>knows</u> you, **doesn't** <u>she</u>? (메어리는 당신을 알고 있죠?)

▶ 주절 본동사가 Have일 때

- John <u>has</u> a book, **doesn't** <u>he</u>? (존은 책을 갖고 있죠?)
- You <u>have</u> no brother, **do** <u>you</u>? (당신은 남자 형제가 없죠?)

2) 주절에 조동사가 있을 때의 부가적 의문문

▶ 단일 조동사일 때

- She <u>can speak</u> English, **can't** <u>she</u>?
 (그녀는 영어를 할 수 있죠?)
- They <u>won't take</u> the book, **will** they?
 (그들은 그 책을 가져가기를 바라지 않죠?)

▶ 복합 조동사일 때

- He <u>has</u> always <u>had</u> his hair cut on Sunday(s), **hasn't** he?
 (그는 일요일이면 언제나 이발을 해왔죠?)
- Alice <u>hadn't been writing</u> novels, **had** she?
 (앨리스는 소설을 써오지 않았었죠?)

- You had better go at once, **hadn't** you?
  (너는 당장 가는 게 좋겠어. 그렇잖니?)

▶ 조동사가 Have to, Used to일 때

- You have to study English, **don't** you?
  (너는 영어를 공부해야 돼. 그렇잖니?)
- He used to live in Paris, **usedn't[=didn't]** he?
  (그는 이전에 파리에서 살았었지. 그렇잖니?)

3) 주절(앞절)에 특정한 어휘들이 올 때의 부가적 의문문

▶ 주절에 부정(否定)의 뜻을 내포한 어휘들(부사/형용사/명사)이 올 때

※ 부정어들: **not, no, never, seldom, hardly/scarcely, nothing** 등

- She never so much as **spoke**, **did** she?
  (그녀는 말도 하지 않았어. 그렇죠?)
- We **have** no time, **do** we? (우리는 시간이 없어. 그렇지?)
- She scarcely seems to care for light literature, **does** she?
  (그녀는 대중문학에는 거의 신경을 쓰지 않는 것 같아. 그렇지?)
- He seldom came to see his wife, **did** he?
  (그는 자기 아내를 거의 만나러 오지 않았어. 그렇지?)

▶ 주절(전달부)에 suppose, don't think 따위가 있어서 종절(피전달부)인 that절을 받을 때

※ 종절(피전달부)을 기준으로 하되, 언제나 "긍정형"으로 되물어야 한다.

- I suppose (that) **you're not serious**, **are** you?
  (난 자네가 심각하지는 않다고 짐작되는데. 그렇지?)
- I don't think (that) **he's serious**, **is** he?
  (나는 그가 심각하지는 않다고 생각 하는데. 그렇지?)
- I don't suppose (that) you **could lend** me ten dollars,

could you? ((어려울지 모르겠으나, 10달러를 좀 빌릴 수 없을까요?)
- I don't think (that) anyone **was** at home, **was** he?

  (아무도 집에 없었다고 생각되는데. 그렇지?)

  ※ 위의 3개 문장에서는 피전달부(that 절)에서 부정할 것을 전달부인 think, suppose로 전가시킨 구문이므로, 후절에서 긍정형으로 되물은 것임

4) 중문(重文; Compound Sentence)일 때의 부가적 의문문

▶ "중문"이란 둘 이상의 단문(單文))이 문법상 등위접속사 등에 의해 대등한 관계로 연결된 문장으로서, 말하자면 2개의 등위절로 구성된 문장이다(등위 접속사: and, but, or, so 따위).

― 이러한 복문에다 부가적 의문문으로 되물을 때는 후절을 기준으로 해서 되물어야 한다.

- I am reading English and **you are writing**, **aren't** you?
  (나는 영어를 읽고 있고, 너는 불어를 쓰고 있지. 그렇잖니?)
- You are a teacher, but **your sister is a student**, **isn't** she?
  (너는 교사이고, 네 누이는 학생이지. 그렇잖니?)

5) 복문(複文; Complex Sentence)일 때의 부가적 의문문

▶ "복문'이란 둘 이상의 단문이 문법상 종위 접속사나 관계사 또는 의문사에 의해 주절과 종속절이라는 상관관계로 구성되어 있는 문장을 말한다.

― 종속절이 주절에 대해 갖는 관계, 즉 역할에는 명사절과 형용사절 그리고 부사절의 3가지가 있는데, 부가적 의문문을 만들 때는 모두 주절을 기준으로 한다.

- **We arrived** there after the sun set, **didn't** we? … 〈부사절〉
  (우리는 해가 진 뒤에 그곳에 도착했다. 그렇잖니?)
- **He is not** a man who tells a lie, **is** he? ……〈형용사절〉
  (그는 거짓말 하는 사람이 아니야. 그렇지?)

- I can't think how you will do it, can I ?   ……〈 명사(목적어)절 〉
  (네가 그것을 어떻게 할 것인지는 나로선 알 수가 없다. 그렇지?)

- What he said **was** true, **wasn't** it? ……〈 명사(주어)절 〉
  (그가 말한 것은 사실이었다. 그렇잖니?)

6) 주절의 주어로, 또는 첫 머리에 무엇이 오느냐에 따라

▶ 주절의 주어로 "지시대명사(This/These, It/That/Those)"가 온 경우에 부가적 의문문을 만들 때,
— 그 부가 의문문의 주어는 단수에 It를, 복수에는 They로 한다.

- It was you who sneaked into my room and took my jacket, **wasn't it**? (내 방에 몰래 들어와서 내 재킷 가져간 사람이 너지?)

- **This/That is** a good item, **isn't it**?
  (이건/저건 훌륭한 물품이야. 그렇잖니?)

- **These/Those are** all love-stories, **aren't they**?
  (이런 것들/저런 것들은 모두 러브-스토리들이야. 그렇잖니?)

▶ 주절이 유도부사(There)로 시작되는 경우
— 부가적 의문문에서는 주어 없이 "There"를 그대로 받는다.

- **There were** too many cars on the street, **weren't there**?
  (거리에는 차들이 너무 많았어. 그랬잖니?)

- **There is no accounting** for tastes, **is there**?
  (취미는 백인백색이어서 설명할 수가 없어. 그렇죠?)

7) 명령문•권유문에서의 부가적 의문문

- Shall/Will, Won't 등으로 받되
  — 주절의 긍정•부정에 상관없이 "긍정형"으로 되묻는다.
  — 다만, 권유형 긍정 명령문은 "Won't"로 되물어야 한다.

▶ Let형 주절에 대해

- Let's[=Let us] play tennis, **Shall we**?
  (테니스를 칩시다. 그러시죠?)

- **Let's not drink**, **shall we**? (음주를 하지 맙시다. 그러시죠?)

- **Let me[him/them] go**, **will you**? (저[그/그들]를 보내줘요. 그러시죠?)

▶ 명령형 주절에 대해

- **Do it** at once, **will you**? (그걸 즉시 하세요. 그러시죠?)

- **Don't close** the door, **will you**? (문을 닫지 마세요. 그러시죠?)

- **Be quiet, will you**? (조용히 하세요, 그러시죠?)

▶ 권유형 주절에 대해

- **Have** a cup of coffee, **won't you**? (커피 한 잔 하지 않으실래요?)
  [=Would you have a cup of coffee?]

- **Try to make** her happy, **won't you** ?
  [=Would you try to make her happy?]
  (그녀를 행복하게 해주도록 하게나. 알겠지?)

Expression Exercises 1

[1] 그는 거짓말을 하지 않는다. 그는 결코 그런 짓을 하지 않았다.

> 힌트) 거짓말 하다(tell a lie), 부정부사(not, never) 사용에 유의,
> 뒷 문장은 강조하기 위해 가급적 도치법 사용(조동사•주어•본동사로
> 어순이 뒤바뀜)

☞ _____

_____

[2] 리버풀에 가보신 적이 있나요? — 아니오, 한번도(결코) 없어요.

> 힌트) 리버풀(Liverpool; 영국 북서부의 항구도시), 시제는 '경험"을 나타내기
> 위해 현재완료형으로, 부정부사는 강조하기 위해 not 대신에 never를 사
> 용(이때, 본동사 파트를 생략 시 have 앞에 둬야), 응답문은 앞의 의문
> 문의 어휘와 중복되지 않게 본동사 부분은 생략

☞ _____

_____

[3] 당신은 그를 거의 알아보지 못했을 것이다.

> 힌트) 알아보다(recognize/notice), 조동사를 2개 이상 사용시 부정부사(hardly)
> 위치에 유의해야, 가정법 귀결절에 준하는 문장이므로 과거 표현은 과거
> 속의 미래표시 조동사에다 현재완료형을 덧붙여 [would/should+have
> +과거분사]으로 함

☞ _____

_____

[4] 나는 어제서야 비로소 그 사실을 알았다.

> 힌트 until(전치사/접속사)과 부정부사(not)를 연계하여 부정문 구성, 부정어를 문두에 선치시는 도치문장으로

☞ _____

_____

[5] 그는 40세가 되어서야 비로소 골프를 치기 시작했다.

> 힌트 until이 접속사로서 뒤에 문절이 올 때는 주부를 길게 하면 복잡해지므로 가(假)주어(It)를 써서 "It+Be동사+not until~that(진주어절)" 형태로 함이 편리

☞ _____

_____

[6] 사람들이 많이 왔습니까? — 아뇨, 거의 아무도 (오지 않았어요). 그러나 나는 그게 거의 믿어지지가 않네요.

> 힌트 부정부사(hardly)의 사용법에 유의해야

☞ _____

_____

[7] 우리는 도저히(조금도/전혀) 그에게서 돈을 요구할 수 없었다. 거의 아무도 그것을 알아차리지 못했다.

> 힌트 도저히[조금도/전혀]는 absolutely, utterly, possibly, cannot at all 등으로도 표현되지만, 남에게 요구하거나(demand), 객체에 대한 주관적 인식에 대한 표현(know/think/notice/recognize 등)시에는 대개 hardly를 써서 다소간의 여지를 둔다. 뒷 문장에서는 대명사(anybody) 앞, 즉 문두에 선치

☞ _____

_____

[8] 그는 약속을 절대로[결코] 어기지 않는다.

> 힌트) 현재형과 비(非)도치 과거형 문장에서는 조동사 Do를 필요로 하지 않는다.

☞ _____

_____

[9] 나는 그런 일은 결코 들어본 적이 없다.

> 힌트) 강조하기 위해 never를 문두에 선치, 이때 [조동사+주어+본동사] 순으로 어순이 도치되어야

☞ _____

_____

[10] 나는 그녀가 노래를 그렇게 잘 부르는 줄을 전혀 몰랐다..

> 힌트) 부정부사 never는 비(非)도치 과거형 문장에서는 조동사(Do)를 필요로 하지 않는다.

☞ _____

_____

[11] 당신은 어제 집에서 무엇을 했습니까?

> 힌트) 조동사와 본동사로서의 "Do"를 구분해서 사용해야 하며, 의문사가 문두에 선치되는 원천적 의문문[특수 의문문]에서는 특히 구성요소별 어순에 유의해야

☞ _____

_____

[12] 당신은 지금 수중에 돈을 좀 가지고 있습니까? — 아니오, 없어요.

> 힌트) Do와 Have의 사용에 대해 미국식과 영국식을 구분해서 작성할 것

⟨ 미국식 ⟩
☞ _____

⟨ 영국식 ⟩
☞ _____

[13] 1년은 몇 개월입니까?

힌트 주어를 무엇으로 설정하느냐 하는 데 있어서는 ① "a year "로 하는 방안 ② 의문사 자체(How many years)로 하는 2가지가 있으며, ①의 방안에서는 Do와 Have의 사용법과 관련하여 미국식과 영국식이 있을 수 있음. 이 모든 경우를 구분해서 각각의 문장을 작성해 볼 것.

⟨ a year를 주어로: 미국식 ⟩
☞ _____

⟨ a year를 주어로: 영국식 ⟩
☞ _____

⟨ 의문사 자체를 주어로 ⟩
☞ _____

[14] 당신은 얼마나 자주 이발을 하십니까?

힌트 이발하다; "have one's hair cut/trimmed"가 표준적 표현이며, 간략하게는 "have/get a haircut"로 표현하기도 함.
얼마나 자주(how often)

☞ _____

[15] 메어리의 머리는 갈색[아마 빛]입니까?

> **힌트** 갈색 머리, 푸른 눈 등 신체의 특징을 말할 때는 그 사람을 주어로 하고 have[또는 get] 동사를 쓰는 게 일반적임

☞ _____

_____

[16] 무슨 영문으로 여기 그룬비(Grunby) 씨 밭으로 나올 생각을 했니?

> **힌트** 의문사가 문두에 오는 원천적 의문문(특수 의문문)에서는 조동사 Do가 뒤따르는 경우가 대부분이지만, 의문사 자체가 주어인 경우에는 조동사를 필요로 하지 않는 점에 유의해야.
>
> — 한 문장에서 본동사가 장소 표시 부사와 때 표시 부사를 동시에 받는 경우, 장소 표시 부사를 때 표시부사보다 앞에 두는 게 일반적임

☞ _____

_____

[17] 당신은 이 시(詩)를 어떻게 생각하십니까?

> **힌트** 의문사와 조동사 사용에 유의, 한편 "어떻게(정도/수단 표시 부사)"는 How와 What이 있으며, 둘 중 어떤 경우에 어느 쪽을 선택해 쓰느냐는 관행상 특정 본동사 등과의 친소적 결합관계(collocation)에 의해 결정되므로 반드시 예문을 통해 익혀 둬야 할 것임. 주요 예를 들면,
>
> — **Think/Say(동사)와 결합시** : **What** do you **think of**[=say to] ~?
>
> — **Feel(동사)과 결합시**: **How** do you **feel**? (기분이 어때?)
>
> — **Like(동사)와 결합시**: **How** do you **like** living in London?
>
> — **Like(형용사)와 결합시**: **What** is your new school **like**?
>
> — **About(전치사)와 결합시**: "어떻게 생각하느냐(의견/제안)," " 결과/경과는 어떻게 됐느냐 "의 뜻으로서, About와 What이 거의 거의 유사하게 쓰임(**How/What about+명사/동명사**)

☞ _____

[18] 공원을 산책하시면 어떨까요? [산책하는 걸 어떻게 생각하세요?]

> (힌트) 산책하다(go (out) for a walk, take a walk),
> ~를 어떻게 생각하느냐 (What do you say to[=think of]~)

☞ _____

[19] 이 말은 무슨 의미인가요?

> (힌트) 주어를 대명사(you)로 하는 게 일반적이지만, 의문사 자체를 주어로 삼아 수동태 문장으로도 나타낼 수 있다.

☞ _____

[20] 누구를 위하여 저 종(鐘)은 울립니까?

> (힌트) (종 따위가) 울리다(toll/ring), 전치사의 목적어로 쓰인 의문사와 조동사의 사용법에 유의, 참고로 "도대체"의 뜻을 덧붙여 강조하려면 별도의 부사구(on earth, in the world 등) 없이도 의문사 어미에다 "–ever"를 덧붙이면 가능함

☞ _____

[21] 도대체 누가 당신에게 그런 소리를 했습니까?

> (힌트) 의문사(who)를 주어로 하되 어미에 –ever를 덧붙여 "도대체"의 의미를 나타냄. 그런 소릴 하다(tell such a thing[=tell a thing like that]), 의문사가 주어이면 조동사(Do)의 도움이 불필요함

☞ _____

[22] 도대체 당신은 내가 뭘[어떻게] 하기를 바라는가?

> 힌트 도대체(on earth): 의문사 What(to-부정사의 목적어) 바로 뒤에 둠, 주어가 아닌 의문사가 문두에 선치될 때의 조동사 사용법에 유의

☞ _____

_____

[23] 당신은 어느 직장/학교에 다니십니까?

> 힌트 문두에 의문부사(Where)를 두는 방법과, [의문형용사+명사]를 두는 2가지 방법이 있으나, 후자의 경우는 문두가 길어져 부담스럽고 딱딱한 느낌을 줄 수 있으므로 전자의 방법이 평이하고 무난하다.

☞ _____

_____

[24] 나는 아직도 고슴도치를 본 적이 전혀 없다.

> 힌트 지금까지의 경험을 나타내려면 현재완료형 시제로 하되, 부정부사(never)의 위치에 유의해야, 고슴도치(hedgehog)

☞ _____

_____

[25] 당신은 아침식사 때 커피를 드시는지요?

> 힌트 (커피 따위를) 들다(have, take), 아침식사 때: 아침식사로

☞ _____

_____

[26] 요즘 어떻게 지내십니까[지내고 계십니까]?

> 힌트) 지내다(get along, go, spend 등), 요즘((in) these days, recently, lately, nowadays, of late 등), 시제는 현재진행형으로

☞ _____

_____

[27] 아침식사로 베이컨을 드시고 싶으세요?

> 힌트) ~하고 싶다(want/like/care to~)

☞ _____

_____

[28] 당신은 커피를 어떻게 (해서) 드십니까[드시겠습니까]?

> 힌트) hot로 드시느냐 iced로 드시느냐, 크림/밀크/설탕/시럽 등을 넣어서 드시느냐 등을 묻는 내용임

☞ _____

_____

[29] 커피에 크림과 설탕을 넣을까요?

> 힌트) (커피/차에) ~을 넣다(have, take)

☞ _____

_____

[30] 그녀는 김군과 언제 결혼했습니까?

> 힌트) ~와 결혼하다(get/be married to~), 의문사와 조동사 사용에 유의 be married로 하면 수동태이므로 조동사 Do를 쓰지 못함

☞ _____

_____

[31] 그녀는 결국 그 돈 많은 홀아비 농장주와 결혼했습니까?

> 힌트   "~와 결혼하다"는 타동사나 수동태로 하며, 굳이 자동사로 하려면 'get married'로 할 수 있으나 이는 외형만 자동사이지 성격은 수동태와 같다. [X=She married(자동사) with/to a rich man]
> 홀아비(된) 농장주(widowed farmer), 홀아비(widower), 결국(after all)

〈 수동태로 〉
☞ _____

〈 타동사로 〉
☞ _____

〈 자동사로 〉
☞ _____

[32] 그들은 결혼한 지 5년이 된다.

> 힌트   "~한 지 몇 년이 되다"는 특정 상황의 지속상태를 의미하므로 현재완료형 시제로 해야

☞ _____

[33] 당신은 어디 출신입니까[=고향이 어디입니까]?

> 힌트   문두에 의문사(where) 사용, "출신[고향]이 ~이다(come/be from~)" : 반드시 현재형으로 쓰야,
> ※ "어디서 오셨느냐": 현재완료형 또는 과거형으로

☞ _____

[34] 당신은 생일은 언제입니까?

> 힌트   Be 동사는 명령문 외에는 Do 조동사를 필요로 하지 않으며, 조동사와 본동사를 겸함

☞ _____

[35] 오늘은 (주중) 무슨 요일입니까?

> **힌트** 날자, 날씨, 조명, 거리 등은 가주어(It)를 사용, 보어는 의문형용사가 포함된 의문사(구)로 해야

☞ _____

_____

[36] 내가 몇 살인지가 뭐 그렇게 중요하냐?

> **힌트** 중요하다/상관있다(matter), matter는 주로 자동사로 쓰이며 가주어/형식주어인 It를 수반하며, "뭐"는 의무부사(what)에 해당, "내가 몇 살인지"는 간접의문문 형태의 진주어절임

☞ _____

_____

[37] 문제는 무엇을 하느냐가 아니라 그것을 얼마나 잘 하느냐이다.

> **힌트** 여기서 의문사(what, how, how much 따위)는 간접의문문, 즉 종속 명사절을 이끄는 경우로서 to-부정사를 쓰는 간략형이다.

☞ _____

_____

[38] 그것은 돈이 얼마나 들었습니까?

> **힌트** 돈이 들다(타동사 cost), 4형식 문장에 해당: 직접목적어는 얼마나(how much), 간접목적어는 당신(you)

☞ _____

_____

[39] 그 일을 하는 데 얼마나 오래 걸렸습니까?

> (힌트) 이것 역시 4형식 문장에 해당: 직접목적어는 얼마나 오래(how long), 간접목적어는 당신(you), (시간이) 걸리다/소요되다(타동사 take), "~하는 데(to-부정사 사용)

☞ _____

_____

[40] 그는 자신의 숙제를 끝내는 데 2시간 반이나[만큼] 걸렸다.

> (힌트) "~만큼이나(as much time as~)", 2시간 반(two hours and a half, two and a half hours, two hours and half an hour)

☞ _____

_____

[41] 당신은 내 키가 얼마나 된다고 생각하십니까?

> (힌트) "~라고 생각하는가(do you think/guess~)"가 부가적 주절로 삽입되는 문장에서 간접의문문(종속 명사절)의 의문사How)의 위치에 유의해야

☞ _____

_____

[42] 나는 당신이 그녀를 사랑하는 것보다 더 많이 그녀를 사랑한다.

> (힌트) 대동사(代動詞) 사용에 유의해야, ~보다 더 많이(more than~)

☞ _____

_____

[43] 나는 자네가 치른 값의 갑절을 치렀다네.

> 힌트) double, twice, haif는 불완전 형용사/부사이므로 그 뒤에 명사 또는 명사 상당어구를 수반한다. 이전에(formly, before), ~만큼의:3가지로 가능
> ① as much as 없이 ② as much as 넣어서 ③ as much+명사+as 넣어

〈 as much as 없이 〉

☞ _____

〈 as much as 넣어서 〉

☞ _____

〈 as much+명사+as 넣어서 〉

☞ _____

[44] 나는 내일 날씨가 좋을 거라고 생각한다. ― 저도 그렇게 생각해요.

> 힌트) 날씨의 좋고 나쁨은 자연현상이므로 단순미래, 본동사를 전/후절 간 중복되지 않게 후절에서는 대동사로

☞ _____
_____

[45] 그녀는 나를 싫어했다기보다는 미워했다.

> 힌트) "A(라기)보다 B"라는 비교구문에는 "not so much~as~"가 흔히 쓰이지만, more/less~ than~"이라는 외견상의 긍정문 형식도 있음. 이 경우 not so much나 less 바로 곁에 오는 어구는 부정의 뜻을 수반. 단, "more ~ than~" 구문에서는 than 바로 뒤의 어구가 부정의 뜻을 내포하므로 작문 시 주의를 요한다.

☞ _____

☞ _____

☞ _____

[46] 그는 농사 일 외에는 어떠한 일도 원하지 않았다.

> **힌트** 조동사(Do)를 개입시키지 말고, 부정 대명사(부정 목적어)로 부정문을 작성
> 농사 일(farming career, farm work, farming, agricultural affairs)

☞ _____

_____

[47] 그녀의 (집) 개는 절대로 물지 않는다, 낯선 사람에게도.
― 우리 집 개도 그래요.

> **힌트** 앞 문장에서의 부정 서술내용을 뒷 문장에서도 같이 부정 응대하는 경우이다. 부정 부사들의 연계 사용에 유의해야

☞ _____

_____

[48] 이렇게 (멀리) 떨어져서 그가 내 목소리를 들을 수 있을까?

> **힌트** 2개 이상의 조동사(여기서는 미래시제 표시와 가능 표시 조동사) 사용법에 유의, 이렇게 멀리 떨어져서(at such a distance)

☞ _____

_____

[49] 그가 그런 새빨간 거짓말을 했을 리가 없다.

> **힌트** ~했을 리 없다(cannot~), 새빨간 거짓말(a downright/barefaced lie), 전문적 기능부가 조동사들(can, may, must 따위)의 과거형 시제는 현재완료형으로

☞ _____

_____

[50] 이런 산촌(山村)에 살다 보니 찾아오는 사람이 좀처럼 없다.

> **힌트** 살다 보니(이유; 살고 있으니까), 문두의 종속절은 분사구문과

대동사 기법 사용, 주절(후절)의 주어는 인칭대명사(I)로 할 것

☞ _____

_____

[51] 친구들 대부분이 그랬듯이, 그 또한 가톨릭 신자였다.

(힌트) 종속절은 접속사 as를 쓰되, 지시부사로서의 느낌도 겸하여 줄 수 있게 계속적 용법과 도치법 구문으로 해야 함.
"또한[역시]": likewise, also, too가 있으나 too는 해당 문절의 문미에 콤마를 치고 써야 하는데, 여기서는 종속절(후절) 역시 계속용법이어서 콤마를 치므로 번잡하고 혼란 우려.
also/likewise는 통상 본동사 앞에 두지만, be 동사인 경우에는 그 뒤에 둔다.

☞ _____

_____

[52] 여성은 레슬링을 좋아하지 않지만, 남성은 보통 좋아한다.

(힌트) 전•후절 간 내용상의 '대조적' 상황을 나타내려면 접속사로서 while이나 as를 사용, 또한 전/후절 간 동사 파트는 중복되지 않게 해야(조동사 또는 대동사 기법을 사용)

☞ _____

_____

[53] 그는 기뻐했으며, 우리들 모두도 그러했다.

(힌트) 기뻐하다(be delighted), 후절은 접속사 as를 써서 도치법으로, 전/후절 간 본동사가 중복 사용되지 않게 해야

☞ _____

_____

[54] 그는 열심히 공부하는데, 그의 누이 또한 그러하다.

> 힌트) 후절은 접속사 as를 써서 도치법으로, 후절의 동사파트는 대동사로 해서 전절과 중복되지 않게

☞ _____

_____

[55] 짐작이 되듯이, 그것은 무척 비싸다.

> 힌트) 짐작이 가듯이[기대가 될 수 있듯이]: 전절 또는 후절을 암묵적인 선행사로 삼아[즉 선행사를 포함하는] 접속사 겸 관계대명사로서 as를 사용, 여기서는 전절을 부사적 종속절로 함이 적절함

☞ _____

_____

[56] 그녀는 늦었는데, (이런 일은) 그녀에게는 흔히 있는 사실이다.

> 힌트) (의미상의) 선행사를 포함하는 관계대명사 겸 접속사인 as가 이끄는 계속용법의 후절로, 사실(the case), 그녀에게 있어서는(with her)

☞ _____

_____

[57] 그녀가 그렇게나 아름다운 일몰을 보았으리라고는 꿈에도 생각지 못했다.

> 힌트) "그렇게나 (아름다운)" 에 해당하는 수식어로서는 부사 so와 형용사를 수반하는 부사적 형용사 격인 such를 써서 각각 좀 다른 형태의 어구 어구를 만들 수 있다.. 주절의 서술부는 강조가 되게 never를 써서 도치법으로 하고, 시제에 있어서는 주절은 과거시제로 하고 종속절(목적어절)은 그보다 앞선 시제인 과거완료형으로 해야 함

⟨ 부사 so를 써서 ⟩
☞ _____
_____

⟨ 부사적 형용사 such를 써서 ⟩
☞ _____
_____

[58] 나는 지금 배가 몹시 고프다. ― 나도 그래.

(힌트) 후절 서술부는 전절의 그것과 가급적 중복되지 않게 해야, "지금(now)"은 문장 내 문두, 문미, 서술부(중간)의 어느 쪽에도 둘 수 있으나, 문맥이나 느낌 그리고 화자의 의도에 알맞게 해야

☞ _____
_____

[59] 메어리는 영어를 할 줄 아는데, 그녀의 오빠도 할 줄 안다.

(힌트) 전/후절 간 서술부 내용이 중복되지 않게 하고, 후절은 계속용법과 유사하게 "~, and so~"의 형태로 한다.

☞ _____
_____

[60] 나는 헛수고를 여러 주일 한 뒤에야[수주일의 헛수고 뒤에야] 비로소 올바른 생각이 떠올랐다.

(힌트) "~한 뒤에야 비로소"라는 표현은 "only after ~" 라는 한정적 부사구(句) 다음에 긍정적 문절을 오게 하는 방안과, "(It was) not until~ (that) 문절"로 부정문이 되게 구성하는 방안이 있음. 후자의 경우는 "It was not until~ that + 정순 긍정절" 방식과, "Until~+도치 긍정절"의 방식으로 나눠 작성할 수 있다.

"(생각/아이디어 등이)~에 떠오르다(occur to ~, flash through/on~)

☞ _____

☞ _____

☞ _____

[61] 당신은 그 문제(일)와 무슨 관계가 있습니까? — 아니오, 아무 관계도 없습니다.

<힌트> ~와 무슨 관계가 있다/없다(have something/nothing/what to do with~), 의문사가 문두에 선치되는 특수(원천적) 의문문임

☞ _____

[62] 자네 그 결혼식에 갔었나? — 예, 갔습니다.

<힌트> 응답할 때 조동사가 포함되는 서술부 구성에 유의해야

☞ _____

[63] 그는 영국에 가지 않았다. 나 역시 가지 않았다.

<힌트> 부정문에다 또 그 뒤에 부정문이 이어지는 경우에는 후절에는 also/too 대신에 "not ~ either", 또는 "neither/nor"를 쓴다. "niether/nor를 쓰면 통상 도치문장으로 해야

☞ _____

[64] 그녀는 두통이 있다던데, 안 그런가요?

<힌트> 두통이 (걸려) 있다(have a headache), 부가적 반문 시에는 조동사를 이용해 전절과 반대가 되게 물어야

☞ _____

[65] 나는 너만큼 친구가[돈이] 많지 않다.

> **힌트** ~만큼(so~as~), 이때의 as는 관계대명사이며, 그 이하의 동사는 주절의 조동사를 따를 필요가 없음

☞ _____

[66] 그가 거기에 가는 일은 설사 있다고 해도 아주 드물다.

> **힌트** 설사 있다고 해도; (삽입문으로) if ever,
> 드물게 ~하다: seldom+본사(현재형으로 해야)

☞ _____

Answer Sheet 1

[1] He **didn't** tell a lie. **Never did** he do such a thing.

[2] **Have** you ever been to Liverpool? — No, I **never have**.

[3] You **would** hardly **have** recognized[noticed] him.

[4] Not until yesterday **did** I know the fact.

[5] It **was not** until he was forty that he **began** to play golf.

[8] He **never** breaks his promise.

[9] **Never have** I heard of such a thing.

[10] I **never knew** (that) she could sing so well![.]

[11] What **did** you do at home yesterday?

[12] 〈미국식〉 **Do** you have any money with[on] you?
　　　　　　— No, I **don't** (have). [=I **have no** money (with me)]

　　〈영국식〉 *Have* you any money with[on] you?
　　　　　　— No, I **haven't**. [=I **have no** money (with me)]

[13]〈미국식〉How many months **does** a year have? … 〈주어= a year〉

　　〈영국식〉How many months **has** a year?　　… 〈주어= a year〉

　　〈영/미 공통〉How many months are there in a year?〈주어=의문사〉

[14] How often **do** you have your hair cut?

[15] **Does** Mary have brown hair[=**Has** Mary got brown hair]?

[16] What **made** you think of coming over here to Mr. Grunby's field today?

[17] What **do** you think of[=say to] this poem?

[18] What **do** you say to going (out) for a walk in the park?
　[=What **do** think of going (out) for a walk in the park?]

[19] What **do** you mean by this word?　　…… 〈주어= 대명사(you)〉
　[=**What is** meant by this word?]　　…… 〈주어=의문사(what)〉

[20] For whom **does** the bell toll?
　[=Whom **does** the bell toll for?

　※ "For whom the bell tolls?"는 간접의문문(종속절)에서 쓰이는 구문임

[21] **Whoever** told you such a thing[= the thing like that]?

[22] **What** on earth **do** you expect me to do?

[23] **Where do** you go to work/school?
　[= **What** work/school **do** you go to?]
　[=**What** work/school **are** you attending?]

[24] I **have never** seen a hedgehog.

[25] **Do** you have coffee for breakfast?

[26] **How are** you getting along these days? ....〈주어=you〉
　　[=**How doe**s it go with you these days?] ....〈주어=it〉
　　[=**How is** it going with you these days?] ....〈주어=it〉
　　[=**How are** things going (with you) these days? ...〈주어=things〉

[27] **Do** you want[like/care] to have bacons for breakfast?

[28] **How do[would]** you like (to have) your coffee?

[29] **Will[Do]** you have cream and[or] sugar in your coffee?

[30] **When did** she get married to Mr. Kim?〈형식상 자동사, 의미상 수동태〉...
　　When was she married to Mr. Kim? ....〈수동태〉
　　When did she marry Mr. Kim? ....〈타동사〉

[31] **Was** she married to the rich widowed farmer after all? ...〈수동태로〉
　　Did she marry the rich widowed farmer after all? ....〈타동사로〉
　　Did she get married to the rich widowed farmer after all?〈자동사로〉

[32] They **have been[got]** married (for) five years.

[33] **Where do** you come from? — I come from Busan. ...〈본동사: come〉
　　Where are you from? — I am from Busan. ......〈본동사: be〉

[34] **When is** your birthday? ......〈your birthday=주어, when=주격 보어〉

[35] **What day** of the week is it today?

[36] **What does** it matter how old I am? [X=how I am old]
　　※ How가 의문부사로서 종속절을 이끌 때에는 그가 수식하는 형용사/부사를 동반함. You have no idea (as to) how cleverly he speaks.
　　(그가 얼마나 연설을 잘 하는 지 너는 모른다)

[37] The question **is not** what to do but how (much) to do it well.

[38] **How much did** it cost you? ※ you=간접목적어, how much=직접목적어

[39] How long **did it** take you to do the work?

[40] It **took** him as much time as two hours to finish his homework.

[41] **How** do you think I **am** tall? ※ How는 종속절(I am tall)을 이끌 위치에서 삽입주절(do you think)의 문두로 옮겨 간 특수구문 형태임

[42] I **love** her more than you **do**.

[43] I paid **double/twice the price** (that) you formerly did.

   I paid **doble/twice as much as the price** (that) you did before.

   I paid **doble/twice as much price** as you did before.

[44] I **think** the weather will be fine tomorrow. — **So do** I.

[45] She **didn't** so much dislike as hate me.

   [=She hated me more than disliked]

   [=She disliked me less than hated]

[46] He wanted **nothing else than** a farming career.

[47] Her dog **never bites**, even at a stranger. — **Nor does** mine[my dog].

[48] **Will** he **be able to** hear me at such a distance?

[49] He **cannot** have told such a downright lie.

[50] **Living as I do** in such a mountain village, I seldom have visitors.

[51] He **was** also/likewise a Catholic, **as were** most of his friends.

[52] Men usually **like** wrestling while[as] women **do not**.

[53] She **was** delighted, **as were** we all.

[54] He **studies** hard, **as does** his sister.

[55] **As may** be expected, it is very expensive.

[56] She was late, **as is** often the case with her.

[57] **Never did** I dream that she had seen so beautiful a sun set.

   [=**Never did** I dream that she had seen such a beautiful sun set]

[58] I **am** now very hungary. — **So am** I.

[61] **What do** you have to do with the matter?   …〈What=have의 목적어〉
   — **No**, I **have nothing** (to do with it).

[62] **Did** you go to the wedding? — Yes, I **did**.

[63] He **didn't** go to England, and I **didn't** (go), **either**.
   [=He **didn't** go to England, and **neither/nor did** I]

[59] Mary **can speak** English, and **so can** her brother.

[60] Only after weeks of vain effort **did** the right idea occur to me.
   [= **Not** until weeks of vain effort **did** the right idea occur to me]
   [= **It was not** until weeks of vain effort **that** the right idea occurred]

[64] She **has** a headache, **doesn't** she?

[65] I **don't** have **so** many friends[**so** much money] **as** you **have**.

[66] He **seldom**, if ever, goes there.

제2장
시제구분과 의지표현을 위한 조동사

1. 영어 시제(Tense)의 구성체계
2. 현재·과거 시제에서의 조동사 활용
3. 미래 시제에서의 조동사 활용
4. 완료형에서의 조동사 활용
5. 진행형과 수동태에서의 조동사 활용

영어의 시제 구성에서 조동사는 어떻게 활용되는가?

"영어의 시제는 총25개(능동태12, 수동태9, 가정법4)이며, 그중 과거형은 3개(현재완료형, 과거형, 과거완료형)로서 시제구분이 복잡·엄격하다"

"과거형/현재형 시제에서는 조동사가 대개 의문문·부정문에만 쓰이고, 미래형 시제에서는 긍정문/의문문/부정문 모두에 쓰여 단순미래 외, 의지도 표현한다"

▶ 한국어에서는 과거 시제가 하나뿐인 데 비해, 영어에서는 평서문 능동태 기준으로 과거 시제가 실제로는 현재완료형, 과거형, 과거완료형의 3가지로 세분된다. 이런 식으로 결국 영어의 시제는 기본시제 3개(현재, 과거, 미래)에다 상태시제 4개(단순형, 진행형, 완료형, 완료진행형)를 곱하여 총 12개가 되어 일견 상당히 과학적인 것 같지만, 지나치게 복잡.

▶ 여기에다 수동태를 만들려면 [be+done(과거분사)]]을, 거기에다 또 진행형이 혼합되면 being이 추가되어 [be+being+done]이 되어야 한다.
— 그러나, 완료진행형 수동태에서는 이미 been이 들어가 있으므로 결국 [have been being done]되어 **[be 동사의 과거분사+현재분사+본동사의 과거분사]** 형태로 길게 이어 붙어서 모양새가 꽤나 우스꽝스럽고 복잡하기가 이를 데 없다.
— 그래서, 영어의 완료진행형 수동태는 영어권 사람들도 쓰기가 복잡하고 거북해서인지 실제 잘 사용하지 않아 현실적으로는 12개 시제 중 주로 9개 까지만 수동태를 적용해 사용하고 있는 실정이다.

▶ 한편, 영어의 가정법 문장은 위에 열거한 직설법에서의 시제구성 방식과는 다른, 총 4가지의 독특한 시제구성 체계를 사용하고 있다.

1 영어 시제(Tense)의 구성체계

(1) 시제구성 총괄표

※ 각 칸의 본동사: 'do' 라고 간주

		현재	과거	미래
단순형	능동	〈현재 (단순)형〉 ■ **do** : -1,2인칭 단수, -전(全) 인칭 복수 ■ **does** : 3인칭 단수	〈과거 (단순)형〉 **did**	〈미래 (단순)형〉 **will/shall do**
	수동	**is/are done**	**was/were done**	**will/shall be done**
진행형	능동	〈현재 진행형〉 **is/are doing**	〈과거 진행형〉 **was/were doing**	〈미래 진행형〉 **will/shall be doing**
	수동	**is/are being done**	**was/were being done**	**will/shall be being done**
완료형	능동	〈현재 완료형〉 **have/has done**	〈과거 완료형〉 **had done**	〈미래 완료형〉 **will/shall have done**
	수동	**hae/has been done**	**had been done**	**will/shall have been done**
완료 진행형 (혼합 시제) • 수동태: 드물게 사용함	능동	〈현재완료 진행형〉 **have/has been doing**	〈과거 완료진행형〉 **had been doing**	〈미래 완료진행형〉 **will/shall have been doing**
	수동	**have/has been being done**	**had been being done**	**will/shall have been being done**

주(註): 미래시제의 Will/Shall은 과거형 간접화법에서의 종속절 미래나, 불확실성이 높은 가정법에서는 Would/Should가 된다.

(2) 시제별 동사파트의 구성체계와 본동사의 변화

▶ 앞의 시제구성 총괄표에서 보듯이, 현재형과 미래형 시제에서는
　조동사 다음에 본동사의 동사원형이 오지만,

　―진행형·완료형·완료진행형, 그리고 수동태 문장에서는 조동사 다음에
　　현재분사·과거분사와 같이 본동사의 변형이 와야 한다.

▶ 시제에 관련된 본동사의 변형 중, 현재분사는 해당 본동사의 동사원형에
　　다 "-ing"를 붙이면 되지만,

　― 과거분사는 동사원형에다 "-(e)d"를 붙이는 이른 바 '규칙적 변화' 외
　　에, 상당수 동사들이 제 각각 '불규칙적으로' 변화한다.

▶ 그런데 이러한 "불규칙적 변화"도 다음 3개 유형으로 묶어볼 수 있다.

〈 **영어동사 불규칙 변화의 3개 유형** 〉

유 형	변 화 내 용	해 당 동 사('예') (원형→과거→과거분사)
A 형	■원형/과거/과거분사가 동일	• cut → cut → cut • hit → hit → hit • put → put → put
B 형	■과/과거분사가 동일	• meet → met → met • think → thought → thought • teach → taught → taught
C 형	■원형/과거/과거분사가 상이	• go → went → gone • give → gave → given • take → took → taken

주(註): 불규칙 동사표는 대개 영한사전 말미에 수록되어 있으므로 평소 틈나는 대
　　로 익혀 둬야 한다.

　　　―그러나 평소 영어문장을 많이 읽고 접하다 보면 동사의 변형에 대해 따로 학습
　　　하지 않아도 그 변형의 규칙과 내용이 자연스럽게 익혀지게 마련이다.

(3) 시제별•형태별 동사파트 구성 예문

1) 진행형과 수동태의 기본시제 구성

〈 진행형의 동사파트 〉

- 현재와 과거시제에서는 [be+본동사-ing]로 구성하고,
- 미래시제에서는 [will/shall+be+본동사-ing] 형태로 구성한다.
- 진행형은 동작의 진행사항 외, "가까운 미래"와 "확실한 예정" 사항도 나타낸다(주로 come/arrive, go/leave/depart 등 왕래/발착 동사와 어울리어).

- I **am writing** a letter. (나는 편지를 쓰고 있다)   …〈 현재진행형 〉
- I **was writing** a letter. (나는 편지를 쓰고 있었다)   …〈 과거진행형 〉
- I **will be writing** a letter. (나는 편지를 쓰고 있을 것이다)〈 미래진행형 〉
- This time next week I **shall be sunbathing** in Miami.
  (다음 주 이맘때면 나는 마이애미에서 일광욕을 하고 있을 것이다)

cf: ■ **Will** you **be seeing** him tomorrow?…〈 "가까운 장래"의 사안을 표현 〉
  (내일 그를 만날 예정[생각]입니까)

■ The train for Chicago **will be arriving** shortly.〈 "확실한 예정"을 표현 〉
  (시카고 행 열차가 곧 도착합니다; 도착할 예정입니다)

〈 수동태의 동사파트 〉

- **주어는 능동태의 목적어, 동사파트는 [be+본동사(능동태)의 과거분사]로 구성**
- **본동사의 과거분사**: 해당 동사에 따라 규칙변화[동사원형+(e)d]외,
  불규칙 변화가 있음(3개 유형)

- This book **is not made** for children.   ……〈 수동태 현재형 〉
  (이 책은 아동용으로 만들어진 것이 아니다)
- Wine **is made** from grapes. (포도주는 포도로 만든다)
- The lake **is/was frozen** (over) about a foot thick.

(호수가 약 1피트 두께로 (꽁꽁) 얼어 있다/얼어붙었다)
- She **was praised**[applauded] by the teacher. ……⟨수동태 과거형⟩
(그녀는 선생님한테 칭찬받았다)
- The dog **was frozen** to death. (그 개는 얼어 죽었다)
- I **was told** it by hearsay. (나는 그 사실을 풍문으로 들었다)
- She **was born** rich. (그녀는 부자로 태어났다)
- The murder **will/shall be sentenced** to death. ……⟨수동태 미래형⟩
(그 살인자는 사형을 선고받을 것이다)
- Before long, flying cars **will be commercialized/released**.
(머지않아 날아다니는 자동차가 상용화/출시될 것이다)

2) 진행형•완료형•완료진행형의 각 수동태 구성

⟨ 진행형의 수동태 ⟩

현재	• A letter **is being written**. (지금 편지가 작성되고 있다)
과거	• A letter **was being written**. (이미 편지가 작성되고 있었다)
미래	• A letter **will be being written**.(장차 편지가 작성되고 있을 게다)

⟨ 완료형의 능동태와 수동태 ⟩

	능 동 태	수 동 태
현재완료	I **have finished** it. (나는 그것을 방금 끝냈다)	It **has been** finished. (그 일은 방금 완료되었다)
과거완료	I **had finished** it. (나는 그것을 이전에 이미 끝냈었다)	It **had been** finished. (그 일은 이미 다 끝내졌다
미래완료	I **will be finished** it. (나는 그것을 장차 끝내어 놓을 것이다)	It **will have been** finished. (그 일은 장차 다 끝내어질 것이다)

〈 완료진행형의 능동태와 수동태 〉

	능　　동　　태	수　　동　　태
현재완료진행	They **have been distinguishing** the fire. (그들은 지금까지 죽 그 불을 끄고 있었다)	The fire **have** <u>**been being distinguished**</u>. (그 불은 지금까지 줄곧 진화되어 가고 있었다)
과거완료진행	They **had been distinguishing** the fire. (그들은 그때까지 죽 그 불을 끄고 있었다)	The fire **had** <u>**been being distinguished**</u>. (그 불은 과거 그때까지 죽 진화되어 가고 있었다)
미래완료진행	They **will have been distinguishing** the fire. (그들은 앞으로도 그때까지 죽 그 불을 끄고 있을 게다)	The fire **will have** <u>**been being distinguished**</u>. (그 불은 장차 그때까지 진화가 완료되어 가고 있을 게다)

2 미래 시제에서의 조동사 활용

▶ 현재시점 기준의 미래시제는 조동사 Will/Shall을 써서 「Will/Shall + 원형동사」의 형태로 나타낸다.
  ■ 따라서 과거시점 기준의 미래시제는 이들의 과거형인 Would/Should 를 써서 「Would/Should + 원형동사」로 나타낼 수 있다.
    ─ 이 같은 과거 속의 미래는 주절•종절로 구성된 복문(複文)의 경우, 종절의 시제를 주절의 시제에 일치시킬 때 흔히 쓰인다.

▶ 미래시제에는 "~할/될 것이다"와 같이 화자(話者)나 청자(聽者)의 의지와는 상관없이 단순히 미래에 어떤 사실이 나타날 미래의 예정•예상을 나타내는 「단순미래」가 있는가 하면, 화자(speaker)의 의사와 의지가 담겼거나 청자(상대방)의 의사와 동의를 구하는(묻는) 뜻이 담긴 「의지미래」의 2가지 용도로 구분되어 사용된다.

▶ 한편, 조동사 Will/Shall과 Would/Should는 위와 같은 미래시제에 관련된 고유(기본)기능 외에, 본동사에 특별한 의미를 부가시켜 주는 「특별용법」으로도 많이 쓰이므로 문맥에 따라 주의해서 구분해 사용해야 한다.

▶ 조동사 Will/Shall과 Would/Should는 흔히 다음과 같이 각각 "단축형 으로도 쓰이므로 미리 잘 익혀 두어야 한다.
  ─ I will → **I'll**, You will → **You'll**, He/She will → **He'll/She'll**
  ─ Will not → **Won't**, Would not → **Wouldn't**
  ─ Shall not → **Shan't**, Should not → **Shouldn't**

(1) 단순미래

▶ 「~할 것이다」라고 단순히 미래에 전개될 사항의 예정·예상을 나타내는 것으로서 말하는 사람의 의지는 전혀 개입되지 않는 표현법이다.

〈 **단순미래 조동사의 문형별·인칭별 구분사용 일람표** 〉

	평 서 문	의 문 문
1인칭	■ I/We **will** … (미국식) ■ I/We **shall** … (영국식)	**Shall** I/we … ?
2인칭	You **will** … 〈단수/복수 공통〉	■ **Will** you … ? 〈미국식〉 ■ **Shall** you … ? 〈영국식〉
3인칭	■ He/It **will** … ■ They **will** …	■ **Will** he/it … ? ■ **Will** they … ?
주(註) : 화자/필자에 따라서는 간혹 "단순미래"임을 강조하기 위해 주어의 인칭에 상관없이 Shall을 쓰기도 한다.		

1) 1인칭 평서문일 때의 단순미래

▶ 단순미래 문장은 대개 「~할/될 것이다」로 해석된다.

▶ **현대 영어에서는** Will(미국식)로 쓰는 경향이 늘고 있으나, 원칙상으로는 단순미래임을 명백히 나타내기 위하여는 Shall(영국식)이 흔히 쓰인다.

- I **shall**[=will] be twenty (years old) next year.
  (나는 내년이면 스무 살이 된다)

- I **shall** have completed my report by Friday.
  (금요일까지는[쯤에는] 레포트를 모두 끝내게 될 거예요)

- I **shall** be back by Monday at latest.
  (나는 늦어도 월요일까지는 돌아오게 될 거요)

- I **will**[=I'll] have finished this work by five o'clock.
  (5시까지는 이 일을 끝마칠 것이다)

- Today we **will** have rain during the day, and the fair skies toward night with Northwest winds. (오늘은 낮 동안 비가 오다가 밤부터 북서풍을 동반한 맑은 날씨가 되겠습니다)

- We **will** be a second-rate/class power in the world at any moments. (자칫 하면 우리는 세계에서 2류 국가가 되고 말 것이다)

- I **will** be in London by the time (when) you have arrived in New York. (당신이 뉴욕에 도착했을 무렵에는 나는 런던에 가 있을 것이요)

  ※ "you have arrived~": 조건절 같은 역할을 하므로 주절에 상관없이 현재완료형을 사용한 것임
   - 주절과의 시제일치 원칙이라면 "will have arrived"라야 되겠지만.

- I **shall** be very happy[pleased] to see you. …〈 격식적인 인사말 〉
  (당신/귀측을 만나 뵙게 되면 기쁘겠습니다; 기꺼이 만나 뵙겠습니다)

- I hope I/we **shall** succeed at any cost[by all means] this time.
  (이번에는 반드시 성공하게 되기를 바라고 있다)

- We **shall have to** hurry to get there.
  (우리가 제 시간에 거기에 닿으려면 서둘러야 할 것 같다)
- I hope we **shall** be in time. (우리는 시간에 댈 수 있겠지)
- Ask the doctor if[whether] I **will**[=**shall**] soon recover.
  (내가 곧 회복되겠는지 의사에게 물어봐 주시오)

2) 2인칭 평서문일 때의 단순미래

▶ 단수·복수 상관없이 조동사「Will」을 통일적으로 사용한다.
 — If/Unless가 이끄는 현재형 조건적 종속절에 연계된 주절에서 자주 사용
 — 주절 서술부의 hope, think, expect, 또는 be afraid에 연계된 종속절(목적절) 속에서도 자주 사용

- You **will** soon get well[=feel better] if you take this medicine.
  (이 약을 드시면 곧 나을[=기분이 좋아질] 거예요)
- You **will** miss the train unless you walk more quickly or take a taxi. (너는 더 빨리 걷거나 택시를 타지 않으면 열차를 놓치겠다)
- I hope you **will** have a good time.
  (당신이 즐겁게 지내시기를 바랍니다)
- I hope you **will** like it. (그게 마음에 드시면 좋을 텐데요)
- She expects (that) you **will** be[=come] soon.
  (그녀는 네가 곧 돌아올 것이라고 생각한다)
- I am afraid you **will** catch cold.
  (나는 네가 감기에 걸릴까봐 걱정이다)

  cf: ■ Be careful lest you (**should**) fall from the ladder.
    (사다리에서 떨어지지 않도록 조심해라)

   ■ I fear[=am afraid] lest you (**should**) fall from the tree.
    (나는 네가 나무에서 떨어지지나 않을까 걱정이다)

   ※ 접속사 lest가 이끄는 종속절 내의 조동사는 흔히 should(드물게는 may)가 쓰인다.

- Every where you (**may**) go, you **will** find the same thing.
  (당신은 어디를 가든지 똑같은 상황을 목격하게 될 것이오)
- Whichever way you (**may**) take, you **will** get to the station.
  (어느 길로 접어들든 당신은 역에 당도하게 될 것이오)

▶ 명령문에서는 or/and 다음의 후절 속에서「Will」이 쓰인다.
- Look[=Watch] out, **or** you **wil**l be run over.
  (조심해라, 그렇지 않으면 차에 치인다)
- Be careful, **or** you **will** cut your fingers with the Knife.
  (주의해라, 그렇지 않으면 칼에 손가락이 베인다)
- Turn to the right[Go down the road straight], **and** you **will** see the post office on your left.
  (오른 쪽으로 돌면[이 길을 곧장 걸어가면], 좌측에 우체국이 보일 게요)
- You **will** pack and leave this house at once. 〈 You will~: 명령/지시 〉
  (당장 짐을 챙겨 이 집에서 나가 주시오)

3) 3인칭 평서문일 때의 단순미래

▶ 조동사 Will을 쓴다.
▶ 미래의 예상되는 상황(날씨) 등을 객관적으로, 또는 추측/기대해서 말할 때 쓰인다(직설법에서).
  ■ hope, exepect 등 동사의 목적절(종속절) 내에서 흔히 쓰인다.
  ■ hope/expect의 목적절(that 이하) 내에서
   - 주어가 2인칭(you)이면「~하기를/이기를 바란다」의 뜻으로 쓰인다.
    (이 경우, 미국식 영어에서는 간혹 미래시제 대신에 현재형을 쓰기도)
   - 주어가 3인칭(he/she, they)이면「~하지는 않겠지/되겠지」따위로
     추측의 의미로도,「~하기/이기를 바란다」로 바람/희망을 나타내기도 함
▶ 또한, say/tell, expect/forecast 등이 이끄는 주절에 연계된 간접화법 속에서도 자주 쓰인다.
  ─ 그러나 간접화법에서 피전달부의 조동사는 직접화법에서의 그것을 그대로 이어받아 쓰는 경향이 있어서 간혹 Will 대신에 Shall이 쓰이기도 한다

- He **will** come back soon. (그는 곧 돌아올 것이다)
- It **will** become clear tomorrow.
  [=The weather **will** be fine. (내일은 날씨가 갤 것이다)
- The meeting **will** be called for May 10.(회의는 5월 10일에 소집된다)
- I hope (that) the rain **will** stop soon. (비는 곧 멎겠지요)
- I hope (that) he **will not** die. (그는 죽진 않을 거야; 죽지는 않겠지)
- I hope he **will** come[=he comes]. (그가 오면 좋겠다; 오기를 바란다)

  cf: ■ **Will** he succeed? — I hope so.[=I hope he **will** succeed]
  (그는 성공할까요? — 그렇게 되기를 바랍니다)

  ■ **Will** he fail? — I hope not. [=I hope he **will not** fail]
  (그는 실패할까요? — 그렇게 되지 않기를 바랍니다)

  cf: I hope (that) he **hasn't** been injured in that accident.
  ((이미 일어난) 그 사고에서 그가 다치지 않았으면 좋겠는데)

- Do you think (that) he **will** go? (그가 갈 거라고 생각하나요?)
- I have[=There is] good hope that she **will** soon be[get] well again.
  (그녀가 곧 다시 건강해지리라는 희망은 충분히 있다)

  cf: There was not much hope That she **would** get well.
  (그녀가 회복될 가망은 별로 없었다)

- She expect (that) they will come.
  (그녀는 그들이 올 거라고 생각한다)   ┄┄┄┄┄ 〈 추측을 나타냄 〉

- The expected temperatures (for) tomorrow **will** range between
  a high of 20° C and a low of 5° C.
  (내일 예상 최고기온은 섭씨 20도, 최저기온은 섭씨 5도 사이가 되겠습니다)
- The rainy season **will** set in about the end of July.
  (장마는 7월 말 경에 시작됩니다)
- This **will** be the ideal house (that) he was speaking about.
  (이것이 바로 그가 이야기하던 이상적인 집일 것이다)

- It **will** be snowing (by) now in London.
  (런던에는 지금쯤 눈이 내리고 있을 것이다)…〈현재진행을 추측해 표현〉

- The school excursion[picnic/hike] **will** be postponed if it rains tomorrow. (내일 비가 오면 소풍은 연기될 것이다)

    ※ "if/unless~" 따위의 조건절(조건적 부사절) 안에서는 미래시제 대신에 현재시제를 쓰는 게 일반적임(미래형→현재형, 미래완료형→현재완료형)

- It is hardly possible to say what **will** happen.
  (어떤 일이 일어날지를 (미리) 말하기란 거의 어렵다)

- I am sure (that) He **will** come. (나는 그가 반드시 오리라고 생각한다)

- Make sure (that) there **won't** be any problems.
  (아무 문제가 없겠는지 꼭 확인하시오)

- By the time, the population of Seoul **will** double.
  [=By the time, the population of Seoul **will** have doubled]
  (그때까지는/그때쯤은 서울 인구는 2배가 될 것이다)

    ※ 엄밀하게는 미래완료형 시제이어야 하겠지만, 종종 단순 미래형으로 쓰이기도 한다(특히 상태를 나타낼 경우).

- He says (that) he **will** do his best.
  [⇐He says, " I **will** do my best"]
  (그는 자신의 최선을 다할 것이라고 말한다)

  〈참고: 현재시제로서 미래시제를 대용하는 경우〉

    ▶「시간(때)」표시 부사가 있어서 미래임을 금방 알 수 있는 경우
      - It **is** Sunday tomorrow. (내일은 일요일이다)
      - He **leaves** for Paris next Monday. (그는 다음 월요일에 파리로 떠난다)
      - My birthday **falls** on a Friday this year. (올해 내 생일은 금요일이다)

    ▶「조건」과「시간(때)」표시 종속절(부사절) 속에서의 동사 파트
      ※ 미래는 현재 시제로, 미래완료는 현재완료 시제로 한다.
      - when, till/until, before 등의 접속사가 이끄는 시간 부사절 속에서
      - if, unless 등이 이끄는 조건 부사절 속에서

4) 의문문일 때의 단순미래

▶ 1인칭 주어에서는 shall을, 3인칭 주어에서는 will을 쓴다.
  — 단, 때로는 복수 1인칭 주어(We)에서는 미국식의 will이 쓰이기도
▶ 2인칭 주어에서는
  — 대부분 미국식의 will이 쓰이지만,
  — 때로는 영국식의 shall이 쓰이기도
▶ 오늘날에는 점차
  — 1인칭 주어에서만 shall을 쓰고,
  — 2, 3인칭 주어에서는 모두 will을 쓰는 경향이 있다.

〈 1인칭 의문문 〉

▶ Shall로 통일적으로 쓰는 게 원칙이다. [X=Will I/we ~]

· **Shall** I be there in time if I start at once.
  (지금 곧 출발하면 시간 내에 닿을까요?)

  — (드물게는) **Will** we be in time for the train? ---〈복수주어인 경우〉
      (우린 열차 시간에 댈 수 있을까?)

· **Shall** we be in time for the bus?
  (우리는 버스 시간에 댈 수 있을까요?)

· When **shall** we see you again?
  (언제 쯤 또 우리가 당신을 만날 수 있을까요?)

· **Shall** we get there before dark if we leave here now?
  (지금 이곳을 떠나면 해가 지기 전에 거기에 도착하게 될까요?)

〈 2인칭 의문문 〉

▶ 미국식의 will과 영국식의 shall이 혼용된다.

· **Will** you be coming soon here?"
  [=**Are** you coming soon here?]
  (당신은 이곳으로 곧 오실 겁니까)

cf: **Will** you <u>come</u> soon here?   ……〈 의지미래 표현 〉
　　(이곳으로 곧 와주시겠습니까)

- **Will[Shall]** you <u>be seeing</u> her tomorrow?
 (내일 그녀를 만날 예정입니까)

- **Will[Shall]** you <u>be</u> free this afternoon?
 (오는 오후에 시간 여유가 있게 되나요?)

- **Shall[Will]** you <u>be</u> at home tomorrow afternoon?
 (내일 오후에 댁에 계실 겁니까)

- How long **shall** you <u>be[stay]</u> in London?
 (런던에는 얼마 동안 머무실 예정입니까)

〈 **3인칭 의문문** 〉

▶ Will로만 통일적으로 쓰인다.

- **Will** he <u>recover</u> soon? (그는 곧 회복될까요?)

- **Will** he <u>die</u>? ― I hope not. (그는 죽게 될까요? ― 죽지는 않겠지)

- **Won't** it <u>hurt</u> him? ― I hope not.
 (그것 때문에 그가 기분 상하지 않을까? ― 괜찮겠지)

 - **Will** he <u>be able to</u> <u>hear</u> at such a distance?
  (이렇게 떨어져 있는 데 그가 들을 수 있을까요?)

 - I'm not sure what **will** <u>become</u> of him. …〈 간접의문문: what=형식주어 〉
  (그가 어떻게 될는지 확신할 수 없다)

 - What time **will** she <u>arrive</u>[be arriving]? (그녀는 몇 시에 도착할까요?)
 - When **will** results <u>be announced</u>? (결과는 언제 발표되나요?)

 - The problem is who **will** <u>water</u> my flowerpots when I am away.
  (문제는 내가 출타 중에 있을 때 누가 내 화분에 물을 줄 것인가이다)

(2) 의지미래

▶ 「의지미래」란 "~하겠다"라고 화자(話者)의 의지를 나태내거나, 상대방의 의지를 묻는 미래시제의 한 형태이다.

▶ 평서문 1인칭과, 의문문 2인칭에서는 「Will」을 쓰며,
   나머지 경우에서는 모두 「Shall」을 쓴다.

〈 의지미래의 문형별·인칭별 사용 일람표 〉

	평 서 문(화자의 의지)	의 문 문(상대의 의지)
1인칭	I/We **will** ⋯	**Shall** I/we ⋯ ?
2인칭	You **shall** ⋯	**Will** you ⋯ ?
3인칭	He/They **shall** ⋯	**Shall** he/they ⋯ ?

1) 1인칭 평서문일 때의 의지미래

▶ 말하는 사람(화자)의 「의지」를 나타낸다.
   ― 나/우리는 "~하겠다", "~하려고 한다", "~할 작정/생각이다"

▶ 단, 1인칭 주어의 강한 결의나 고집을 나타낼 때는 Shall을 쓴다.
   (이때 Shall은 강하게 발음해야)

〈 말하는 사람의 의지를 나타낼 때 : Will 사용 〉

- I **will** do my best to help her at all times.
  (나는 언제나 그녀를 도우기 위해 최선을 다하겠다)
- I **will** go there tomorrow. (나는 내일 그곳에 가겠다)
    cf: I **am going** to there tomorrow. ⋯〈가까운 장래의 예정사항〉
        (나는 내일 그곳에 간다; 가기로 (이미) 예정되어 있다)
- I think I **will** start today. (오늘 출발할 생각이다)
- I **won't** go to such a places again.
  (두 번 다시 그런 곳에는 가지 않겠다)

- I'll[=I will] call him just to make sure (that/whether) he's okay.
  (별일이나 없는지 확인하기 위해서라도 그에게 전화를 해 봐야겠다)
- I will try to do what's best for my family.
  (나는 가족에게 최선이 되는 일을 하도록 노력할 생각이다)
- We will keep our happiness to ourselves, won't we?
  (행복을 우리들의 것으로서 지켜 나가야 지요, 그렇잖습니까?)

⟨ **1인칭 주어의 강한 결의나 고집을 나타낼 때 : Shall 사용** ⟩

- I shall go, come what may.
  (무슨 일이 있어도 나는 기필코 가겠다)
- I shall do everything I can.
  (내가 할 수 있는 일이라면 무엇이든지 하겠다)
- I shall never[=never shall] forget your kindness.
  (당신의 은혜는 절대로 잊지 않겠다)
- You must do this. — I shan't ! (너는 이것을 해야 한다 — 싫어!)
- I shan't go till you pay me.
  (네가 지불해 줄 때까지 이 자리에서 움직이지 않겠다)

2) 2,3인칭 평서문일 때의 의지미래

▶ 조동사 Shall을 쓰며, 이는 문장 내 주어의 의지가 아니라 화자(나)의 의지를 나타낸다.
  — "(나는 너/그를) '~하게/하도록 하겠다' '~시키겠다'"가 주된 표현이지만, "~했으면 한다", "~해도 좋다"의 뜻으로도 쓰인다.

▶ 성서나 법령 등에서 진리적·선언적인 명령 또는 경고/예언을 할 때도 Shall을 사용한다.

▶ 그러나 주어의 의지(소망, 주장, 고집, 불가피, 거절, 호의 따위)와 습관·습성을 ·나타낼 때는 Will을 쓴다.

⟨ 화자(話者: Speaker)의 의지를 나타낼 때 ⟩

- You **shall** have this book. [= I **will** give you this book]
  (네가 이 책을 갖도록 해 주겠다; 너에게 이 책을 주겠다)

- He **shall** go at once. [= I **will** let him go at once]
  (그를 즉시 가게 하겠다)

- He **shall** come soon. [= I **will** let him come soon]
  (그를 곧 오게 하겠다)

- He **shall** do it. [= I **will** let him do it]
  (그에게 그 일을 하게 하겠다; 그에게 그 일을 시키겠다)

- You **shall** do it. [=I **want** you to do it] (그 일은 네가 해줘야겠다)

- You **shall** never regret doing a good action.
  (올바른 행위를 하고 나서 후회하는 일 따위는 없다; 내가 보증하겠다)

- You **shall** stay with us as long as you like.
  (있고 싶을 때까지 우리와 함께 있어도 좋다)

- Give it to me, or you **shall** not go unpunished.
  (그것을 내게 주게, 안 그러면 자네는 반드시 벌 받을 거야)

- You **shall** obey my orders. (넌, 내가 시키는 대로 해야 해!)

⟨ 성서·법령 등에서 예언적이거나 명령/선언 조의 표현 시 ⟩

- Thou **shalt**[=You **shall**] love thy[=your] neighbor as thyself[=yourself]. (성서; 네 이웃을 네 몸과 같이 사랑하라)

- Thou **shall** not kill. (성서: 살인을 하지 말지어다)

- There **shall** be no photographs taken in here.
  (이 안에서는 사진 촬영을 금함)

- The President **shall** be Commander-in-Chief of the Army and Navy of the United States.
  (미국 헌법; 대통령은 합중국 육해군의 최고사령관이 된다)

- The fine **shall not** exceed $300.
  (벌금은 300달러를 초과해서는 안 된다)
- Every life **shall** one day end. (모든 생명체는 언젠가는 죽을 것이다)

⟨ **주어의 의지(소망·주장·호의, 고집·불가피·거절)를 나타낼 때** ⟩

- Let him do what he **will**. (그가 하고 싶어 하는 것을 하게 하시오)
- Come whenever you **will**. (오고 싶을 때는 언제든지 오세요)
- You/He **will** have your/his own way. (너/그는 고집을 부리고 있다)
- Accidents **will** happen. (사고는 (주의를 해도) 일어나게 마련이다)
- I shall be glad[pleased] to go if you **will** accompany me.
  (동행해 주신다면 기꺼이 가겠습니다)

3) 1인칭 의문문일 때의 의지미래

▶ 조동사 Shall을 쓰며
  ― 주어(나/우리)의 의지가 아니라, 「상대방(listener)의 의지·의향」을 묻거나, 「상대방에게 나/우리의 제의」를 나타낸다.
  ― 「~할까요(당신의 의향은 어떤가요)?」라는 표현법이다.
▶ 의문사가 문두에 오는 **특수(원천적) 의문문**에서는 화자 자신의 곤혹스러운 기분이나 자기 독백적 표현으로도 쓰인다.」

- **Shall** I help you? [=Do you want me to help you?]
  (당신을 도와드릴까요?)
- **Shall** I prepare[serve] some refreshments for you?
  (다과를 좀 내올까요?)
- **Shall** we go out for a walk[=take a walk] a little[short] while?
  (잠시 산책하러 나가실까요?)
    ― Yes, let's (do) (예, 그렇게 합시다)

— No, let's not (do). (아뇨, 그러지 맙시다)

- **Shall** I <u>open</u> the window and[to] <u>let</u> some fresh air in?
  (창문을 열어 환기를 좀 시킬까요?)

- **Shall** I <u>show</u> some photographs (to you)?
  (사진을 좀 보여드릴까요?

  — yes, (do) please. (예, 그렇게 해주시죠)

  — No, thank you. (아니오, 괜찮습니다)

- **Shall** we <u>have</u> lunch here in cafeteria?
  (우리, 여기 구내식당에서 점심을 먹을까요?)

- **Shall** I <u>call</u> you (back) again later?
  (나중에 다시 전화 드릴까요?)

- **Shall** we <u>go</u> (out to) some place in the suburbs next Sunday?
  (이번 일요일에 교외 어딘가로 나가시지 않겠습니까)

  ※ 어딘가로: some place 대신에 somewhere도 가능하며, 이들은 부사어구적 뜻이 다소 내포돼 있어서 전치사 to를 쓰지 않기도 함

- Let's go to see[=go and see] a movie, **shall** we?
  (영화 보러 가시지 않겠습니까)

- Let's drink (a toast) to her wedding, **shall** we?
  (그녀의 결혼을 축하하기 위해 우리 건배하시지 않겠습니까)

- **Shall** we <u>dance</u> to the tango-music?
  (탱고 음악에 맞춰 우리 춤추지 않으시겠습니까)

- **Shall** we <u>sing</u> with Jane's piano accompaniment?
  (제인의 피아노 반주에 맞춰 노래 부르지 않겠습니까)

- <u>Which way</u> **shall** we <u>take</u>? (어느 길로 접어들까요?)

- <u>Whom[Who]</u> **shall** we <u>ask</u> for help? (누구에게 도움을 청할까요?)

- <u>What</u> **shall** I <u>do</u> about it? (그 일에 관해 내가 어떻게 하면 될까요?)

- What **shall** we <u>eat</u> for dinner tonight?
  (오늘 저녁에는 석식으로 뭘 먹을까요?)

- I've lost my wallet, what **shall** I <u>do</u>? ……〈곤혹/당황스러움 표현〉
  (돈 지갑을 잃어버렸네, 어쩐다지?)

- What **shall** I <u>do</u> if I finish this work? …〈자기 독백적 의문 표현〉
  (이 일이 끝나면 난 무얼 한다지?)

- **Shall** we <u>push</u> him <u>down</u>, or isn't he worth it?〈독백적 의문표현〉
  (저 놈을 쓰러뜨려 버릴까, 아니 그럴 가치도 없지)

4) 2인칭 의문문일 때의 의지미래

▶ 조동사 Will을 쓰며,
  ─ 「상대방의 의지」를 묻거나 「상대방에게의 부탁」을 할 때 사용한다.
  ─ 「~하겠습니까?」, 「~해주시겠습니까?」의 뜻이 담긴 표현법이다.

- **Will** you <u>buy</u> this hat? (이 모자를 사시겠습니까)
- **Will** you <u>go</u> there tomorrow? (내일 거기 가시겠습니까)
- **Will** you please <u>lend</u> me your dictionary?
  (사전 좀 빌려 주시겠습니까)
- **Will** you <u>have</u> some more (tea)? ((차를) 좀 더 드시지 않겠습니까)
  [=Have some more (tea), **won't** you?
- **Will** you <u>do</u> me a favor? [=**Will** you <u>do</u> a favor for me?]
  (부탁 하나 들어 주시겠습니까; 청이 하나 있는데요)
- **Won't** you <u>come</u> with me? (저와 함께 가시지 않겠습니까)
- **Will** you please <u>help</u> me <u>down</u> with a heavy box?
  (무거운 상자 하나 내려놓는 일을 좀 도와주시겠습니까)

5) 3인칭 의문문일 때의 의지미래

- **Shall** he <u>come</u> in? [=Do you want him to come in?]
  — Yes, let him come in.
  (그를 들어오게 할까요? — 예, 들어오게 하시오)
- **Shall** he <u>wait</u> a little longer? [**Shall** he <u>keep</u> <u>waiting</u> a little longer?]
  (그를 좀 더 기다리도록 할까요?)

> ▶ 조동사 Shall을 쓰며
>   — 주어(그/그녀, 그것, 그들)를 대상으로 하여
>   — 「~하게 할까요?」라는 식으로 **「상대방의 의지」**를 묻는다.
> ▶ 간혹 문어체에서는 수사[수식]적 표현으로 이를 사용하기도 한다.

- **Shall** the boys <u>go out</u> first? (소년들을 먼저 내보낼까요?)
- **Shall** she <u>waite</u> for you till you come back?
  [=Shall I ask her to wait for you till you come back]
  (당신이 돌아올 때까지 그녀를 기다리게 할까요?)
- **Shall** he <u>be told</u>? (그에게 말해줄까요?)

- <u>What</u> **shall** Tom <u>do</u> next? (다음엔 톰에게 무엇을 시킬까요?)
- <u>When</u> **shall** the wedding <u>be</u>?
  (결혼식은 언제 하나요?)   ······〈 결혼 당사자에게 문의 〉
- <u>Who</u> **shall** <u>tell</u> of what he was thinking?
  (그가 무엇을 생각하고 있었는지 누가 알겠는가?)
- <u>Who</u> **shall** ever <u>unravel</u> the mysteries of the sea?
  (뉘라서 바다의 신비를 풀 수 있겠는가?) ······〈 반어적/수사적 표현 〉

(3) 종속절 속에서의 미래시제 조동사

1) 주절(전달부) 시제가 현재형일 때

▶ 통일된 규칙이 적용되지 않고, 다음 3가지 방법으로 사용된다.
 ① 일반원칙: 종속절(피 전달부) 주어의 인칭에 따른 기능별 기본용법 (단순/의지)에 따르는 경우
 ② 직접화법 속의 미래 조동사를 그대로 쓰는 경우
 ③ 미국식: 인칭·기능에 상관없이 일률적으로 「Will」을 사용하는 경우
▶ 단순미래, 필연성, 개연성(가능성 추정), 확고한 의지, 기타 부가적 특별용법 등을 확실히 나타내기 위하여 위 각 경우에서도 예외적으로 인칭별 기본용법에 상관없이 「Shall」이나 「Will」을 쓰기도 한다.
※ 직접화법속의 Shall을 간접화법에서도 그대로 쓰는 것은 바로 이런 취지
▶ 한편, 가정법 문장에서는 조건절과 귀결절간 미래시제 조동사 사용법이 상응되게 짝을 이루는 특이한 형태를 취하므로, 해당 부분에서 따로 상세히 설명할 것임

① 일반원칙 : 종속절 주어의 인칭별 소정 기능에 따름

- I **will** <u>do</u> my best. (나는 나의 최선을 다하겠다)

  - you say (that) **you will** <u>do</u> your best.

  - He says (that) **he will** <u>do</u> his best.

- You[He/They] **will** <u>succeed.</u> (당신[그/그들]은 성공할 것이다)

  - He hopes (that) **I shall** succeed.

  - He hopes (that) **you will** succeed.

  - He hopes (that) **they will** succeed.

- He says, "**I shall** never <u>succeed</u>."

  (그는 말하기를, "난 결코 성공하지 못할 거야"라고)

  ↓↓

  - He says that **he will** never succeed.

- I say, "**I shall** <u>be glad</u> to see him."

  (나는 말하거니와, "그를 만난다는 게 기쁘다")

  ↓↓

  - Say that **you will** be glad to see him.

② 직접화법 속의 미래 조동사를 그대로 쓰는 경우

- They say that **it will** <u>rain</u> tomorrow.

  [⇐ They say, "It **wil**l rain tomorrow"]

  (내일은 비가 올 거라고 하네요)

- He says that **he shall**[=will] never <u>succeed</u>.

  [⇐ He says, " I **shall** never succeed"]

  (자신은 결코 성공할 수 없을 거라고 그는 말하고 있다)

- She says (that) **she will** <u>be back</u> before dark.

  [⇐ She says, " I **will** be back before dark"]

  (그녀는 어두워지기 전에 돌아올 것이라고 말한다)

  ※ 이 방식의 이점 : 비록 주어가 바뀌었어도 원래(직접화법시)의 기능, 즉
  　　　　　　　　단순 미래이냐, 의지 미래이냐를 파악하기 쉽게 해준다.

③ 미국식 : 모든 인칭 및 기능에 상관없이 「Will」을 사용

- Do you believe (that) **it will** <u>snow</u> tomorrow?

  (내일 눈이 오리라고 생각하니?)

- Ask the doctor if **I will** recover.
  [= Ask the doctor if **I shall** recover]   ……〈영국식: 단순 미래임이 명백〉
  (내가 회복될 수 있는지 의사에게 물어 보세요)
- She expects (that) **we will** come.
  [= She expects (that) **we shall** come] ……〈영국식: 단순 미래임이 명백〉
  (그녀는 우리가 오게 되리라고 생각한다)

2) 주절(전달부) 시제가 과거형일 때

▶ 일반 원칙 : 주절(전달부)의 동사가 과거형이 되면 절대 진리인 사실 등 특수한 경우 외에는 종속절(피 전달부)의 미래시제 조동사도 "시제일치의 원칙"에 따라, 과거 속의 미래형으로 전환되어야 한다.
  — 즉 Will 자리→Would로, Shall 자리→Should로
  — 다만, 단순 미래임을 명확히 나타내기 위해 2, 3인칭에서도 일부러 Should를 쓰거나, 또는 화자의 강한 의향, 필연성/당위성, 불확실한 개연성 등을 표현하기 위해서도 Should가 흔히 쓰인다.
  — 그러나 과거형에서도 미국식(특히 구어)으로는 인칭에 관계없이 종속절 내에서 Would로 통일해 쓰는 경향이 있다.
▶ 그러나 Would/Should는 단순히 Will/Shall의 과거시제로서의 대체기능을 하는 외에, 가정법 문장에서 더 많이 사용되고, 그 자체가 지닌 부가적 특별용법과 기타 특정 동사나 접속사와 연계되어 관용적으로 쓰이는 사례가 너무 많아 일률적으로 구분해 설명키 어려우므로 예문을 중심으로 자주 잘 쓰이는 용법에 유의해서 자연스럽게 관숙되도록 해야 한다.

① Should의 용법

⟨「시제일치」 원칙에 따르되, 종속절 내에서 단순 미래임을 명확히 하기 위하여⟩

- I knew that **I should** soon get quite well.
  (나는 곧 완쾌되리라는 것을 알고 있었다)

- I told him that **I should be** twenty years old next month.
  [= I said to him, " I shall be twenty years old next month."]
  (다음 달이면 나는 스무 살이 될 거라고 그에게 말했다)

- He told me that **I should** succeed.
  [⇐ He said to me, " **You will** succeed."]
  (그는 내가 성공하게 될 거라고 말했다)

- I never realized (that) someday **I should be living** in California.
  (언제고 내가 캘리포니아에 살고 있게 되리라고는 생각도 못해 봤다)

- I didn't expect (that) **we should have** bad weather then.
  ((하필) 그날 날씨가 안 좋을 거라고는 예상하지 못했네요)

- He said that **he should get** there before dark.
  [⇐ He said, "I shall get there before dark."]
  [= He said that **he would get there before dark.**] …⟨3인칭 주어시⟩
  (그는 어두워지기 전에 거기에 도착하게 될 거라고 말했다)

- You said (that) **you should go** to the library after school.
  [⇐ You said, "I shall go to the library after school."]
  [= You said (that) **you would go** to the library ~] …⟨2인칭 주어시⟩
  (너는 방과 후 도서관에 갈 거라고 말했다)

⟨「시제일치」 원칙에 따르되, 종속절 내에서 의지 미래임을 명확히 하기 위하여⟩

- He said (that) **he should** never forget it.   …⟨주어의 의지⟩
  [⇐ He said, " I shall never forget it."]
  (그는 그것을 결코 잊지 않겠노라고 말했다)

- He asked me if **he should** call a taxi.   …⟨ 화자의 의지 ⟩
  [⇐ He said to me, " Shall I call a taxi?"]
  (그는 나에게 택시를 부를까를 물었다)
- I asked him if **I should** shut the window.   …⟨ 상대의 의지 ⟩
  [⇐ I said to him, "**Shall I shut** the window?"]
  (나는 그에게 창문을 닫을까를 물었다)

⟨ 가정법 과거의 조건절과 귀결절에서 ⟩

▶ 조건절에서 있을 법 하지 않거나, 걱정이 많이 되는 일을 강하게 가정 시 :
「가정법 미래」 용법에 해당

- Even if **the river should flow** backward, I will not betray you.
  (비록 저 강물이 역류하는 일이 있다 해도 나는 너를 배반하지 않겠다)

- Even if **movies should fall** away, there is still the television to fill up the void.
  (설령 영화가 없어진다 해도 TV가 그 빈자리를 메우게 될 것이다)

- If **I should fail**, I would try again.
  (만일에 실패한다고 하더라도 나는 다시 해보겠다)

- If **anyone should come** to see me, tell him I'm not at home.
  (혹시 누가 날 찾아오거든 부재중이라고 말해라)

- I will go there, unless **it should be** rainy.
  (비가 오지 않는 한, 나는 가겠다)

- If **it should rain** tomorrow, they would[will] not come here.
  (혹시라도 내일 만약 비가 오면, 그들은 여기 오지 않을 것이다)
  ※ 위 귀결절에서 would 대신에 will을 쓰면 가정 내용의 가능성이 더 높다고 보는 느낌을 준다.

- **Should he** [=If he] **be given** another chance, he will[would] do his best. (만일 그에게 또 한 번의 기회가 주어진다면, 그는 자신의 최선을 다할 것이다)

▶ 조건·양보 문의 귀결절에서 : 「가정법 과거」 용법에 해당
  ※ 1인칭 주어에서는 단순미래, 2, 3인칭 주어에서는 화자의 의지를 표현

- If he came, **we should be delighted**.
  (그가 와준다면, 우리는 참 기쁠 텐데)

- If you could help me, **I should be grateful**.
  (당신이 저를 도와주실 수 있다면, 참 감사하겠습니다)

- If I were rich, **I should donate** to charity.
  (내가 부자라면, 자선 사업에 돈을 기부할 텐데)

- If you were to quarrel with him, **I should feel** very **sorry**.
  (혹시라도 네가 그와 다툰다면, 나는 무척 섭섭해 할 것이다)

- Were he to arrive, **I should be pleased**.
  (만일 그가 도착한다고 하면, 저는 기쁘겠습니다만)

- If it had not been for your advice, **I should have failed** in the business.
  (만일 너의 충고가 없었더라면, 나는 그 사업에서 실패했을 것이다)

- If I had been in your place, **I should have done** as you are doing.
  (만일 내가 당신의 입장이었다 해도, 나도 당신이 지금 하시는 것처럼 했을 것입니다)

- **I should have preferred** to stop longer. ····〈과거완료형 조건절 생략〉
  ((여건이 허용됐었더라면) 좀 더 있고 싶었습니다만)

〈 있을 듯한[개연성 있는] 미래나 기대 〉

- **They should come** by three o'clock, I think.
  (그들이 아마도 3시까지는 올 것으로 생각한다)

- If you come back next week, **we should have** some in stock then.
  (다음 주에 다시 오시면, 그땐 재고가 있을 거예요)

⟨ 조건절의 내용을 암묵적으로 내포한 채,
　귀결절에서 자신의 주장이나 생각을 완곡하게 표현 시 ⟩

- **It should seem** that the ancients thought that way.
  (아마도 옛 사람들은 그러한 생각을 했던 것 같다)
- He is far over 60, **I should say**.
  [= He is well past 60, **I should say**]
  (그는 아마 60세가 훌쩍 넘었을 걸)
- It is not very hard, **I should say**.
  (그것이 그다지 어렵지는 않을 것입니다)
- Is he going to give it up? — Yes, **I should think** so.
  (그가 그것을 단념하려는 걸까? — 그래, 아마 그런 것 같아)
- **I should get** it **back** as soon as possible.
  (나 같으면 되도록 빨리 그것을 되찾아 놓을 텐데)

② Would의 용법

⟨「시제일치」원칙에 따르되, 종속절 내에서 인칭에 따른 단순·의지 구분해 사용 ⟩

- I thought (that) **he would do** it at once. ···· ⟨ 3인칭 단순미래 ⟩
  [⇐ I think that **he will do** it at once]
  (나는 그가 그것을 곧 하게 될 것이라고 생각했다)
- I said (that) **I would try**. [⇐ (I say), "**I will try**"] ··· ⟨ 1인칭 의지미래 ⟩
- I wished (that) **he would come**. ···· ⟨ 3인칭 단순미래 ⟩
  (나는 그가 와주었으면 좋겠다고 생각했다)
  cf : I wish (that) **he would come**. [X= I wish he will come]
  　　(그가 와주면 좋겠는데)
  cf : I wish/want (that) **you would be** quiet. [X=You will be quiet]
  　　(제발 좀 조용히 해주십시오)
  　　※ 주절의 동사가 wish/want인 종속절은 불확실한 내용을 내포한 가정법적 성격을
  　　　띠므로 주절 동사의 현재/과거에 상관없이 조동사는 would(또는should)라야 한다.

- She believed that **her husband would soon get well.**
  (그녀는 남편의 병이 곧 낫게 될 것으로 믿었다) … 〈3인칭 단순미래〉
- I asked her if **she would go** to the party. … 〈3인칭 단순미래〉
  [⇐ I asked her, "Will you go to the party?"] … 〈2인칭 의지미래〉
  (나는 그녀에게 파티에 갈 것인지 물었다)
- She said **she would be very pleased.**
  (매우 기쁘게 생각할 것이라고 그녀는 말했다)
- I thought **you would have finished** it by then. … 〈2인칭 단순미래〉
  (그때까지는 네가 그 일을 다 마쳤을 것으로 생각했다)
- He said that **he would do** his best. …〈직접화법 속의 의지미래 조동사를
  (그는 최선을 다하겠다고 말했다)   그대로 가져와서 의지미래임을 표현한 경우〉
  [⇐ He said, " I will do my best."]   ……… 〈1인칭 의지미래〉
- He said that if he had ₩2,000,000, **he would go** abroad.
  [⇐ He said, "If I had ₩2,000,000, I would go abroad."]
  (만약 2백만 원이 있다면 해외여행을 갈 텐데 라고 그는 말했다)

〈 **추측을 나타낼 때 : ~일/할 것이다, 이었을/했을지도 모른다** 〉

  ※ 현재의 추측이든 과거에 대한 추측이든 동일하게 「would+본동사」 사용

- I don't know **what it would be.**
  (그것이 무엇인지 나는 모른다)
- That's what **most men would say.**
  (대부분의 사람들은 아마 그렇게 말할 것이다)
- A man who wanted to live a worthy life// **would not waste** even a fraction of a moment. (가치 있는 인생을 보내고 싶은 사람이라면, 한 순간이라도 허비하지는 않을 것이다)
- **She would be** 80 when she died.
  (그녀가 죽었을 때 80 세는 되었을 것이다)
- I suppose **he would be** about fifty when he obtained a doctorate.
  (짐작컨대 그가 박사학위를 취득한 것은 50세쯤 되었을 때일 것이다)

- I would'nt have thought **he would do** a thing like that.
  (설마 그가 그런 짓을 하리라곤 생각지도 못했다)

〈 가정법의 조건절과 귀결절에서 〉

▶ 귀결절의 2인칭, 3인칭에 쓰여 : "화자의 무(無) 의지의 상상"을 나타낸다.

- If <u>the car ran</u> against it, **they would be killed** on the spot.
  (만약 차가 거기에 충돌한다면, 그들은 즉사할 것이다) …〈 가정법 과거형 〉
  ※ 가정법 과거형 :「현재의 사실과 반대되는 상황」을 가정하는 방식을 말함

- **you would do** better <u>if</u> <u>you used</u> a dictionary.
  (너는 사전을 사용하면 더 잘할 것이다)

- **He wouldn't do** that <u>for[=even if he received]</u> a million dollars.
  (그는 100만 달러를 받아도 그런 일은 결코 하지 않을 것이다)

- If <u>the car had run</u> against it, **they would have been killed** on the spot.   …〈 가정법 과거완료형 〉
  (만약 차가 거기에 충돌했었다면, 그들은 즉사했을 것이다)
  ※ 가정법 과거완료형 :「과거의 사실과 반대되는 상황」을 가정하는 방식을 말함

▶ 귀결절의 1인칭에 쓰여 : "주어의 **상상/추측 및 의향/의지**"를 나타낸다.

- If <u>I were rich</u> enough, **I would buy** it.
  (내가 부자라면, 그것을 살 텐데)

- **I would do** it for myself <u>if</u> <u>I were</u> you.
  (내가 너라면, 직접 그것을 할 텐데)

- **I would have** nothing to do with it.
  (나는 그런 일에는 관여 않겠다)

〈 조건절에서 과거사실과 반대되는 사항을 과거완료로 써서 가정한 경우 〉
(=가정법 과거) : 귀결절에서는 [would+현재완료형]으로 한다 〉

- If <u>I had known</u> the news, **I would have told** it to you.
  (내가 그 소식을 알고 있었더라면, 너에게 알렸을 텐데)

- Without your help, I **wouldn't have published** the book.
  (당신이 도와주시지 않았었다면, 나는 그 책을 출판하지 못했을 거예요)

  ▶ 조건절의 1인칭, 2인칭에 쓰여 : 주어의 "상상을 포함한 의지"를 나타낸다.

- I could do so if I would.
  (내가 (정말로) 하고 싶다면, 그렇게 할 수야 있지만)
- If **you would succeed**, you must work hard.
  (네가 (정말로) 성공하고 싶으면, 열심히 공부해야지)
- If **you would understand** a nation, you must know its language.
  (한 국민을 알고자 한다면, 그 국어를 알지 않으면 안 된다)

⟨ **조건절의 내용을 암묵적으로 포함한 채,
귀결절에서 주어의 주장이나 생각을 완곡하게 표현 시 : 완곡한 추측에 해당** ⟩

- **It would seem** (to be) likely. (어쩐지 그럴 것 같은 생각이 든다)
- **One would have thought** that. (누구든 그렇게 생각했을 것이다)
- **Who would have thought** it? (누가 그것을 생각 했을까; 참 뜻밖이다)

3 현재·과거 시제에서의 조동사 활용

▶ 현재와 과거 시제는 현재와 과거의 사실·상태, 습관 및 반복적 동작을 나타낸다. 그 외에
- 현재시제는 불변의 진리와 역사적 사실의 생생한 묘사를 하며, 조건이나 때를 나타내는 문절에서는 미래시제의 대용으로도 쓰이고
- 과거시제는 경우에 따라서는 특정한 부사 등과 연계하여 현재완료를 대용하기도 한다.

▶ 현재와 과거 시제에서 널리 활용되는 조동사는 단연 「Do」로서,
- 조동사 「Do」는 부정문, 의문문, 강조문, 도치구문을 만드는 데 사용되고
- 본동사가 Do일 때도, 부정문·의문문을 만들 때는 조동사 Do가 별도로 필요하다.
- Do 조동사의 단축형[간략형] 사용 요령 (don't, doesn't, didn't)
  - 명령형 부정문에서는 : 단축형을 쓰는 것이 일반적임
  - 기타형의 부정문에서는 : 완전형과 단축형 사용이 임의적임
  - 강조형 긍정문에서는 : 완전형[비간략형]을 쓰야 함

▶ 한편, 「Be」와 「Have」는 조동사·본동사를 겸하므로 조동사 Do 없이도 스스로 부정문·의문문을 만들 수 있다. 그러나
- <u>「Be」는 부정의 명령문에서는 통상 Do 조동사를 필요로 한다.</u>
  - 다만, 고어와 문어체에서는 부정 명령문에서도 「Be not」를 쓰기도 함
- <u>「Have」는 영국식 영어로는 부정문·의문문 만들 때 Do 조동사를 필요로 하지 않지만,</u>
  - 미국식 영어에서는 미래형·완료형·완료진행형 시제를 제외하고는 Do 조동사의 도움이 반드시 필요하다.

(1) 부정문•의문문에서 조동사 Do의 활용

1) 부정문에서 조동사 Do의 활용

▶ [Do + not]를 쓰서 일반동사인 본동사를 부정한다.

	현 재 시 제		과 거 시 제	
	완 전 형	간 략 형	완 전 형	간 략 형
1인칭 단수/복수 (I /we)	do not	don't	did not	didn't
2인칭 단수/복수 (you/you)	do not	don't	did not	didn't
3인칭 단수 (he/she/it)	does not	doesn't	did not	didn't
3인칭 복수 (they)	do not	don't	did not	didn't

- I **do not**[=don't] <u>love</u> her. (나는 그녀를 사랑하지 않는다)
- She **does not**[=doesn't] <u>like</u> mathematics.
  (그녀는 수학을 좋아하지 않는다)
- It **does not**[=doesn't] <u>do</u> you any harm to do so.
  (그렇게 한다고 해서 당신에게 해(害) 될 건 없다)
- Dark colors **don't**[=do not] <u>do</u> anything for her.
  (어두운 색은 그녀에게 전혀 어울리지 않는다)
    cf ; The picture **does not** <u>suit</u>[fit] your room.
        (그 그림은 네 방에 어울리지 않는다)
    cf : The dress **doesn't** <u>look</u> you nice[fine].
        (그 옷은 너한테 잘 어울리지 않는다)
- He **didn't**[=did not] <u>do</u> well in his job interview today.
  (그는 오늘 채용면접에서 잘하지 못했다)
- She **didn't**[=did not] <u>do</u> like a lady. (그녀는 숙녀답게 행동하지 못했다)

- We **didn't**[=did not] want to pick a quarrel with her.
  (우리는 그녀에게 시비를 걸고 싶지 않았다)
- (Every) now and then, you have to do things// you **don't** want to do. (때로는 네가 하기 싫은 일도 해야 한다)
- I **did not** want to be anything **but** a writer.
  (나는 작가 외에는 아무것도 되고 싶지 않았다)
- Tom **does not**[=doesn't] learn French. **but** German.
  (톰은 프랑스어를 배우지 않고 독일어를 배운다)
  ※ not가 접속사(but)에 연계되면: 전자(프랑스어)를 부정, 후자(독일어)를 긍정
- I **don't** have **or** want it. [=I don't have and don't want it]
  (나는 그것을 갖고 있지도 않으며 바라지도 않는다)
  ※ not가 접속사(or)에 연계되면: 전자(have)도 부정하고, 후자(want)도 부정
- They **didn't** have a drink, **and** did not have a good time.
  [= They **didn't** have a drink, **or** have a good time]
  (그들은 술은 한잔도 마시지 않았고, 즐겁게 놀지도 못했다)
- I **did not** intend to insult you at all.
  (나는 당신을 모욕할 생각은 전혀 없었소)
- She **does not**[=doesn't] seem to like fish.
  (그녀는 생선을 좋아하지 않는 것 같다)
  ※ 위에서 not은 실제로는 like를 부정하지만, 본동사(술어동사)가 seem, appear, happen, intend, plan/mean, want 따위일 경우에는 이렇게 술어동사 앞으로 전이(轉移)해 쓴다.
- I **do not**[=don't] feel very cold. (나는 별로 춥지 않다)
  ※ 위에서 부정부사 not은 본동사(feel) 외에, 강조부사(very, particular, extremely, quiet 등)에도 작용하여 강조를 부분적으로 부정하여 그 강도를를 좀 떨어뜨리는 효과를 낸다(이른바 '부분부정').
  cf: I **don't** quite understand the situation. …… 〈부분부정〉
  (나는 그 상황을 완전히는 모른다)

cf : I **don't** understand the stuation at all. ……〈전면부정〉
   (나는 그 상황을 전혀 모른다)

- You **don't** have to pay for gas or parking.
   (당신은 (차의) 기름 값이나 주차비를 낼 필요가 없다)
   ※ 위 문장은 특수 조동사(have to; 해야 한다)를 부정한 용법이다.

- It **doesn't** feel like rain right now[for the present].
   (지금 당장은 비가 올 것 같진 않다)

- You went to see her yesterday, **didn't** you?
   (당신은 어제 그녀를 만나러 갔던 거죠 — 안 그런가요?
   ※ 위에서 didn't는 반문(反問) 투의 추가 의문문에 쓰인 경우이다.
      - 앞절이 긍정문이면 후절에서는 부정문으로 되묻고,
      - 앞절이 부정문이면 후절에서는 긍정문으로 되물어야 한다.
   cf : You **didn't** go to see her, **did** you?
      (당신은 그녀를 만나러 가지 않았던 거죠 — 그렇죠?)

- I **don't** think the boss noticed that you weren't here.
   (사장님은 당신이 여기 오지 않은 걸 (아직) 눈치 채지 못하신 것 같다)

- I **don't** think he will come. (나는 그가 오지 않으리라고 생각한다)
   ※ 위에서 not은 실제 의미상으로는 종속절(he will come)에 걸려 그것을 부정하는 것이지만, 형식상 주절(I think)로 전이(轉移)하여 부정문을 만든 경우이다.
      - 주절의 본동사(서술동사)가 think, believe, expect, imagine, suppose, guess 등 주관적인 판단/추정을 뜻하는 동사가 올 때는 not을 이렇게 전이해 쓰는 것이 완곡하고 겸손한 부정의 뉘앙스가 풍겨 의례상 좋다.
      - 만약 " I think he will not come."으로 고쳐 쓰면 직접적/적극적 부정이 되어 어감이 좋지 않게 들린다.

- I **don't** deny but (that) it is difficult.
   (나는 그것이 어렵다는 것은 부정하지 않는다)

※ deny, doubt, question, wonder 따위의 본동사를 부정하는 문장에서 「but that ~ 」는 「~ 라는 사실은」의 뜻으로 해석되고 앞절의 not와 연계되어 「양보」의 뜻이 약간 섞인 부정문이 된다.

- If you **don't** be quick, you will miss the train.
  [= **Do** be Quick, or you will miss the train]
  (서두르지 않으면[서두르라, 그렇지 않으면] 너는 열차를 놓치겠다)
  ※ 강조를 위해 가정 부정문이나 긍정 명령문에서 be 동사 앞에서도 Do를 쓴 경우임

- I don't have a brother. (나는 형제가 하나도 없다) ……〈미국식(현대적)〉
  [= I **have not**(haven't) a brother] ……〈영국식(전통적)〉
  [= I **haven't** got a brother] ……〈영/미 혼용식〉

  ※ have도 조동사이므로 영국식 영어에서는 전통적으로 have를 조동사와 본동사를 겸한다고 간주하여 부정문과 의문문 만들 때 조동사 Do를 개입시키지 않는 경향이 있다.

  ※ 한편 위에서 " I haven't got"은 외형상 완료형 형식이지만, 이때의 got은 음운상의 균형을 맞추기 위한 것일 뿐, 완료적이거나 특별한 의미가 없음

  ※ 그러나 현대 영어, 특히 구어체에서 위와 같이 got을 have에 붙여 쓰는 경향이 늘고 있는데, 'have to~(해야 한다)'를 'have got to~'로 쓰는 경우도 이와 같은 맥락이라 하겠다.

- You **don't have to** work so hard. …… 〈미국식〉
  [= You **haven't (got) to** to work so hard. …… 〈영국식/혼용식〉
  (그렇게 열심히 일하지 않아도 된다)

- I **don't have**[=haven't] a house of my own[mine] as yet.
  (나는 아직까지 내 집이 없다) ※ X= a my house, a my friend

- I **didn't** have[=hadn't] any time to see her.
  (나는 그녀를 만날 시간이 전혀 없었다)

- **Don't** (you) touch me! (내 몸을 건드리지 마라!)
  ※ 위에서 대명사(you)를 넣으면 더 강조하는 느낌을 준다.

- Hands up [=Put your hands up]! **Don't** any body move!
  (손들어! 누구든 꼼짝하지 마!)
- **Don't** worry and **be** happy. (걱정하지 말고 행복하여라)
- **Don't** get me wrong. (날를 오해하지 마라)
- Whatever you do, **don't** go there again.
  (뭘 하건 간에 (절대로) 거기엔 가지 마라)
- **Don't** do such a foolish thing. (그런 어리석은 짓을 하지 마라)
  ※ 위에서 보는 것처럼 부정형 명령문에서는 특별히 강조할 목적이 아니라면, 간략형/단축형을 쓰는 것이 일반적이다(don't, doesn't, didn't).

> ▶ Be 동사는 조동사·본동사를 겸하고 있으므로 통상 Do 조동사를 필요로 하지 않지만,
>   ― 부정 명령문에서는 Do 조동사가 반드시 필요하고,
>   ― 긍정 평서문이나 부정 가정문에서도 강조를 할 때는 Do 조동사가 필요하다

- **Don't** be long uselessly. (공연히 시간을 끌지 마라)
- **Don't** be too confident. (너무 뻔뻔스럽게 굴지 마라)
- **Don't** be too afraid of snakes. (뱀을 너무 무서워하지 마라)
- **Don't** be so angry. (그렇게 화내지 말게)
- **Do** be careful! (제발 조심해!) …〈be동사 명령문에 대한 강조〉
- **Do** be grave! (아무쪼록 용기를 내게!) …〈위와 같음〉

  cf : **Do** come in! (어서 들어오세요) ……〈일반동사 명령문에 대한 강조〉

  cf : **Do** give me some advice. (나에게 충고를 좀 해주시오)…〈위와 같음〉

  cf : **Do** have another sandwich. (샌드위치 하나 더 드세요)

- It **does** make me angry when peopie are rude!
  (사람들이 무례하게 굴면 정말 화가 나!) …〈일반동사 긍정문에 대한 강조〉

cf : You **do** <u>look</u> <u>beautiful</u>! (너 정말 예쁘다!) …〈위와 같음〉

- If you **don't** <u>be</u> <u>quick</u>, you will miss the train.
  (바짝 서두르지 않으면 너는 열차를 놓치겠다) …〈부정 가정문에서의 강조〉

  cf : Vicky did <u>very</u> <u>well</u> after her surgery. …〈이때의 did는 본동사임〉
  (비키는 수술 후 건강이 아주 좋아졌다) ※ do well ; 좋아지다

> ▶ Not 이외의 기타 각종의 부정 부사/형용사/대명사가 포함된 문장에서는 Do 조동사[don't]가 개입되지 않는 것이 일반적이다(즉 Do 조동사의 부정에는 부정부사로서 Not가 쓰임). 그러나 Not 외의 부정사(否定詞)사에 대해서도
>
> — '강조'가 필요한 경우에는 Do 조동사가 일부 개입될 수 있으며,
> — 그들 부정부사나 기타 부사(구)가 문두에 선치되어 동사부에 도치가 일어나는 경우에도 Do 조동사가 개입될 수 있다.
>
> ▶ Not 이외의 -부정부사들 : no, never, seldom, neither, nor, scarcely, hardly 따위
>
>   -부정형용사 : no, little, few 등
>
>   -부정대명사 : none, nothing, few 등
>
> — 'no'는 부정 부사와 부정 형용사의 기능을 함께 갖고 있어서 흔히 명사(구, 절 포함) 앞에 붙어서 직접 부정의 뜻을 나타내기도

- I have **no** <u>mony</u>[time/friends]. (나는 돈[시간/친구]이 없다)
- **Nobody**[=**No one**] <u>knows</u> the trouble I've[=I have] seen.
  (내가 겪은 이 고통 아무도 모르리라) ……〈흑인 영가 중에서〉
- He is **no** <u>genius</u>[fool]. (그는 결코 천재[바보]가 아니다)
- I **no longer** <u>trust</u> him. [=I **don't** <u>trust</u> him any longer]
  (나는 이제 (더 이상) 그를 믿지 않는다)

- He is **nothing** of an artist. (그는 예술가다운 데가 전혀 없다)
- **Nothing** is easier than to cheat him.
  (그를 속이는 것만큼 쉬운 일은 없다)
- **Nothing** great is easy. (위대한 일에 쉬운 것은 없다)
- It helps **nothing**. (그것은 아무 도움도 안 된다)
- I have **nothing** to do with the matter.
  (난 그 일에는 조금도[하등의] 관계가 없다)
- "Is it gold?" — "Gold **nothing**."
  ("그것은 금(金)인가?" — "금이라니, 원 별 소릴.")
- We said **nothing**[=We didn't say anything].
  (우린 아무 말도 하지 않았다)
- There is **no** telling[saying/knowing] what may happen.
  (무슨 일이 일어날지 아무도 모른다)
- He **never** so much as smiled. (그는 웃기조차도 하지 않았다)
- These shoes will **never** do. (이 구두는 전혀 못 쓰겠다)
   (본동사)
- I have **never** seen a panda. (나는 아직 팬더를 본 적이 없다)
- I have **never** been there. (나는 아직 거기에 가본 적이 없다)
- I **never** drink whiskey. (나는 위스키를 안 마신다)
  cf : I **never** do drink. (나는 위스키라곤 절대 안 마신다) …〈강조문〉
- Have you ever been to London? — No, I **never** have.
  (런던에 가보신 적이 있나요? — 아니오, 한 번도 가본 적이 없어요)
  ※ 본동사가 생략된 경우에는 never가 조동사 have의 앞에 위치한다.
- I **never** had a cent. (나는 단 1센트도 없었다) ※ had ; 본동사
- **Never** mind ! (괜찮아, 염려마라)

- I **never** said such a thing. (나는 절대로 그런 말을 한 적이 없다)
  cf : He spoke **never** a word. (그는 한 마디도 말하지 않았다)
  ※ never는 통상 본동사 앞에 두지만, 위 문장에서는 '한 마디'도 하지 않았음을 강조하기 위해 해당 명사 앞에 직접 붙인 경우이다.

- He **seldom** commits an error. (그는 좀처럼 과오를 범하지 않는다)
- There is **hardly** any time left. (시간이 거의 얼마 안 남았다)
- There is **very little** money left. (돈이 정말 거의 안 남았다)
- Many of students speak **little** or **no** English.
  (많은 학생들이 영어를 거의 또는 전혀 못한다)
- He makes **little** efforts to improve.
  (그는 나아지려는 노력을 거의 하지 않는다)
- I slept **scarcely**[hardly] any all the night.
  (나는 밤새 거의 한잠도 못 잤다)

〈 뜻하는 의미와는 다소 반대의 의미를 갖는 어구 앞에 쓰서 표현을 완곡하게 하거나, 이중부정의 결과 긍정의 뜻을 나타내는 경우 등 〉

- **Very few** have seen it. (그것을 본 사람은 거의 없다)
- It wil cost you **a (good) few**. (돈이 꽤 (많이) 들 것이다)
- **No fewer than** fifty persons were present. (50명이나 출석했다)
  [= **As many as** fifity persons were present]
- That news interested me **not a few**.
  (그 소식은 나에게 적지 않게 흥미를 불러일으켰다)
  [= 나는 그 소식에 적지 않은 흥미를 갖게 되었다]
- He lost **not a little** on the race. (그는 경마에 적잖은 돈을 날렸다)
- There was **not much hope** of their getting well.
  [=There was **not much hope** that they would get well]
  (그들이 건강을 회복할 가망은 별로 없었다)

- It is **not** uncommon to live a single[unmarried] life nowadays.
  (오늘날 독신으로 살아가는 것은 희귀한 일이 아니다)
    cf : **not** long ago(최근에), **not** seldom(종종),
       not once or twice(한, 두 번이 아니게; 여러 번)
       not too well(별로 신통치 않은), **not** much(별로)
       not without some doubt(의심스러운 점이 없지는 않은)

〈 **Neither, Nor, Nothing, None 따위의 부정사가 포함된 부정문** 〉

▶ 통상 「Not ~ Neither」, 「Neither/Not ~ Nor」로 짝을 이루어
부정문을 만드는 경우가 흔하지만, Neither는 앞 구절에 Not가
있는 것을, Nor는 앞 구절에 Not나 Neither가 있음을 암묵적으로
전제하여 단독으로도 종종 쓰인다.
— 앞 구절의 부정에 대응해 같이 부정하지만, 강도 면에서는
  Neither보다는 Nor 쪽의 어감이 더 강하다.
— Neither나 Nor는 부사 기능으로 쓰여 문두에 선치되면 서술부에는
  도치현상이 일어나 [조동사+주어+본동사]로 어순이 정렬된다.

- **Neither** father **nor** mother is at home.
  (아버지도 어머니도 집에 안 계십니다)
- **Neither** silver **nor** gold can buy it.(은으로도 금으로도 그건 못 산다)
- He can **neither** read *nor* write. (그는 읽지도 쓰지도 못한다)
- **Not** a man, **nor** a child is to be seen.
  (어른도 아이도 눈에 띄지 않는다)
- Thou[=Neither thou] **nor** I // have made the world.
  (이 세상을 만든 건 너도 아니고 나도 아니다)
- I said (that) I **had not** seen it, **nor** had I.
  (그것을 보지 않았다고 말했지만, 사실 나는 보지 않았다)
- The tale is too[so] long, **no**r have I heard it out.

(그 이야기는 너무 길어서 나는 그걸 끝까지 다 들은 적이 없다)
- The day was bright, **nor** were there clouds above.
(그날은 맑았고, 상공에는 구름 한 점 없었다)
- **Neither** opinion is wrong. (어느 쪽 의견도 틀리지 않는다)
- The first **isn't** good, and **neither is** the second.
(첫 번째 것도 좋지 않지만, 두 번째 것도 시원찮다.)
- **Neither** of the stories was[were] true.
(어느 쪽 이야기도 사실이 아니었다)
 ※ neither는 통상 단수로 취급되지만, 구어에서는 ― 특히 위와 같이 of 뒤에 복수의 명사/대명사가 올 경우에는 ― 종종 복수로도 쓰인다.
- I want **nothing** to do with you. (당신 하고는 상관하고 싶지 않다)
- **None** are completely happy. (완전하게 행복한 사람이란 없다)
- We've heard **none** of him since.
(그때부터 그의 소식은 아무것도 듣지 못했다)
- That is **none** of your business.
(이건 네가 알 바 아니다; 참견하지 말라)
- Silver and gold have I **none**. ……〈사도행전 4 : 6에서〉
(은과 금은 (둘 다) 내게 없도다)
 ※ none은 보통 복수로 취급되지만, 단수로 취급되어 사용되기도 한다.

▶ '강조'나 '문장의 균형' 도모를 위해 부정부사를 비롯한 부사(구)를 문두에 선치하여 서술(동사)부에 도치가 일어나면 흔히 Do 동사가 개입된다.
― 그러나 Be 동사는 조동사와 본동사를 겸하므로 Do 조동사를 필요로 하지 않는다.
― 또한 완료형의 경우에도 Have/Has 자체가 조동사이므로 도치 시 Do 조동사가 개입되지 않는다.

- "I am not hungry." ― "**Neither** am I."
("나는 배가 고프지 않아." ― "나도 그래.")

- **Never** in all my life <u>have</u> I <u>been</u> so embarrassed.
  (내 평생 그렇게 당혹스러웠던 적이 없었다)
- I speak French and **so** <u>does</u> my wife.
  (나는 프랑스어를 할 줄 알고 내 아내도 한다)
- "She **didn't** <u>have</u> any lunch." — "**Neither** <u>did</u> I."
  ("그녀는 점심이라곤 아무것도 안 먹었어." — "나도 그래."
- He **doesn't** <u>speak</u> German. — **Nor[Neither]** <u>does</u> his brother.
  (그는 독일어를 사용하지 않는다. — 그의 동생도 쓰지 않는다)
- **Not only** <u>did</u> she <u>tell</u> lies, **but** she also stole things.
  (그녀는 거짓말을 했을 뿐만 아니라, 물건도 훔쳤다)
- **Only after weeks of vain effort** <u>did</u> the right idea <u>occur</u> to me.
  (헛수고를 여러 주일 한 뒤에야 비로소 적절한 생각이 떠올랐다)

▶ 준(準) 동사(Quasi-Verb)의 부정에서는 Do 조동사를 쓰지 않는다.
  — 즉 "don't"로 하지 않음
▶ 준 동사(부정사(不定詞), 분사, 동명사)의 부정에는 Not를 그 앞에 직접 붙인다.

⟨ 부정사(不定詞; Infinitive)에 대한 부정 ⟩

- I asked[told/begged] him **not** <u>to make</u> a noise.
  (나는 그에게 떠들지 말도록 요청했다)
- I got up early so as[in order] **not** <u>to miss</u> the 7:00 a.m. train.
  (나는 7시 발 열차를 놓치지 않도록 일찍 일어났다)
- I came to bury Caesar, **not** <u>to praise</u> him.
  (나는 시저를 매장하러 온 것이지, 그를 찬양하러 온 것이 아니다)
  — Shakespeare 작 "Julius Caesar" 중에서

- The most important thing in Olympic Games// is **not** to win but to take part in. (올림픽 대회에서 가장 중요한 것은 이기는 데 있는 것이 아니고 참가하는 데 있다)

- She knows French and Spanish, **not** to speak of English.
  [She knows French and Spanish, to say **nothing** of English]
  (그녀는 영어는 말할 것도 없고, 프랑스어와 스페인어도 말할 줄 안다)

- I have **nothing** particular to do. (나는 특별히 할 일이 없다)
  ※ nothing, something, anything에 대한 형용사는 바로 뒤에 붙인다.

- That's[=That is] **nothing** to speak of.
  (그것은 대수롭지 않은 일이다; 말할 거리가 못되는 사소한 일이다)
  cf : She did **nothing** but cry. (그녀는 울기만 했다) …〈원형부정사〉

- It's **nothing** to worry about. (그건 걱정할 만한 일은 아니다)

〈 동명사(動名詞; Gerund)에 대한 부정 〉

- I am sure of his **not** failing this time.
  [= I am sure that he will not fail this time]
  (나는 그가 이번에는 실패하지 않을 것을 확신한다)

- I regret **not** having done so.
  [= I regret that I didn't so]
  (나는 그렇게 하지 못한 것을 후회한다)

- I regret his **not** having done it.
  (나는 그가 그것을 하지 않은 것이 유감스럽다)

- He reproached me for (my) having let him know about it.
  (그는 내가 그것을 자신에게 알려주지 않은 것을 비난했다)

〈 분사(分詞; Particpal)에 대한 부정 〉

- Students **not** wearing school uniform(s) tomorrow will be cautioned.
  (내일 교복을 입고 오지 않는 학생은 주의를 받을 게다)

- **Not** <u>knowing</u>, I cannot say. (모르니까 나는 말할 수 없다)
- **Not** <u>knowing</u> where to sit, he kept standing for a while.
  (어디 앉아야 될지 몰라서, 그는 잠시 그대로 서 있었다)
- **Not** <u>looking around</u> cautiously, he ran away in a hurry.
  (주위를 조심스럽게 둘러보지 않고, 그는 허겁지겁 도망쳤다)
- **Not** (being) <u>tired</u>, the farmer weeded a rice paddy till after dark.
  (농부는 피곤하지 않았기 때문에 해가 진 뒤에까지 벼논의 김을 맸다)
- She burst out laughing[burst into laughter], **not** <u>being able to help</u> it. (그녀는 참다못해, 그만 폭소를 터뜨리고 말았다)
- **Not** <u>having money enough</u>, I can't enjoy shopping to the full.
  (돈이 넉넉하지 않아서 나는 쇼핑을 마음껏 즐길 수 없다)
  ※ '마음껏'의 유사표현 : to my heart's content, to the utmost/hilt

> ▶ 부분부정 : 부정(不定) 대명사인 all, every, both, whole 따위 및 한정력이 강한 부사인 always, necessarily, completely, wholly, altogether/entirely 등이 부정되었을 때는 전면적 부정이 아니라, 부분적인 부정으로 이해해야 한다.
> ─같은 맥락에서 very, much, too, well 등에 관련된 부정도 문맥상 부분부정의 의미를 띠는 경우가 있다.
> ─ 즉, 「모두가 ~은 아니다」, 「반드시 ~은 아니다」, 「반드시 ~라고는 할 수 없다 」, 「그렇게 대단히 아닌(별로)」 등으로 해석해야 될 경우이다.

- **Not** <u>every man</u>[everyone] <u>can be</u> an artist.
  [= Every man cannot be an artist]
  (누구나 다 예술가가 될 수 있다고는 할 수 없다)
- **Not** <u>everybody</u> <u>wants to go</u> there.
  (모두가 다 거기에 가고 싶어 하는 것은 아니다)

- **Not** everyone likes him. (누구나 그를 좋아하는 것은 아니다)
  cf : **Nobody** likes him. (아무도 그를 좋아하지 않는다) …〈전면 부정〉
- **Not** all the bees go out for honey.
  (모든 벌들이 다 꿀을 따러 나가는 것이 아니다)

  ※ 위 문장들에서처럼 Not가 (문두에 선치되어) 특정 어구(주어 등)를
  직접 부정한 경우에는 Do 조동사를 동반하지 않는다.

- All is **not** gold that glitters. (속담; 번쩍인다고 모두 다 금이 아니다)
- I **don't know** both of them. (나는 양쪽을 다 아는 것이 아니다)
- The rich are **not** always happy. (부자라고 반드시 행복한 것은 아니다)
- I **don't say** your idea is always wrong.
  (당신 생각이 반드시 틀렸다고 말하는 게 아니다)
- I **don't** necessarily need another car.
  (내가 반드시 차를 한 대 더 필요로 하는 것은 아니다)
- The carpet is **not** completely ruined.
  (그 카펫은 완전히 못 쓰게 된 것은 아니다)
- That is **not** altogether/entirely false.
  (그게 전혀 거짓말만은 아니다)
- The fridge[=refrigerator] **isn't** very cold. — Is it broken?
  (냉장고가 그다지 차갑지 않네. — 고장이 난 걸까?)
- I **haven't seen** much of her lately.
  (최근에 나는 그녀를 자주 만나지 못했다; 더러는 만났다)

▶ **참고 : 부정어 사용에 관련해 특별한, 또는 변칙적/비표준적인 용례들**

① 고어체 : 조동사 Do의 도움 없이 직접 서술동사 뒤에 Not을 붙인 경우
② 다른 부정어와 병용하여(속어 등에서):
— 다른 문절(등위 절 또는 종절/주절) 간에 부정어를 병용하는 것은 정상임
— 그러나 단순/단일 문절 내 부정어를 병용하는 것은 이례적/변칙적임
③ No의 강조형으로서, 또는 관용적 접속구를 이루어 부정어가 사용되는 경우
④ 부정의 문장·동사·절 등의 생략에 대한 대용으로서 부정어를 사용하는 경우
⑤ 술어[서술]동사·문장 이외의 어구를 특정하여 강조하여 부정하는 경우
⑥ 기타 관용적인 특별한 표현 등

※ **유의점** : 변칙적/비표준적 문형에 대해서는 문장해석 시에 문맥에 따라
필자/화자의 의도를 감안해 적의 해석하는 데는 참고할 것이지만,
— 작문을 하거나 스피킹 시에는 가급적 사용을 자제해야 할 것이며,
— 정확한 문장 표현인지를 묻는 문법력 테스트 등에서는 정답으로
  선택하지 말아야 할 것임

〈 **고어체 : Be동사/Have동사가 아닌, 일반 서술동사 뒤에 Not을 사용** 〉

• He that has no children// <u>knows not</u> what is love. … 〈고어체〉

[He that has no children// **doesn't know** what is love]…〈일반원칙〉

(속담; 자식을 두어봐야 사랑이 무엇인가를 안다)

〈 **부정어의 전이(轉移)를 요하는 서술동사들: seem, appear 등** 〉

• She **doesn't seem** <u>to like</u> fish to me.

  [X = She seems not to like fish to me]

  [O = <u>It seems</u> to me (that) **she doesn't** <u>like</u> fish]

  (내게는 그녀가 생선을 좋아하지 않는 것 같아 보인다)

※ 술어동사가 seem, appear, happen, intend, plan, want 따위일 경우에는
  후속되는 to-부정사 앞에 위치할 부정어(not)를 이들 동사의 뒤로 전이해 사용
• There **seems** (to be) **no need** <u>to hurry</u>. (서둘 필요가 없는 것 같다)

- There **seems** (to be) **no point** in going.

  (간다고 해도 아무 의미[효과]가 없을 것 같다)

    ※ 위 두 문장에서처럼, to-부정사 구문이라도 동사가 아니라 그 속의 보어나 목적어 등을 특정해 그 앞에서 부정한 경우에는 seem 등 서술동사로 부정어가 전이되지 않는다.

    cf; It **appears** that the two aircraft were in **no danger**.

    (그 항공기 2대는 위험한 상태는 아니었던 것 같다)

- They **don't seem** (to be) happy. (그들은 즐거워 보이지 않는다)
- You **don't seem** to like me. (자넨 내가 못마땅한 모양이군)

    cf : Things **are not** what they seem. (매사는 겉모습과는 다르다)

〈 술어동사나 문장 이외의, 다른 어구를 특정해 부정한 경우 〉

- This is his book, (and) **not** mine.

  [= This is not my book but his (one)]

  (이것은 그의 책이지, 내 것이 아니다)

- He is my nephew, (and) **not** my son.

  [= He is not my son but my nephew]

  (그는 나의 조카이지, 내 아들이 아니다)

- He comes/is from China, (and) **not** from Japan.

  [=He comes/is not from Japan but from China]

  (그는 중국 출신이지, 일본 출신이 아니다)

〈 부정의 문장·동사·절 등의 생략에 대한 대용으로서 부정어를 사용한 경우 〉

- She will not come, **not** her[=she].

  [= I **don't think** she will come] ……〈 더 일반적인 문형임]

  (그녀는 오지 않을 거야, 안 오고말고)

- "Will it rain tomorrow? " — "I hope **not**."

            — [= "I hope It will/would not rain."]

  ("내일 비가 올까?" — "오지 않으면 좋겠는데.")

- "Will he come?" — "I am afraid **not**."
  — [="I am afraid he will not come."]
  ("그가 올까?" — "안 올 것 같은데.")
  cf ; "Is he coming too?" — "Perhaps **not**."
  — [="Perhaps he is not coming."]
  ("그도 옵니까?" — "아마 안 올 겁니다.")

- "Are you ill ?" — "**Not** at all."
  — [="I am not ill at all."]
  ("너 어디 아파?" — "아니, 아무렇지도 않아.")

- "Is she ill?' — " I think **not**".]
  — [=I think she is not ill]
  — [=**I don't think** so[she is ill]] …⟨더 일반적인 문형임⟩

- " Is it true?" — "I think **not**."
  — [= I think it is not true."]
  — [= **I don't think** it is true] …⟨더 일반적인 문형임⟩
  ("그게 정말이야?" — "정말 같지 않은데.")

  ※ 위에서와 같이 주절의 동사가 think, believe, expect, hope, imagine, suppose, be afraid 따위일 경우에는 종속절에서의 부정을 이들 주절의 동사에 전이해 쓴다.

- "Is he a teacher?" — "Perhaps **not**."
  — [=Perhaps he is not (a teacher)"]
  ("그는 교사인가?" — "아마 아닐 거야.")

- "You did your homework?" — "**Not**!"…⟨Not: 강조를 위해 No의 대용으로⟩
  —["**No**! (I did not.)"]
  ("너 숙제 했니?" — "아니!")

- Right or **not**, the fact is undeniable.
  [=whether it is right or not, the fact is undeniable]
  (옳건 그르건 간에, 그 사실만은 부인할 수가 없다)

- If it clears up, I will go out; **if not**, I won't.
  (만약 날씨가 갠다면 나가겠지만, 그렇지 않다면 안 나가겠다)

〈 강조(주로)나 상쇄(드물게) 등의 목적으로 부정어를 이중 사용한 경우 〉

- I **don't** know nothing. … 〈 변칙용례(속어): 강조목적으로 부정사 이중사용 〉
  [I **know** nothing. 또는 I **don't** know anything.] … 〈 일반원칙 〉
  (나는 아무것도 모른다)

- I **didn't** do nothing. … 〈 변칙용례(속어) 〉
  [I **didn't** do anything] … 〈 일반원칙 〉
  (나는 아무것도 하지 않았다)

- I *could not* find it **nowhere**. 〈 변칙용례: 강조목적으로 부정사 이중사용 〉
  [I **could not** find it anywhere] … 〈 일반원칙 〉
  (나는 그것을 어느 곳에서도 찾을 수 없었다)

  ※ 위 변칙용례는 어감을 강조할 목적으로 동일 문절 내에서 부정어를 이중으로 사용한 경우인데, 이는 "부정의 부정은 긍정문이 되어" 긍정효과를 나타낼 혼란초래의 우려가 있어서 영어의 일반원칙에는 어긋나는 비(非) 표준적 문장(속어)이다.

- **No** one scarcely knows it. (아무도 그것을 모른다) … 〈 변칙용례 〉
  [**Hardly** anyone knows it] ………… 〈 일반원칙 〉

- I **couldn't not** come.(나는 오지 않을 수 없었다)… 〈 부정효과 상쇄목적 〉

- What **have** I **not** suffered? (어찌 혼나지 않았겠는가? ; 정말 혼났다)
  ※ 위 문장은 놀람/감탄조의 의문문이므로 not가 없어도 될 텐데, 강조할 목적으로 굳이 not를 허사(虛辭)로 사용한 변칙적 문장임

- He was **not** unhappy. (그는 불행하지는 않았다)

- He rejected her offer and **not without** reason.
  (그는 그녀의 제안을 거부했는데, 하긴 이유가 없는 것은 아니었다)
  cf : There **is no** rule that **has no** exceptions. 〈일반원칙=정상문장〉
  　　(예외 없는 규칙은 없다)
  ※ 위와 같이 각기 다른 문절/어구 내에서 각각 부정어를 쓰는 것은 정상적임

- She is **nothing if not** cautious. (그녀는 아주 조심스러운 사람이다)

- He is **nothing if not** a business man. (그는 전형적인 사업가이다)

- They are **nothing if not** professionals. (그들은 전형적이 프로다)

- He is **nothing if not** critical. (비판적인 것이 그의 특장점이다)

- He **did not** go to college **for nothing**.
  (그는 대학을 무익하게 다닌 것이 아니었다 ; 대학을 다닌 보람이 있었다)

- He talked **nothing** short of nonsense.
  (그가 말한 것은 완전 엉터리이다)　※ short of~ (~에 가까운)

- There is **no** bread, **no** butter, **no** cheese — **no nothing**.
  (빵도 버터도 치즈도 없다 — 아무것도 없다)　……〈구어에서〉

- I **never** said **nothing**. (나는 정말 아무 말도 하지 않았다)
  [= I never said anything] ……〈일반원칙〉

- **Nothing** comes from[of] **nothing**.
  (속담: 무(無)에서는 아무것도 안 나온다)

  ※ 위 문장들에서는 이중부정을 통해 그 반대의미(드물게는 본래 의미)가 더 강조된 경우이다.

〈No에 대한 강조형으로서 Not를 특정 대상어구 앞에 붙여 사용한 경우〉

- **Not a man** readily[willingly/gladly/instantly] answered.
  (누구 하나 선뜻 대답하지 않았다)

- There was **not a soul** to be seen.
  [**Not a soul** was to be seen]
  (사람 하나 보이지 않았다)　※ Not a 보다 Not a single은 더 강조형

〈부정어가 특정 어구에 연계되어 특별한 의미를 띠는 「관용적」 표현들〉

- There was nothing for it but to obey. [=we can only obey]
  (복종하는 것 외에는 별 도리가 없었다)
  cf : She does nothing but cry. (그녀는 울고만 있다)

  ※ 위 문장에서 but 다음에 to-cry 대신에 cry를 쓴 것은 서술동사(does)와 차원이 같기 때문임(그 앞 문장에서는 be 동사와 일반동사로 다른 차원임)

- Mother was thinking of nothing but my coming home.
  (어머님은 내가 집으로 돌아올 것만을 생각하고 계셨다)

- She looks nothing like her mother. …〈nothing=부사. like=형용사〉
  (그녀는 자기 어머니와 전혀 안 닮았다)

- There is nothing like enough food here. …〈위와 같음〉
  (여기는 음식이 턱없이 모자란다)

- I can make nothing of his words.
  (나는 그가 말하는 것을 전혀 알 수 없다)

- He makes nothing of being laughed at.
  (그는 남들이 비웃어도 대단하게 여기지 않는다)

- He makes nothing of walking 20 miles a day.
  (그는 하루에 20마일 걷는 것쯤이야 아무렇지도 않게 생각한다)

- I cannot help them ; not but what my brother might.
  (나는 그들을 도와줄 수가 없다 ; 하긴 형님이라면 힘이 돼 줄 수 있을지 모르겠지만)

- He is not such a fool but (what) he can see it.
  (그는 그것을 모를 만큼 바보는 아니다)

- No one is so old but that he may learn.
  (아무리 늙어도 배울 수 없는 것은 아니다)

- It never rains but it pours. (비가 오기만 하면 억수같이 퍼붓는다)

- **Not** Henry **but** Ellen supports the family.
  (그 가족을 부양하고 있는 것은 헨리가 아니라 엘런이다)
- Dessert is served primarily **not** at the beginning **but** at the end of a meal.
  (디저트는 원래 식사를 시작할 때가 아니라, 끝날 때 내는 것이다)
- There is **no** rule **but** has some exceptions.
  [= There is **no** rule that doesn't have exceptions]
  [= There is no rule that has no exceptions]
  [= There is **no** rule without exceptions]
  [= **Every** rule has exceptions]
  (예외 없는 규칙은 없다)
- There was **no** one **but** admired his courage.
  [= There was **no** one that didn't admire his courage]
  [= **Everyone** admired his courage]
  (그의 용기를 찬양하지 않은 사람은 아무도 없었다)

  ※ 유의점 : 위 문장에서의 but는 that와 마찬가지로 「관계대명사」이지만, 부정어의 의미를 지니고 있으므로 해석 시에는 부정문으로 간주해야 함
- I **did not** want to be anything but a writer.
  (나는 작가 외에는 아무것도 되고 싶지 않았다)
- I **don't** deny but (that) it is difficult.
  (나는 그것이 어렵다는 사실은 부정하지 않는다)

  ※ 본동사 deny, doubt, question, wonder 따위를 부정하는 문장에서 「but (that)」는 「~라는 사실은」의 뜻으로서 약한 "양보"의 의미를 띤다.
- They were slightly late, **not** that it mattered.
  (특별히 문제는 안 됐지만, 그들은 약간 늦었다)
- **Not** that I dislike the task[job], **but** that I am unequal to it.
  [=**Not** that I dislike the task, **but** that I am unqualified for it]

(나는 그 일을 싫어하기 때문이 아니라, 그 일에 적임이 아니기 때문이다)

- I stayed at home **not** because I was tired, **but** because I did not like to go. (나는 지쳐서가 아니라, 가기 싫어서 집에 남아 있었다)

- It is **not only**[just/merely/simply] beautiful, **but (also)** useful.
  (그것은 아름다울 뿐 아니라 유익하기도 하다)
  cf : She is **not only** beautiful, **but also** intelligent.
  (그녀는 용모가 아름다울 뿐만 아니라 총명하기도 하다)

- **Not only** did he hear it, **but** he saw it as well.
  [=He not only heard it, but (also) saw it as well]
  (그는 그 소리를 들었을 뿐 아니라, 그것을 보았던 것이다)

  ※ 위 문장에서처럼 서술동사를 수식하는 부정어나 부사어구가 문두에 선치되면, 서술부는 [조동사+주어+본동사] 순으로 도치된다.

- **Not only** you but (also) I // am guilty.
  (자네뿐 아니라 내게도 죄가 있다)
  ※「**am**」: but 뒤에 위치한 주어(I)의 인칭과 수(數)를 따른 것임

2) 의문문에서 조동사 Do 등의 활용 문제

▶ 영어의 의문문에는 "직접 의문문"과 "간접 의문문"으로 대별되는데,
- **직접 의문문은** 단순문이나, 복합문중 주절에서의 의문문을 말하며 대부분의 의문문이 이에 속한다.
  — 또한 직접 의문문에는 「**선택적 의문문(일반 의문문)**」과 「**원천적 의문문(특수 의문문)**」의 2개 유형으로 분류할 수 있다.

- **간접 의문문은** 주절과 종속절로 구성된 복합문(Complex Sentence)에서 종속절의 문두에 의문사가 선치되어 해당 종속절을 이끌고 있는 경우로서, 그 자체는 일종의 명사절이다.
  — 또한 간접 의문문에도 「**일반적인 간접 의문문**」 외에, 「**특수 간접 의문문**」이 있다.

  — **특수 간접 의문문**이란 "do you think" 따위의 특별한 주절이 부가적으로 삽입된 의문문형 복합문으로서, 종속절 문두에 위치할 의문사가 전체 문장의 문두로 전이(轉移)된 유형을 지칭한다.

▶ 원천적 직접 의문문이나 간접 의문문을 구성*표현하는 「의문사」에는 what, which, who, when, where, why, how의 7개가 있으며, 이들을 흔히 「wh-words」라고도 칭하며, 한국어 식으로 말하면 「 7하(何) 」, 공식적 영어 명칭으로는 "Interrogative"이다.

  — 이들 wh-words는 해당 문장이나 문절 속에서의 기능에 따라 대명사(드물게는 명사), 형용사, 부사의 품사로 쓰이며,
  — 관계사의 역할까지 겸하여 다용도로 쓰이고 있으므로, 그 각각의 용법에 대하여 특별한 주의를 요한다.

① 직접 의문문 중 선택적 의문문(일반 의문문)

> ▶ **선택적 의문문(일반 의문문)은** 상대방의 대답이 "그렇다(Yes)"나 "안 그렇다(No)"의 둘 중 어느 한 가지로 선택해 나올 것을 기대하고 던지는 질문형태를 말한다.

〈 **Do 조동사를 사용한 선택적 의문문** 〉

- **Did** you <u>see</u> him the night before last?
  (당신은 그저께 밤 그를 만났습니까)

  — **Yes**, I did. (예, 만났습니다)
  — **No**, I <u>didn't</u>. (아니오, 만나지 않았습니다)

- **Did** you <u>know</u> a pizza shop <u>opened</u> near here last week?
  (너, 지난주에 이 근처에 피자 가게 개업한 거 알아?)

  — **No**, I <u>didn't</u> at all.
    [= I **have never heard** of that before]
  — 아니, 전혀 몰랐어. [=그것에 대해 금시초문이다]

- **Do** you <u>want to come</u> along (wit me)?
  ((나랑) 함께 갈 거야?)

  — **No, I** <u>don't</u>. I think I have to work overtime tonight.
    (아니, 난 못가. 오늘 밤 나는 잔업 근무를 해야 할 것 같아)

- **Don't** you <u>like</u> beer? (당신은 맥주를 좋아하지 않습니까)

  — **Yes**, I <u>do</u>. And, what's more, very much.
    (아니오, 좋아합니다. 게다가 무척 좋아하죠)
  — **No**, I <u>don't</u> (much). (예, (별로) 좋아하지 않습니다)

- **Don't** you <u>know</u> the facts yet?
  (당신은 아직 그 사실을 모르고 있습니까)
    — **No**, I <u>don't</u> at all. (예, 전혀 모르고 있습니다)
    — **Yes**, I <u>do</u> (know all about it)). (아니오, (모두) 알고 있습니다)
- **Do** you <u>know</u> <u>if</u> the client signed off on our design for Flower-Park?
  (의뢰인이 플라워-파크에 대한 우리의 설계도를 승인해 줬는지 아세요?)
    — **Yes**, they <u>approved</u> it yesterday. (예, 그들이 어제 승인했어요)
- **Does** she <u>play</u> tennis? (그녀는 테니스를 합니까)
    — **Yes**, I <u>'ve seen</u> her <u>doing</u> so[that].
    (예, 치고 있는 것을 본 적이 있습니다)
- **Did** you <u>have</u> him <u>wait</u> long? (당신은 그를 오래 기다리게 했습니까)
    — **No**, I <u>didn't</u>. (아니오, 그렇지 않습니다)

▶ **선택적 의문문(질문)에 대한 응답방식 상 한국어와 영어 간 차이점**

- 한국어에서는 질문자의 말을 기준으로 그 질문이 맞으면
  일단 「예」라고 답한 뒤, 실제 자신의 생각을 부연 설명한다.
    - 따라서 「예」, 「아니오」라고 먼저 던진 말과, 뒤에 부연되는
      내용상의 긍정/부정과는 종종 "불일치"가 있을 수 있다.
- 이에 비해 영어에서는 질문자의 말에 상관없이 자산이 대답할
  내용을 기준으로 그것이 긍정(문)이면 무조건 「yes」라고 답하고,
  부정(문)이면 무조건 「No」라고 답한다.
    - 따라서 「Yes」, 「No」라고 먼저 던진 말과, 뒤에 부연되는
      내용상의 긍정/부정과는 언제나 "일치' 관계가 성립된다.

⟨ **Be 조동사를 사용한 선택적 의문문** ⟩

- Excuse me, **is there** <u>a gym</u>[gymnasium] here in the hotel?
  (실례합니다만, 여기 호텔 내에 헬스장이 있나요?)

— **No**, there isn't it in here.　But there is a fitness center about 60 meters away from here. It's open now.
　　(아니오, 호텔 안에는 그게 없어요. 하지만 여기서 대략 50미터 떨어진 곳에 피트니스 센터가 한 군데 있어요. 지금 영업 중이고요)

- **Are** you serous that David got into a car[traffic] accident this morning? That's awful! **Is** he OK?
  (데이비드가 오늘 아침에 교통사고를 당했다는 게 정말이에요? 정말 안 됐네요. 그래 괜찮대요?)
  　　— **No**, it sounds like it was pretty bad. His father said he's in the ICU now. He needs some kind of emergency surgery.
  　　(아니오, 매우 심한 것 같더라고요. 지금 중환자실에 있다고 그의 아버지가 얘기하셨어요. 응급수술을 받아야 한 대요)
  　　※ ICU : Intensive Care Unit(중환자실)

- **Are** you ready to order, ma'am? (주문하시겠어요, 부인?)
  　　— **Yes**, I'd like the scrambled eggs, please.
  　　(예, 스크램블 에그로 하겠어요)

- **Are** you going to apply for the accounting manager job?
  (회계 매니저 자리에 지원할 거야?)
  　　— (**No**,) I haven't decided as yet. **I'm not sure** if I'm qualified enough for it.　(아니, 아직 결정 못 했어. 내가 그 자리에 충분히 자격이 있는지 모르겠어)

- **Was** Mr. Smith born in California?
  (스미스 씨는 캘리포니아에서 태어났습니까)
  　　— No, he **wasn't** (born) there. He **is** an Texan, born and bred.
  　　(아니오, 거기서 태어나지 않았어요. 그는 텍사스 토박이에요)
  　　※ born and bred[raised] ; 태어나고 자란
  　　cf : **Are**[**Were**] you rich? (당신은 부자입니까[부자였습니까])

cf : **Was** anybody here while I was out?
   (내가 없는 동안에 누가 왔습니까)

cf : **Is** there something <u>wrong</u> with the machine?
   (그 기계는 어딘가 고장이 나 있습니까)

- **Is** there <u>a book</u> on the table? (탁자 위에 책이 있느냐?)
  — **No**, there is <u>no book</u> there. (아니, 거기에는 책이라곤 없어)

〈 Have 조동사를 사용한 선택적 의문문: 영국식 영어에서만 〉

▶ 부정문과 의문문을 만들 때, 미국식 영어와 영국식 영어 간에는 용법상 차이가 좀 있다. 다만, 응답문에서는 대부분 양자 간에 차이가 없다.
  - 또한, 습관/동작/경과에 대해서는 흔히 영/미식 공통으로 Do를 사용
- **미국식 영어에서는 :** Have를 일반 조동사로 인정하지 않고 <u>Do로만 통일하여 사용</u>한다.
- **영국식 영어에서는 :** <u>상습적 행위 외의 경우(특히 소유/상태에 대해서는) Have를 조동사로 간주</u>하여
  - <u>Do 조동사 없이 Have를 조동사와 본동사 겸용으로 사용</u>하며,
  - 때로는 「Have got」 형태로도 사용하지만, "got"은 단순히 균형도모 차원에서 쓰이는 허사(虛辭)로서 형태상/내용상 특별한 의미가 없다.

- **Have** you <u>(got)</u> time for a game of chess <u>this evening</u>?
  (오늘 저녁 체스 한판 둘 시간이 있습니까)

  — **No**, I <u>haven't</u> (any time). I have to write a report on the findings on an official tour.
   (아뇨, 전혀 시간이 없어요. 출장 보고서를 작성해야 돼요)

  cf : **Do** you <u>have</u> much time for chess <u>on week ends</u>.
   (주말이면 (으레) 체스 둘 시간이 많이 납니까) …〈상습적 행위/일〉

cf : **Do** you have[take] sugar in your coffee? ……〈상습적 취향〉
　　　　　(당신은 (으레) 커피에 설탕을 타서 드십니까)

- **Have** you (got) any money with[on/about] you?
  (지금 수중에 돈이 좀 있습니까)
  　　　― **No**, I have not[haven't]. (아뇨, 없어요)
  　　　― **No**, I haven't got, 　　　(위와 같음)

- **Has** the store antique furniture for sale?
  (그 상점에서는 골동품 가구를 팔고 있습니까)

- **Have** you anything to declare?
  (세관에서; 무언가 신고할 물건이 있습니까)

- **Have** you (got) any questions? (무슨 질문이 있습니까)
  　　― **No**, I have no question at all about it.
  　　　　(아니오, 그것에 관해 질문할 게 전혀 없습니다)
  　　― **Yes**, I have some (questions) (예, 몇 가지 질문드릴 게 있습니다)

- **Have** you (got) a cold now? (당신은 지금 감기에 걸려 있습니까)
- **Has** she (got) brown hair? (그녀의 머리는 갈색입니까)

② 직접 의문문 중 원천적 의문문(특수 의문문)

> ▶ **원천적 의문문(특수 의문문)은** 상대방의 예상되는 대답에 대해
>   아무런 선입관이나 선택적인 기대를 갖지 않고 허심탄회하게
>   예비지식 없이 그냥 "7하(何) 원칙"으로만 묻는 방식이다.
>   ▪ 따라서 상대방은 긍정/부정과 무관하게 질문자가 제시한
>   "7하(何)"에 따른 사실내용이나 의견만 그대로 설명하면 된다.
> ▶ 다만, 원천적 의문문에서는 의문사가 문두에 선치되므로 의문사
>   자체가 주어인 경우 외에는, 술어부에 [조동사+주어+(본동사)] 순으로
>   도치되고 일반동사는 Do 조동사를 사용해야 하는 점에 유의해야

〈 의문사 파트가 주어인 원천적 의문문 〉

※ 특징 : Do 조동사 없이, <u>의문사 뒤에 바로 본동사를 둔다</u>.
　― 다만, 부정 의문문에서는 Do 조동사의 개입이 필요하고,
　― 미래시제나 기타 부가적 의미의 조동사는 긍정문에서도 사용

- **Who** <u>locked</u> the door? (누가 문을 잠갔느냐?)
- **Who** <u>knows</u> him? (누가 그를 알고 있습니까)
- **Who** else <u>ordered</u> steak? (그밖에 어느 분이 스테이크를 주문하셨죠?)
- **Who** <u>is</u> there[at the door]? (거기[문밖에] 누가 있어요?)
- **Whoever** <u>told</u> you a thing like that? (도대체 누가 그런 소릴 했느냐?)
　※ 「의문사(who)+**ever**」는 "누구든지(누구나)", "누구를 ~하든", "도대체 누가" 라는 부가적 의미를 띤다.
- **Who** <u>would have thought</u> it? (누가 그런 생각을 했을까)
- **Who** <u>can jump</u> farther, Tom or Bill? (톰과 빌 중 누가 더 멀리 뛰지?)
- **Whose son** <u>won</u> the game? (누구의 아들이 그 시합에서 이겼느냐?)
- **What**<u>'s</u>[[What is] up with you? (무슨 일이냐?)
- **What** <u>has become</u> of him? (그는 어떻게 되었을까)
- **What** <u>(has) made</u> him <u>ill</u>? (그는 무엇 때문에 병이 났느냐?)
- **What** <u>made</u> you <u>think</u> of coming over here to Mr. Grunby's field?　──── Erskine Caldwell의 단편소설 "The Strawberry Season" 중에서
　(무슨 영문으로 여기 그룬비 씨의 (딸기)밭으로 나올 생각을 하게 됐니?)
- **What** <u>made</u> you <u>think</u> (that) he was honest?
　(어째서 너는 그가 정직하다고 생각했느냐?; 무엇이 너로 하여금 그가 정직하다고 생각하게 했느냐?)
- **What** <u>took</u> you so long? (무엇 때문에 이렇게 늦었느냐?)

- **What** has[What's] happened on earth?
  [=**What** happened on earth?] (도대체 무슨 일이 일어났느냐?)

  cf : **What** didn't happen to him last night? ……〈부정 의문문〉
  (어제 밤 그에게 무슨 일이 일어나지 않았느냐?)

- **When** would be the best time to call?
  (언제 전화 드리는 게 가장 좋겠어요?)

- **Which team** looks like winning? (어느 팀이 이길 것 같은가?)

- **Which of you** has left your hat?
  (너희들 중 누가 모자를 두고 갔느냐?)

- **Which of the two cars** drives better?
  (그 두 대의 차 중에서 어느 쪽이 더 잘 달립니까)

- **How many students** attended the commencement (ceremony)?
  (얼마나 많은 학생들이 졸업식에 참석했습니까)

  ※ 졸업식 : the graduation ceremony로도 사용

〈의문사 파트가 주격 보어(구)인 원천적 의문문〉

  ※ 특징 : 일반동사의 경우 반드시 의문사 뒤에 Do 조동사를 둔다.

- **What** did[has] he become later? (나중에 그는 무엇이 되었느냐?)

  cf: **What**(Even what) expert didn't he make later?
  (그는 후일 아무런 전문가가(도) 되지 못했느냐?)

- **What** is[What's] the matter with you?
  [= What is wrong with you?]]
  (무슨 일이냐? ; 너에게 무슨 일이 생겼느냐?)

- **What's**[What is] the time? (몇 시냐?)

- **Whose** is this? (이것은 누구 것이냐?)

- How far is it from here to the station?
  (여기서 역까지는 얼마나 멉니까)
- How is it that you are always behind time?
  (자네가 늘 지각을 하는 것은 무슨 이유인가?)
- How comes it that you are here?
  (네가 여기 와 있다니 어찌된 일이냐?)
- How comes it (that) you have taken my note book?
  (당신이 내 공책을 가지고 간 것은 어찌된 일이죠)

〈 의문사 파트가 목적어(구)인 원천적 의문문 〉

※ 특징 : 일반동사의 경우 반드시 의문사 뒤에 Do 조동사를 둔다.
다만, 작품제목(영화/소설명 등)에서는 단순 의문문 형태라도 간접 의문문의 방식을 따르는 경향이 있다.

- What do you know about it? (그것에 관해 뭐 (좀) 아는 게 있느냐?)
- What do you mean by this phrase? …〈주어가 you〉
  [= What does this phrase mean?]   …〈주어가 phrase〉
  [= What is meant by this phrase?] …〈주어가 What(의문사) 자체〉
  (이 숙어는 어떤 뜻이냐?)
- What did you say? (뭐라고 그랬지?)
  cf : Whatever did you say to her? (도대체 그녀에게 뭐라고 말했니?)
- What did you go there for? (당신은 거기에 뭣 때문에 가셨죠?)
- *What do you think of* this poem? (이 시(詩)를 어떻게 생각하느냐?)
- *What do you say to* (going for) a walk? (산책 하는 게 어떨까요?)
  [=What do you say (that) we go for a walk?]
- *What do you care* about it?
  (그건 네가 상관할 일이 아니다; 헛걱정 말라)
  ※ 위 세 문장에서의 What은 형태상으로는 목적어이지만, 의미[해석]상으로는 부사적 수식어에 가깝다.

- **What** can I <u>do</u> for you? (무엇을 도와드릴까요?)
- **What** did you <u>do</u> yesterday? (넌 어제 뭘 했느냐?)
- **What** wouldn't I <u>do</u> for a drink! (술 마시기 위해선 뭔들 못할까!)
  ─────의문문 형태를 감탄문에 쓴 경우
- **Wha**t <u>are</u> you <u>looking a</u>t? (무엇을 보고 있느냐?)
- **What** <u>are</u> you <u>talking a</u>bout? (무슨 얘기를[말을] 하고 있는 거야?)
- How much does it <u>cost</u>? (그것은 값[비용]이 얼마냐? ; 얼마나 드느냐?)
- How much time does[will] it <u>take</u> (me) to finish this?
  (내가 이 일을 완수하려면 시간이 얼마나 걸릴 까요?)
- How much time do we <u>have</u> <u>left</u>? (우린 시간이 얼마 남았습니까)
  ※ "left": 현재완료형을 구성하는 것이 아니고 **목적보어**임. 즉 위 문장은
      "We have **how much time** <u>left</u>"가 의문문으로 전환된 것임
      (본동사)   (목적어)   (목적보어)
- **Whose daughter** did he <u>marry</u>? (그는 누구의 딸과 결혼했느냐?)
- **Which** of the flowers **do** you <u>like</u> best?
  (그 꽃들 중에서 어느 것을 가장 좋아하느냐?)

- **Which book do** you <u>like</u> better, *Robinson Crusoe* or *Gulliver's Travels*?
  (로빈슨 크루소와 걸리버의 여행기 중 어느 책을 더 좋아하느냐?)
  cf: For whom the bell tolls? (누구를 위하여 종은 울리나?)
  ── Ernest Hemingway 의 소설 명

  ※ 의문사가 (전치사의) 목적어인 단순형 문장에서는 [의문사+조동사+주어+본동사] 순으로 도치되어 아래와 같이 쓰여야 표준적인데도 불구하고, 영화명이나 소설명에서는 위와 같이 종종 간접 의문문 형태로 쓰이기도 한다.

  [= **Whom does** the bell <u>toll</u> for?] …… 〈 단순문에서의 표준적 문장(A) 〉
  [= **For whom does** the bell <u>toll</u>?] …… 〈 단순문에서의 표준적 문장(B) 〉

〈 의문사 파트가 (부사적) 수식어(구)인 원천적 의문문 〉

- **Why did** he commit such a crime?
  [=**What made** him commit such a thing?] … 〈 What=주어 〉
  [= **What did** he commit such a thing **for**?] …〈 What=전치사의 목적어〉
  (그는 왜 그러한 범죄를 저질렀는가?)
- **Why don't** you make it yourself?
  (그걸 당신 자신이 직접 만드시면 어떨까요?)
- **How did** you leave your parents?
  ((떠나오기 전에) 부모님들은 어떠하셨습니까)
- **How do** you feel today? ((환자 등에게) 오늘은 기분이 어떻습니까)
  [=**How are** you (feeling) today?]
- **How do** I look in this dress? (내가 이 드레스를 입으니 어떠냐?)
- **How do** you like your coffee? (커피는 어떤 식으로 드십니까)
  — I like it hot[iced]. (뜨거운 것[얼음 넣은 것]으로 즐겨 마십니다)
- **How did** you come to sell your house?
  (왜[어떻게 해서] 집을 팔게 되었느냐?)
- **How often does** the shuttle bus run?
  (셔틀 버스는 얼마나 자주 다닙니까)
  — It[The shuttle bus] **runs**[comes] every hour on the hour.
    (셔틀 버스는 매시 정각에 옵니다)
- **How much do** you weigh? (체중이 얼마나 나갑니까)
  [=What's your weight?]
  — I weigh 60 kilograms. (60 킬로그램 나갑니다)
  cf ; How my family created the world's most dangerous man?
  ―――― 트럼프 대통령 조카딸(niece)인 Mary의 폭로성 도서명
  (어떻게 우리 일가는 세상에서 가장 위험한 인물을 만들어 내었는가?)

※ 위 문장 역시 도서명으로서 간접 의문문 형태의 비표준적으로 사용된 문장임

※ 의문사가 서술[술어] 동사(즉 본동사)를 수식하는 단순문에서는 아래와 같이
  [의문사+조동사+주어+본동사(원형)]로 도치된 어순으로 쓰여야 표준적임
  [=How did my family create the world's most dangerous man?]

- How far did you go? (어디까지 멀리 갔었니?)
    —I went as far as the beach. (해변까지 (멀리) 갔었어)
- How tall is she? (그녀는 키가 얼마나 됩니까)
    — She is 5 feet 3 inches tall. (그녀는 키가 5피트 3인치입니다)
- How is the weather today? (오늘 날씨는 어떻습니까)
- How goes it (with you)? (어떻게 지내십니까)
  [= How is it going (with you)?/How are you?]
  [= How are you doing?/ How are things going (with you)?]
- How have you[things] been? (어떻게 지내셨습니까)
- How was the audition? Did you ply well?
  (오디션은 어찌 됐어? 연주는 잘 했니?)
- How is one to interpret his action?
  (그의 행동을 어떻게 해석해야 할까)
- How can I get there? [= How do I go there?]
  (거기로 어떻게 갈 수 있습니까)
    — You can go there by subway[underground railway])
      (지하철을 타고 갈 수 있어요)
- How can you talk such nonsense?
  (어떻게 그런 바보 같은 소리를 할 수 있느냐?)
- How would it be to start tomorrow? (내일 출발하면 어떨까)
- What does it matter? (그게 얼마만큼 중요한가?)
    [그게 어쨌다는 건가? ; 상관없지 않은가]
- What does it profit him? (그것이 그에게 얼마만큼 이득이 되는가?)
- When does he leave for London? (그는 언제 런던으로 떠나느냐?)

- **When did** she get married? (그녀는 언제 결혼했습니까)
  [X= When has she got married?]
- **When did** the Roman Empire exist? (로마제국은 언제 존재했었죠?)
- **When did** you last see him? (언제 그를 마지막으로 보았습니까)
- **When have** I made such a mistake?
  (내가 언제 그런 잘못을 저질렀던가?)
- **When did** you ever see such a crowd?
  (지금까지 이렇게 많은 군중이 모인 것을 본 적이 있었습니까)
- **Where do** you live? (너는 어디에 사느냐?)
- **Where does** it concern[affect] us?
  (그것은 어떤 점에서 우리와 관계가 있습니까[우리에게 영향을 미칩니까)
- **Where do** you stand on this question?
  (이 문제에 대한 당신의 입장[견해]은 어떻소?)
- **Where does** this road lead[go]? (이 길은 어디로 가는 길입니까)
  — That road leads[goes] to London. (그 길은 런던에 이릅니다)

③ 간접 의문문(종속절 속의 의문문)

> ▶ **간접 의문문은** 의문사에 이끌리는 종속절 속의 의문문인데, 이 때
> ▪ 주어와 동사는 도치를 일으키지 않고 평서문의 형태를 취하며
>   일반 동사로서 긍정인 경우 Do 조동사를 필요로 하지도 않는다.
> ▪ 간접 의문문에는 다음과 같이 3개 유형이 있다.
>   — 전체 문장이 평서문 형태인 경우(A)
>   — 전체 문장이 의문문 형태이되, 주절이 앞절로 된 경우(B)
>   — 전체 문장이 의문문 형태이되, 주절이 삽입절로 된 경우(C)
>   ※ 문법적 용어로는 A와 B를 "**일반 간접의문문**"이라 지칭하고,
>   C를 "**특수 간접의문문**"이라고 지칭한다.

〈 일반 간접의문문의 예문 〉

- I don't know **whom** the bell tolls for.
  (나는 저 종(鐘)이 누구를 위하여 울리는지 모르겠다)
- I know well **how kind** she is.
  (나는 그녀가 얼마나 친절한지를 잘 알고 있다)
- Say **what** you mean(,) simply.
  (무슨 의미인지 분명히 말해 주게)
- Tell me again **what** are you talking about.
  (너 지금 무슨 말을 하고 있는지 다시 말해봐)
- Please tell me **whom** you invited to dinner.
  (누구를 만찬에 초대했는지 내게 좀 말해 주시오)
- Show me **where** they sell watches.
  (시계를 어디서 파는지 가리켜 주세요)
- I don't know **what** to do. … 〈 [의문사 + to 부정사] 형태로 종속절을 압축 〉
  [= I don't 'know what I am to do]
  (나는 뭘 해야 될지 모르겠다)

    cf : We asked them **which way** to go.
       (우리는 그들에게 어느 길로 가야 할지를 물었다)
    cf ; He told me **how** to make it.
       (그는 나에게 그것을 만드는 법을 일러 주었다)

- I showed him **where** to wash his hands and face.
  [=I showed him where he is to wash]
  (나는 세수할 장소를 그에게 가리켜 주었다)
- I don't understand **why** you make my blood boil.
  (나는 네가 왜 나를 열 받게 하는지 알 수가 없다)
- Do you know **what** he has done?
  (당신은 그가 무슨 짓을 했는지 알고 있나요?)

- Do you know **what** he looks like?
  (너는 그것이 어떻게 생겼는지 알고 있느냐?)
- Do you know **how old** I am?
  (당신은 내 나이가 얼마인지나 알고 계세요?)
- Will you tell me **where** I am wrong?
  (내가 어떤 점에서 잘못됐는지 말해 주겠소?)
- **Who** will go there// is a question.
  (누가 거기에 갈 것인 지가 문제이다)
- **Which** she likes best// is uncertain.
  (그녀가 무엇을 가장 좋아하는지는 불확실하다)
- **When** he wrote the letter, is a riddle.
  (그가 그 편지를 언제 썼는지는 수수께끼다)
- **Why** he divorced her// is doesn't matter.
  (그가 왜 그녀와 이혼했는지는 문제가 안 된다)

〈 특수 간접의문문의 예문 〉

- **Who** do you think □ he is?
       (삽입 주절)
  (당신은 그가 누구라고 생각하십니까)
  cf : Do you know **who** he is? ……〈 일반 간접의문문 〉

- **Who** do you think □ came in?
  (누가 들어왔다고 생각하느냐?)
  cf : Do you know **who** came in? ……〈 일반 간접의문문 〉
      (누가 들어왔는지 아느냐?)

- **What** <u>do you guess</u> ⇧ he has in his pocket?
 (당신은 그가 주머니에 무엇을 갖고 있다고 추측하나요?)
 cf : Do you know **what** <u>he has</u> in his pocket?--〈일반 간접의문문〉
 (그가 주머니에 무엇을 갖고 있는지 아느냐?)

- **What** <u>do you know</u> ⇧ the U.N. <u>stands for</u>?
 (당신은 유엔이 무엇을 나타낸다고 알고 있느냐?)
 cf : Do you know **what** <u>the U.N. stands for</u>?
 (유엔이 무엇을 나타내는지를 알고 있느냐?)

- **What** on earth <u>do you expect</u> me ⇧ <u>to do</u>?
 (도대체 나더러 어떻게 하란 말이냐?)
 cf ; Tell me **what** on earth <u>you want me to do</u>.
 (도대체 너는 내가 어떻게 하길 바라는지 말해봐)

- **Whom** <u>did you say</u> ⇧ <u>you met</u> there?
 (너는 거기서 누구를 만났다고 말했느냐?)
 cf : Tell me again **whom** <u>you met</u> there.
 (거기서 누구를 만났는지 다시 말해 봐)

- **Who** <u>shall I say</u> ⇧ <u>wants</u> to speak to him?
 (누가 그에게 통화하시려 한다고 말씀드릴까요?)

- **How** <u>do you think</u> ⇧ <u>I did</u> it?
 (자네는 내가 어떻게 그걸 했다고 생각하느냐?)
 cf : Do you know **how** <u>I did</u> it? …〈일반 간접의문문; 선택적 의문문〉

(자네는 내가 그걸 어떻게 해냈는지를 알고 있느냐?)

- **Where** did you want me ⇧ to drop you off (a while ago)?
 (아까 저한테 어디서 내려주면 좋겠다고 말씀하셨던가요?)

- **Why** do you think ☐ I did it?--〈 Why가 「I did it」에 걸린다고 간주 〉
 (자네는 내가 그걸 왜 했다고 생각하느냐?)
 cf : **Why** do you think (that) I did it?
   …〈 Why가 「do you think」에 걸린다고 간주 시 〉
 (자네는 왜 내가 그걸 했다고 생각하느냐?)

 ※ 위와 같이 「do you think」 따위의 주관적 판단·추측을 묻는 성격의 문장, 즉 의문형 주절이 부가된 특수 간접 의문문에서는 전체 문장의 문두에 선치된 의문사가 종속절에 걸리는지(이것이 보편적), 아니면 드물게는 주절에 걸리는지 문맥을 잘 살펴서 의미를 해석해야 한다.

④ 혼합적 의문문

〈 회화에서 : 원천적 의문문에다 선택적 의문문 등을 덧붙인 경우 〉

> ▶ 이것은 기본적으로는 원천적 의문문이면서도, 없어도 될 선택적 의문문이나 의아심을 나타내는 평서문을 단순히 부가시킨 데 불과하다.
> ▪ 따라서 대답도 Yes/No로 해서는 안 되고, 본질적 내용으로 해야 한다.

- **Which is better**, do you think? (어느 것이 좋다고 생각하나요?)
 기본(원천적 의문문) + 부가(선택적 의문문)
 [=Which is better?]
- **How much is it**, I wonder. (값/양이 얼마나 될까요?)
 기본(원천적 의문문) + 부가(의문적 평서문)
 [=How much is it?]

〈 회화에서: 상대가 말한 내용 중 불분명한 부분을 넣어 되묻는 경우 〉

A : I was born in Seoul. (저는 서울에서 태어났어요)
B ; You were born **where**? (어디서 태어나셨다고요?)
B' ; you were born **what**? (태어났다는 말씀 다음에 뭐라고 하셨죠?)

(2) 기타 특별한 용도를 위한 조동사 Do의 활용

1) 강조문을 만들기 위한 조동사 Do의 활용

▶ 긍정문에서 「정말/실제로」, 「꼭/제발」 따위의 뜻으로 본동사의 의미를 강조고자 할 때, 본동사 앞에 조동사 Do를 선치한다.
▪ 발음 시에는 Do에 강세를 두어야 한다.

- I **dó** think it is impossible.
  [=I really think it is impossible]
  (나는 정말 그것이 불가능하다고 생각한다)

- I **did** go, but didn't see her.
  [= I really went, but didn't see her]
  (나는 실제로 갔지만, 그녀를 만나지는 않았다)

- I **dó** hate him. (나는 그가 영 싫다)
- He worked well whenever he **did** work.
  (그는 일을 했다 하면 언제나 잘 했다)

 - **Dó** tell me about it. (그것에 관해 나에게 꼭 말해 주시오)
   [=**Do** let me know about it]

 - **Dó** remember to get the letter registered.
   (그 편지를 절대 잊지 말고 등기로 부쳐 주시오)

 - **Dó** come in. (어서 들어오시오)

- Sit down. Please **dó** sit down.(앉으세요. 어서 앉으세요)
- **Dó** be quiet ! (조용히 하라니까)
- If we **did** keep a record, we might find out how often there is a new moon. ……〈현재사실의 반대상황을 강조해 가정〉
(기록만 해둔다면, 초승달이 몇 번 있는가를 알 수 있을 것이다)
- He doesn't often visit me, but when he **dóes** visit me, he stays for hours.
(그는 자주 찾아오는 편은 아니지만, 한 번 오면 몇 시간이고 머문다)

2) 도치문 : 부사(구) 등, 특히 부정부사를 선치해 강조시

▶ 부사(구) 등을 문두에 두어 특히 강조고자 할 때는 [부사(구)+조동사 Do+ 주어 +본동사] 순으로 도치문장을 만든다(임의적).
　■ Be 동사는 조동사와 본동사 겸용이므로 [부정사+Be+주어] 순으로 됨
▶ 강조 목적으로 부정부사를 문두에 선치하면 반드시 도치문으로 해야
▶ 때로는 긍정문 뒤의 후절에서 부정부사를 문두에 선치해 도치함으로써 강조하기도 한다.

주의 ▶ 부사구가 문두에 놓인다고 해서 반드시 도치가 일어나는 것은 아니며,
▶ 도치가 이루어진다고 하여 반드시 강조를 위한 것은 아니다. 단순히 문장의 구조상 균형을 잡거나 관행상 그렇게 하는 경우도 있다.

〈 구문상·관행상, 또는 상대방의 주의를 끌기 위한 도치문 〉

※ 존재(be/live), 위치(stand/lie), 발생(happen/occur/begin), 왕래(come), 추측(appear/seem)을 나타내는 자동사가 유도부사(there)와 연계되어 쓰일 경우 등이다.
- **There is** a bird in a cage. (새장 안에 새가 한 마리 있다)

- There once lived a kind-hearted farmer in this village.
  [=Once there lived a kind-hearted farmer in this village]
  (옛날 이 마을에 마음씨 착한 한 농부가 살고 있었다)
- There appeared to be no one in the house.
  (집엔 아무도 없는 것 같았다)
- There seems (to be) no need to wait longer.
  (더 오래 기다릴 필요는 없을 것 같다)
- There came into the room a beautiful lady. …〈주의를 끌기 위해〉
  (아름다운 숙녀가 한 사람 방에 들어왔다)
  cf : A beautiful lady came into the room. …〈보통의 정상적 문형〉
- There came to the village a foreigner. ……〈주의를 끌기 위해〉
  (그 마을에 한 외국인이 오게 되었다)
- There occurred[began] a riot. (폭동이 일어났다[시작되었다])
- There never arouse any problem. (아무 문제도 일어나지 않았다)
- There stands[lies] a church on the hill.
  (언덕 위에 교회가 하나 서 있다[있다])

〈 So, Neither, Nor을 써서 상대방이나 앞 절의 말을 되받는 경우 등 〉
  ■ So의 경우
- "I am now happy." — "So am I ." …〈~도 역시 그렇다의 뜻일 때〉
  ("이제 난 행복해요." — "저도 그래요.")
- " I went there yesterday." — "So did I."
  ("나는 어제 그곳에 갔습니다." — "저도 역시 그랬습니다.")
  cf ; "They say you like apples very much." — "So I do."
    (사과를 무척 좋아하신다 하던데요." — " 예, 좋아하고 말고요."
  cf : " You look very happy." — "So I am."
    ("당신은 매우 행복하신 것 같군요." — "예, 행복하고 말고요)

※ 위에서 참고(cf)로 예시한 2개 문장에서처럼 「그렇게나 ~하고 말고요」의 뜻으로 "정도(程度) 부사"적으로 상대의 말에 동의한 경우에는 도치되지 않는 점에 유의해야 한다.

■ Neither의 경우

※ 전절의 부정문절에 이어서 : 「~도 또한 아니다」의 뜻을 나타낸다.

※ Neither로 시작되는 후절은 도치(倒置)된다.

- I don't smoke, (and) **neither do** I drink.
 (나는 담배를 피우지 않으며, 술도 마시지 않는다)
- Bob can't go, and **neither can** I.
 (봅은 갈 수 없고, 나도 못 간다)
- The mountain area isn't heavily populated, and **neither is** the coast.
 (산악지대는 인구가 많지 않으며, 해안지대도 마찬가지다)
 - If she doesn't want it, **neither do I**.
  [=If she doesn't want it, I **don't either**]
  (그녀가 그것을 원치 않는다면, 나도 원치 않는다)
- "I don't like it at all." — "**Neither do** I."
 ("나는 그것이 전혀 마음에 안 든다." — "나도 그래.")

■ Nor의 경우

※ 앞의 Neither, Not, No, Nor와 상관적으로, 또는 긍정절의 뒤나, 강조 목적으로 글머리에 상관없이도 쓰여 : 「~도 또한 아니다/않다」, 「그리고 또한 ~도 아니다」, 「~도 ~도 아니다」 등의 뜻을 나타낸다.

※ 명사/대명사를 앞에서 직접 부정하거나, 동일 절 내에서는 도치되지 않고, 정순(正順) 형태를 취한다.

- He was not present, **nor was** I.
 (그는 출석하지 않았고, 나도 안 했다)

- I am not rich, nor do I wish to be.
  (나는 현재 부자도 아니며, 또한 부자가 되고 싶지도 않다)
- It was not my fault, nor was it his.
  (그것은 내 잘못도, 또한 그의 잘못도 아니었다)
- I don't know, nor do I care. (나는 알지도 못하고 관심도 없다)
- I can't go, nor do I want to (go).
  (나는 갈 수도 없거니와 가고 싶지도 않다)
- He will not go, nor will I.
  (그는 가지 않을 것이며, 나도 역시 가지 않을 것이다)
- "I don't like rock music." — "Nor do I."
  ("나는 록 음악을 좋아하지 않아." — "나도 그래.")
- I said I had not seen it, nor had I.
  (나는 그것을 보지 않았다고 말했는데, 사실 보지 않았다)
- They couldn't understand it, and nor could we.
  (그들은 그걸 이해할 수 없었고, 우리도 마찬가지였다)
- Not a man, nor a child was to be seen.
  [= Not a man, nor a child could bee seen]
  (어른도 아이도 (아무도) 보이지 않았다)
  cf : They could neither advance nor retreat. …〈동일 문절 내〉
       (그들은 전진도 후퇴도 할 수 없었다)
  cf : He can neither read[dance]nor write[sing].
       (그는 읽지도[춤도] 쓰지도[노래도] 못한다)
  cf: I have no father nor mother. (내게는 아버지도 어머니도 없다)
- Neither she nor I am wrong. (그녀도 나도 잘못은 없다)
  ※ 이때 동사는 가까운 주어(대명사)와 일치시킨다.
  …〈대명사간 근자(近者)일치의 원칙〉
- Neither you nor anyone else has authority over me.

(너도 딴 누구도 나에게 아무런 권한이 없다)
　　cf : It is neither hot nor cold. (날씨가 덥지도 않고 춥지도 않다)
　　cf : I have neither money nor job. (나는 돈도 직업도 없다)

- The day was bright, nor were there clouds above.
  (그날은 청명했고, 상공에는 구름 한 점 없었다)
　　　　　　　　　…〈긍정문 뒤에서 부연해 강조하기 위함〉
　　cf : The tale is long, nor have I heard it out. …〈긍정문 뒤에서 부연 강조〉
　　(그 이야기는 길어서 한 번도 끝까지 들은 적이 없다)

- He sat motionless, nor did I make a move. --〈motionless; 부정의미〉
  (그는 꼼짝 않고 앉아 있었고, 나도 또한 손 하나 까딱하지 않았다)

- Nor will I deny the fact. (그리고 그 사실도 부정하지 않겠다)
　　　　　　　　　…〈글머리에 상관없이 그냥 강조하기 위함〉

- Thou nor I have made the world.
  (이 세상을 만든 건 너도 아니고 나도 아니다)
　　cf : Nor is this all. (그리고 또한 이것뿐만이 아니다)
　　　　　　　　　…〈논설문 따위에서 중간에 삽입 시〉

- Nor heaven nor earth have been at peace tonight.…〈고어/詩에서〉
　　　　　　— 셰익스피어 작 "*Julius Caesar*" 중에서 인용
  (오늘 밤은 하늘도 땅도 평화롭지 않았다)
　　cf : He nor I was there. (그도 나도 그곳에는 없었다)

- Nor flood nor fire shall frighten our moving onward.
  (물도 불도 가리지 않고 곧장 나아가리라)
　　cf : Nor silver nor gold can buy it.
　　　(은(銀)으로도 금(金)으로도 그것을 사지 못한다)

〈 부정 부사어구나 특정 부사어구를 문두에 선치해 강조한 도치문 〉

■ 부정 부사어구를 문두에 선치한 경우
- **Never did** I think of it. (나는 그것을 꿈에도 생각지 않았다)
  [= I never thought of it]
- **Never did** I dream that he had told such a lie.
  [= I never dreamed that he had told such a lie]
  (나는 그가 그런 거짓말을 했으리라고는 꿈에도 생각지 못했다)
- **Little did** I dream of meeting[seeing] her there.
  (거기서 그녀를 만나리라고는 꿈에도 생각지 못했다)
  cf : **Little did** I dream a letter would come from him.
  (그에게서 편지가 오리라고는 꿈에도 몰랐다)
- **Not until** yesterday **did** I know the fact.
  (어제서야 비로소 나는 그 사실을 알았다)
  cf: **Not until** he was ten **did** he start to read.
  [=He didn't start to read until he was ten]
  (그는 10살이 되어서야 비로소 책을 읽기 시작했다)

■ 비(非)부정 특정 부사어구를 문두에 선치하여 강조한 도치문
- **Not only did** he hear it, **but** (also) he saw it as well.
  [= He not only heard it, but (also) saw it as well]
  (그는 그 소리를 들었을 뿐만 아니라, 실제로 그것을 목격하기도 했다)
  cf : She can **not only** sing, **but** (also) dance.
  (그녀는 노래를 할 수 있을 뿐만 아니라, 춤도 출 수 있다)
- **Only after weeks of vain effort**, **did** the right idea occur to me.
  (여러 주일이나 헛수고를 하고서야 비로소 좋은 아이디어가 떠올랐다)
- **Only with sound teaching materials** (,) **can** an adult make the maximum progress toward the satisfactory master of a foreign language. (훌륭한 교재가 있어야만 성인은 특정 외국어에 대한 만족스러운 마스터를 향한 최대의 발전을 이룰 수 있다)
- **Well do** I remember him. [=I remember him very well]
  (나는 그를 잘 기억하고 있다)

4 완료형 시제에서의 조동사 활용

▶ 완료 시제에서는 조동사 have 계열(have/has, had)이 본동사의 변형(과거분사)과 결합되어 동사파트를 구성하되,
  ─ 미래완료형에서는 will/shall, 가정법에서는 would/should, could, may/might 등이 그 앞에 선치된다.

▶ 완료진행 시제에서는 조동사 be가 과거분사 형태로 바뀐다.
  ─ 즉, 본동사 대신에 조동사 be가 과거분사 형태로 변형된다.

▶ 한편, 준(準) 조동사인 「to-부정사」로 쓰인 현재완료형은 서술동사보다 앞선 시제를 나타낸다.
  ■ 완료시제에서 완료형의 종류에 따른 have 조동사 활용

완료형의 종류	동사파트의 구성
현재 완료	have/has + 본동사의 과거분사
과거 완료	had + 본동사의 과거분사
미래 완료	will/shall + have + 본동사의 과거분사

※ 현재완료는 간혹 [be + 본동사의 과거분사]로 표현하기도 함

(1) 현재 완료형

▶ 현재완료의 개념 : 과거의 어느 시점부터 현재에 걸쳐 발생한 (또는 발생하고 있는) 동작이나 상태를 나타내는 시제로서 그 기준은 현재에 두고 있다.
  — 그러나 한국어로 해석 시에는 과거시제처럼 「~했다」라고 표현되며, 절대시간(물리적 시간) 개념으로 본다면 과거에 속한다.
    ※ 과거 : 과거의 사실을 나타낼 뿐, 현재와의 관계는 알 수 없으며, 통상 과거관련 부사(구)를 동반한다.
  — 조동사 has는 3인칭 단수에, have는 1,2인칭(단수/복수) 및 3인칭 복수에 쓰인다.

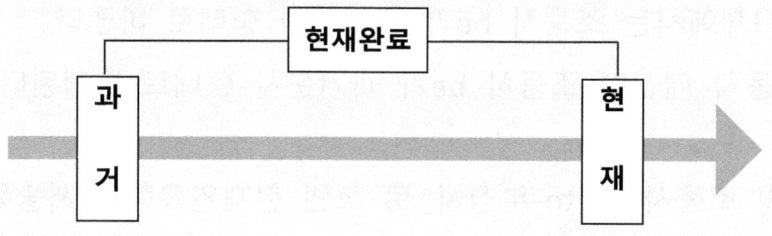

▶ 부정부사 never도 통상 시제표현 조동사인 have의 뒤에 두는 것이 일반적이지만, 본동사가 생략될 경우에는 have의 앞에 둔다.
  - I have never seen a panda.
      (나는 아직 팬더를 본 적이 없다)
  - Have you ever been to London? (런던에 가보본 적이 있나요?)
      - No, I never have. (아뇨, 한 번도 없어요)

▶ 현재완료형의 용도 : 동작이나 상태의 "완료, 결과, 경험, 계속"이라는 4개 범주로 구분할 수 있다.

1) 과거에 시작된 동작이 「방금 끝났음」을 나타낼 때

> ▶ 자주 동반하는 때와 관련된 부사(구)들 :
> just(방금), already(이미), yet(벌써/아직), now(지금), today(오늘), this week(금주에), recently(최근에) 따위의 부사와 함께 쓰는 경우가 많다. 그중 yet는 의문문과 부정문에 주로 쓰인다.

- I **have** iust **finished** my homework. (나는 방금 숙제를 다 끝냈다)
- He **has** already **fallen** asleep. (그는 이미 잠이 들어버렸다)
- **Have** you **finished** your work already? (너는 벌써 일을 다 끝냈느냐)
- The bell **has** already **rung**. (종은 이미 쳤다[울렸다])
    cf : **Has** the bell **rung** yet? (종은 벌써 쳤느냐)
    cf : The bell **has not rung** yet. (종은 아직 치지 않았다)
- The clock **has** just **struck** four. (시계가 방금 4시를 쳤다)
- He **has** just **arrived** in Seoul. (그는 막 서울에 도착했다)
    cf : He has just now arrived. [=x]
    cf : We just finished supper. [=○] (우리는 막 저녁식사를 끝냈다)
    cf : He arrived just now.   [=○]
    ※ 부사 「just(막)」는 현재완료와 과거형 모두에 쓰일 수 있으나, 부사구 「just now(조금 전에)」는 반드시 과거형에만 쓰인다.

- **Have** you **finished** with this book? (이 책은 다 읽었습니까)
- I **have finished** with such a foolishness.
    (이런 어리석은 짓은 이제 안 한다 ; 이제 관계를 끊었다)
- Dorothy, her baby, perhaps **has cut** a new teeth.
    (그녀의 아기 도러시는 이가 새로 난 모양이다)

2) 과거에 있었던 동작의 「결과가 현재 남아 있음」을 나타낼 때

> ▶ 본동사로서 go/come, become/grow 따위에서 흔히 볼 수 있다.
> ▶ 조동사로서는 have/has 대신에 간혹 be(is, am/are)로도 쓰인다.

- He **has gone** there[to America] (그는 거기에[미국으로] 가버렸다)
- What **has become** of him? [=What **has happened** to him?]
 (그가 어떻게 되었느냐)
- **Gone are** the days when my heart was young and gay.
 ――――――스티븐 포스터 작곡 "Old Black Joe" 중에서
 (내 마음이 젊고 환희에 찼던 그 시절은 가고 없어라)
 ※ be는 완료된 후의 상태에 중점을 두는 표현으로 go/come, rise(뜨다)/set(지다) 따위와 연계해 쓰이고, 간혹 finished나 done과도 연계해 쓴다.
  cf ; **Are** you **done**? (이제 끝났나)— Yes, I **am**.(응, 끝났어)
  cf : Spring **is come**. (봄이 되었다)
- It looks like the air conditioner **has stopped** working again.
 (에어컨이 또 작동을 멈춰버린 것 같아)
- The old house **has** since **been pulled down**.
 (그 낡은 집은 그 뒤 철거되었다)
- You **havn't done** much work today, **have** you?
 (오늘은 일을 별로 안했죠, 그렇죠?)
- We **have had** much rain this year. (금년에는 비가 많이 왔다)
- You **have made** me what I am today.
 (선생님이 오늘날의 저를 만드셨습니다; 오늘날의 저는 선생님 덕택입니다)
- I am sorry to **have caused** you so much trouble.
 (너무 폐를 많이 끼쳐드려 죄송합니다) …〈 외형은 현재완료, 의미는 과거 〉

- I am sorry to **have kept** you waiting. (기다리게 해서 미안합니다)
  ※ to-부정사의 현재완료형 : 의미상으로는 주문(主文) 동사의 시제보다 앞선 시제를 나타낸다.

3) 「~ 해본 적이 있다」 : 현재까지의 경험을 나타낼 때

> ▶ before(전에), often(종종), ever(이전에, 여태까지, 일찍이), never(한번도 ~ 않다), once(이전에, 한때, 한번도) 따위의 부사와 함께 쓰이는 경우가 많다.

- Nobody knows the trouble I **have seen**.
  (내가 겪은 이 고통을 아무도 모르리라)
- This is the biggest animal that I **have** ever **seen**.
  (이것은 내가 지금까지 본 것 중에서 가장 큰 동물이다)
- **Have** you ever **seen** a rhinoceros[rainá:sərəs]?
  (자네는 코뿔소를 본 적이 있나?)
- **Have** you ever **been** to the North Pole?
  (당신은 북극에 가보신 적이 있습니까)
   cf : I **have been** in Paris. (나는 파리에 가 있은 적이 있다)
   cf : **Have** you **been** in Italy? (이탈리아에 가서 살아본 적이 있느냐)
- **Have** you **read** the instruction? ― Of course I **have**.
  (그 설명서를 읽어보셨나요? ― 물론 읽어봤죠)
- Where **have** you **been** (to)? ― I **have been** to the station.
  (어디 갔다 오느냐? ― 역에 갔다 오는 길이다 ; 역에 갔다 왔다)
- I **have been** all over the world.
  (나는 세계의 여기저기를 두루 다 다녀봤다)
- I **have seen** her before. (나는 전에 그녀를 본 적이 있다)
   cf : She **has lost** two teeth before. (그녀는 앞니가 2개 빠졌다)
- I **have** once **seen** her. (나는 한때[언젠가] 그녀를 본 적이 있다)

  cf : I **have seen** her once. (나는 그녀를 한번 본 적이 있다)

  cf : I **have not** once **seen** her. (나는 그녀를 한번도 본 적이 없다)

  ※ once가 부정문에, 또는 긍정문의 끝(문미)에 오면 「한번(도)」의 뜻이 된다.

- I **have been** to the station to see him off.

 (나는 그를 배웅하러 정거장에 갔다 오는 길이다 ; 정거장에 막 갔다 왔다)

  cf : I **have been** to see the play three times.

   (나는 이제까지 이 연극을 세 번이나 보았다)

- This spaghetti might **have been** the best I**'ve ever eaten**.

 (이 스파게티는 제가 먹어 본 것 중 최고인 것 같아요)

- I**'ve never seen** (that) consumer prices soar like this.

 (나는 소비자 물가가 이렇게 치솟는 것을 본 적이 없다)

4) 과거에 시작된 동작이나 상태가 지금까지 「계속되고」 있음을 나타낼 때

> ▶ for(~하는 동안), since(~이래로), once(이전에, 한때, 한번도) 따위의 전치사/부사/접속사와 함께 쓰이는 경우가 많다.

- Since when **have** you **lived** here? — I **have lived** here for 10 years.

 (당신은 언제부터 여기에 살고계신가요?

       — 저는 이곳에 10년간 살아오고 있습니다.)

- We **have known** each other for ten years.

 (우린 서로 알고 지낸지가 10년이 되었다)

- She has **been sick**[ill] since last Monday.

 [= She **has lain sick**[ill] in bed since last Monday]

 (그녀는 지난 월요일부터 죽 병석에 누워[앓고] 있다)

- I**'ve been** very busy lately.(최근 나는 줄곧 무척 바빴다; 지금도 바쁘다)

- I **have known** her since she was a child.

 (나는 그녀가 아이였을 때부터 그녀를 알고 지냈다)

- He **has learnt** a lot since he **has been** here.

(그는 이곳에 온 이후에 많은 것을 배웠다)
- It **has been** five years <u>since the war ended</u>.
  [=It **is** five years <u>since the war ended</u>]
  [= **Five years have passed** <u>since the war ended</u>]
  (전쟁이 끝난 지 5년이 된다)
- Those orphans **have been starved** <u>of affection</u>.
  (저 애들은 애정에 굶주려 왔다)
- He **has served** <u>this school</u> <u>for twenty years</u>.
  (그는 이 학교에 재직한 지 20년이 된다)
- He **has been abroad** <u>(ever) since he parted from me</u>.
  (그는 나와 헤어진 후 죽 해외에 나가 있다)
- He **has been unhappy** <u>since he left home</u>.
  (그는 집을 떠나온 이래 줄곧 불행했다)
- <u>Since my coming to New York</u>, I **have not been** well.
  (뉴욕에 온 이래 나는 줄곧 건강이 좋지 않다)
- Nothing **has happened** <u>since we parted</u>.
  (우리가 헤어진 이래 아무 일도 없었다)
- I **haven't met[seen]** you <u>for a long time</u>.
  [=It **has been** a long time <u>since I saw you last</u>]
  [= It **has(It's) been** ages <u>since I saw you last</u>]
  ((당신을 뵌 지가) 오래간 만입니다; 오래 만나 뵙지 못했군요)
- **How have you been** these days? (근래 어떻게 지냈습니까)
- **How long have you been** in the army?
  (군대에 들어가신 지가 얼마나 됩니까)
- It **has been warm** <u>since noon</u>. (정오부터 날씨가 줄곧 따뜻하다)
- It is a word that **has long since been** out of use.
  (그것은 오래 전부터 쓰이지 않던 말이다)
- His father **has been dead** <u>for two years</u>.

[= His father died two years ago]
  (그의 부친은 별세하신 지 2년이 된다)
- He **has been** long **dead**. [= He died long ago]
  (그는 별세하신 지가 오래다)
- She **has changed** a good deal since her sickness.
  (그녀는 앓고 난 이후 많이 달라졌다)
- **There have been** many **changes** since the war.
  (전쟁 후 많은 변화가 있었다)
- We **have had no trouble[difficulty]** of any kind since then.
  (그 이후 우리에겐 어려운 일이 전혀 일어나지 않았다)
- I **have not seen** much of him since.
  ((그) 이후 나는 그를 자주 만나지 못했다)
- He went to America twenty years ago(,) and **has stayed there** ever since.
  (그는 20년 전에 미국으로 갔는데, 그때부터 죽 거기에 머물고 있다)

유의점 1	현재완료형에는 「과거」를 나타내는 시간의 부사(구)를 쓸 수 없다

과거를 나타내는 부사(구)의 대표적 "예"

▶ yesterday, five years ago, long ago(오래 전에)
▶ not long since(바로 전에), a little while since(바로 조금 전에), just now(조금 전에)
▶ in 1960, 의문사인 when(언제)이 수반될 경우
  ※ 단, now(방금), long since(오래 전부터), since when(언제부터)는 현재완료형에 쓰인다.

$\Big\{$ He **has come** to Korea *yesterday*.   [=X]
He **came** to Korea *yesterday*. (그는 어제 한국에 왔다) [=O]

$\Big\{$ *When* **have you seen** her?   [=X]
When **did you see** her? (언제 그녀를 만났느냐)   [=O]
Since when **have you seen** her? (언제부터 그녀를 만나왔느냐) [=O]

$\Big\{$ *When* **has she got married**?   [=X]
When **did she get married**? (그녀는 언제 결혼했느냐?)   [=O]

$\Big\{$ He **has** <u>long since</u> arrived.(그는 훨씬 전에 도착해 있다)   [=O]
He **arrived** <u>long ago</u>. (그는 오래 전에 도착했다)   [=O]
He **saw** her <u>not long since</u>. (그는 그녀를 바로 최근에 만났다) [=O]
He **went** away <u>a little while since</u>.(그는 바로 조금 전에 떠났다)[=O]

유의점 2	▶ 시간·조건의 부사절에서는 현재완료형이 미래완료를 대신해 쓰인다 : "미래완료의 대용" ▶ 과거의 반복적인 동작을 나타낼 때는 현재완료형이 과거를 대신해 쓰인다 : "과거의 대용"

〈 시간/조건의 부사절에서 미래완료의 대용 〉

- <u>When</u> you **have written** your name, write the date.
 (이름을 다 쓰고 나면 날짜를 적어시오)
- <u>When</u> I **have finished** writing this letter, I'll go with you.
 (이 편지를 다 쓰고 나면, 당신과 함께 가겠습니다)

 ※ 위에서 의미상으로 보면 "When I will have finished~"가 맞겠지만, 현재완료형으로 쓰는 것이 일반적이다.

〈 과거의 반복적인 동작을 나타낼 때 과거의 대용 〉

- Sometimes when **have been** <u>alone</u>, I **have remembered** that folly.
 (이따금 혼자 있을 때, 나는 그 어리석은 짓을 떠올리는 적이 있다)

※ 과거의 반복적인 동작을 실감 있게 나타내기 위하여 현재완료를 쓰기도 한다. 이처럼 현재완료는 절대적 시간 개념보다는 필자[화자]의 주관적 감성에 의해 사용되는 특징이 있다.

〈 Have/Has got : 외견상 완료형이지만, 내용상으로는 현재형 〉

※ got은 단순히 운률에 맞추거나 강조적인 어감을 주는 데 불과하며, 따라서 의미 해석상으로는 없다고 간주하여 해석하면 될 것임

- I**'ve got** 20 dollars. [= I **have** 20 dollars]
 (나는 20달러를 갖고 있다)
- Mary **hasn't got** blue eyes. [= Mary **has no**t blue eyes]
 (메어리는 눈이 푸르지 않다)
- The reason (why) I don't eat much// is I**'ve got**[=I **have**] indigestions. (내가 적게 먹는 것은 위가 약하기 때문이다)
- **Have** you **got** a newspaper? — Yes, I **have**.
 (신문이 있느냐? — 예, 있습니다)
- I**'ve got**[=I **have**] to write a letter. (나는 편지를 써야 한다)
- You**'ve got**[=You **have**] to eat more vegetables.
 (너는 야채를 더 많이 먹어야 한다)
- I**'ve got** [=I **have**] <u>a kettle</u> **boiling** now for tea.
 (차를 넣기 위해 지금 주전자의 물을 끓이고 있다 ; 물이 끓게 놔뒀다)
- We **haven't got**[=**haven't**] to work this afternoon.
 (우리는 오는 일을 안 해도 된다)
- You**'ve got**[=**have**] to be kidding[joking]. (필시 농담 하시는 거겠죠)
- He**'s got**[=He **has**] to be the postman. (그는 집배원에 틀림 없다)

(2) 과거 완료형

▶ 과거완료의 개념 : 과거의 어느 때를 기준으로 하여 그 이전의 더 먼 과거부터 그때(기준과거)까지의 동작•상태의 관계를 나타낸다.

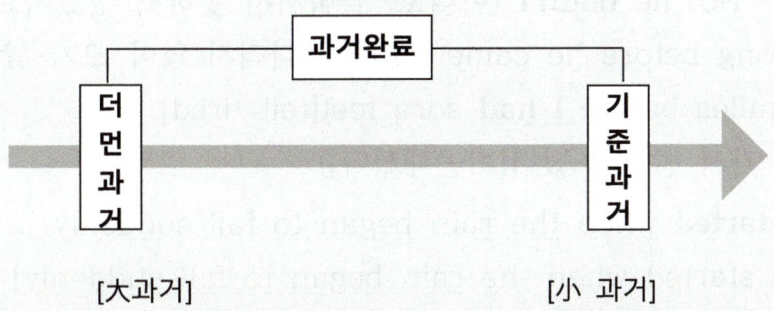

- 주로 해설하는 지문(地文)이 과거시제인 경우, 그보다 더 이전에 발생한 동작•상태를 나타낼 때 쓰인다.
  — 한국어로 해석 시에는 흔히 지문 자체의 시제(과거)와 엄격히 구분해 표현키 위하여 「~했었다」라고 표현하기도 한다.

▶ 부사(구)의 사용 : 현재완료형에 쓰이는 각종 관련 부사(구)는 과거완료형에도 쓰인다.

▶ 과거시제의 용법 : 현재완료의 경우처럼 기본적으로는 완료•결과•경험•계속의 4개 범주로 구분해 사용할 수 있다.
  - 한편; 단순히 화법의 전환(직접화법→간접화법)시 "시제일치" 목적으로도 과거완료형이 쓰인다.

1) 과거 어느 때까지 동작이 「완료되었음」을 나타낼 때

- Before he got up, I **had** already **finished** my breakfast.
  (그가 일어나기 전에 나는 이미 아침식사를 끝냈다)

- When we arrived at the station, the train **had** already **started**.
  [= The train **had left** already when we got to the station]
  (우리가 역에 도착했을 때, 열차는 이미 떠났었다)
- **Had** he **finished** it when you saw him?
  (네가 그를 보았을 때, 그는 그 일을 끝마쳤더냐)
  　　　　　　ㅡ Yes, he **had** (예, 끝마쳐 있었어요)
  　　　　　　ㅡ No, he **hadn't** (아니오, 끝마치지 못하고 있었어요)
- I **had not waited** long before he came. (얼마 기다리지 않아 그가 왔다)
- I **had gone** three miles **before I had** sore feet[felt tired].
  (나는 10리(里)도 못 가서 발병이 났다[피곤해졌다])
- We **had scarcely started** when the rain began to fall suddenly.
  [=**Scarcely had** we **started** when the rain began to fall suddenly]
  [=We **had hardly started** before the rain began to fall suddenly]
  [=**hardly had** we **started** before the rain began to fall suddenly]
  (우리가 출발하자마자 갑자기 비가 내리기 시작했다)

  ※ 위의 문장은 「scarcely/hardly + 과거완료 ~ when/before + 과거」로 특정 부사와 접속사가 서로 연관되어 주절과 종절 간 짝을 이룬 "종위 접속절" 문장으로서 관용적으로 사용된 경우이다.

2) 과거 어느 때까지의 동작의 「결과」를 나타낼 때

- He **had become** a famous musician by then.
  (그는 그때까지[그때에는] 유명한 음악가가 되어 있었다)
- What I **had written**, I **had written**.
  (써버린 것은 써버린 것이다; 고쳐 쓰기는 곤란하다)
- I lost my mother when my father **had been dead** three years.
  (아버지를 잃고 3년 만에 어머니를 여의었다)
- The flowers in a vase **had shriveled** away[=drooped up] when I came back home. (집에 돌아오니 화병의 꽃들이 모두 시들어 있었다)

3) 과거 어느 때까지의 「경험」을 나타낼 때

- I **hadn't flown** in a plane before.
  (나는 전에 비행기를 타본 적이 없었다)
- I **hadn't seen** a hippopotamus[=hippo] before I was ten.
  (나는 열 살이 될 때까지 하마(河馬)를 본 적이 없었다)
- I **had heard** of him once before I met him.
  (나는 그를 만나기 이전에 한번 그에 대하여 들은 적이 있었다)
- As I **had never seen** him, I could not recognize him.
  (전에 만난 적이 없어서 나는 그를 알아보지 못했다)
- **Had** you **ever been** to the museum?
  (당신은 박물관에 가보신 적이 있었습니까)
- He **had never been** to school before[=by then].
  (그는 그때까지 학교에 다닌 적이 없었다)

4) 과거 어느 때까지의 동작·상태의 「계속」을 나타낼 때

※ 주로 "상태의 계속"은 「완료형」으로, "동작의 계속"은 「완료진행형」을 쓴다.

- He **had been** ill for a week, when the doctor was sent for.
  [=He **had been** sick for a week, when he consulted the doctor]
  (의사를 불렀을 때[의사의 진찰을 받았을 때], 그는 1주일째 앓고 있었다)
- He **had stayed** in his father's company till his father died.
  (그는 자기 아버지가 돌아가실 때까지 아버지 회사에 있었다)
- She **had kept** the door shut all (the) day long.
  [= She had kept the door shut all through the day]
  (그녀는 그날 종일 문을 계속 달아 두었었다)
- It **had been raining** for two days.
  (이틀째 비가 (계속) 내리고 있었다)

5) 대(大)과거 표현 : 화법의 전환이나 지문시제를 변경시 시제의 일치를 위해

※ 전달부(지문)인 주절이 과거일 때, 피(被)전달부인 종속절이 그 이전의 과거(즉 대과거)임을 나타내기 위해 과거완료를 쓴다.

[화법의 전환 시 : 직접화법 → 간접화법]

Tom **said** to me, "I **saw** her yesterday."
(톰은 내게 말하기를, " 나는 어제 그녀를 만났어" 라고.

⇩

Tom **told** me that he **had seen** her the day before.
(톰은 내게 자신은 그녀를 그 전일에 만났었다고 말했다)

[시제의 일치 시 : 현재형 지문 → 과거형 지문]

He **says** that he **arrived** yesterday.
(그는 어제 도착했다고 말한다)

⇩

He **said** that he **had arrived** the day before.
(톰은 내게 자신은 그녀를 그 전일에 만났었다고 말했다)

[주절이 과거일 때 : 그보다 앞선 시제의 사실을 나타낼 때]

- She told me (that) she **had bought** a new hat.
  (그녀는 새 모자를 하나 샀다고 내게 말했다)
- We **were informed** that an epidemic **had broken out** in the next village. (이웃 마을에 전염병이 발생했다는 통보를 받았다)

- He **claimed** (that) he **had seen** a ghost.
  (그는 유령을 본 적이 있다고 주장했다)
- He **astoned**[=expiated himself] for the wrong he **had done** with death. (그는 자신이 저지른 잘못을 죽음으로써 속죄했다)
- He **lost** the watch (that) his uncle **had given** as a birthday present. (그는 숙부가 생일선물로 사준 시계를 잃어버렸다)

[앞/뒤 문맥으로 보아 : 사건발생의 순차가 명백히 식별되는 경우]

- We **had lived** in the house only a year, when it **was destroyed** by a typhoon.
  (우리가 그 집에 산 지 불과 1년 만에 태풍으로 집이 무너졌다)
- She **was not surprised**, because she **had been told** the fact.
  (그녀는 그 사실을 들었었기 때문에 놀라지 않았다)
- Because the water **had risen** much, we **could not cross** the river.
  (물이 많이 불어나서 우리는 강을 건널 수 없었다)
- I **had intended** to make a cake, but I **ran out** of time.
  (케이크를 만들 작정이었는데, 시간이 없었다)
- I **had just fallen** asleep(,) when someone **knocked** at the door.
  (내가 막 잠이 들었을 때, 누군가가 문을 노크했다)
- Once he **had found** his feet[legs], he **was able to** deal with any problem. (그는 일단 적응하고 난 뒤에는, 어떤 문제든 감당할 수 있었다)

시제일치 원칙의 예외적 사용: '예'	▶ 구어체에서(드물게) 피 전달부나 종속절내 상황의 느낌을 생생히 전달키 위한 경우: 과거완료 대신에 현재완료를 쓰기도(문법상으로나 발생순차상으로나 불합리하지만…) ▶ 이유·조건 등의 접속사가 이끄는 절 내, 또는 그것과 연계된 절 내에서: 과거완료 대신에 단순 과거를 쓰기도

[구어체에서 : 과거완료 대신에 직접화법에서처럼 현재완료를 사용]

※ 문법상으로나 사건 발생순차로나 전혀 맞지 않는 비문(非文) 형태이지만, 전달자(화자)의 느낌을 그대로 생생히 나타내는 효과를 지님

- **Did** you **hear** (that) Japan **has decided** to_release[dump] contaminated water from a nuclear plant into the ocean?
  (일본이 원전 오염수를 바다로 방류하기로 결정했다는 거 들었나?)

- I **read** online that people who **have received** the first dose of a vaccine can go outside without wearing masks.
  (내가 온라인에서 읽기로는 백신 1차 접종을 받은 사람들은 마스크를 쓰지 않고 외출할 수 있대)

[과거완료 대신에 : 과거로 대용 가능한 경우]

※ after, when, before , until, beccause 따위의 접속사로 선/후 관계가 분명하거나, 문맥상 전달부/피전달부 동사 간에 시차가 거의 없거나, 이유*조건 등의 접속사가 이끄는 부사절 내에서, 또는 그것과 연계된 절 에서는 종종 과거완료 대신에 단순 과거를 쓰기도 한다.

- He **gave up** the plan chiefly because it **was not supported** [=had not been supported] by all of them.
  (그가 그 계획을 포기한 것은 주로 그것이 그들 모두의 지지를 얻지 못했었기 때문이었다)

- After I **got** [=had got] to the house, I **opened** the box.
  (집으로 가서 나는 그 상자를 열었다)

- I **got**[=had got] **up** before the sun **rose** above the horizon .
  (나는 해가 지평선 위로 떠오르기 전에 일어났다)

- I **was standing**[=had been standing] there lost in thought when I **was called** from behind.
  (생각에 잠겨 서있으려니까, 뒤에서 누가 나를 불렀다)

- It **was not** until he **was thirty** that he **started to paint**.
  (그는 30 살이 되어서야 비로소 그림을 그리기 시작했다)

- He **worked** u̲n̲t̲i̲l̲ **too tired** to do more.
  (그는 지쳐버려 더 이상 못하게 될 때까지 줄곧 일했다)
- He **didn't start** to read u̲n̲t̲i̲l̲ he **was ten**.
  [=Not until he was ten// did he start to read]
  (그는 10살이 되어서야 비로소 책을 읽기 시작했다)
- The manager just **called and said** he **wanted** the report before lunch.(부장님께서는 전화하셔서 그 보고서를 점심시간 전에 받고 싶다고 말씀 하셨어요)

(3) 미래 완료형

▶ 미래완료의 개념 : 미래의 어느 한때를 기준으로 하여 그때까지의 동작·상태의 관계를 나타낸다.

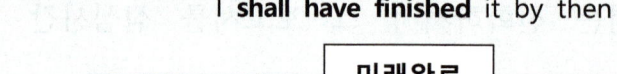

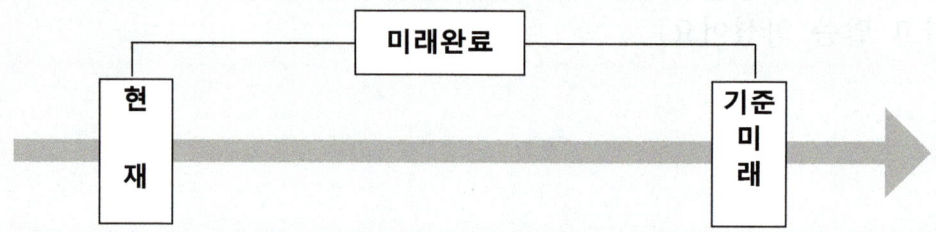

▶ 한국어로 해석 시 :「~때까지는 끝내겠다」,「되어 있을 것이다」, 「~셈이 될 것이다」,「~했을까/했겠는가」 따위로 표현된다.
  ■ 가정법의 귀결절(Then절)도 미래완료의 형태로 되어 있는 경우가 대부분이지만, 그 경우에는 본동사에 강한 추측과 가정의 의미가 부가되어 있는 특수한 용법에 속하므로 해당 편에서 따로 설명키로 한다.

▶ 미래완료 시제의 용법 : 현재완료나 과거완료에서처럼 완료*결과, 경험*계속의 4개 범주로 구분해 사용할 수 있다.

1) 미래 어느 때까지의 동작의 「완료」를 나타낼 때

- I **will have finished** it by next Friday.
  (나는 금요일까지 그 일을 다 끝내겠다)
- They **will/shall have arrived** by now.
  (그들은 지금쯤이면 도착했을 것이다)

- I **shall have finished** this work by five o'clock.
  (나는 5시까지는 이 일을 다 끝내고 있을 게다)
- I **shall have recovered** when you return from America.
  (네가 미국에서 돌아올 무렵이면 나는 건강이 회복되어 있을 것이다)

2) 미래 어느 때까지의 동작·상태의 「결과」를 표현할 때

- He **will have become** a doctor by then.
  (그는 그때까지는 의사가 되어 있을 것이다)
- By this time next year he **will have taken** his university degree.
  (내년 이맘때까지는 그는 학사학위를 취득해 있을 것이다)
  ※ 학사학위: a bachelor's degree라고도 표현
  ― 문학사; Bachelor of Arts(B.A.), 이학사; Bachelor of Science(B.S.)
- I **will[shall] have bought** a house by that time.
  (그때까지는 나는 집을 한 채 사 있겠다[있을 것이다])
- I don't think I**'ll be done** with them by then.
  (그때까지 그 일들을 다 못할 것 강요) ―〈 have 대신 be를 사용한 완료형 〉

3) 미래 어느 때까지의 「경험」이나 동작·상태의 「계속」을 나타낼 때

- If I read the novel one more, I **shall[will] have read** it three times in all.
  (내가 그 소설을 한 번 더 읽게 되면, 도합 세 번 읽은 셈이 될 게다)
- By the time summer comes, I **shall have been studying** abroad (for) two years.　------------〈 미래완료 진행형 〉
  (여름이 올 무렵이면, 나는 2년간 유학하고 있는 셈이 된다)
- It **will have been raining** for a week if it rains tomorrow.
  (내일도 비가 오면, 1주일 동안 계속 오는 셈이 된다)--〈 미래완료 진행형 〉

유 의 점	미래형 또는 미래완료형 복합문을 구성하는 「때*조건」을 나타내는 부사절 속에서는 미래시제를 현재시제로 대용하는 경우가 일반적이다(즉 현재 또는 현재완료로 해야) .

- When you **return** ⇐ When you will return[=X]
- By the time summer **comes** ⇐ By the time summer will come[=X]
- If it **rains** tomorrow ⇐ If it will rain tomorrow[=X]
- I will tell him about it when he **comes** ⇐ when he will come[=x]
- I will be there at six unless the train **is late**. ⇐
 (열차가 연착하지 않으면 6시까지는 거기에 갈 거다)
 I will be there at six unless the train will be late. [=X]
- I will wait here for you until the concert **is over**. ⇐
 (콘서트가 끝날 때까지 나는 여기서 너를 기다리겠다)
 I will wait here for you until the concert will be over [=X]
- It will be long before we **meet** again. ⇐
 (한참 지나야 다시 만나게 되겠군요)
 It will be long before we will meet again. [=X]
- Do not start till I **give** the word. ⇐
 (내가 명령을 내릴 때까지는 출발하지 마라)
 Do not start till I will give the word. [=X]
- Read the manual carefully before you **operate** the machine.
 (그 기계를 작동하기 전에 설명서를 세심하게 읽어라) ⇐ [=X]
 Read the manual carefully before you will operate the machine.
- Drop me a line once[when] you **get settled** in. ⇐
 (자리 잡히면 내게 연락 주세요)
 Drop me a line once[where] you will get settled. [=X]
- Tell me[Let me know] when you **have finished** this work. ⇐
 (자네가 이 일을 다 끝내면 내게 알려 주게)
 Tell me[Let me know] when you will have finished this work. [=X]

5 진행형 시제와 수동태에서의 조동사 활용

▶ 진행형과 수동태 문장의 동사파트 구성에서는 「Be 조동사」가 중심적 역할을 수행하며, 그 기본적 구성형태는 다음과 같다.

진 행 형 (기본)	Be 조동사 + 본동사의 현재분사
수 동 태 (기본)	Be 조동사 + 본동사의 과거분사

▶ 한편 시제에 따라 동사파트 중 Be 조동사 파트는 다양하게 변하여 시제를 구분해 표시하지만, 본동사 파트는 상관없이 일정하다.
  ― 즉, 진행형은 본동사의 현재분사로, 수동태는 과거분사로 불변
  ― 예컨대 완료진행 시제에서 조동사 be가 본동사 대신에 과거분사 형태로 바뀌는 경우 등이다.

▶ 현대영어의 사용빈도 추세 면에서 본다면
  ― 진행형 문장은 단순히 동작의 진행 외에, 가까운 장래의 예정이나 계획을 표현할 때 등 활용 폭이 점점 더 늘어나는 추세에 있고,
  ― 수동태 문장은 Get 등 수동성 성격이 내포된 자동사의 활용이 활발해짐에 따라 사용빈도가 줄어드는 추세이긴 하지만, 아직도 논문*기사*문서 등 격식을 갖춘 문장에서는 의미를 정확하게 전달하기 위해 널리 사용되고 있다.

▶ 한편, Be 조동사가 [be + 현재분사]와 [be + 과거분사]의 2가지로 겹쳐서 써야 하는 「완료진행형 수동태(3개 시제)」 같은 복잡도가 최고수준에 달하는 복합문에서는 영어권 사람들조차 식별과 사용상에 애로와 혼란을 느낄 정도여서 특별한 경우 외에는 잘 쓰지 않는 경향이 있다.

(1) 진행형 시제에서의 조동사 활용

1) 진행형 시제의 동사파트 구성체계와 일반적 용법

▶ 진행형 시제는 능동태 기준으로 기본진행형 3개와 완료진행형 3개의 6개 종류로 분류할 수 있지만, 이들 각각의 형태별로 수동태가 있어서 Be 조동사 파트의 구성체계가 능동태와는 사뭇 다르다.

〈 능동태 진행시제의 동사파트 구성체계 〉

동사 파트		조 동 사 파 트(A)	본 동 사 파 트(B)
기본형	현재 진행형	am/are/ is	현재분사 [동사원형+ing] ※ 수동태 구조 : [A+being+과거분사]
	과거 진행형	was/were/ was	
	미래 진행형	will/shall be	
완료형	현재완료 진행형	have/has been	
	과거완료 진행형	had been	
	미래완료 진행형	will/shall have been	

〈 진행형 문장의 시제별*태(態)별 동사파트 구성체계 : "예" 〉

세부 시제별	능동태 문장 (동사 ; work)	수동태 문장 (동사 ; build)
현재 진행형	He is working	It is being built
과거 진행형	He was working	It was being built
미래 진행형	He will be working	It will be being built
현재완료 진행형	He has been working	It has been being built
과거완료 진행형	He had been working	It had been being built
미래완료 진행형	He will have been working	It will have been being built

▶ 진행형은 주로 동사가 나타내는 행위인 동작, 또는 드물게는 상태가 이미 시작되어 진행 중이거나 계속 중에 있음을 나타낸다.

▶ 진행형은 성격상 왕래*발착 등 동작성이 뚜렷한 동사들(come/go, leave/arrive 등)에 많이 쓰이지만, 최근에는 인지적*감각적인 동사들(think/feel 등)에도 종종 쓰인다.

2) 현재 진행형의 용법

- 현재진행형의 동사파트는 [be 조동사의 인칭별 현재형 + 본동사의 현재분사(동사원형+ing)]으로 구성되는데
- 현재 실제로 진행 중인 동작이나 상태를 나타내는 「본래의 용법」과 그렇지 않는 「특별용법」이 있다.

[현재진행형 본래의 용법]
▶ 「~하고 있다」라고 실제로 현재 눈앞에 전개되고 있는 고립적(구체적)인 "동작성 행위"를 표현한다.

- We **are having** breakfast now. (우리는 지금 아침식사 중이다)
- I **am going** to the station[=I am on my way to the station].
  (나는 지금 역에 가는 길이다)
- We **are having** a good time. (우리는 즐겁게 지내고 있다)
- The end of the semester **is** fast **approaching**.
  (학기말이 눈앞에 성큼 다가오고 있다)
- The camellia flowers **are** just **opening**.
  (동백꽃이 막 피기 시작하고 있다)
- The train **is** now **coming** in the platform.
  (열차가 지금 플랫폼으로 들어오고 있다)
- She **is going** to the station in haste[in a hurry].
  (그녀는 서둘러 역으로 가고 있다)
- A jelly-fish **is floating** on the surface of the sea.
  (바다 위에 해파리가 떠다니고 있다)
- A swallow **is flying** high in the sky.
  (제비가 한 마리 하늘 높이 날고 있다)

- He **is staying** in Paris now, and the sight[his eyesight] **is going**.
  (그는 지금 파리에 머물고 있는데, 시력을 잃어가고 있다)
- The shadows of night[evening] **are falling** before we know it.
  (어느 듯 저녁 어둠이 깔리고[드리우고] 있다)
- It[The wind] **is falling** calm. (바람이 자고 있다)
- It'**s going** on four o'clock. (지금 시간이 4시가 가까워 온다)
  [= It'**s coming** up close to four o'clock]
- The departure time **is getting** close. (출발 시간이 다가오고 있다)
- The summer vacation **is drawing** near. (여름 방학이 다가온다)
- It **is raining** on and off. (비가 내리다 그치다 하고 있다)
- I'm afraid you **are barking** up the wrong tree.
  [= I'm afraid you **are shooting** at the wrong mark
  (당신은 엉뚱한 사람을 비난하고 있는 것 같다)
- They **are saying** we forgot to put some items in the packages.
  (그들의 말로는 우리가 몇 개 물건을 포장박스에 넣지 않았다고 하네요)
- He seems to **be doing** his best. (그는 최선을 다하고 있는 것 같다)

———— 〈 to-부정사 속의 진행형 〉

▶ 「~기대하고 있다」, 「생각하고 있다」라고 기대·의도·생각 등 어떤 심적인 상태의 지속을 나타낼 때

- I **am thinking** about going on a package tour to Japan.
  (나는 일본으로 패키지여행을 갈까 생각 중이다)
- We **are hoping** (that) the house will sell quickly.
  (우리는 집이 빨리 팔리기를 바라고 있다
- I **am expecting** a letter from my brother.
  (형한테서 편지가 올 거라고 생각하고 있다)
- I **am expecting** a thunderbolt at any moment.
  (나는 금방이라도 벼락이 치지나 않을까 생각하고 있다)
- He **is worrying** that he may have made a mistake.

(그는 행여 자신이 실수나 하지 않았나 하고 걱정하고 있다)
- We **are looking forward to** your prompt and favorable reply.
 (우리는 귀측의 조속하고 호의적인 회답을 고대하고 있습니다)
- I **am wondering** if you have vacancies for this week.
 (이번 주말에 귀 (호텔에)빈 방이 있겠는 지 궁금합니다; 알고 싶어요)
- We **are planning** to visit Europe this summer.
 (이번 여름에는 유럽 여행을 할까 마음먹고 있다; 할 작정이다)
- I**'ve been meaning** to ask you if you'd like to come over for a drink. ────────〈현재완료 진행형〉
 (차 한 잔 하러 오겠느냐고 당신한테 물어볼 생각이었다)

▶ 「~돼 가고 있다」라고 어떤 상태/상황·관계의 진전을 나타낼 때

- She **is getting[feeling]** well, but her husband's wits **are wandering**.
 (그녀는 건강이 좋아지고 있지만, 남편은 정신이 이상하다)
- It**'s getting** warmer and warmer. (날씨가 점점 따뜻해지고 있다)
- I**'m having** a lot of trouble with the car.
 (나는 그 차 때문에 애를 많이 먹고 있다)
- He **is getting** older. (그는 늙어 가고 있다)
- Many kids **are getting** addicted to smart-phones.
 (많은 어린이들이 (점점) 스마트폰에 중독돼 가고 있다)
- **Is** he **getting** bad grades?
 (그는 성적이 안 좋은가요? ; 좋지 않은 성적을 받고 있는 가요?)
- How **are** you **getting along** with your French[work]?
 (당신의 프랑스어 공부[하시는 일]는 잘 돼가고 잇습니까)
- How **is** he **getting along** with his wife?
 (그는 지금 부인과의 사이가 어떤가요?)
- His sight **is going**. (그는 시력을 잃어가고 있다)

- We're **running out** of A4 paper. Can you order some?
  (A4 용지가 다 떨어져 가네. 주문 좀 해줄래?)
- We're **running out** of gas. We should fill it[the car] up at a near gas[filling] station.
  (휘발유가 다 떨어져 간다. 가까운 주유소에서 채워야겠다)

▶ 「~할 지경이다」, 「몹시 ~하고 싶어 한다」라고 상태를 심각하게 다소 과장해서 표현할 때

- I **am** simply **melting/burning/boiling** over here.
  (여기는 더워서 그저[정말] 몸이 녹을/굽힐/삶길 지경이다)
- I **am starving** now. Why don't we sit down and order first?
  (나 배고파 죽겠어. 앉아서 먼저 주문부터 하는 게 어때?)
- I'm **dying** of boredom. (나는 지루해서 죽을 지경이다)
  　cf : A lot of people **are dying** of hunger in the Third World.
  　　(제3세계에서는 많은 사람들이 굶어 죽어가고 있다) ---〈 실제상황 〉
- He **is dying** for a bicycle. (그는 자전거를 몹시 탐내고 있다)
- She **is dying** to read Hamlet. (그녀는 햄릿을 몹시 읽고 싶어 한다)

▶ 외형은 자동사 진행형이면서 수동태 진행형의 뜻을 나타내는 경우
　※ play, drown, build, sell, make 등의 동사는 자/타동사 겸용이지만, 자동사로서 진행형을 취하면 수동태 진행형의 뜻을 나타낸다.

- The musical "Cats" **is** still **playing** on Broadway.
  [= The musical "Cats" is still being played on Broadway]
  (뮤지컬 '캐츠'는 브로드웨이에서 여전히 공연되고 있다)
- The country **is drowning** in debt.
  [= The country is being drowned in debt]
  (그 나라는 부채에 빠져 허덕이고 있다)
- A boy **is drowning** in the lake.
  [= A boy is being drowned in the lake]

(어떤 소년이 호수에 빠져 허우적거리고 있다)

cf : He **drowned** himself in a river. (그는 강에 투신했다)

cf : Her eyes **were drowned** in tears.
  (그녀의 눈은 눈물에 젖어 있었다)

cf : He **tried to drown** his trouble in drink.
  (그는 괴로움을 술로 달래려고 했다)

cf : He **is drowned** in sleep(그는 잠에 빠져 있다 ; 깊이 잠들어 있다)

- Nails **are making** in this factory. (이 공장에서는 못이 제조되고 있다)
  [= Nails are being made in this factory]
- Many new houses **are building** for local people.
  [= Many new houses are being built for local people]
  [= They are building many new houses for local people]
  (지역 주민들을 위해 새 주택들이 많이 건설되고 있다)
- The car **is selling** well in India.(그 차는 인도에서 잘 팔리고 있다
  [= The car is being sold well in India]

[현재진행형의 특별용법]

- 가까운 미래에 구체적인 행위/사건이 있을 예정을 나타내거나, 반복적인 동작이나 습관을 나타내는 경우이다.

  ─그 중에서 go/come, start/leave/arrive 따위의 왕래나 발착을 나타내는 동사의 현재진행형은 가까운 미래의 예정을 나타내는 데 가장 흔히 쓰인다. 근래에는 <u>미래진행형으로도 종종 쓰인다</u>.

- 한편, 「be going + to-부정사」는 모든 동작성 동사의 예정을 나타냄으로써 준 동사처럼 쓰인다.

▶ 「가까운 미래의 예정사항」을 나타낼 때

- She **is expecting** (a baby) in September.
  (그녀는 9월에 (아기를) 출산하게 될 것이다)
- I'm **expecting** some clients, and I was planning to use that room.
  (고객들이 오시게 돼 있어서, 그 방을 (회의실로) 쓸 생각을 하고 있었죠)
- Who else **is coming** tonight? (오늘밤 그 밖에 또 누가 옵니까)
- Uncle **is coming** soon. What time **are** you **starting**.
  (숙부께서 곧 오신다. 너는 몇 시에 떠나느냐?)
- When **are** you **leaving**? Mary **is leaving** tomorrow for America.
  (자네는 언제 떠날 예정인가? 메어리는 내일 미국으로 떠날 예정이네)
- I'm **having** an operation next week.
  (나는 다음 주에 수술을 받을 예정이다)
- We **are having** a picnic tomorrow
  [=We **are going** on/for an excursion/picnic]
  (우리는 내일 소풍을 갑니다)
- Tom told me that you **are moving** to Berlin for a new job.
  (톰이 말하기를 넌 새 일자리를 찾아 베를린으로 이사를 간다던데)
- Who's **playing** James Bond in the new movie?
  (그 새 영화에서는 제임스 본드 역(役)을 누가 맡게 되나요?)
- We **are sending** you our brochure "Korea Trade" as requested.
  (요청하신 대로 저희 측의 브로셔「한국 무역」을 보내 드립니다 :
  보내 드리겠습니다)
- Don't forget we **are** all **meeting** to discuss the new schedule on Monday.
  (월요일에 모두 모여 새 근무일정을 의논하기로 돼 있는 것 알고 있지?)
- There **is** a good time **coming** soon. (이제 곧 좋은 때가 올 것이다)
- I'm **throwing** Jane her 30th birthday party.
  (나는 제인에게 그녀의 30살 생일 파티를 열어 주려고 해)

〈 미래진행형으로 쓴 경우 〉

cf : I **won't be going back** there.
　　(나는 다시는 거기 가지 않을 작정이다)

cf : The train for Munsan **will be arriving** shortly.
　　(문산 행 열차는 곧 도착합니다)

▶ 「반복적 동작이나 습관」을 나타낼 때

　※ 대개 always, constantly, continually 따위의 부사와 함께 쓰인다.

- He **is** always **smoking**. (그는 언제나 담배를 피워댄다)
- A squirrel **is turning** the sieve (net) round and round.
(다람쥐는 쳇 바퀴를 끊임없이 돌린다) ※ 끊임없이 ; round the clock
- Silkworms **are** ceaselessly **spinning** cocoons, after taking their fifth sleeps. (누에는 5번째 잠을 자고 나면 쉴 새 없이 고치를 친다)
- English is constantly **changing**. (영어는 끊임없이 변화한다)
- This guy **is** really **not being** considerate.
(이 친구는 정말 배려심이 없어)

▶ 「상태를 감각적으로 생생하게 표현하려 」할 때

　※ 대개 상태표현 자동사 따위에 자주 쓰이는데, 현재형과 의미상의
　　차이는 별로 없지만, 좀 더 생동감 있는 느낌을 준다.

- You **are looking** very fine today.. [= You look very fine today]
(당신은 오늘 참 건강해 뵈는 군요)
- The triumphal trumpets **are sounding** sublimely.
(개선의 나팔 소리가 장엄하게 울리고 있다)
- The lamp **is sitting/standing** on the floor.
(마루 위에 램프가 놓여 있다)
- The coat **is hanging** on the hooks. (코트가 옷걸이 못에 걸려 있다)
- There **is** a new picture **hanging** over them.
(그들의 머리 위에는 새로운 그림이 한 점 걸려 있다)

- There **is** a splendid chandelier **hanging** from the ceiling.
  (천장에는 화려한 샹들리에가 하나 매달려 있다)
- Clouds **are resting** upon the mountaintop.
  (구름이 산꼭대기에 걸려 있다)

▶ 현재(또는 과거) 진행형의 「준(準; Quassi) 조동사적 」 역할

■ 자체의 뜻보다는 다른 동사(실질적 본동사)의 뜻을 도와주는 역할을 하는 경우이며, 「be going to」가 대표적이며, 그밖에 「be planning to」나 「be meaning to」 등도 다소 그런 성격을 지닌다.

- I **am (just) going to** write a letter.
  (나는 지금 막 편지를 쓰려 하고 있었다)
- I'**m going to** invite Helen to a party.
  (나는 헬렌을 파티에 초대할 작정이다)
- It'**s**[=It is] **going to** rain. (당장 비가 올 것 같다)
- I **am going to** see him tomorrow. (나는 내일 그와 만날 예정이다)
- Do you know when the confirmation hearing for a new prime minister **is going to** be held?
  (자네는 신임 국무총리에 대한 인사청문회가 언제 열리는지 알고 있나?)
- I'**m going to** catch up on some sleep this week end.
  (이번 주말에는 밀린 잠을 좀 자야겠어)
- It's getting late so I'**m going to** take the road.
  (시간이 늦어지고 있어서 (이젠) 길을 나서야겠다)
- You **are going to** see much[a lot] of me.
  [= You will see much of me]
  (당신은 앞으로 나와 자주 만나게 될 것이오)
- What **are** you **going to** be when you grow up?
  (너는 커서 무엇이 되려 하느냐?)

- It's **beginning to** snow. (눈이 내리기 시작하고 있다)
    cf : She **was beginning to** feel tired shortly after her arrival in Seoul. (그녀는 서울에 도착하자 곧 피곤해지기 시작했다)
- We're **planning to** visit the northern Europe this summer.
    (이번 여름에는 북 유럽을 여행할 작정/계획이다)
    cf : We're **planning on** gettting married some time.
        (우리는 언젠가 결혼하려 하고 있다)
- Her attitude **is getting to** be a problem.
    (그녀의 태도가 문제가 되고 있다)

▶ 외형은 진행형 같지만, 서술 「형용사」로 쓰이는 경우

■ 현재분사 꼴 중에서 형용사로 관용화되어 쓰이는 것이 더러 있다.
(한편, 과거분사 꼴은 대부분 그 자체 형용사 기능이 있다)

- His story **was** very **interesting** to me.
    (내가 듣기에 그의 이야기는 흥미진진했다)
- Her sayings[words] **are** very **convincing**.
    (그녀의 말은 무척 설득력이 있다)
  - The necklace **is** very **becoming**[suitable] to her.
      (그 목걸이는 그녀에게 썩 잘 어울린다) ――― 〈서술 형용사〉
      cf : The weather **is becoming** warmer.
          (날씨가 따뜻해지고 있다) ――――― 〈자동사 ; 현재진행형〉
      cf : It ill **becomes** you to complain.
          (불평을 하다니 너 답지 않구나) ―――〈타동사 ; 현재형〉
  - Twenty men **are missing**. (20명이 행방불명이다)
  - There **is** a page **missing** in the report.
      (그 보고서에는 한 페이지가 빠져 있다)
  - We Koreans traditionally have been **a peace loving** people.
      (우리 한국인은 자고로 평화를 사랑하는 민족이었다)

3) 통상 진행형을 잘 쓰지 않는 동사들

- 한국어로는 「~하고 있다」로 표현되어도, 영어로는 통상 진행형으로 잘 쓰지 않는 동사들이 꽤 많이 있다.
  ― 이는 그 자체에 의미상 행위*상태의 계속성을 내포해 있기 때문이다.
- 이들 동사를 성격별로 더 분류해 본다면, ① 소유/귀속, 존재/구성 관련 동사들 ② 인지성 동사들 ③ 지각 동사들 ④ 위치/상태 표현 동사들로 구분할 수 있다.

[소유/귀속, 존재/구성 관련 동사들]

be, exist, have, belong, consist, contain 등

- God **exists**, but doesn't reveal himself.
  (신은 존재하지만, 자신을 드러내지 않는다)
- Salt **exists** in the sea water, not in the fresh water.
  (소금은 민물에서가 아니라, 바닷물 속에 들어 있다)
- The actress **is** now at the peak of her popularity.
  (그 여배우는 지금 인기 절정에 달해 있다)
- While superstitions **were** wide spread in ancient time,
  they **are** still in existence nowadays.
  (고대에는 미신이 만연했지만, 그것은 오늘날에도 여전히 존재하고 있다)
- Those characters **have** no existence[place] in history.
  (그런 인물들은 역사상 존재하지 않는다)
  cf : They **are** history. (그것은 먼 옛날 일이다)
- She **has** a beautiful face[looks/features] and a sweet voice.
  (그녀는 아름다운 용모와 감미로운 목소리를 지니고 있다)
- Such things **exist/occur** only in cities.
  (그런 일들은 도시에서만 나타난다/일어난다)

- She **has** a large room to herself.
  (그녀는 큰 방 하나를 독차지하고 있다)
- The store **has** antique furniture (for sale).
  (그 가게는 골동품 가게를 팔고 있다)
- The college **has** a faculty of ninety.
  (그 대학은 90명의 교수진을 확보하고 있다)
- This country **has** a population of nearly 100 million.
  (이 나라는 인구가 근 1억이 된다)
- She **has** a box **in her arms**[**under her arm**].
  (그녀는 상자를 팔에 안고[옆구리에 끼고] 있다)
- She **had** a red scarf **around her neck**.
  (그녀는 목에 빨간 스카프를 두르고 있었다)
- She **has** a white new dress **on**.
  (그녀는 하얀 새 드레스를 입고 있다)
- He **had** the sun **at his back**.
  (그는 등에 햇볕을 쬐고 있었다)
- He **has** the water **running** in the washing stand[wash-hand stand]. (그는 세면대에 물을 털어놓은 채 있다)
- He **had** his right hand **touching** the car to relieve his natural call. (그는 차에 오른 손을 댄 채 소변 마려움을 해소했다)
- All of the houses **have** kidney beans[morning glories] **creeping up** in their fences.
  (집집마다 울타리에는 강낭콩[나팔꽃]들이 기어오르고 있었다)
- Please **have** your room clean and tidy.
  (제발 네 방을 청결하고 말쑥하게 정돈해 두어라)
- She **has** a grudge against him. (그녀는 그에게 원한을 품고 있다)
- I **have** it by heart. (나는 그것을 외워 있다)
- I **have**[I've got] a cold now. (나는 지금 감기에 걸려 있다)

- She **has a painted look** on her face.
  (그녀는 고통스러운 표정을 짓고 있다)
- He **belongs to** the Boy Scouts[to Seoul].
  (그는 소년단에 속해 있다[그는 서울 사람이다])
- Some members felt they no longer **belonged** in the party.
  (몇몇 당원들은 더 이상 당에 소속되어 있다고 느끼지 못했다)
- Water **consists of** hydrogen and oxygen.
  (물은 수소와 산소로 구성되어 있다)
- Happiness **consists in** contentment.
  (행복은 만족함을 아는 데 있다)
- The highest good **consists in** humanity.
  (최고의 선은 겸양에 있다)
- Health **does not consist with** intemperance.
  (건강은 무절제와 양립하지 않는다)
- The rock **contains** a high percentage of iron.
  (이 광석은 철 함유율이 높다)
- A pound **contains** 16 ounces. (1파운드는 16온스이다)
- I **cannot contain** my anger. (화가 나서 견딜 수 없다)

[인지(認知)성 동사들]

> know, recognize, remember, think, reckon, believe, love, hate 등 ※ think ; "be thinking"으로도 종종 사용

- I **know** how to drive a car. (나는 차 운전법을 알고 있다)
- I **know** him to be honest. (나는 그가 정직하다는 것을 알고 있다)
- We **knew** (that) they were innocent[not guilty].
  우리는 그들이 무죄라는 것을 알고 있었다)
- We **know** well what it is to be poor.
  (우리는 빈곤이 어떤 것이라는 걸 잘 알고 있다)

- Two of them are so alike that we **hardly know** one from another. (그들 두 사람은 너무나 닮아서 거의 식별할 수 없다)
  ※ know : distinguish/discriminate
- We **recognize** him as a fraud[swindler].
  (우리는 그를 사기꾼으로 인지하고 있다)
- She **recognized** me by making a slight bow.
  (그녀는 나를 알아보고는 가볍게 허리를[목을] 굽혀 인사했다)
- I **remember** her singing a hymn beautifully.
  (나는 그녀가 성가(聖歌)를 멋지게 부르던 것을 기억하고 있다)
- Do you **remember** still that hymn? ──〈요르마 하이니넨 창〉
  (그대는 아직도 그 성가를 기억하고 있는가),
- I **remember** her as very vivacious[gay/cheerful].
  (나는 그녀가 무척 발랄했던 것으로 기억하고 있다)
- I **remember** meeting her once at the dance.
  (나는 그녀를 댄스파티에서 한번 만났던 적이 있음을 기억하고 있다)
- I **remember** my grandmother baking us tasty cookies.
  (할머니께서 우리들에게 맛있는 쿠키를 구워 주시던 일이 기억난다)
- **Remember** to send the letter by registered mail.
  [= **Remember** to get/have the letter registered]
  (그 편지를 잊지 말고 등기우편으로 부쳐라)
- I **love** you, Sarah. I shall miss you badly.
  (사랑해, 사라. 난 네가 없으면 참 섭섭해질 거야)
  cf : Tom **was[fell]** in love with Alice.
     (톰은 앨리스와의 사랑에 빠져 있다)
- Kate **loves** playing tennis [=Kate **loves** to play tennis].
  (케이트[캐서린]는 테니스 치기를 좋아한다)
- Father **likes** apples, but **dislikes** kiwi fruit.
  (아버지께서는 사과는 좋아하시지만, 키위는 싫어하신다)

※ fruit ; 단수/복수임. 다만, 2개 이상의 종류를 나타낼 때는 "fruits"

- Children **love** <u>nothing more than</u> a good story.
  (아이들은 무엇보다도 재미있는 이야기를 좋아한다)
- I **would love** <u>to meet her</u>. (난 정말 그녀를 (몹시) 만나고 싶어)
- I'**d love** (to have) a cup of coffee.
  [=I **would care** for a cup of coffee]
  (커피 한 잔 마셨으면 좋겠다)
- The sunflower **loves** sunlight and turns its head toward it.
  (해바라기는 햇빛을 좋아해서 그 쪽으로 고개를 돌린다)
  cf : But the marvel-of-Peru **avoids[evades]** sunlight
     and is also called[named] (as) a 'four-o'clock'.
     (그러나 분꽃은 햇빛을 기피해서 (오후에만 피므로) '4시 꽃'이라고도 불린다)
- **Would you like[care]** to go out to dinner? — I'**d love** to.
  (저녁 식사 하러 나가지 않을래요? — 나가고 싶어요)
- I **don't like** anything smelling of politics.
  (나는 정치 냄새를 풍기는 건 뭐든지 싫어요)

- I **think** to start today [=I **think** (that) I will start today].
  (나는 오늘 출발할 작정이다)
- What **do you think** happened? (무슨 일이 일어났다고 생각하느냐?)
- The truth is <u>quite other than</u> you **think**.
  (사실은 당신이 생각하고 있는 것과는 전혀 다릅니다)
  cf : I'll send some boy <u>other than</u> yourself.
      (너 이외의 다른 소년을 보내겠다)
- She **could never think** <u>of that</u>. (그런 것은 상상도 못할 일이었다)

- I **am thinking** over what you've said.
  (말씀하신 것을 심사숙고하고 있습니다)

- I'm thinking of buying a house because I'm kind of tired of moving every couple of years.
  (2년마다 이사 다니는 게 꽤나 지겨워서 집을 살까 생각중이에요)

[지각(知覺)성 동사들]

> see, hear, sound, smell, taste, feel 등

- Can you hear (me) at the back? — No, I can't hear you.
  (저 뒤에 (내 목소리) 들려요? — 아니오, 안 들려요)
- Did you hear your name called?
  (네 이름을 부르는 것을 들었니?)
- I have heard nothing of him since.
  (그 이후로는 그의 소식을 못 듣고 있습니다)
- I hear from him now and then.
  (그에게서 때때로 소식을 듣고 있습니다)

- I saw her go out [She was seen to go out].
  (그녀가 외출하는 것이 보였다)
- I saw her knitting wool into stockings.
  (나는 그녀가 털실로 양말을 뜨고 있는 것을 보았다)
- I saw your appointment to[as] a new secretary in the newspaper.
  (나는 신문에서 네가 새 비서로 임명된 기사를 보았다)
- It'll take a whole day to see the town.
  (시내 구경에 꼬박 하루가 걸릴 것이다)
- I never saw him before. (이전에는 그를 한 번도 만난 적이 없다)
- You'd[=You had] better see a doctor.
  (당신은 즉시 의사의 진찰을 받는 게 좋겠습니다)

- He **has seen** a lot of life. (그는 많은 인생의 경험을 겪었다)
- I **saw** charming traits in not-so-charming people.
  (나는 별로 매력이 없어 보이는 사람들에게서 호감이 가는 특성을 찾았다)
- He **didn't see** her to be foolish.
  (그는 그녀가 어리석음을 알아채지 못했다)
- I**'ll see** whether it gets done right away.
  (그걸 곧 해낼 수 있을지 조사해 볼 게요)
  cf : I**'ll see** the work done n time.
       (일이 기한 내 끝나도록 신경을 쓰겠다)
- I **can't see** him as a president.
  (나는 그가 사장이 된다는 따위는 상상도 할 수 없네요)
- I **can't see** him any longer making use of me.
  (나는 더 이상 그가 날 이용하는 걸 두고 볼 수 없다)
- I**'d see** the house burnt down before I part with it.
  (집을 내주느니 차라리 불타 없어지는 게 낫겠다)
- **Let** me **see** ~ , what I was I saying?
  (그런데, 내가 무슨 말을 하고 있었지?)

[위치•상태 표현 동사들]

stand, lie, run, go , suit, resemble, fall, prevail, rest, owe 등

- London **stands** on the Thames, and[while] Harvard **is**[**stands**] right across the river from Boston. (런던은 템즈 강가에 있고, 하버드 대학은 보스턴에서 바로 강 건너에 있다)
- Near the railway station, **stands**[**stood**] a hoary{time-hono(u)red] hotel. (철도역 근처에 고색창연한 호텔이 하나 있다[있었다])
- The boy **stands** first in the class.
  (이 아이는 반에서 제일 잘 한다 ; 수석의 위치에 있다)

- He **stands** 6 feet and 3 inches. (그는 키가 6피트 3인치이다)
- The old building **stands up** well, the clothes **will stand** another another year, and the agreement still **stands** as signed.
 (저 낡은 건물은 잘 지탱하고 있고, 그 옷은 더 입을 수 있겠으며, 그 협정은 조인 당시처럼 아직 유효하다[변함없다].
- Thank you. I **owe** a lot to you.
 (감사합니다. 제가 당신에게 신세를 많이 지고 있습니다)

〈 예외: 강조 등을 위해 stand를 진행형으로 쓴 경우 〉

> cf : Some parts of the original house **are still standing**.
> (원래 집의 일부가 아직 남아 있다)
> cf : Within a week not a tree **was left standing**.
> (1주일도 채 안 되어 나무 한 그루도 남아 있지 않았다)
> cf : A bus **was standing** at the bus stop.
> (버스 한 대가 정류소에 서 있었다)

- Some books **lie[lay]** on the floor.
 (책 몇 권이 방바닥에 놓여 있다[있었다])
- His ancestors **lie** in a public cemetery.
 (그의 조상은 공동묘지에 묻혀 있다)
- She **lies** ill[sick] in bed. (그는 병이 나서 누워 있다)
- Suwon **lies** south of Seoul. (수원은 서울의 남쪽에 있다)
- The valley **lies** at our feet.
 (우리들의 발아래에는 골짜기가 펼쳐져 있다)
- A broad plain **lies[spreads]** at the foot of a mountain.
 (산 밑[산기슭]에는 광활한 평야가 펼쳐져 있다)
- A village **lies** across the mountain.
 (산 너머에는 마을이 하나 있다)

- The (narrow/lonely) path lies along a stream[through the woods]. (그 오솔길은 시내를 따라[숲을 지나] 뻗어 있다)
- The stone pillar **cast** a long shadow on the ground.
  (그 돌기둥은 땅 위에 긴 그림자를 드리우고 있었다)
  ※ cast : 현재, 과거, 과거분사가 동형임
- They **sat** in[under] the shadow of a tree.
  (그들은 나무 그늘 속[밑]에 앉아 있었다)
- The pond **doesn't go** very deep.
  (그 연못은 그리 깊지 않다)
- The lid[The last piece] **won't go** (on).
  (뚜껑[마지막 조각]이 잘 맞지 않네)
- **Does** this road **go[lead]** to the station?
  (이 길로 가면 역이 나오나요?)
- Her skirt **goes[went] down** to the ground.
  (그녀의 스커트는 땅 바닥까지 내려온다)
- Their cries **went** unheard soon.
  (그들의 외치는 소리는 곧 들리지 않게 되었다)
  cf : His voice **drowned out** by the traffic.
     (그의 목소리는 차 소리 때문에 들리지 않았다)
- **Does** the red wine **go** (well) **with** chicken?
  (적(赤) 포도주는 닭고기와 (잘) 어울리나요?)
- The bright tie **doesn't[won't] go with** the dark suit.
  (그 밝은 색 넥타이는 짙은 색 양복과는 어울리지 않는다)
- The new shirt really **suits[becomes]** you well.
  (그 새 셔츠는 정말 당신에게 잘 어울려요)
  cf : I think the dress **is** very **becoming on[to]** you.
     (나는 그 드레스가 그녀에게 매우 잘 어울린다고 생각한다)
  cf : That hairdo **is** very **becoming on[to]** you.
     (그 헤어스타일은 너한테 아주 잘 어울린다)

- The coat **won't go** round him.
  (그 상의는 둘레가 (작아서) 그에게 맞지 않는다)
- The belt **won't go** around my waist.
  (그 띠(벨트)는 (짧아서) 내 허리에 다 둘러치지 않는다)
- Everyone says (that) he **resembles** his father.
  [= Everyone says he **looks like** his father]
  [= Everyone says he **takes after** his father]
  (모두들 말하기를 그는 자기 아버지를 닮았다고 해요)
- My head **hurts** me. (머리가 아프다) ——— 〈타동사 용법〉
- Dirty oil **can hurt** a car's engine. ——— 〈타동사 용법〉
  (더러운 오일은 차의 엔진을 손상시킬 수 있다)
- Another glass **won't hurt** you. ——— 〈타동사 용법〉
  (한 잔 더 마셔도 너한테 탈은 없을 거야)
- This **will hurt** me more than it **hurts** you. ———〈타동사 용법〉
  (이것은 너보다 내 쪽이 더 괴롭다)
- My finger still **hurts**. (내 손가락이 아프다) —— 〈자동사 용법〉
- He **is** badly[seriously] **hurt**. ————— 〈과거분사(형용사)〉
  (그는 심하게 다쳤다)
- He **went running** to meet them.
  [그는 그들을 만나려고 달려갔다 ; 그는 달려가 그들을 만났다]
- I'**ll run over** to see you after dinner.
  (식후에 너 만나러 (잠깐) 들릴 게)
   cf : I **am** now at dinner. (나 지금 식사 중이야)
- The buses **run** every ten minutes.
  (그 버스(들)는 10분마다 다니고 있다)
- The traffic **runs** day and night. (교통편은 주*야로 있다)
- This bus **runs** between Seoul and Daegu.
  (이 버스는 서울과 대구 구간을 오간다)

- This road **runs[leads] n**orth **to** Munsan.
  (이 길은 북쪽으로 문산까지 나[뻗어] 있다)
- The road **runs through** the woods.
  (이 길은 숲속을 지난다 ; 숲을 통과한다)
- The account **ran** in all papers, and the news **ran** all over the town. (그 기사는 모든 신문에 실렸고, 그 뉴스는 온 읍내에 퍼졌다)
  ※ 기사(記事) : account, article, (press) news, report 등
        (단, 특집기사는 feature로 표현)
- He **runs[stands] for** the Presidency[National Assembly, mayor].
  (그는 대통령/국회의원/시장 선거에 출마한다)
- The horse **ran** in the Dorby, and **ran** second.
  (그 말은 더비 경마에 출전하여, 2등을 했다)
- The stream **runs** clear[thick].
  (시냇물이 맑게[흐리게] 흐른다 ; 시냇물이 맑다/흐리다)
- Still waters **run** deep. (속담: 조용히 흐르는 물이 깊다)
- A thought **ran** through my mind.
  (어떤 생각이 (문득) 마음속에 떠올랐다)
- Silk stockings **run** more easily than nylons.
  (실크 양말은 나일론 양말보다 올이 쉽게 풀린다)
- Blue **suits** you very well.   ————— 〈타동사〉
  (푸른색이 네게는 잘 어울린다)
- That **will suit** me.   (나는 그것으로 좋소) ————— 〈타동사〉
- Yellow **does not suit** with you.   ————— 〈자동사〉
  (노랑 색은 너에게 어울리지 않는다)
- What date **suits** best?   ————— 〈자동사〉
  (어느 날이 가장 형편이 좋습니까)
- The proposal **does not suit**.   ————— 〈자동사〉
  (그 제안은 부적당하다)

- He **resembles** his father in appearance[character].
  (그는 자신의 아버지와 외모가[성격이] 닮았다) ───── 〈타동사〉
- The lan **falls** to the river.   ──── 〈상태 표현〉
  (그 땅은 강 쪽으로 경사져 있다)
  cf : Evening **is falling** fast.   ──── 〈동작 표현〉
        (밤이 빨리 어두워지고[어둠이 빨리 내려앉고] 있다)
- Her hair **falls** loosely to her shoulders. ──── 〈상태 표현〉
  (그녀의 머리는 어깨에까지 축 늘어져 있다)
- His face **fell**. (그의 안색이 침울해[어두워]졌다)
- The enemy **fell** on them suddenly from the rear.
  (적이 갑자기 배후에서 그들을 덮쳤다; 습격했다)
- The sound **fell** on his ears. (그 소리가 그에게 들려왔다)
- All the responsibility **will fall** on you.
  (모든 책임이 너에게 돌려질[쏠릴] 게다]
  cf: The expenses **fell** on[to] me. (경비가 내 부담이 되었다)
- The baby soon **fell** asleep. (아기는 곧 잠들어버렸다)
- She **fell** ill immediately after she got home.
  (그녀는 집에 도아오자 곧 병이 났다)
- My birthday **falls** on a Sunday this year.
  (내 생일은 금년에는 일요일이다)
- The plays of Shakespeare **fall** distinctly into four periods.
  (셰익스피어의 극은 뚜렷이 4기(期)로 나뉜다)

- Such ideas **prevail** these days.
  (이러한 생각들이 요즘 판을 치고 있다)
- Sadness **prevailed** in her mind.
  (그녀는 슬픔으로 가슴이 메어지는 듯했다)
- Good **will prevail. (선은 언젠가는 이긴다)**
- Your prayers **will prevail**. (당신의 기도는 효험이 있을 것이다)

- I **prevailed on[upon]** him to stay longer.
  (나는 그를 설득하여 더 오래 머물게 했다)
    cf: She is easy to **prevail on**. (그녀를 설득하기란 어렵지 않다)
      ※ 설득하다 : persuade, talk[bring] over
      ※ 설득하여 ~를 못하게 하다 : talk[reason, argue] a person
                            out of ~ing, dissuade a person from ~ing

- No responsibility **rests on**[upon] you.
  (너에겐 아무런 책임도 없다)
- Science **rests on**[upon] phenomena.
  (과학은 현상(들)에 기초를 두고 있다)
      ※ phenomena : phenomenon(현상)의 복수형
- A smile **rests on** her lips.
  (한 가닥의 미소가 그녀의 입술[입가에] 감돌고 있다)
- His eyes **rested on** the picture. (그의 시선이 그 그림에 머물렀다)

4) 특별한 의미를 나타내기 위해 : 예외적으로 진행형 사용

- 앞에서 살펴본 소유/귀속, 인지, 상태 등을 주로 나타내는 동사이면서도, 특별한 의미를 나타내거나 강조 등을 위해 진행형을 쓰는 경우가 있다.
- 같은 동사라도 간혹 진행형을 쓰는 경우가 있는가 하면, 절대로 진행형을 쓰지 않는 경우가 있으므로 예문을 통해 익혀야 하며 주의를 요한다.

[동사 Have의 경우]
- He **is having** lunch. (그는 식사 중이다)

- I'm having a good time. (나는 즐겁게 지내고 있다)
- We've been having trouble with our teenage son.
  (우리는 10대 아들 때문에 애를 먹고 있답니다)
  cf : I am having trouble with my teeth (나는 이를 앓고 있다)
- I have trouble[no trouble] staying awake in class.
  (나는 수업시간에 졸지 않고 있기가 어렵다[전혀 어렵지 않다])
- He is having a book. [=X]
  cf : He *has* a book. [=O]
       (그는 책을 한 권 갖고 있다)

[동사 Look의 경우]

- We are looking forward to your prompt and favorable reply.
  (우리는 귀측의 조속하고 호의적인 회답을 고대합니다)
  cf : The room looks out on the sea[to the east].
       [=The room looks toward the sea]
       (그 방은 바다를 면하고[동쪽으로 향하고] 있다)
  cf : Conditions look toward war.
       (제반 정세는 전쟁 쪽으로 기울고 있다)
- You are not looking quite yourself.——〈 look=자동사, yourself=보어 〉
  (아무래도 (여느 때의) 자네 같지 않군; 몸이 불편한 것 아냐?)

[동사 Feel의 경우]

- She is feeling well. (그녀는 건강[기분]이 좋아지고 있다)
- How are you feeling now? (지금은 건강[기분]이 어떠세요?)
- What do you feel about his suggestion?
  (당신은 그의 제안을 어떻게 생각하세요?)
- Velvet is feeling soft. [=X]
  cf : Velvet feels smooth. [=O]
       (벨벳은 촉감이 부드럽다)

[동사 Taste의 경우]

- The cook is tasting <u>soup</u> to see whether he had enough salt in it. (그 요리사는 수프에 소금을 충분히 넣었는지 알아보려고 맛을 보고 있다)
- The food **is tasting** a little salty.   [=X]
  cf : The food **tastes** a little salty.   [=O]
      (그 음식은 약간 짜다)
- I **have not tasted** food today. (오늘은 아무 것도 먹지 않았다)
- **Can** you **taste** anything strange in this soup?
  (이 스프 맛이 좀 이상하지 않니?)
- I **cannot taste** because of my cold.
  (내가 감기에 걸린 탓에 맛을 모른다)
- The soup **tastes** <u>of onion</u>. (그 수프는 양파 맛이 난다)

[동사 Smell의 경우]

- I **can smell** <u>something</u> <u>burning</u>. ──〈 burning=분사/목적격 보어 〉
  (무언가 타는 냄새가 난다)
- I **smell** <u>something</u> <u>fishy</u> around here.
  (이 근처에 뭔가 좀 수상한 느낌이 난다)
- Dogs **are smelling**[sniffing] out drugs.
  (개들이 냄새를 맡으며 마약을 탐지하고 있다)
- The milk **is smelling** a little sour.   [=X]
  cf ; The milk **smells** a little sour.   [=O]
      (그 우유는 약간 신맛이 난다)
- The garden **smells** <u>of lilacs</u>. (정원에는 라일락 향기가 풍긴다)
- The man **smells** <u>of rustic</u>. (그 남자는 시골뜨기 티가 난다)
  cf : The plan **smelled** <u>of trickery</u>.
      (그 계획은 어딘가 협잡의 기미가 있었다)

[동사 See의 경우]
- I **saw** her go out. [=She was seen to go out]
  (나는 그녀가 외출하는 것을 보았다)
- I **saw** her knitting wool stockings.
  (나는 그녀가 털양말을 짜고 있는 것을 보았다)
- I **saw** at once that I had made a mistake.
  (나는 내가 실수했다는 것을 금방 알아차렸다)
- A cat **can see** in the dark. (고양이는 어둠 속에서 눈이 잘 보인다)
- I'm **seeing** her tomorrow. (나는 내일 그녀를 만날 예정이다)
- I'll **be seeing** you. [=I'll see you]
  [See you later] (안녕! 내일 또 만나자)

[동사 Hurt의 경우]
- It **won't hurt** her to fail the exam.
  (시험에 실패해도 그녀는 곤란하지 않을 것이다)
- Is that tight shoe **hurting** you[your foot]?
  (신이 꼭 끼어서 발이 아프냐?)
- My new shoes still **hurt**. (구두가 새것이어서 아직 (발이) 아프다)
- The hotel **is hurting** for bad business.
  (그 호텔은 불황[사업부진]으로 고통을 겪고 있다)

[동사 Run의 경우]
- We **are running out** of fuel.
  (우리는 지금 연료가 바닥이 나고 있다)
- Time **is running out**, so we must hurry.
  (시간이 소진되고 있으니 서둘러야 해)
- My patience **was running out**.
  (네 인내심은 한계에 다다르고 있었다)
- Tears **were running** down her cheeks.

[=Tears **were streaming/rolling** down her cheeks]
(눈물이 그녀의 두 뺨으로 흘러내리고 있었다)

4) 과거 진행형의 용법

- 과거 진행형의 동사파트는 [be 조동사의 인칭/수별 과거형+ 본동사의 현재분사(동사원형+ing)]으로 구성된다.
  — 즉 [**was**(1/3인칭 단수)나, **were**(2인칭 단수/복수, 1/3인칭 복수) + **동사원형-ing**]로 구성
- 과거 어느 때에 실제로 진행 중이었던 동작이나 상태, 또는 반복적이었던 동작을 나타내는 데, 기본적인 용법은 현재 진행형과 같다.

- He **was making** the story up as he went along.
  (그는 말해 나가면서 계속 얘기를 지어내고 있었다)
- It **was raining**[**getting dark**] when we arrived at the entrance of the village.
  (우리가 동네 입구에 도착했을 때는 비가 내리고[어두워지고] 있었다)
- Evening **was falling** fast in Milan.
  (밀라노에서는 밤이 빨리 내리깔리고 있었다)
- Unfortunately, my brain **wasn't working** well on that day.
  (공교롭게도 그날은 내 머리가 잘 돌지 않았다)
- She **was carrying** the baby on the back.
  (그녀는 아기를 등에 업고 있었다)
- Many people **were** busily **coming and going** on the street.
  (거리에는 많은 사람들이 분주하게 오가고 있었다)
- Emotions **were running** high during all the trial.
  (재판 동안 내내 긴박한 분위기가 흐르고 있었다)
- Tears **were running**[**raining**] down her cheeks, and her nose was running, too.
  (눈물이 그녀의 뺨으로 (비 오듯) 흘러내리고, 콧물도 흘러 내리고 있었다)

- I **was standing** there lost in thought when I was called from behind
 (내가 생각에 잠긴 채 거기에 서있으니까 뒤에서 누가 나를 불렀다)
- She **was expecting** a remittance from (her) home.
 (그녀는 고향으로부터의 송금을 기대하고 있었다)--〈특정 심리상태의 지속〉
- Things **were going along** nicely[well]. (매사가 잘 돼가고 있었다)
- Federal funds **were running** dry. (연방기금이 고갈되고 있었다)
- There **were** white curtains **hanging** over the window.
 (창문에는 하얀 커튼이 걸려 있었다)
- A path **was being opened** through the woods.
 (숲속으로 좁은 길이 하나 나 있었다)

[소설문장의 경우: 장면/상황을 생생하게 묘사하기 위해 진행형 사용]

> ■ The great Pullman **was whirling** onward with such dignity of motion that a glance from window seemed simply to prove that the plains of Texas **were pouring/sweeping** eastward.
> ——— "The bride comes to Yellow Sky", by Stephen Crane
>
> (멋진 풀먼 열차(호화 침대차)가 그 이름에 걸맞게 무척 기품 있게 곡선을 그리며 앞으로 **내닫고 있었는데**, 창밖으로 흘끗 내다보는 것만으로도 텍사스 평원이 곧장 동쪽으로 **흘러/휩쓸려 들어오고 있는** 게 그냥 증명되는 것 같았다) ——— "신부가 옐로우 스카이에 오다"
> (스티븐 크레인의 단편소설 중에서)

5) 미래 진행형의 용법

> ■ 미래 진행형의 동사파트는 [Will/Shall + Be + 본동사의 현재분사 (동사원형+ing)]로 구성된다.
>
> ■ 미래 어느 때에 진행될 동작이나 상태를 나타내는데, 기본적인 용법은 현재 진행형이나 과거진행형과 같다.
>
> ■ 다만, 현대영어에서는 단순히 현재 진행되는, 또는 곧 진행될 동작이나 상황을 나타낼 때도 가끔 쓰인다.

- He **will be working** at work[the office] this time tomorrow.
 (그는 내일 이맘때면 직장에서 근무하고 있을 것이다)
   cf : I**'m not** in the office this time tomorrow.
       (내일 이맘때는 나는 사무실에 없을 것이다)
- The ship **will be sailing**[cruising] the Caribbean Sea by now.
 (지금쯤 그 배는 카리브 해를 항해중일 것이다)
- Everything[Things] **will be going** well by the end of this year.
 (금년 말쯤에는 매사가 잘 되어가고 있을 것이다)
- I **shall be feeling** fine[well] this time next year.
 (내년 이맘때면 나는 건강이 좋아지고 있을 게다)

- I**'ll call on** you about three. ― All right! I**'ll be expecting** you.
 (3시에 찾아뵐 게요. ― 좋아요! 기다리고 있겠습니다)
- I **will be expecting** letters from you.
 (편지 주실 것으로 기대하고 있습니다)
- The train **will be arriving** shortly. (열차가 금방 들어옵니다)
- **Will** you **be seeing** him tomorrow?
 (네일 그를 만날 예정입니까)
- **Will** you **be coming** [=**Are** you **coming**]?
 (오실 예정입니까[=오실 겁니까])
   cf : **Will** you **come**? (와 주시겠습니까) ――― 〈의향을 문의〉
- **Will** you **be doing**? (하실 예정입니까[하실 겁니까])
- How long **will** you **be staying** here?
 (얼마 동안 여기에 머무르실 겁니까)
- About this time tomorrow I **shall be flying** en route for Hawaii.
 (내일 이맘 때 쯤이면 나는 하와이로 비행중일 게다)

6) 혼합 진행형(완료 진행형)의 용법

> ■ **혼합 진행형**은 말 그대로 현재·과거·미래의 각 완료형에다 진행형이 혼합된 형태의 시제를 말하는데, ① 현재완료 진행형 ② 과거완료 진행형 ③ 미래완료 진행형의 3개 종류가 있다.
>
> ■ 「**현재완료 진행형**」은 "과거 어느 때부터 시작된 동작이나 상태가 현재까지 죽 계속하여 진행되고 있음"을 나타내고,
>
> ■ 「**과거완료 진행형**」은 "과거 어느 때까지 동작이나 상태가 계속되고 있었음"을 나타내며,
>
> ■ 「**미래완료 진행형**」은 "미래 어느 때까지 동작이나 상태가 계속되고 있을 것임"을 나타낸다.

① 현재완료 진행형 : [Have/Has been + 동사원형-ing]
(현재분사)

- She **has been playing** the piano since this morning.
 (그녀는 오늘 아침부터 줄곧 피아노를 치고 있다)
- It **has been raining** since last night.
 (비가 간밤부터 계속 내리고 있다)
 cf : It **kept raining** for a week. ———〈과거형; 현재는 비가 그침〉
  (한 주일 내내 비가 계속 내렸다)
- I **have been coming** here regularly since 2019.
 (나는 2019년부터 줄곧 여기를 규칙적으로 찾아오고 있다)
- I **have been waiting** for the cross-country[urban, intra-city] bus for twenty minutes.
 (나는 20분 동안[전부터] 시외버스[시내버스]를 기다리고 있었다)
 cf : Dinner **is waiting** for you. (너를 위해 저녁식사가 준비되어 있다)

- I **have been waiting** to hear from you.
  (너에게서 소식이 오기를 계속 기다려 왔다)
- She **has been singing** for the amateur singing contest two hours.
  (그녀는 노래자랑 대회에 나가기 우해 2시간 동안이나 계속 노래하고 있었다)
- Why **do** you **have** such a long[gloomy/sulky] face? — You**'ve been looking** a bit blue this week.
  (너 왜 그렇게 시무룩한 얼굴을 하고 있어? — 너 이번 주 내내 좀 우울해 보였어)
- I**'ve been gving** that a lot of thought.
  (나는 그 일에 대해 줄곧 고민[생각]을 많이 해왔어)

② 과거완료 진행형 : [Had been + 동사원형-ing]
(현재분사)

- I **had been reading** until she returned.
  (그녀가 돌아올 때까지 나는 책을 읽고 있었다)
- The baby **had been crying** till her mother came from the market.
  (아기는 엄마가 시장에서 돌아올 때까지 계속 울고 있었다)
- I **had been waiting** about an hour when she came.
  (나는 그녀가 올 때까지 1시간이나 기다리고 있었다)

③ 미래완료 진행형 : [Had been + 동사원형-ing]
(현재분사)

- It **will have been raining** for a week (on end) if it rains[if it does not stop] tomorrow.
  (내일도 비가 오면[그치지 않으면 1주일 내내 계속해 오는 셈이다]
- I **shall have been studying** English literature for 6 years by the time I leave the college. (대학을 떠날[마칠] 때쯤이면 나는 영문학을 6년 동안 공부하는 셈이 될 거다)

(2) 수동태에서의 조동사 활용

1) 수동태의 사용 역사와 실상

- **「수동태(Passive Voice)」 문장이란** 타동사가 서술동사로 쓰이는 제3, 제4, 제5 형식 문장의 목적어를 주어로 삼아 구성했을 때의 문장형태를 말한다. 물론 의사표현에 있어서 형식을 능동태로 할 것인가, 수동태로 표현할 것인가의 선택은 궁극적으로는 화자/필자의 표현의도와 선호에 달렸다.

- **수동태 문장을 만들려면** 한국어에서는 단순히 동사원형의 어미를 "~해졌다/되었다"라고 변형하면 되지만, 어미변화가 극히 제한적인 영어에서는 부득이 「Be 조동사」의 힘을 빌려 [**be+done(과거분사)**] 형태로 재조립하는 형식을 취한다.

- 19세기 이후 근대영어에 이르러 오늘날의 수동태 형식이 갖춰지고, 그로부터 크게 발달되고 활용되었다고 하는데, 현대에 이르러서는 자동사(특히 Get 동사)의 활용이 활발해져서 사용빈도가 다소 줄어드는 경향이 있지만, 아직도 논문*기사*문서 등 격식을 갖춰야 하는 글에서는 수동태 문장이 광범하게 사용되고 있다.

- 다만, 시제별 적용에 있어서 「**완료진행형 수동태**」 **문장 경우에는** [be+현재분사(doing)]와 [be+과거분사(done)]라는 2개 파트가 Be 조동사를 중심으로 겹쳐지므로 식별과 사용상 자칫 상당한 애로와 혼란을 겪게 된다.
  — 따라서 오늘날 완료진행형의 3개 시제에서는 수동태를 잘 쓰지 않는다.

1) 수동태의 시제별 동사파트 구성형태

〈 기본시제에서의 수동태 구성형태 〉

시 제 별	조 동 사 파 트	본 동 사 파 트
현 재 형	Be의 현재형[am, are, is]	과거분사[예; done]
과 거 형	Be의 과거형[was, were]	■ 규칙형: 동사원형+(e)d
미 래 형	Will/Shall be	■ 불규칙형: 동사(군)별로 상이

〈 완료시제에서의 수동태 구성형태 〉

시 제 별	조 동 사 파 트	본 동 사 파 트
현재완료형	Have/Has been	과거분사[예; done]
과거완료형	Had been	■ 규칙형: 동사원형+(e)d
미래완료형	Will/Shall have been	■ 불규칙형: 동사(군)별로 상이

〈 진행시제에서의 수동태 구성형태 〉

시 제 별	조 동 사 파 트	본 동 사 파 트
현재진행형	[am/are/is] being	과거분사[예; done]
과거진행형	[was/were] being	■ 규칙형: 동사원형+(e)d
미래진행형	Will/Shall be being	■ 불규칙형: 동사(군)별로 상이

〈 완료진행 시제에서의 수동태 구성형태 〉

시 제 별	조 동 사 파 트	본 동 사 파 트
현재진행형	Have/Has been being	과거분사[예; done]
과거진행형	Had been being	■ 규칙형: 동사원형+(e)d
미래진행형	Will/Shall have been being	■ 불규칙형: 동사(군)별로 상이

2) 능동태·수동태 문장 간 구성형식과 전환원칙

■ 구성형식의 일반적 특징

능동태	(그녀는) **[She]** A(주어)	(사랑한다) **[loves]** B(타동사)	(그를) **[him]** C(목적어)
수동태	C(주어) **[He]** (그는)	B [be+과거분사]) **[is + loved]]** (사랑받는다)	by A[부사구] **[by him]** (그녀에게서)
전환규칙	• 능동태의 목적어(him)를 주격(He)으로 하여 주어로 삼는다. • 능동태의 타동사(loves)를 [be(is)+과거분사(loved)]로 바꾼다, 　(이때 시제는 be 동사가 떠맡는다) • 능동태의 주어를 by 뒤에 두어 「~에 의하여」라는 뜻이 되게 부사구로 바꾼다. 　(이때 전치사인 by 뒤에 인칭대명사가 오면 목적격으로 바꿔줘야 한다)		

■ 기본시제에서 수동태로의 전환

	능 동 태		수 동 태
현재형	She **makes** a doll. (그녀는 인형을 만든다)		A doll **is made** by her. (인형이 그녀에 의해 만들어진다)
과거형	She **made** a doll. (그녀는 인형을 만들었다)		A doll **was made** by her. (인형이 그녀에 의해 만들어졌다)
미래형	She **will make** a doll. (그녀는 인형을 만들 것이다)		A doll **will be made** by her. (인형이 그녀에 의해 만들어질 것이다)

■ 완료시제에서 수동태로의 전환

	능 동 태
현재 완료형	She **has made** a doll. (그녀는 인형을 만든다)

수 동 태
A doll **has been made** by her. (인형이 그녀에 의해 만들어졌다)

	능 동 태
과거 완료형	She **had made** a doll. (그녀는 인형을 만든다)

수 동 태
A doll **had been made** by her. (인형이 그녀에 의해 만들어졌었다)

	능 동 태
미래 완료형	She **will has made** a doll. (그녀는 인형을 만들어 있을 것이다)

수 동 태
A doll **will have been made** by her. (인형이 그녀에 의해 만들어져 있을 것이다)

■ 진행시제에서 수동태로의 전환

	능 동 태
현재 진행형	She **is making** a doll. (그녀는 인형을 만들고 있다)

수 동 태
A doll **is being made** by her. (인형이 그녀에 의해 만들어지고 있다)

	능 동 태
과거 진행형	She **was making** a doll. (그녀는 인형을 만들고 있었다)

수 동 태
A doll **was being made** by her. (인형이 그녀에 의해 만들어지고 있었다)

	능 동 태
미래 진행형	She **will be making** a doll. (그녀는 인형을 만들고 있을 것이다)

수 동 태
A doll **will be being made** by her. (인형이 그녀에 의해 만들어지고 있을 것이다)

■ 혼합(완료진행) 시제에서 수동태로의 전환

	능 동 태
현재완료 진행형	She **has been making** a doll. (그녀는 인형을 죽 만들고 있었다)

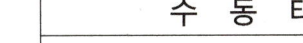

수 동 태
A doll **has been being made** by her. (인형이 그녀에 의해 죽 만들어지고 있었다)

	능 동 태
과거완료 진행형	She **had been making** a doll. (그녀는 인형을 죽 만들고 있었었다)

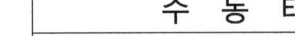

수 동 태
A doll **has been being made** by her. (인형이 그녀에 의해 죽 만들어지고 있었었다)

	능 동 태
미래완료 진행형	She **will have been making** a doll. (그녀는 인형을 죽 만들고 있을 것이다)

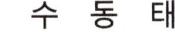

수 동 태
A doll **will have been being made** by her. (인형이 그녀에 의해 죽 만들어지고 있을 것이다)

3) 문장의 형식에 따른 수동태 응용예문

■ 제3형식(S+V+O) 문장의 수동태

· He helped me (to) find my purse. ----------〈능동태〉
  (그는 내가 지갑 찾는 일을 도와주었다)

        ⇩

· I was helped to find my purse by him. ------------〈수동태〉
  (나는 그의 도움을 받아 지갑을 찾았다)
  [지갑 찾는 일에 그의 도움을 받았다]

> 주 의 ▶능동태에서의 「원형부정사」는 수동태에서는 도로 「to-부정사」로 바꿔줘야 어구들 간의 관계가 명확해진다.
> ▶한편 동사에 딸린 부사(전치사적 부사 포함)는 수동태의 동사파트에 그대로 따라 가게 해야 한다.

- A detective **has followed**[shadowed] him all the while.　　　　---------〈능동태〉
　　(형사가 그를 줄곧 미행했다)
　　　　　⇩
- He **has been followed**[shadowed] all the while by a detective.　　---------〈수동태〉
　　(그는 줄곧 형사에게 미행당했다)

- They **laughed** at him. (그들은 그를 조롱했다)　　---------〈능동태〉
　　　　　⇩
- He **was laughed** at by them. (그는 그들에게 조롱당했다) --〈수동태〉

- A school bus **ran over** the boy.　　　　---------〈능동태〉
　　(학교 버스가 소년을 치었다)
　　　　　⇩
- The boy **was run over** by a school bus.　　　　---------〈수동태〉
　　(소년이 학교 버스에 치였다)

- We **must send for** a doctor at once.　　　　---------〈능동태〉
　　(우리는 즉시 의사를 부르러 (사람을) 보내야 한다)
　　　　　⇩
- A doctor **must be sent for** at once.　　　　---------〈수동태〉
　　(의사가 불려 와야 한다)

　　※ 능동태 문장에서의 We, They, One 등 막연한 불특정 주어(인칭대명사 등)는 수동태 문장에서는 생략한다.

■ 제4형식(S+V+Oi+Od) 문장의 수동태
　　　　※ Oi=간접목적어, Od=직접목적어

- Mr. Baker teaches us English.　　　　---------〈능동태〉
　　(베이커 선생님은 우리에게 영어를 가르쳐 주신다)

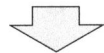

수동태	• We are taught English by Mr. Baker. ---- 〈Oi를 주어로〉 (우리는 베이커 선생님에게서 영어를 배운다) • English is taught (to) us by Mr. Baker. ---- 〈Od를 주어로〉 (영어는 베이커 선생님에 의해 우리에게 가르쳐진다)

• Grandmother told us an interesting old story. --------- 〈능동태〉
  (할머니께서는 우리들에게 재미있는 옛날 얘기를 들려 주셨다)

수동태	• We were told an interesting old story by grandmother. (우리는 할머니에게서 재미있는 옛날 얘기를 들었다) • An interesting old story was told (to) us by grandmother. (재미있는 옛날 얘기는 할머니께서 우리에게 들려주셨다)

• My aunt gave me a watch as a birthday present.
  (숙모님은 내게 생일선물로 시계를 주셨다)

수동태	• I was given a watch as birthday present by[from] my aunt. (나는 숙모님에게서 생일선물로 시계를 받았다) • A watch was given (to) me as a birthday present by[from] my aunt. (시계가 숙모님에게서 나에게 생일선물로 주어졌다)

• She made me a dress. --------- 〈능동태〉
  (그녀는 내게 옷 한 벌을 만들어[맞춰] 줬다)

| 수동태 | • A dress **was made** (for) me by her.　　　　[=O]
(그녀에 의해 나에게 옷 한 벌이 만들어[맞춰]졌다)
• I **was made** a dress by her.　　　　　　　　[=X] |

주 의 ▶ 수동태에서 직접목적어가 주어가 되고 간접목적어가 보어로 된 경우에는, 해당 간접목적어가 인칭대명사라면 그 자체에 격(格)이 있어서 굳이 to나 for를 붙이지 않아도 되지만, 명사라면 to/for를 붙여줘야 어구간의 관계가 명확해진다.
▶ 한편, make(만들어/맞추어 주다), buy/sell(사주다/팔아주다), get/bring(갖다 주다) 따위의 동사는 성격(의미)상 직접목적어(물건)만이 수동태의 주어가 될 수 있다.

■ 제5형식(S+V+O+C) 문장의 수동태
※ O=목적어, C=목적격 보어

• He **made** his son an artist.　　　---------〈능동태〉
(그는 자기 아들을 화가로 만들었다)

| 수동태 | • His son **was made** an artist by him.　　[=O]
(그의 아들은 그에 의해 화가로 만들어졌다)
• An artist **was made** his son by him.　　[=X] |

주 의 ▶ 제5형식 문장을 수동태로 전환하면 제2형식 문장이 된다. 즉 제5형식 능동태의 목적격 보어(C)는 수동태에서는 주격보어가 될 뿐, 주어는 되지 못한다.

• His wife **found** him dead.　　　　---------〈능동태〉
(그의 아내는 그가 죽어 있는 것을 발견했다)
⇩
• He **was found** dead by his wife.　　---------〈수동태〉
(그가 죽어 있는 것이 그의 아내에 의해 발견되었다)

- We heard her sing alone.　　　　--------- 〈능동태〉
  [= We heard her singing]
  (우리는 그녀가 혼자 노래하는 것을 들었다)
  ⇩
- She was heard to sing alone (by us).　--------- 〈수동태〉
  [= She was heard singing alone (by us)]
  (그녀가 혼자 노래하는 것이 (우리에게) 들렸다)

- I heard him laugh out.　　　　--------- 〈능동태〉
  [= I heard him laughing out]
  (나는 그가 깔깔 웃는 것을 들었다)
  ⇩
- He was heard to laugh out (by me).　--------- 〈수동태〉
  [= He was heard laughing out (by me).
  (그가 깔깔 웃는 것이 (내게) 들렸다)

※ 위의 2개 문장의 경우 지각동사(hear, see 따위)가 서술동사인 능동태 문장에서는 보어가 (to 없는)「원형부정사」로 되어 있지만, 수동태 문장에서는 (to 있는)「to-부정사」로 복귀시켜야만 어구들 간의 관계가 명확해진다.

3) 문장의 종류에 따른 수동태 응용예문

■ **부정문의 수동태 : [Be not + 과거분사] 형태로**

- He did not write the letter.　　　--------- 〈능동태〉
  (그는 그 편지를 쓰지 않았다)
  ⇩
- The letter was not written by him.　--------- 〈수동태〉
  (그 편지는 그에 의해 써지지 않았다)

■ **의문문의 수동태 : [Be +주어+과거분사] 형태(단, 간접의문문은 正順)**

⟨ 원천적 의문문 : 의문사가 있는 의문문 ⟩

- Who invented the radio?　　　　　--------⟨ 능동태: 의문사가 주어 ⟩
  (누가 라디오를 발명했느냐?)

  ⇩

- By whom was the radio invented?　　　--------- ⟨ 수동태 ⟩
  (라디오는 누구에 의해 발명되었느냐?)

- When did he make it?　　　---------⟨ 능동태: 의문사가 부사 ⟩
  (그가 언제 그것을 만들었느냐?)

  ⇩

- When was it made by him?　　　--------- ⟨ 수동태 ⟩
  (언제 그것이 그에 의해 만들어졌느냐?)

- To whom did you address the letter?　----⟨ 능동태: 의문사가 부사구 ⟩
  (너는 그 편지를 누구에게 보냈느냐?)

  ⇩

- To whom was the letter addressed (by you)?
  (그 편지는 누구 앞으로 보내졌느냐?)

- What did he make?
  (그가 무엇을 만들었는가)　　　------⟨ 능동태: 의문사가 목적어 ⟩

  ⇩

- What was made by him?　　　------⟨ 수동태 ⟩
  (무엇이 그에 의해 만들어졌는가)

⟨ 원천적 의문문 : 의문사가 문두에 선치된, 삽입주절이 있는 간접의문문 ⟩

- Who[Whom] do you suppose I got it from?
  　　　　　　　(삽입 주절)

(내가 누구한테서 그걸 얻었다고 생각하느냐?) ---〈능동태: 의문사가가 부사〉

⇩

- Whom do you suppose it **was gotten** from (by me)?
 (그것이 누구한테서 구해졌다고 생각하느냐?)

〈선택적 의문문 : 의문사가 없는 의문문〉

- **Does** he still **love** her?   ---------〈능동태〉
 (그는 아직도 그녀를 사랑하는가)

⇩

- **Is** she still **love**d **by** him?   ---------〈수동태〉
 (그녀는 아직도 그에게서 사랑받는가)

■ 명령문의 수동태

〈긍정적 명령문 : [Let+목적어+be+과거분사] 로〉

- **Do** the work at once.   ---------〈능동태〉
 (즉시 그 일을 해라)

⇩

- **Let** the work **be done** at once.   ---------〈수동태〉
 (즉시 그 일이 수행되게 해라)

〈부정적 명령문 : [Don't let+목적어+be+과거분사], 또는
 [Let+목적어+not be+과거분사]〉

- **Don't forget** his advice.   ---------〈능동태〉
 (그의 충고를 잊지 말아라)

⇩

· **Don't let** his advice **be forgotten**. · **Let** his advice **not be forgotten**. (그의 충고가 잊혀지지 않도록 해라)	수동태

4) 진행형 시제에 따른 수동태 응용예문

▶ 앞서 살펴본 바와 같이 수동태 진행형은 주로 현재・과거・미래 (특히 현재・과거 진행형)에 자주 쓰이며, 혼합시제인 완료진행형 수동태는 구조가 복잡해 혼돈 우려 등 사유로 실제로는 잘 사용되지 않는 편이다.

▶ 한편, 관념(의미)상 수동태 의미를 내포하고 있는 일부 자동사와, 상태를 나타내는 2형식 문장은 능동태 형태를 지녔어도 수동태와 같은 표현효과가 있다.

▶ 또한 의미상으로는 직접목적어나 사물(특히 물건/물질)이 주어가 되어 수동태 문장이 되어야 할 내용이, 귀속주체인 사람(인칭대명사 등)을 주어로 하는 능동태 문장으로 관행상 쓰이는 경우도 있다.

〈 기본시제 진행형 수동태의 예문 〉

현재진행형 (수동태)	• Preparations **are** just now **being completed**. (준비는 이제 막 끝나간다) • The house **is being built**. (그 집은 현재 건축 중이다)
과거진행형 수동태)	• The cat **was being chased**. (그 고양이는 쫓기고 있었다) • The house **was being built**. (그 집은 건축되고 있었다)

미래진행형 (수동태)	• Many people **will be being worked** on this Sunday. (이번 일요일에는 많은 사람들이 근무하고 있을 것이다) • The house **will be being built** by then[that time]. (그 집은 그때까지 지어지고 있을 것이다)

〈수동태의 뜻을 내포한 자동사〉

▶ consist, open 등

- Water **consists of** hydrogen and oxygen.
  (물은 수소와 산소로 이루어져 있다)
- Most books **consists of** several chapters.
  (대부분의 책은 몇 개의 장(章)으로 이루어져 있다)
- The door **won't open**. (그 문은 아무리 해도 열리지 않는다)
- The play **opens** with a brawl.
  (그 연극은 말다툼으로 시작된다)
- The view **opened** before our eyes.
  (경치가 우리 눈앞에 전개되었다)
- The stock market **opened** strong.
  (주식시장은 강세로 시작되었다)
- Several positions **are opening** to women.
  (몇몇 자리가 여성들에게 개방되어 있다)

〈수동태의 뜻을 내포한 자동사 진행형〉

▶ build, print, play, sell, drown 등

- The house **is building**. (그 집은 건축중이다)
  [= The house **is being built**]
- The book **is** now **printing**. (그 책은 지금 인쇄중이다)
  [= The book **is** now **being printed**]
- The movie **is playng** at Picadilly.
  (그 영화는 피카딜리에서 상영중이다)
  [= The movie **is being played** at Picadilly]

- Corn **is selling** well nowadays. (요즈음엔 옥수수가 잘 팔리고 있다)

  [= Corn **is being sold** well nowadays]

- A boy **is drowning** in the pond. (한 사내아이가 연못에 빠지고 있다)

  [= A boy **is being drowned** in the pond]

〈수동태 뜻을 내포한 상태표현 2형식 문장 : Get 동사 활용〉

▶ [Get+과거분사]를 쓰면⇒ 외견상 능동태이지만, 수동태의 뜻을 지닌다

- The weather **is/was/[wll be] getting** colder.
  (날씨는 점점 추워지고 있다/있었다[있을 게다]) ---〈현재/과거/미래 진행형〉
- The weather **has been getting** warmer.
  (날씨는 점점 따뜻해져 왔다)   --------〈현재완료 진행형〉
- We **have got caught** in the rain.
  [= We **have been caught** in the rain]
  (우리는 비를 만났다)   --------〈현재완료형〉
- We **got caught** in the shower.
  [= We **were caught** in the shower]
  (우리는 소나기를 만났다)

Cf : caught가 **타동사로 쓰인 경우**	• Luke **caught** a cold. (루크는 감기에 걸렸다) • The nurse **caught** the disease from a patient. (그 간호사는 한 환자한테서 병이 옮았다) • The epidemic **has caught** us totally unprepared. (전염병이 아무런 준비가 안 된 우리를 덮쳤다)

- He **got injured/killed** in a car crash.
  [= He **was injured/killed** in a car crash]
  (그는 자동차 충돌사고로 다쳤다/죽었다)

cf : His car **was** badly **dented[crushed]** in a collision]
   (그의 차는 충돌로 인해 심하게 찌그러졌다[짓이겨졌다])
- You'll soon **get used** to his way of bulling.
  [= You'll soon **be used** to his way of bulling]
  (당신은 그의 위협적인 태도에 곧 익숙해질 것이다)

〈 간접화법 등에서의 수동태 〉

- It **is said** that we are going to have a warmer winter this year.
  [= They say that we are going to have ~]
  (금년에는 더 따뜻한 겨울을 맞게 될 거라고 한다)

- I **was told** (by/from her) that she had been ill.
  [= She told me that she ha been ill]
  (내가 듣기로는 그녀는 죽 아팠었다고 한다

- It **is rumored** that he is ill.
  [= He **is rumored** to be ill]
  [= Rumor has it that he is ill]
  (그는 (병을) 앓고 있다는 소문이다)

- It **was believed** that the sun moved round the earth.
  [= It used to be believed that the sun moved round the earth]
  [= People used to believe that the sun moved round the earth]
  (옛날에는 사람들이 태양은 지구 주위를 돈다고 믿고 있었다)

(2) 유의해야 할 몇 가지 수동태 용법

1) 「by+목적격」의 생략, 또는 by 이외의 전치사 사용
① 「by」를 생략한 수동태

> 수동태 문장의 끝에 두는 「by + 목적격」 형태의 부사구는 실질적 동작주체(행위자)가 누구인가를 나타내지만, 그 행위자가 we, you, they, people 따위의 막연히 「일반사람」을 나타낼 때는 「by us(you, them, people)」의 부사구는 생략한다. 또한 행위주체보다 수단 자체만을 나타낼 때는 「by us/them」을 의도적으로 생략한다.

- They[People] **observe** the Buddha's Birthday as a festival[festive] day in Korea. (한국에서는 석탄일을 명절로 경축한다)

    ⇒ The Buddha's Birthday **is observed** as a festival day in Korea.
    (한국에서는 석탄일이 명절로 경축된다)

- We **can see** hundreds of stars at night.
    (밤에는 수백 개의 별들을 볼 수 있다)

    ⇒ Hundreds of stars **can be seen** at night.
    (밤에는 수백 개의 별들이 보인다)

- They[People] **speak** Einglish in Canada.
    (캐나다에서는 사람들이 영어로 말한다)

    ⇒ Engilsh **is spoken** in Canada. (캐나다에서는 영어가 사용된다)

- You **can see** a lot of negroes in New York.
    (여러분들은 뉴욕에서 많은 흑인들을 볼 수 있다)

    ⇒ A lot of negroes **can be seen** in New York.
    (뉴욕에서는 많은 흑인들이 눈에 띈다)

- They **say** we'll have heavy snow tonight.
  (온늘 밤에는 눈이 많이 올 거라고 예보한다)
  ⟹ It **is said** (that) we'll have heavy snow tonight.
  (오늘 밤에는 눈이 많이 올 거라고 전해진다[예보된다])
- They **captured** the fort <u>by surprise</u>.
  (그들은 그 요새를 <u>기습하여</u> 점령했다)
  ⟹ The fort **was captured** <u>by surprise</u>. ----〈수단자체를 강조시〉
  (그 요새는 기습으로 점령당했다)

② 「by」외, 다른 전치사를 쓰는 경우의 수동태

> 수동태의 기본형인 「Be+과거분사+by ~」에서 동사의 특성에 따라 by 이외의 다른 전치사들(with, to, from, of 등)을 쓰는 경우가 있다.

- Snow **covers[blankets]** all over the ground.
  (눈이 온통 땅을 덮고 있다)
  ⟹ The ground **is covered[blaketed]** all over **with** <u>snow</u>.
  (땅은 온통 눈으로 덮여 있다)
  cf : The top of the mountain **is covered with** <u>cloud</u>.
  [= The top of the mountain **is hidden under** <u>cloud</u>]
  (산 꼭대기는 구름으로 덮여[가려져] 있다)
- The audience **filled** the hall. (청중이 회관을 가득 메웠다)
  ⟹ The hall **was filled with** the audience.
  (회관은 청중으로 가득 찼다)

〈 수단/원인 등의 뜻으로 「With」가 관용적으로 쓰이는 경우 〉

- He **is endowed with** extraordinary gifts.
  (그는 비범한 재능을 타고 났다)
- He **is bent with** age. (그는 나이가 들어 허리가 굽어 있다)
- The sidewalk **was white with** moon light.
  (보도는 달빛을 받아 하얗게 빛나고 있었다)

- Every body **knows** him.
  (모든 사람이 그를 알고 있다)
  ⇒ He **is known to** every body.
  (그는 모든 사람에게 알려져 있다)
- Music much **interests** me.
  (음악은 나에게 무척 흥미/관심을 갖게 한다)
  ⇒ I'm very[much] **interested in** music.
  (나는 음악에 많은 흥미/관심을 갖고 있다)
- He **gave** her a nice[wonderful] Christmas gift.
  (그는 그녀에게 멋진 크리스마스 선물을 주었다)
  ⇒ She **was given** a nice[wonderful] Christmas gift **from** him.
  (그녀는 그에게서 멋진 크리스마스 선물을 받았다)

〈 기타의 경우 : 투입된 「재료」를 나타낼 때 〉

- Wine **is made from** grapes.   ------- 〈 화학적 변환과정 〉
  (포도주는 포도로 만들어진다)
- Bread **is made from** four, water, and yeast.
  (빵은 밀가루와 물과 이스트로 만들어진다)
- This table **is made of** wood.   ------- 〈 물리적 변환과정 〉
  (이 탁자는 나무로 만들어져 있다)

- The house **is made of** brick[stone,wood].
  (그 집은 벽돌[석재,목재]로 지어져 있다)
- This dress **is made of** silk[cotton].
  (이 드레스는 비단[무명]으로 만들어져 있다)
- This statue **is carved out of** a single stone. --〈복수인 물리적 과정〉
  (이 조각상은 한 덩어리의 돌을 깍아 만들어져 있다)
- The over-quilt[cover-let] **is made out of** cotton.
  (그 누비 이불[덧 이불]은 솜으로 지어진 것이다)
  ※ 「out of」: 주로 복수인 물리적 변환과정의 재료를 나타내지만,
                 복수인 화학적 변환과정의 재료를 나타내기도 한다.
- We **make wine with** these grapes.   ----〈일반적인 수단〉
  (우리는 이 포도들을 수확·이용해서 포주를 만든단다)

2) 관용적으로 수동태를 사용하는 경우

「기뻐하다」, 「실망하다」, 「만족하다」, 「태어나다」 따위는 한국어로는
능동태로 표현되지만, 영어에서는 관용적으로 수동태로 나타낸다.

- I **was much surprised** at the news. (나는 그 소식을 듣고 무척 놀랐다)
  cf : You **will be surprised** to see him doing such a thing.
       (그가 그런 일을 하고 있는 것을 보면 너는 놀랄 것이다)
  cf : We **were surprised** (to hear) that he was absent from school.
       (우리는 그가 결석했다는 말을 듣고 놀랐다)
- She **was pleased with** my present.
  (그녀는 내 선물을 받고 기뻐했다)
- I **was pleased at[with]** your success.
  (네가 성공했다는 사실을 듣고 나는 기뻤다)
- I **was pleased at** finding him so well.
  (나는 그가 그렇게 건강한 걸 보니 기뻤다)

- I **will be pleased** to come. (**기꺼이** 가겠습니다[오겠습니다])
- I **shall be very pleased** to see you.
  (내일 <u>만나 뵙게 되면</u> 저로서는 무척 기쁘겠습니다)
- <u>If you find</u> our terms reasonable, we **shall be pleased** to have your orders. (우리가 제시해드린 조건이 합당하다고 보신다면, 주문을 해주시면[우리가 귀측의 주문을 받게 된다면] 기쁘겠습니다[좋겠습니다])
- I **am pleased** that you have consented.
  (<u>만족해 주셔서</u> 기쁘게 생각합니다)
- We **are pleased** to inform you that the gist of your said letter will be inserted in forth-coming issue of our monthly bulletin, "*Era of Commerce & Industry*," for circulation to our members.
  (귀사의 상기 서한 요지가 우리 회원사들에게 배부[회람]되도록 우리의 월간지 「*상공(商工)시대*」의 다음 호(號)에 게재될 것임을 <u>알려드리게 되어</u> 기쁩니다)
- I'**m not satisfied** with the way I do my hair. I'd really love to change the way this time. (저는 제가 하는 머리손질 방법에 만족하지 않고 있어요. (그래서) 이번에는 정말 그 방법을 바꾸고 싶어요)
  cf : Do you **satisfy** yourself with your present work?
       (너는 지금 네가 하고 있는 일에 만족하느냐?)
- I **was very disappointed** at hearing[to hear] the test result.
  (나는 그 시험결과를 듣고는 무척 낙담했다)
- She **was disappointed** with her performance.
  (그녀는 자신의 연주가 실망스러웠다)
- Naturally I'**m disappointed** about missing the trip.
  (당연히 나는 여행을 가지 못해 실망하고 있다)
  ※ [be disppointed + 전치사 +명사/동명사] :
    — 이 때 사용되는 전치사는 at, with, about 가 같은 뜻으로 쓰이지만,
    — with는 주로 명사에 쓰이고, at/about는 주로 동명사에 쓰인다.
- Where and when **were** you **born**? (당신은 어디서 언제 태어나셨나요?)

- I **was born** in Seoul on October 24, 1980.
  (저는 1980년 10월 24일 서울에서 출생했습니다)

- She **was delivered** of a boy.
  (그녀는 사내아이를 분만/출산했다)
  [=She gave birth to a baby boy]

- His brother **was drowned** while swimming last year.
  (그의 동생은 작년에 수영하다가 익사했다)

- He **was** almost[nearly/barely/narrowly[**drowned**.
  (그는 하마터면 물에 빠져 죽을 뻔했다)

  cf : Her eyes **were drowned** in tears.
       (그녀의 눈은 눈물에 젖어 있었다)

  cf : He narrowly[barely] **missed** being run over.
       (그는 차에 치일 것을 가까스로 면했다)

  cf : The villagers **were drowned** out.
       (마을 사람들은 홍수로 대피했다)

- My father **is engaged** in foreign trade.
  [= My father **engaged himself** in foreign trade]
  (아버지께서는 해외무역에 종사하고 계신다)

- I **am**[became] **engaged** to Nancy. (나는 낸시와 약혼 중이다)

  cf : After graduation from college, he **engaged** in business.
       (대학 졸업 후, 그는 사업계에 종사했다/들어갔다)

  ※ 위에서 보는 바처럼, 「engage」는 타동사 수동태로 많이 쓰이지만(특히 '종사하다'의 뜻으로는), 재귀동사(자신을 목적어로 하는 타동사) 형태나 자동사로서도 사용된다. 또한 어의(語義)가 다양한 "다의적(多義的) 동사"이기도 하다.

  〈참고: **Engage**의 기타 용례〉

- This seat **is engaged**. (이 좌석은 예약되어 있다)

  cf ; He **engaged** two seats at a theater.
       (그는 극장의 좌석 2개를 예약했다)

- I **am engaged** for tomorrow. (나는 내일 약속이 있다)
- He **was** busily **engaged** (in) writing letters.
  (그는 편지를 쓰느라고 바빴다: 무척 몰두해 있었다)
- They **were engaged** on[upon] a new project.
  (그들은 새 프로젝트에 착수해[관여해/참여해] 있었다)
  - cf : He **engaged himself** to pay the money by the end of this month. (그는 이 달 말까지 그 돈을 지급하겠다고 약속했다)
  - cf : She **engaged** to visit me tomorrow.
    (그녀는 내일 나를 방문하겠다고 약속했다)
  - cf : You'll **have to engage** a lawyer to negotiate on your behalf.
    (당신은 자신을 대신해 협상할 변호사를 고용해야 할 것입니다)
  - cf : The toy **didn't engage** her interest for long.
    (그 장난감은 그 여자아이의 관심을 오래 끌지 못했다)
- She **was bereaved** of her parents by a traffic accident.
  [= The traffic accident **bereaved** her of her parents]
  (그녀는 교통사고로 부모를 잃었다)
- Mr. Smith **is survived** by his wife Jane and (his) two children.
  (스미쓰 씨는 유족으로 아내 제인과 두 자녀를 남기고 죽었다)
- The school **is located** on a hill[in the heart/center of the city].
  (그 학교는 언덕[시 중심부]에 위치해 있다)
- The hotel **is** ideally **situated** close[[near] to the beach.
  (그 호텔은 이상적으로 해안 가까이에 위치해 있다)
  - cf : England **is surrounded** by[with] the sea on all sides.
    (영국은 사방이 바다로 둘러싸여 있다)
- I'm really **worried** about my son these days.
  (요즘 저는 우리 아들 때문에 정말 걱정이에요)
- He **was worried** over the situation. (그는 그 사태로 고민했다)
  - cf : He **worried** himself ill[into illness].
    (그는 너무 걱정하여 병이 났다)

cf : He **is worring** that he may have made a mistake.
　　　(그는 자신이 어떤 잘못을 저지렀지나 않았는지 걱정하고 있다)

cf : She **worries** over her husband's health.
　　　(그녀는 자기 남편의 건강을 걱정한다)

※ 위 문장에서처럼 worry 역시 타동사(수동태, 재귀동사)로도 쓰이고, 자동사로도 쓰인다.

【일상생활에서 외부적 여건에 따라 불가피하게 취해지는 상태나 조치에 관련하여 타동사의 수동태가 흔히 쓰이는 표현들(정리/요약)】

- 중지되다: be left off, be suspended, be stopped, be halted, be called off, be (kept) in abeyance 따위
- 교착되다: be brought to standstill, be[get] bogged down 따위
- 취소/연기/휴회[휴정]하다: be cancelled, be called off, be put off, be deferred [postponed/delayed], be adjourned 따위
- (교통이) 막히다/두절되다, 마비되다, 혼잡하다: be blocked, be interrupted[tied/held up], be parallyzed, be congested, be jammed, be caught[stuck up] in traffic[in a traffic iam] 따위

- The court **will be adjourned** for an hour.
  (법정은 1시간 동안 휴정한다[휴정된다])
- The hearing **was adjourned** for a week.
  (공청회/심문은 1주일간 연기되었다)
- The game **was called off** on account of rain.
  (그 시합은 비 때문에 취소/중지되었다)
- The matter **is kept** in abeyance.
  (그 일은 일시 중지되어 있다)
- The business **was brought** to standstill. (그 사업은 침체상태에 빠졌다)
  [= The business **was** at standstill]

- The work **has been left off** for the financial difficulties.
  (그 일은 재정문제로[자금난으로] 중지되었다)
  cf : Why **was** my name **left off** the list?
  　　(왜 그 명단에서 내 이름이 빠져[제외/삭제돼] 있었느냐?)

- The meeting **was postponed** until the following day.
  (회의는 다음 날로 연기되었다)

- The train **was delayed** (for) two hours by the accident.
  (열차는 사고로 2시간 연착했다)

- Traffic **was interrupted** by the heavy snow.
  (폭설로 교통이 두절되었다)

- The swimmig pool **is much congested**[**jammed**] with teenagers.
  (수영장은 10대들로 몹시 혼잡하다)

- They **were caught**[**stuck up**] in a traffic jam.
  [= They **were tied/held up** in traffic]
  (그들은 교통체증으로 꼼짝 못했다)
  cf : They **were caugh**t in a shower[the rain] on their way back.
  　　(그들은 귀로에 소나기[비]를 만났다)

3) 동작의 수동태와 상태적 수동태

> [Be + 과거분사]의 수동태는 「~되어지다」라고 동작을 나타내는 경우와,
> 「~로 되어져 있다」라는 뜻의 상태나 동작의 결과를 나타내는 경우가 있다.

- The store **is closed** at six in the afternoon.
  (그 상점은 오후 6시에 닫힌다)　　-----〈 동작을 표현 〉
- Our shop **will be closed** at seven. (저희 상점은 7시에 폐점합니다)
- The store **is closed** now.
  (그 상점은 지금 닫혀 있다)　　-----〈 상태를 표현 〉
- Banks **are still closed**.(은행은 아직 휴업 중이다)

4) Be 동사 대신에, Get나 Become 등을 써서 형식은 능동태이지만, 수동태 느낌을 주는 경우

> 수동태의 기본형은 [Be + 과거분사]이지만, 현대 영어(특히 미국식)에서는 Be 대신에, Be 동사에 버금갈 정도로 '연결성'이 강한 Get, Become, Feel 따위를 쓰는 경향이 늘어나고 있다. 이 경우 의미상으로는 분명 수동태이지만, 형태상으로는 제2형식 문장 중 [불완전 자동사+형용사적 보어] 형식의 능동태라 하겠다. 특히 「Get」을 이러한 용도로 사용하는 빈도가 두드러짐에 따라 [Be+과거분사]라는 순수한 정통적 수동태 용법은 점차 퇴색하는 추세이다.

- He **is[get]/was[got] married[engaged]** to a girl called Jane.
 (그는 제인이라는 여자애랑 결혼[약혼] 했다; 결혼[약혼]해 있다)
- They **got married** soon after that.
 (그들은 그 일이 있고 나서 곧 결혼했다)
- They planned to **get married**. (그들은 결혼하기로 작정했다)

> 【참고 : 동사 「marry」의 주의할 용법】
> ▶ 동사 「marry」는 타동사로서 더 흔하게 쓰이며, 목적어(결혼대상자)를 수반할 때는 반드시 타동사 형태(수동태 포함)로 사용된다. 자동사로서는 상태(연령대, 조건 따위)에 관련된 경우 등에 한정되어 드물게 사용된다.

- His daughter **married** a rich widower. ----- 〈타동사(능동태)〉
 (그의 딸은 어떤 돈 많은 홀아비와 결혼했다)
 cf : His daughter **married with[to]** a rich widower. [=X]
 cf ; He **married** my daughter. [=O]
     (그는 내 딸과 결혼했다)
 cf : May cousins **marry** each other? [=O]

(사촌 끼리는 서로 결혼해도 되나요?)
cf ; John **asked** Grace **to marry** him. [=O]
(존은 그레이스에게 자신과 결혼해 달라고 요청[청혼]했다)

- Her father **married** Susan (off) to Edd.
(수잔의 아버지는 그녀를 에드에게 시집 보냈다[결혼시켰다])

- She **is**[get] **married** to a foreigner. ----- 〈 타동사(수동태) 〉
(그녀는 어떤 외국인과 결혼했다; 결혼해 있다)

- He **married** young[at the age of twenty]). -----〈 자동사(결혼 연령대) 〉
(그는 젊어서[스무살에] 결혼했다)

- She **married** out of her class. -----〈 자동사(결혼 조건) 〉

• you'll soon **get used** to his way of bulling.
(당신은 그의 위협적인 태도에 곧 익숙해질 것이다)
• I **got**[became] **used** gradually to the vegetarian diet.
(나는 차츰 채식에 익숙해졌다)

cf : He **was used** to (his way of) sleeping late.
(그는 늦잠 자는 버릇이 있었다)

cf : The lighthouse people **were used**[accustomed] to raging seas and driving winds.
(등대 사람들은 성난 파도와 몰아치는 폭풍에 익숙해져 있었다)

※ 위와 같이 「used to」는 외형은 과거분사이지만, 「~에 익숙한」, 「~하는 버릇이 있는」이라는 의미를 지닌 형용사로 관용화되어 사용되기도 하며, 이 경우에도 Be 동사 자리에 Get으로 바꿔 쓰기도 한다.

• We've suddenly **got**[been] **caught** in a thick[dense] fog.
(우리는 갑자기 짙은 안개에 휩싸였다)

• A butterfly **got**[was] **entangled** in a spder's net.
(나비 한 마리가 거미줄에 걸렸다)

  cf : My coat **got**[was] **caught** on a nail.
    (내 웃옷 (자락)이 못에 걸렸다)
  cf : The fising line **got entangled** in waterweed.
    (낚싯줄이 수초에 걸렸다)
  cf : The kite **got caught** in a tree.
    (연이 나무에 걸렸다)
- Our work **got**[was] **stuck** under the new circumstances.
    (새로운 사정으로 인해 우리들의 일은 벽[난관]에 부딪혀 있다)
- He **got**[was] **caught** in a general crackdown on drunk drivers [drunken driving].
(그는 음주운전 일제 단속에 걸렸다)
  cf : He **got**[was] **pinched** for speeding[parking violation] by a traffic cop.
    (그는 과속[주차위반]으로 교통순경에게 걸려들었다)
- He **got**[was] **tired** from[by/with] overwork.
(그는 과로로 피곤해졌다)
- I **am**[get/feel] very **tired** from swimming.
(나는 수영을 했더니 굉장히 피곤하다)
- He **got**[was] **tired** from walking around all afternoon.
(그는 오후 내내 여기 저기 걸어 다니느라 지쳐 있었다)
  cf : I'm **tired** of boild eggs. (나는 삶은 달걀에 물렸다[질렸다])
  cf : Jill soon **tired** of her boy friend.
    (질은 곧 남자 친구에게 싫증이 났다)
  cf : He **tired** us with his long congratulations.
  (그는 긴 축사(祝辭)로 우리를 싫증나게 했다)
- She **got**[was] soon **exhausted**[worn out] from studing all night.
[= He soon **tired** with studing all night]
(그녀는 밤을 새워 공부를 한 탓에 곧 녹초가 되어버렸다)
※ 위 예문들에서와 같이, [get[be] + tired] 따위의 수동태(또는 준 수동태) 문장

에서 「피곤하다/지치다」 등 육체적인 상태의 원인을 나타낼 때에는 전치사를 from으로 쓰고, 「지겹다/싫증나다」 등 정신적인 상태의 원인을 나타낼 때는 전치사를 of로 쓴다. 한편, 타동사 능동태와 완전 자동사 문장에서는 육체적인 상태의 원인이라도 전치사를 with로 쓰는 게 일반적이다.

- I **became[was] interested** in French.
  (나는 프랑스어에 흥미를 갖게 되었다)
- A baby **get diseased[sick]** easily.
  [= A baby **is taken ill** easilly]
  [= A baby **falls[becomes] ill** easily]
  (아기는 병에 걸리기 쉽다[쉽게 걸린다])
- He had not gone 2km before she **felt[was/got] tired**.
  (그는 2킬로도 못 가서 피곤해졌다)
- He **has been[got] divorced** from her for years. ----〈타동사(수동태)〉
  (그는 그녀와 이혼한 지 수년이 되었다)
  cf ; He **divorced** himself from his wife. ------- 〈타동사(재귀동사)〉
  cf : He **divorced** his wife.   ------- 〈일반 타동사〉
  cf : He **divorced** from his wife.   ------- 〈일반 자동사〉

5) Be, Get, Feel 등이 과거분사 또는 형용사에 연계되어 쓰일 때

> ◎ 자/타동사 겸용이면서 타동사로 쓰일 때는 다음 2가지 형태를 취하는데, 그중 수동태와 관련하여 쓰이는 표현에 특히 유의할 필요가 있다.
> ▶ Be·Get·Feel·Become·Grow 등에 의해 실질적 수동태나 의미상의 수동태 형태를 취하는 경우
>   — 이 때, Be·Get·Feel 등은 심리적 상태를 나타내는 특정한 형용사들에 연계되어 수동태 같은 의미를 띤다.
> ▶ 능동태 타동사로서 재귀동사 형태를 취하는 경우
>   — 재귀동사가 주어 자신에 책임이 다소 있거나, 신체의 일부를 명시할 때

① hurt, wound, injure, pinch 등 동사의 과거분사에 연계돼 쓰일 때

- He **got hurt** in an accident.   ----〈의미상 수동태〉
  (그는 사고로 다쳤다)   ※ 형식상으로는 자동사(능동태)
- He **was** badly[seriously] **hurt**.   ----〈실질적 수동태〉
  (그는 중상을 입었다)   ※ 형식상/내용상 전형적인 타동사(수동태)

  cf : He **hurt** himself in a fight.   -----〈재귀 타동사〉
  (그는 싸우다 상처를 입었다)   ※ 여기서 'hurt'는 과거형임

  cf : **Is** that tight shoe **hurting** you[your foot]? ---〈일반 타동사〉
  (신이 꼭 끼어서 (발이) 아프냐?)

  cf : It **won't hurt** her to fail the exam.
  (시험에 실패해도 그녀는 (마음) 아파하지 않을 것이다)

  cf : My fingers still **hurt**. (손가락이 아직 아프다)   ---〈자동사〉

- He **was[got] wounded** on the head[in the arm] in the war.
  (그는 전쟁에서 머리에[팔에] 부상을 입었다) ※ wounded; 형용사로도 간주 가능

- I **was** deeply **wounded** by his comments.
  (나는 그의 말에 크게 상처를 받았다)

  cf : The bullet **wounded** him in the shoulder.
  (탄환이 그의 어깨에 상처를 입혔다)

- Five people **were[got] injured** in the car accident.
  (그 자동차 사고로 다섯 명이 다쳤다)

  cf : He **injured** himself in the leg (while) playing soccer.
  (그는 축구를 하다가 다리를 다쳤다)

- He **got pinched** for disregarding a signal.
  (그는 신호 위반으로 걸려들었다)
- The flowers **are pinched** with cold.
  (추위로 꽃들이 오그라[움추러]들었다)

  cf : A heavy frost **pinched** the flowers.   ----〈타동사(능동태)〉
  (된 서리로 꽃들이 시들었다)

- I **am pinched** for money. (나는 돈 때문에 곤란을 받고 있다)
    - cf : He **pinched** her on the arm.　　------〈일반 타동사〉
       (그는 그녀의 팔을 꼬집었다)
    - cf : He **pinched** the boy's cheek.
       (그는 소년의 뺨을 꼬집었다)
    - cf : I **pinched** my finger in the door (way).
       (문 틈에 내 손가락이 끼었다)
    - cf : These shoes **pinch** my toes.
       (이 구두는 꽉 끼어 발가락이 아프다; 발가락을 아프게 한다)
    - cf : He has a face **pinched** with hungry.
       (그는 굶어서 여윈 얼굴을 하고 있다) --〈형용사적 과거분사(후치수식)〉
    - cf : He even **pinches** on necessities.　　----〈완전 자동사〉
       (그는 필수품 사는 데도 인색하다)
    - cf : The vein of iron are **pinched out**. (철광석 광맥이 소진되었다)

② **mad, angry, excited, nervous, anxious 등 형용사에 연계돼 쓰여**

- Look at this mess! Mother **will get**[go/be] **mad**!
   (이 어질러진 꼴 좀 봐! 어머님이 펄펄 뛰실 거야)
- She **got angry** about[at] the cheating.
   (그녀는 그 속임수에 화를 내었다)
- He **is**[got] very **angry** about[at/over] the new parking charges.
   (그는 새로 생긴 주차요금 때문에 화가 많이 나있다)
- Anybody **will be**[get] **angry** at being kept waiting so long.
   (누구든지 그렇게 오래 계속 기다리게 되면 화가 날 거야)
- She **is**[got] **angry** with me for not writing to her often.
   (그녀는 내가 자신에게 자주 편지를 써보내지 않는다고 화가 나있다)
    - ※ 위 문장에서처럼 angry의 원인이나 대상에 관련되어 수반되는 전치사는 통상 사람인 경우에는 with를, 사물인 경우에는 about나 at를 쓴다.

- He **was[got] excited** at the thought of appearing on TV.
  (그는 텔레비전에 출연한다는 생각에 들떠 있었다)
- I've got to give[make/deliver] a speech[lecture], and
  I **am[get/feel]** a bit **nervous** about it.
  (나는 연설[강연]을 해야 하는데, 그 일로 신경이 좀 쓰인다)
  ※ I've got to에서 :「got」은 어조를 맞추거나 다소 단호한 느낌을 주는
  역할을 할 뿐, 넣지 않아도 무방한 허사(虛辭)이다. [I have to]와 같은 뜻임.

Expression Exercises 2

[1] 공원이 전보다 더 깨끗해졌다.

   힌트   더 깨끗해졌다(완료형; has become cleaner)

   ☞ _____

   _____

[2] 그는 좀처럼 남을 헐뜯지 않는다.

   힌트   좀처럼 ~않다(seldom, if ever, ~), ~을 헐뜯다(speak ill of ~)

   ☞ _____

   _____

[3] 나는 그것을 어떻게 설명해야 좋을지 모를 정도이다(거의 모른다).

   힌트   거의 ~않을 정도이다(hardly ~), ※ seldom•hardly•scarcely 등 부정의
   의미를 띤 부사가 오면 별도의 부정부사(not)를 필요로 하지 않는다.

   ☞ _____

   _____

[4] 거의 아무도 그것을 알지 못했다.

> 힌트 ※ hardly의 문장내 위치: 조동사(will/would, can, have 등) 가 있으면, 그 뒤에 두지만, 그밖의 경우에는 직접 수식대상인 말(동사,명사/대명사 등)의 바로 앞에 둔다.
> 예; would **hardly** have recognized, can **hardly** demand,
> had **hardly/scarcely** started

☞ _____

[5] 그 그림은 (그) 방에 어울리지 않는다.

> 힌트 ~에게 어울리다(fit/suit~, go well with~, look nice on/in~, become~, be becoming to~)

☞ _____

[6] 당신은 그저께 밤 그녀를 만나러 갔던 거죠, 안 그런가요?

> 힌트 반문(反問) 투의 추가적 의문문은 주문(主文)과 반대로 설정(긍정≒부정). 그저께 밤(the night before last)

☞ _____

[7] 나는 그가 오지 않으리라 생각한다.

> 힌트 주절 동사로서 Think, suppose 따위의 인지성 동사가 오면, 종절의 의미상 부정을 대신 맡아야 한다.

☞ _____

[8] 그런 어리석은 짓을 다시는 하지 말아라.

> 힌트 do는 조동사로도, 본동사로도 한 문장 내에서 각각 쓰일 수 있다.

☞ _____

[9] 누구나 그를 좋아하는 것은 아니다.

(힌트) not을 all, both, every, always 등과 함께 쓰면 부분 부정을 나타낸다. 이때 both를 제외하고는 do 조동사를 쓰지 않는다.

☞ _____

[10] 모든 벌들이 다 꿀을 따러 나가는 것이 아니다.

(힌트) 강조를 위해 부정부사(not)를 직접 문두에 두는 경우의 부분 부정문이다.

☞ _____

[11] 질문이 있습니까?

(힌트) have가 본동사일 때의 조동사 사용 문제

☞ _____

[12] 이것은 누구의 책입니까? — 그것은 나의 책입니다.

(힌트) 의문사와 be 동사 사용에 유의

☞ (의문형용사 사용시) _____

☞ (의문대명사 사용시) _____

[13] 그건 무슨 뜻입니까?

(힌트) 의문사를 문두에 두되, 그것을 목적어로 사용시와 주어로 사용시와 주어로 사용시의 2가지 문형이 있을 수 있다.

☞ (의문사를 목적어로(능동태 문형) :

　　_____

☞ (의문사를 주어로(수동태 문형) :

　　_____

[14] 너는 무엇 때문에 그 일을 했느냐?

　　(힌트) 의문사와 조동사(do)의 사용에 유의, 그 일(that, such a thing).

　　☞ _____

　　_____

[15] MP란 무엇을 나타내느냐(무엇의 약자이냐)?

　　(힌트) 의문사 및 조동사 (또는 Be 동사)사용과 어순에 유의,
　　　　 ~를 나타내다(stand for~, is short for~)

　　☞ _____

　　_____

[16] 어떻게 해서 너는 그녀를 알게 되었느냐?

　　(힌트) 알게 되다(come/get to know)

　　☞ _____

　　_____

[17] 버스는 얼마나 자주 다니느냐? ─ 버스는 오전 6시부터 오후 9시까지 매시 정각에 출발합니다.

　　(힌트) 다니다(run), 매시 정각에(every hour on the hour)

　　☞ _____

　　_____

[18] 근래 어떻게 지내셨습니까?

　　(힌트)　완료형 또는 완료진행형 시제로, 근래(these days, recent days, recently, lately, of late 등)

☞ (you를 주어로):
_____

☞ (it 또는 things를 주어로):
_____

[19] 무슨 영문으로 여기로 나올 생각을 했느냐?
  힌트 무슨 영문으로: 무엇이 당신을 ~하게 했느냐? (의문사를 주어로)
        여기로(over here)
  ☞ _____

[20] 당신은 왜 그녀가 하고 싶어 하는 대로 하게 하지 않는가?
  힌트 사역동사 let의 사용법에 유의, 그녀가 하고 싶어 하는 대로
        (as she likes/will), 왜 ~하지 않느냐(why don't you, why not)
        ※ 주의: "why not" 뒤에서는 조동사를 쓰지 않는다.
  ☞ _____

[21] 제발, 실수 없도록 해라.
  힌트 Let를 써서 명령문으로
  ☞ _____

[22] 주연 남자배우로는 누가 그 상(賞)을 받았느냐?
  힌트 의문사 자체가 주어인 경우 조동사 사용여부에 주의,
        (~로 상을) 받다(win the prize for~), 주연 남우(best (leading) actor)
  ☞ _____

[23] 교사(校舍) 한 채(동)가 건축 중에 있었다.
  힌트 존재/위치를 나타내는 허사(虛辭) there를 문두에 둔다.

건축하다(build; 재료를 나타낼 때 외에는 수동태를 잘 쓰지 않으므로 능동 진행형 시제로)

☞ _____

[24] 우리가 톰의 결혼식에서 서로 본 이후 정말 오랜만이구나.

(힌트) 주절은 어떤 계속된 상태를 나타내므로「It」를 사용, ~"이후(접속사 since~)"에 의해 이끌리는 종(속)절 속의 시제는 현재완료형보다 한 단계 더 먼 '과거'로 해야 한다.

☞ _____

[25] 내가 어떤 점에서 잘못 됐는지 말해 주겠소?

(힌트) 어떤 점에서 ~한지 : 간접 의문문에서 의문사(where)가 이끄는 명사절

☞ _____

[26] 도대체 나더러 어떻게 하란 말이냐?

(힌트) 어떻게 하란 말이냐(뭘 하기를 기대하느냐), 도대체(on earth, in the world)

☞ _____

[27] 만찬에 누구를 초대했는지 좀 말해다오.

(힌트) 간접 의문절에서 문두에 쓰일 의문사와 그 격(格)에 유의해야

☞ _____

[28] 오전 내내 네가 혼자 흥얼거리는 그 노래 뭐야?

> 힌트) 현재완료 진행형 시제로, 흥얼거리다(hum), 혼자서(to oneself), 오전; 정확한 시간개념으로는 the forenoon, a.m.(ante meridiem) 이지만, 통상적으로는 morning으로

☞ _____

[29] 너 지금 무슨 말을 하고 있는지 다시 말해 봐라.

> 힌트) 간접 의문문에서 문두에 놓일 의문사와, 의문절내에서의 어순에 유의

☞ _____

[30] 그가 어떻게 생겼는지 알고 있느냐?

> 힌트) ~처럼 생기다(look like~)

☞ _____

[31] 그가 언제, 왜 그녀와 이혼했는지는 별로 문제가 안 된다.

> 힌트) ~와 이혼하다(divorce~), 문제가 되다(matter), "별로 ~ 안 되다"는 much, very, particularly, all 따위와 부정어인 not나 nothing 등을 연계하여 부분 부정문으로 사용, 언제(when)•어디서(where)•왜(why) 등 의문사는 접속사처럼 하나의 절(節; 주절이든 종절이든)을 이끌 수 있다.

☞ _____

[32] 너는 그가 어제 누구를 만났다고 생각하느냐?

> 힌트) 주절(do you think)이 문장의 중간에 삽입형태로 끼어 있는 경우로서, 이때 의문사의 위치와 격(格)을 어떻게 하느냐에 유의해야

☞ _____

[33] 내일은 비가 오지 않을 거라고 생각된다.

> 힌트) 주절이 I think, I guess, I suppose인 경우, 종속절에서의 부정(否定)을 통상 주절 동사에 전가시킨다.

☞ _____

[34] 나는 네가 (지금껏) 그 수영복을 입은 걸 본 적이 없는 것 같네.

> 힌트) ~한 거 같다(think), 종속절 시제는 '경험'을 의미하므로 현재완료형, 수영복(swimming/bathing suit, swim-suit, swim-wear), ~을 입은(in~)

☞ _____

[35] 외동으로 자라는 건 어땠어요? — 나는 그게 어떤지를 잘 몰랐어요.

> 힌트) 어떠하다(It is like what), 주어(=외동으로 자라는 것)가 길므로 가(假)주어(it)를 사용해야, 외동(an only child), 의문사(what)가 문두에 옴에 따른 주절•종절 간 단어배열 순서에 유의

☞ _____

[36] 당신은 저 여인이 누구라고 짐작하십니까?

> 힌트) 짐작하다(guess), 저 여인(that lady), 'do you guess'는 삽입형 주절

☞ _____

[37] 꼭(반드시) 사진을 그 편지에다 동봉해 주세요.

> 힌트) 꼭(반드시)~하다; never fail to~, be sure to~, remember to~, don't forget to~ 따위로도 가능하지만, please와 조동사 do를 연계하여 쓰면 강조와 공손함이 배합된 표현이 됨

☞ _____

[38] 뉴스에서 그러(말하)는데, 10월에 서울에 한파경보가 내려진(발령된) 건 18년만에 처음이래.

> 힌트 특정하지 않은 사람(주체)는 they로, 한파경보(a cold wave alert), 내려지다/발령되다(be issued), 서울에(지정/할당[해당]/귀속을 나타내는 전치사 for를 쓰서: for Seoul), 주절의 시제는 현재형, 종속절의 시제는 주절보다 한 단계 앞선 현재완료형(수동태)으로 하고 가(假)주어 사용.

☞ _____

[39] 나는 그가 음주 운전으로 유죄판결을 받았으리라고는 꿈에도 생각지 못했다.

> 힌트 강조를 위해 Never를 쓰고 도치구문으로, ~로 유죄 판결을 받다(be convicted of ~), 음주 운전(drunk/drunken driving), 시제는 주절은 과거로 하고, 종속절은 그보다 한 단계 앞선 과거분사로 한다.

☞ _____

[40] 그저께서야 나는 그들이 무죄라는 것을 알게 되었다.

> 힌트 ~에서야(not until~), 부정 부사(구)를 문두에 선치해서 도치구문으로, 무죄인(be innocent)

☞ _____

[41] 그는 음주를 좋아하지 않거니와, 입에 대지도 않는다.

> 힌트 ~도 아니고(전절에서), ~도 아니다(후절에서); not~, nor~로. 단, 후절에서는 nor를 문두에 선치하여 부정 도치구문으로, ~를 입에 대다 (touch/hit~)

☞ _____

[42] 나는 대중 음악회를 좋아하지 않아 — 저도 그래요.

힌트) 강조하여 응대하기 위해 "not(전절)~nor(후절)"로 연계된 도치문 사용, 대중 음악회(pop concert)

☞ _____

[43] 나는 시카고에는 결코 가본 적이 없다.

힌트) Never를 문두에 선치한 도치문으로

☞ _____

[44] 그가 나가자마자 그들은 그를 욕하기 시작했다.

힌트) ~하자마자 ~하다(hardly~ when~) 형태의 상관 도치문으로, ~를 욕하다(speak ill of~)

☞ _____

[45] 그는 전에 없이 기분이 좋았다.

힌트) ~보다 기분이 더 좋다(be feeling better than~), than 이하의 시제는 주절보다 더 먼 과거(과거완료형)로 하되, 서술동사는 대동사(代動詞)로, 전에 없이[=일찍이 그랬던 것보다]

☞ _____

[46] 나는 이전에 그랬던 것처럼 아침 산책을 즐기고 싶다.

힌트) 이전에 그랬던 것처럼 (used to를 사용하여), 아침 산책(morning walk), 산책을 하다(take a walk)

☞ _____

[47] 공주가 잠에서 깨지 않게 조용히 하시오.

> 힌트 ~를 잠에서 깨게 하다(awake some one from her/his sleeping),
> to-부정사의 부정(否定)은 'not to ~'로

☞ _____

_____

[48] 뻔뻔스럽게도 선생님에게 말 대꾸 하지 말아라.

> 힌트 선생님에게 말 대꾸 할 만큼 뻔뻔스럽게 굴지 말아라로 해석
> [=뻔뻔스럽지 말아라], 말 대꾸하다(answer back)
> 뻔뻔스럽게 굴다(be impudent, have the impudence)

☞ _____

_____

[49] 당신에게 행운이 있기를[행운이 당신과 함께 하기를]!

> 힌트 기원•소망•저주를 나타내는 문장에서는 조동사 may를 문두에 선치
> 하며, 그 뒤의 어구들은 정상적 어순에 따른다(정순 구문). 때로는
> 더 강조하기 위해 형용사나 부사를 may 앞에 두기도 한다.
> 예; **May** you <u>live</u> long[=**Long may** you live]! (장수하시기를!)
> **May** he <u>rest</u> in peace! (그의 영혼이 편히 잠드시기를)

☞ _____

_____

[50] 새해에는 그대에게 충만한 건강과 행복과 번영이 있기를!

> 힌트 "새해는 그대에게 ~를 가져다 주기를!"로 바꿔 해석하여 작문,
> ~가/이 충만한(a full measure of ~)

☞ _____

_____

[51] 나는 그녀를 만날 시간이 없었다.

> 힌트) 미국식과 영국식으로

☞ _____

_____

[52] 당신은 거기 가지 않으면 안 됩니까?

> 힌트) 미국식으로 하되; have to와 must를 사용했을 때의 2가지로.
> ~하지 않으면 안된다(have to (do)~, must (do))

☞ _____

_____

[53] 그는 새 구두를 사지 않으면 안 되었다.

> 힌트) ~해야 했다(had to ~), 구두는 복수형이므로 뚜렷이 해석할 의미는 없어도 형용사 some을 덧붙이면 운율이 좋다.
> 예; I want some books[money](나는 책이[돈이] (좀) 필요하다)

☞ _____

_____

[54] 너 손톱 물어뜯는 거 그만둬야 해. ─ 그만 두려고 몇 달이나 노력해 봤지만, 아마 못할 것 같아.

> 힌트) ~해야 해(have to~, have got to~ 중 후자가 더 단호한 느낌), 아마 ~를 못 할 것 같다(암묵적 조건절이 내재된 귀결절의 가정법; just couldn't ~)

☞ _____

_____

[55] 나는 7시까지는 이 일을 끝마칠 것이다.

> 힌트) ~를 끝마칠 것이다; 미래완료형으로

☞ _____

_____

[56] 나는 늦어도 월요일까지는 돌아올 것이다.

> 힌트) 1인칭 단순미래, 늦어도(at latest)

☞ _____

_____

[57] 당신[귀측]을 뵙게 되면 기쁘겠습니다[기꺼이 만나뵙겠습니다].

> 힌트) 상용서한 등에서 위와 같이 정중하게 말할 때, 단순미래(shall)를 자주 쓴다.

☞ _____

_____

[58] 당신은 이 약을 드시고 잠깐 휴식하시면, 곧 나을[기분이좋아질] 것이오.

> 힌트) 2인칭 단순미래, (병 따위가) 낫다[기분이 좋아지다] ; get well[feel better], 잠깐 ; (for) a (little) **while,** a little longer, (for) a moment

☞ _____

_____

[59] 너는 택시를 타지 않으면 열차 시간에 늦겠다.

> 힌트) 주절은 2인칭 단순미래, 종절(조건절)은 현재형으로

☞ _____

_____

[60] 이 길을 따라 곧장 가면, 좌측에 시청이 보일 것이다.

> 힌트) ~하면 ~할 것이다(명령문 다음에 and로 후절을 연결), ~길을 따라(down the road/street)

☞ _____

_____

[61] 장마는 7월말 경에 시작될 거라고 한다. 올해에는 몇 주내에 끝났으면 좋겠다.

> 힌트) ~거라고 한다(They say (that)), 장마(the rainy season/spell), 시작되다(계절의 시작은 set in, 학교/학기의 시작은 begin), ~하면 좋겠다(I hope (that) it will~)

☞ _____

[62] 과거를 후회하는 게 무슨 도움이 되겠어? 과거에 박혀 있지 마. 앞으로 나아가야지.

> 힌트) 무슨 소용(what good), 가(假)주어 it 사용, ~에 박혀 있다(get stuck ~), 앞으로 나아가다(move forward/on, go ahead)
> 의문사(의문형용사)가 문두에 오는 도치문으로 작성

☞ _____

[63] 시카고에는 지금 쯤 눈이 내리고 있을 것이다.

> 힌트) 미래 진행형 시제 사용, 지금 쯤(by now, by this time))

☞ _____

[64] 내일 저는 이곳을 떠납니다. 내일은 비가 멎으면 좋겠어요.

> 힌트) 날씨 등 불확실한 상황을 추측할 때는 미래시제를 쓰지만, 기타의 경우 명확한 시간(때) 표시가 있을 때에는 현재형을 써서 미래시제를 대용한다.

☞ _____

[65] 우리는 지금 떠나면 버스 시간에 댈 수 있을까요?

> 힌트) 1인칭 단순미래 의문문으로, ~의 시간에 대다(be in time for~)

☞ _____

[66] 오늘 저녁에 시간 여유가 있게 될까요?

> 힌트) 2인칭 단순미래 의문문으로 미국식과 영국식이 있음

☞ _____

[67] 입사시험의 결과는 언제 발표되나요?

> 힌트) 3인칭 단순미래 의문문으로, 입사시험(the employment examination, the company recruitment examination)

☞ _____

[68] 이것을 장래에 쓸 수 있도록 잘 간직해 두겠습니다.

> 힌트) 1인칭 의지미래로, 간직해 두다(keep), 장래에 쓸 수 있도록(장래 용으로)

☞ _____

[69] 네가 좋아하는[원하는] 동안은 우리와 함께 묵어도 좋다.

> 힌트) 화자(話者)인 나(I)의 의지를 나타내는 2인칭 의지미래

☞ _____

[70] 제가 손님을 응접실로 안내해 드릴까요?

> 힌트 상대편의 의지를 묻는 의지미래로, 안내하다(show)

☞ _____

_____

[71] 그가 하고 싶어 하는 일을 시키시오[하게 하시오].

> 힌트 ~하고싶어 하는; 3인칭 주어의 의지를 표현,
> 그를 ~하게 하다(let + him + 원형동사)
> ※ [let+목적어+보어(형용사, 형용사적/부사적 전치사)] 형태도 쓰임

☞ _____

_____

[72] 브루스에 맞춰 우리 춤추지 않겠어요[춤추시죠]?

> 힌트 브루스(blues), 상대편의 의향을 묻는 의지미래, ~에 맞춰(to ~)

_____

_____

[73] 그 설탕을 저에게로 좀 건네주시겠습니까?

> 힌트 2인칭 의문문 의지미래(will) ; 상대방의 의지를 표현하거나, 상대방에게
> 의뢰를 나타내는 경우임(더 공손하게 표현 시는 would를 사용)
> 나에게 ~을 건네주다(pass/hand me ~, pass/hand ~ to me)

☞ _____

_____

[74] 그건 말하지 않으시겠죠—그렇죠?

> 힌트 주문(主文)은 부정(否定)문으로, 부가 의문문에서는 긍정으로

☞ _____

_____

[75] 그에게 그 서류를 복사하게 할까요?

   (힌트) 3인칭 주어를 사용하되, 상대의 의지를 묻는 의문문으로

   ☞ _____

       _____

[76] 그가 어떻게 되었느냐?

   (힌트) 문장 전체의 주어(대주어)는 의문사 What, 실제주어(소주어)는 부사구(전치사+대명사)로

   ☞ _____

       _____

[77] 세계의 여기저기를 두루 다 다녀봤다.

   (힌트) 현재까지의 경험을 나타내므로 현재완료형, ~의 곳곳을(all over[around] of ~)

   ☞ _____

       _____

[78] 우리는 서로 알고 지낸지가 10년이 된다.

   (힌트) 알고 지낸지 10년이 된다(10년 동안 알고 지내왔다), know 등 상태를 나타내는 동사는 진행형을 잘 쓰지 않는다.

   ☞ _____

       _____

[79] 그는 나와 헤어진[이별한] 이래, 죽 해외에 있다.

   (힌트) 헤어진 일(행위)은 과거이고, 지금까지 죽 계속되고 있는 상태는 현재완료형 시제이다. ~와 헤어지다(part from ~)

   ☞ _____

       _____

[80] 그 일을 끝내고 차(茶)를 마십시다.

   (힌트) ~를 끝낸[마친] 뒤에 : 조건이나 때를 나타내는 부사절에서는

미래형 또는 미래완료형을 현재형 또는 현재완료형으로 대용한다.
마시다 ; 주로 물이나 술은 drink를, 차나 커피는 have나 take

☞ _____

_____

[81] 그는 병(病)을 앓고 있었던 것 같다.

(힌트) to-부정사 구문에서 주문(主文)의 서술동사보다 앞선 시제는 완료형
으로 한다.

☞ _____

_____

[82] 그는 우표를 몇 점 사올 예정이었다(그러나 잊고 사오질 못했다).

(힌트) ~할 예정이었다(was to ~), 실현되지 못한 일을 나타내는
to-부정사 구문에서는 현재완료형으로 한다.

☞ _____

_____

[83] 그는 두 번이나 실패했으므로, 다시 시도할 생각은 없었다.

(힌트) ~했(었)으므로(분사구문에서 주문 서술동사보다 앞선 시제는
현재완료형으로), ~할 생각은 없었다(~하고 싶지 않았다)

☞ _____

_____

[84] 나는 그렇게도 부주의했던 일을 후회한다.

(힌트) ~했던 일을 후회하다; [regret + 현재완료형 동명사(구)]로

☞ _____

_____

[85] 그는 그녀를 도와 주었어야 했다.

(힌트) 도와 줬어야 했는데, 하지 않았다의 뜻, [조동사 should+현재완료]는
행하지 못한 과거에 대한 후회의 뜻을 지닌다. should 대신에 ought to로도

대응할 수 있다.

☞ _____

_____

[86] 나는 지금 차(茶)를 넣기[만들기] 위해 주전자의 물을[주전자를] 끓이고 있다[끓게 놔두고 있다].

(힌트) ~를 하게 놔두다 ; [have(=have got)+목적어+현재분사]

☞ _____

_____

[87] 네가 그를 보았을 때, 그는 그 일을 끝마쳤더냐?

(힌트) 그를 본 것은 과거, 그가 그 일을 끝마친 것은 그보다 앞선 시제인 과거완료 시제로

☞ _____

_____

[88] 그는 지난 월요일에 출발했을지도 모른다.

(힌트) [조동사(may, would 따위)+현재완료]는 과거를 나타낸다.

☞ _____

_____

[89] 그것은 (그때까지) 내가 보았었던 것 중에서 가장 작은 물고기였다.

(힌트) 과거 어떤 때까지의 경험을 나타낸다. 주절이 과거이면, 그 이전 기간에서의 경험은 주절의 서술동사보다 더 앞선 시제라야 한다.

☞ _____

_____

[90] 그는 숙부에게서 생일선물로 받은 시계를 잃어버렸다.

> 힌트) 시계를 잃어버린 것은 과거이고, 선물로 받았던 것은 그보다 앞선 시제이다.

☞ _____

[91] 내가 그걸 발견했었더라면, 너에게 돌려주었을 텐데.

> 힌트) 가정(조건)문에서는 과거사실에 반대되는 상황을 나타내는 경우 "과거완료형"을 사용한다.

☞ _____

[92] 내일까지 깨어나지 않으면, 공주는 1주일 동안 주문(呪文)에 사로잡혀[걸려] 있는 셈이 된다.

> 힌트) 깨어나다 ; recover[regain] one's consciousness,
> 주문에 사로잡히다{걸리다} ; be bound by a spell,
> ~셈이 된다 ; 상태인 경우에는 '미래완료형', 동작인 경우는 '미래완료진행형'으로

☞ _____

[93] 오후 6시까지는 집에 돌아와 있을 것이오.

> 힌트) 돌아와 있을 것이다 ; 미래완료 시제로

☞ _____

[94] 우리는 귀사(貴社)의 조속하고 호의적인 회답을 고대합니다.

> 힌트   ~을 고대하다[고대하고 있다] ; [be looking forward to+명사/동명사], [be waiting impatiently/eagerly+(for 대명사)+to-부정사

☞ _____

_____

[95] 오늘 아침 기분은 어떻습니까? — 좀 약간 좋습[좋지 않습]니다.

> 힌트   기분이 ~하다 (feel+형용사; 현재형도 가능하지만 주로 현재진행형)

☞ _____

_____

[96] 사업은 매사 잘 되어 갑니까?

> 힌트   관련•관계를 나타내는 「~에 있어서는」, 「~에 관해서는」의 뜻으로는 [with+명사]의 형태가 흔히 쓰인다. 주어는 매사(everything)로, ~가 잘 되어 가다(go (on) [get along] well, make progress with~)

☞ _____

_____

[97] 내년 이맘 때면 그는 건강을 회복하고 있을 게다.

> 힌트   ~하고 있을 것이다 ; 미래 진행형으로,
> 건강을 회복하다(regain/restore one's health)

☞ _____

_____

[98] 나는 그것을 3시까지 끝내라는 지시를 받았다.

> 힌트   ~라고 지시 받다(be told to~)

☞ _____

_____

[99] 라디오는 언제 에디슨에 의해 발명되었느는가?

(힌트) 의문사가 문두에 오는 수동태 문장으로

☞ _____

_____

[100] 그 쥐는 톰에게 막대기로 (맞아) 죽었다.

(힌트) ~에 의해 ; 사람에 의해(by~), 수단/도구에 의해(with)~

☞ _____

_____

[101] 그는 아내와 두 아들을 두고 죽었다.

(힌트) ~를 두고(유족으로 남기고) ; be survived by~

☞ _____

_____

[102] 그 일을 달성하는 데는 어떤 조치를 필요로 한다고 생각하느냐?

(힌트) do you think가 주절로 삽입되는 특수간접의문문, 필요로 하다 [=take] 그 일[that]을 달성하는 데는[것은] 진주어, It를 가주어로.

☞ _____

_____

Answer Sheet

[1] The park **has become cleaner** than before.

[2] He **seldom**, if ever, **speaks ill** of others.

[3] I **hardly know** how to explain it..

[4] **hardly** anybody **noticed** it.

[5] The picture **does not fit**[suit] the room. -------------- 〈타동사〉
 [= The picture **does not go well**[suit] <u>with</u> the room]---〈자동사〉
 [= The picture **does not look nice** <u>on</u> the room]

[6] You <u>went to see her</u> the night befor last, **didn't you**?

[7] I **don't think** he <u>will come</u>.

[8] **Don't do** such a foolish thing over again.

[9] **Not everyone** <u>likes</u> him.

[10] **Not all the bees** <u>go out</u> for honey.

[11] **Do** you **have** any questions?

[12] (의문형용사 사용시) : **Whose book** is this?
   — That is mine.

   (의문대명사 사용시) : **Whose** is this book?
   — That is mine.

[13] (의문사를 목적어로 능동태) : **What** <u>do you mean</u> by that?

   (의문사를 주어로 수동태) : **What** <u>is meant</u> by that?

[14] **What** <u>did you do</u> that for?

   [= **For what** <u>did you do</u> that?]

[15] What <u>does MP stand for</u>?
   [=**What** <u>is MP short for</u>?]

[16] **How** did you come[get] to know her?

[17] **How often** do the buses run?
— The bus **departs** every hour on the hour from 8 a.m. until 9 p.m. .

[18] (you를 주어로) : **How have you been** (getting along) these days?
(it/things를 주어로): **How has it been** (going) with you these days?
How have things been (going) with you ~ ?

[19] **What made** you **think** of coming over here?

[20] **Why don't** you **let** her **do** as she likes?
[= **Why not let** her **do** as she likes?]

[21] **Let there be** no mistake, please.

[22] **Who won** the prize **for** best (leading) actor?

[23] **There was** a school house **building**.

[24] **It's**[=It has] **been** so long since we saw each other at Tom's wedding.

[25] **Will**[=Would] you **tell** me where I am wrong?

[26] **What** on earth **do** you **expect** me to do?

[27] Please tell me whom you **invited** to dinner.

[28] **What's that song** you've been humming to yourself all morning?

[29] Tell me again **what you are talking about**.

[30] Do you know **what he looks like**?

[31] **When and why he divrced //** doesn't matter much.

[32] **Whom** do you think **he met** yesterday?

[33] **I don't think** it will rain tomorrow.

[34] **I don't think** I've seen you in that swimming suit.

[35] **What was it like** growing up as an only child.
— I didn't know **what that[it] was like.**

- 264 -

[36] **Who** do you guess **that lady is**?

[37] Please **do enclose** a picture in the letter.

[38] On the news **they say** it's the first time in 17 years that a cold wave alert has been issued for Seoul in October.

[39] **Never did I dream** that he had been convicted of drunk driving.

[40] Not until the day before yesterday **did I know** (the fact) that they were innocent.

[41] **He doesn't like**[love] drinking, **nor does he touch** alcohol[hit the bottle].

[42] **I don't like** pop concert. — **Nor do I.**

[43] **Never have I been** to Chicago.
　　[= I have never been to Chicago]

[44] **Hardly**[Scarcely] **had he gone out when**[before] **they began** to speak ill of him.
　　[=**He had hardly gone out when they began** to speak ill of him]

[45] He was feeling better **than he had ever done.**
　　[= He felt better than he had ever done]

[46] I want to enjoy (taking) a morning walk **as I used to** (do).

[47] **Be[Keep] quiet** not to awake the princess from her sleeping.
　　[= Be/quiet **lest** the princess **(should) awake** from her sleeping]

[48] **Don't be** (too) **impudent** (enough) to answer your teacher back.

[49] **May** good fortune **be** with you!

[50] **May** the New Year **bring** you a full measure of health, happiness and prosperity.

[51] (미국식) : I **didn't have** time to see her.
　　(영국식) : I **hadn't** time to see her.

[52] **Do you have to** go there?

   [= **Must you** go there?]

[53] He **had to** buy some new shoes.

[54] **You've (got) to** stop biting your nails.

   — **I've tried** for months to stop doing it, but I just **couldn't do** it.

[55] **I will[shall] have finished** this work by 7 o'clock.

[56] **I shall be back** by Monday at latest.

[57] **I/We shall be very happy**[glad/pleased] to see you.

[58] You **will** soon **get well**[feel better] if you take this medicine and rest a whle.

[59] **You will be late** for the train unless you take a taxi.

[60] **Go straight ahead** down this street, **and you will see** the city hall.

   [= **Go ahead** down this road, **and you will see** the municipal building]

[61] They say[The weather man says] the rainy season **will set in** about the end of July.

   — I hope (that) **it will be over** in a few weeks this year.

[62] **What good is it** to regret the past? **Don't get[be] stuck** in the past, move forward[on[.

[63] **It will be snowing** by now in Chicago.

[64] **I leave** here tomorrow. I hope **the rain will stop**[will be over] tomorrow[by then].

[65] **Shall we be** in time for the bus **if we leave** here **now**?

[66] **Will[Shall] you be free** this evening?

[67] **When will** the result of the company recruitment examination **be announced**?

[68] **I'll keep** this well for future use.
[69] **You shall stay** with us as long as you like/want (to).
[70] **Shall I show** a guest into the drawing room?
[71] Let him do **what he will.**
[72] **Shall we dance** to the blues?
[73] **Will**[Would] **you** (please) **pass** me the sugar?
　　 [=Pass me the sugar, won't you?]
[74] You **won't say** that, **will you**?
[75] **Shall he copy** the document?
[76] **What has become** of him?
[77] **I have been** all over[all around] the world.
[78] **We have known** each other for ten years.
[79] **He has been abroad** (ever) **since he parted** from me.
[80] Let's have tea **after**[when] **we have finished** the work.
[81] He seems to **have been ill**.
[82] He was to **have bought** some stamps.
[83] **Having failed** twice, he didn't want to try again.
[84] I regret **having been so careless.**
[85] He **should**[ought to] **have helped** her.
[86] **I've got** a kettle **boiling** now for tea.
[87] **Had he finished** it when you saw him?
[88] He **may have left** last Monday.
[89] That was the smallest fish **I had ever seen.**
[90] He lost the watch (which/that) **his uncle had given him** as a birthday present.
[91] **Had I found**[If I had found] it, **I would have retrned** it to you.
[92] The princess **will have been bound** by a spell, **if she doesn't**

recover[regain] her consciousness until tomorrow.

[93] I **shall have come** home by 6 o'clock p.m. .
[= I **shall have been** by 6 o'clock in the after noon]

[94] We **are looking forward** <u>to your prompt and favorable reply</u>.

[95] **How are you feeling** this morning?
— **I am feeling rather better**[unwell].

[96] **Is everything going well** <u>with your business</u>?

[97] He **will be regaing** his health (at) <u>this time next year</u>.

[98] I **was told** <u>to finish</u> it by three o'clock.

[99] When was the radio invented by Edison?

[100] The rat **was killed** <u>by Tom</u> <u>with a stick</u>.

[101] He **was survived** <u>by his wife and two sons.</u>

[102] **What** (action) <u>do you think</u> **it will take** to achieve that (task)?

제3장
본동사에 특별한 의미를 부여하는 조동사

1. Will/Would, Shall/Should의 부가적 특별용법

2. 전문적 의미부여 조동사들의 기본 및 특수 용법

3. 준(準) 조동사들(Quassi Auxiliary Verbs)의 활용

동사의 의미를 확충하는 데 조동사는 어떻게 활용되는가?

" 영어의 동사는 시제변화에 부응하기 위한 극히 제한된 범위의 어미변화 (과거, 과거분사, 현재분사)를 할 뿐, 자체의 의미를 확충하기 위한 변화는 스스로 하지 못한다. 따라서 본동사의 의미를 확충·부가하려면 조동사라는 별도의 품사를 덧붙여 사용해야 한다."

■ 영어의 본동사[서술동사]는 시제를 변화시킴에 있어서도 자체의 어미변화로 시제를 변화시킬 수 있는 경우는 현재형과 과거형뿐이며, 기타 시제(미래형, 완료형, 진행형, 완료진행형)에서는 조동사인 Will/Shall, Have, Be)의 도움이 필요하다.

■ 더구나 본동사에다 다른/특별한 의미를 부여하려면, 조동사라는 또 다른 품사의 도움이 반드시 필요하다.

	본동사(원형)	「가능」이란 의미를 부여하기 위한 방법
한국어	"가다"	어미변화 ⇨ "갈 수 있다"
영 어	"go"	조동사 필요 ⇨ "can go"

■ Will/Would와 Shall/Should는 앞에서 살펴본 미래시제 구성시의 활용법(단순미래/의지미래) 외에, 본동사에 어떤 의미를 부여하는 데에도 사용된다(이를 Will/Shall, Would/Should의 '특별용법'이라 칭한다).

■ 그밖에, 본동사에다 본격적으로 특정한 의미를 부여하는 "전문적인 조동사" 군(群)이 있으며, 엄밀한 의미에서는 조동사는 아니지만 조동사와 유사한 기능을 수행하는 "준(準 ; Quassi)들도 있다.

1 Will/Would, Shall/Should의 부가적 특별용법

▶ Will/Shall과 Would/Should는 앞에서 살펴본 미래시제 관련 조동사로서의 기본적인 기능 외에, 각자 나름의 독특한 의미를 지닌 용법이 있다. 이를 이들 조동사의 「부가적 특별용법」이라고 한다.

— 그러나 이 특별용법이란 것도 어원(語源) 측면에서 본다면, 인칭에 관계 없이 본래는 Shall이 개연성·필연성을, Will은 의향/의지 및 속성(屬性)을 나타내는 데 쓰였던 데서 나온 것이라 볼 수 있다.

▶ 한편, 현대 영어에서 Would는 의지/無의지, 인칭에 상관없이 실제가 아니라 가정(假定)임을 나타내기 위하여 점점 더 흔하게 광범위하게 사용되는 경향이 있으므로, 이에 대한 용법과 용례를 각종 문장을 통해 익혀 두어야 응용능력이 향상될 것이다.

— 특히 조건절을 암묵적으로 내포한 경우의 귀결절에서 이의 사용 빈도가 높다.

(1) Will의 특별용법

Will은 앞에서 살펴본 미래시제 조동사로서의 용법 외에, 다음과 같은 특별 용법이 있다.

1) (인칭에 관계 없이) 주어의 강한 소망, 의지/주장, 고집/완고성을 나타낼 때

- This boy **will no**t[won't] <u>work</u>.
  (이 아이는 도무지 공부를 하려 하지 않는다)

- He **won't** <u>sign and seal</u> the contract.
  (그는 한사코 그 계약서에 서명 및 날인하지 않는다)

- Come whenever when you **will** (<u>come</u>).
  (당신이 오고 싶을 때는 언제라도 오시오)

- Let him do what he **will** (<u>do</u>).
  (그가 하고 싶어 하는 일을 하게 하시오[시키시오])

- He **will** always <u>have</u> his own way.
  [= He **will** always <u>have</u> anything in his own way]
  (그는 늘 (매사를) 제멋대로 하려고 한다)

- I've asked Bill to come, but he **won't** (<u>come</u>).
  (내가 빌에게 오라고 요청했는데도, 그는 오려고 하지 않는다)

- The door **will no**t[won't] <u>open</u>. (도무지 문이 열리지 않네요)

- This suit case **won't** <u>lock</u>. (이 여행가방이 도무지 잠기지 않는다)

- The butter **will not** <u>come</u>[ripen].
  (아무래도 버터가 숙성되지 않네요)

〈 조건절(If)에서 상대편의 호의를 구하거나 의향을 확인할 때 〉
- I shall be glad[pleased] to go if you **will** <u>accompany</u> me.
  (당신이 동행해 주신다면, 나는 기꺼이 가겠습니다.

▶ 단순미래를 나타내는 가정법 조건절에서는 통상 본동사 현재형을 쓰지만, 위와 같이 상대의 호의를 구하거나 확고한 의향 여/부를 전제로 말할 때는 '강한 의지'를 나타내는 조동사 Will을 덧붙인다.

cf : I shall be glad if he **will come**. ---〈주어(he)의 의지가 전제조건〉
　　　(그가 <u>와주면[와주겠다면]</u> 좋겠다)

cf : I will tell if he **comes**. -----〈단순미래적 조건(가정법 현재)〉
　　　(그가 <u>오게 되면</u> 말하겠다)

- They possesed all sorts of secret wisdom, or magic, if you **will** (<u>allow</u>). (그들은 온갖 비밀스러운 지혜, 즉 이런 표현을 쓰도 괜찮을지 모르지만 마법을 지니고 있었다)

2) 습성/경향, 불가피성/필연성을 나타낼 때 :
「~하기 마련이다」, 「~하는 법이다」

- Boys **will** <u>be</u> boys.
  (속담; 사내 아이는 역시 사내 아이다[장난 치는 건 어쩔 수 없다])
- Accidents **will** <u>happen</u>, and errors **will** <u>slip in</u>.
  (사고는 으레 일어나기 마련이고, 잘못은 부지불식간에 끼어드는 법이다)
- Water **will** <u>run</u> downwaeds, and oil **will** <u>float</u> on water.
  (물은 낮은 곳으로 흐르고, 기름은 물에 뜨는 법이다 ; 그런 속성이 있다)
- Talk of the Devil and he **will**[is sure to] <u>appear</u>.
  (속담; 악마[호랑이]도 제말 하면 온다)
- Dogs **will** <u>bark</u> at a stranger. (개는 낯선 사람을 보면 짖는다)
- An ostrich **will** <u>stand</u> from 2 to 2.5 meters.
  (타조는 보통 키가 2~2.5 미터가 된다)
- The chair **will not** <u>stand</u> on three legs.
  (의자는 3개의 다리로는 서있지 못한다)

3) 습관을 나타낼 때 :「~하곤 한다」, 「~하기 일쑤다」

※ 이 용법과 유사하게 사용되는 조동사로서는 Would와 [Used to 동사원형]가 있다. 얼핏 비슷한 뜻으로 사용되지만, 표현하는 느낌 상에 차이가 좀 있다.

― Would는 과거의 습관에 대한 화자의 회상/회고적인 어감을 나타내고,
― [Used to 동사원형]은 현재와 대조적인 과거의 상태/행위를 나타낸다.

- Helen kept all the letters she received as girls of that age **will**.
(그녀 또래의 여자 애들이 으레 그러는 것처럼, 헬렌도 받은 편지들을 모두 보관하고 있었다)

  - He **will** sit for hours reading books.
  (그는 몇 시간씩 앉아서 책을 읽곤 한다)

    cf : He **would** sit vacantly for hours doing nothing.
    (그는 아무것도 하지 않고 멍하니 몇 시간을 앉아 있곤 했다)

    cf : There **used to** be a Buddhist temple in front of the building.
    (옛날에는 저 건물 앞에 절이 하나 있었다)

  - He **will** sit up all night. (그는 흔히 밤샘을 할 때가 있다)
  - She **will** talk for hours on end, if you let her.
  (그녀는 내버려 두면, 몇 시간이고 계속 지껄여 댄다)
  - Why **will** you arrive late for every class.
  (너는 어째서 늘 수업에 늦게 오느냐 ; 늦지 않으면 직성이 안 풀리느냐)

4) 기능/능력, 적합/충분을 나타낼 때:「~나 수용할 수 있다」, 「~에 적합/충분하다」

- The back seat **will** hold three passengers.
(뒷자리에는 손님 3명이 탈 수 있습니다)
- This hall[auditorium] **will** hold a hundred of people.
(이 강당에는 100명이 들어갈 수 있다)
- **Will** the ice[icy/frozen road] bear?
(이 얼음판[빙판길]은 밟아도 안전할까요?)
- This box **will** do for a seat.
(이 상자는 걸상으로 쓰기에 알맞다 ; 걸상으로 쓰도 되겠다)
- These shoes **will** never do. (이 구두는 전혀 못쓰겠다)
- These shoes **won't**[will not] do for mountain-climbing.

(이 신발은 등산에 적합지 않다)

- The bright tie **won't**[will not] go with your dark suit.
(그 밝은 색 넥타이는 당신의 양복과는 어울리지 않는다)
- This **will** do. (이것이면 충분하다[되겠다]; 이것은 쓸 만하다)
- Any time **will** do. (아무 때고 (저는) 좋아요)
- The belt **won't** go around my waist.
(그 허리띠는 내 허리에 맞지 않는다; 내 허리에 다 둘러치지 않는다)

5) 촉구•설득조의 제안/권유, 또는 가벼운 명령/지시를 할 때

※ 여기서는 주어가 그 촉구•설득이나 명령•지시의 대상이 된다.

- The class **will** rise. (반원 여러분, 일어섭시다 ; 일동 기립)
cf : **Will** you be quiet! (조용히 하세요)
- You **will** take this medicine three times a day, a pill
(at) 30 minutes after each meal.
(하루에 3번씩 이 약을 복용하시오, 매 식후에 한 알씩을요)
- You **will** do as I say. (내가 하라는 대로 하시오)
- You are a good boy. so you **will** behave yourself[nicely].
(너는 착한 애니까, 얌전하게 구는 거다; 얌전하게 굴어야 해)
- You **will** wait here till I come back.
(내가 돌아올 때까지 너는 여기서 기다리는 거다)
- You **will** report to the principal at once.
(즉시 윗 사람에게 보고하도록 하시오)
- You **won't** go blabbing about this to anyone ever.
(이 건에 대해 어느 누구에게든 떠들어대고 다녀서는 안 돼네)
- If you are ready, you **will** follow me.
(준비가 다 되었으면, 나를 따라 오시오)
- Try to make her happy, **won't** you?
(그녀를 행복하게 해주게나. 그러겠지?)

(2) Would의 특별용법

▶ Would는 Will의 과거형이므로 직설법에서도 쓰이지만, 이때는 주로 종속절에서 주절과의 시제일치 도모 및 과거의 습관을 표현할 때로 한정된다.
▶ Would는 직설법보다는 가정법(특히 귀결절)에서 광범하게 쓰이는데, 이러한 경향은 다른 조동사들의 과거형(Should, Could, might 등)에서도 흔히 볼 수 있다.
▶ Would는 결국 시제일치의 도모 외에도, 과거의 의지, 과거의 습관, 과거 속의 의구심이 많이 드는 추측, 현재의 소망, 정중·공손한 표현 등의 특별용법으로 널리 쓰여, 독립된 조동사로서의 느낌이 있다.
　▶ 특히 [Would/Wouldn't + have + 과거분사]는 과거에 대한 무의지적 추측을 나타내며, 과거사실과 반대되는 가정을 하는 조건절(Would+had+과거분사]에 대응하는 귀결절에서 짝을 이루어 사용된다.

1) Would가 시제일치를 위해 Will의 과거형으로 쓰일 때

〈 2, 3인칭 단순미래의 과거형으로 쓰일 때 : 「~할 것이다」〉

▶ 종속절 속에서 2,3인칭 주어의 단순미래 Will의 과거형으로 쓰인다.
― 다만, 미국식 영어에서는 1인칭인데도 Should(Shall의 과거) 대신에 Would(Will의 과거)를 쓰기도 한다.

- She <u>believed</u> that her husband **would** soon **get along**.
  (그녀는 남편의 병이 곧 나으리라고 믿었다)
- He <u>guessed</u> that the cost **would be** about five dollars.
  (그는 비용이 5달러 정도 될 것으로 추측했다)
- I <u>hoped</u> (that) they **wouldn't be** <u>late</u> for the meeting.
  (나는 그들이 회의 시간에 늦지 않기를 바랐다)

- He said that his brother **would arrive** soon.
  (그는 자기 형이 곧 도착할 것이라고 말했다)
- He told me that he **would be** free in a few minutes.
  (그는 잠깐 뒤면 시간이 날 것이라고 내게 말했다)
- I asked her if she **would go** to the party.
  [= I asked her, "**Will you go** to the party?" ------ 〈직접화법〉
  (나는 그녀에게 그 파티에 갈 것인지[가게 될 것인지]를 물어 보았다)
  ※ 위 문장은 2·3인칭에서 단순미래·의지미래를 Will로 같이 쓰는 미국식 영어 기준임
- She said she **would be** very pleased.
  (그녀는 매우 기쁘게 생각할 것이라고 말했다)
- She thought that he **would think** poorly of her.
  (그녀는 그가 자신을 탐탁치 않게 여기고 있을 것이라고 생각했다)

〈 의지미래의 과거형으로 쓰일 때 : 「~하겠다」 〉

▶ 「~하겠다」, 「~해주겠다」, 「~할 텐데」의 뜻으로서 주로 간접화법의 종속절에 많이 쓰이며,
▶ 한편, 가정법의 조건절에서도 주어의 「의지」임을 명백히 나타내기 위하여 인칭에 상관 없이 Would를 쓰는 경향이 있다.
▶ 또한, 현대영어에서 간접화법의 종속절내 미래시제 조동사는 종종 직접화법 때의 것을 그대로 옮겨 쓰는 경향이 있어서, 결국 오늘날에는 인칭에 상관 없이 거의 Would로 통일해 사용하는 현상이 초래되었다.

- I thought I **would do** my best. (나는 최선을 다하려고 생각했다)
- I said I **would try** to do it again.
  [I said, "I **will try** to do it again] ------ 〈직접화법〉
  (나는 그 일을 다시 해보겠다고 말했다)
- He said (that) he **would go there** with me.
  [He said, "I **will go** there with you."]
  (그는 나와 함께 거기에 가겠다고 말했다)

- She <u>asked</u> (me) if I **would help** her.
  (그녀는 자기를 도와주겠느냐고 (내게) 물었다)
- I <u>hoped</u> we **wouldn't be** <u>late</u> for the wedding.
  (나는 우리들이 그 결혼식에 늦지 않기를 바랐다)
- He <u>said</u> that if he had ₩2,000,000, he **would go** abroad.
  [He <u>said</u>, "If I <u>had</u> ₩2,000,000, I **would go** abroad."]
  (그는 만약 200만원이 있다면 해외여행을 갈 텐데라고 말했다)

  ※ 가정문의 귀결절에서는 4개 가정법 중 「가정법 현재」에서만 Will을 쓰고, 그밖의 경우(가정법 미래, 가정법 과거, 가장법 과거완료)에는 모두 Would를 쓴다.

- He **could help** us , if only he **would**. ---〈가정법 조건절에서〉
  (그는 마음만 있으면, 우리를 도울 수 있을 텐데)

〈 과거의 강한 의지(고집·단호함)을 나타낼 때 :
　　　　　　「 기어이 ~하려/하지않으려 한다 」〉

▶ 「굳이/기어이/어떻게든 ~하려 했다」, 「도무지 ~하지 않으려 했다」 등의 뜻으로 쓰인다. 고집스러움이나 단호함, 또는 사물의 속성을 분명히 나타내기 위해 인칭에 상관없이 「Would」로 통일해서 사용한다.
　― 사물의 속성(가능성)을 나타낼 때는 가정이 내포된 미래적 표현이 된다.

- He **would go** (by all means) despite my warning.
  (그는 내가 경고했음에도 (기어이) 가겠다고 우겼다)
- He was very ill at that time, but he **would go**.
  (그는 당시 몹시 아팠지만 기어코 가겠다고 고집했다)
- She **would pay** (to the last) for my meal.
  (그녀는 굳이[한사코] 내 밥값을 내려고 했다)
- I told you so, but you **wouldn't believe** it.
  (내가 너에게 그렇게 말했는데도 너는 그걸 믿으려 하지 않았다)

- I **would** have nothing to do with it.
    (나는 그것에 관계하고 싶지 않았다네)
- Nobody **would tell** me where Simon was.
    (사이먼이 어디 있는지 아무도 내게 말해 주려 하지 않았다)
- I asked her those questions, but she **would not answer** any of them. (나는 그녀에게 그런 질문을 했으나, 그녀는 그중 어느 하나에도 대답하려고 하지 않았다)
- His income was still small, but she **would marry** him.
    (그의 수입은 아직 변변치 않았으나, 그녀는 기어이 그와 결혼하겠다고 우겨댔다)
- The membership is composed of those who **would present**. unfair elections.
    (회원은 부정선거를 방지하고자 하는 사람들로 구성되어 있다)
- I told him not to do it, but he **would do** it. (나는 그에게 그것을 하지 말라고 했으나, 그는 그걸 어떻게든 하려고 했다)
- He knocked at the door, but she **wouldn't let** him in.
    (그는 문을 두드렸지만 그녀는 그를 들이려 하지 않았다)
- The door/cap[lid] **wouldn't open/shut** at all [in the least].
    (그 문/마개[뚜껑]은 도무지 열리지/닫히지 않았다)
- She tried to open the door, but the key **wouldn't turn**.
    (그녀는 문을 열려고 했지만, 열쇠가 아무리 해도 돌아가지 않았다)
  - He **would not listen** carefully to me playing the piano.
      (그는 내가 피아노 치는 것을 주의깊게 들으려 하지 않았다)
  - He **wouldn't listen** to me nor yet to my father.
      (그는 내 말은 말할 것도 없고, 아버지의 말씀조차 들으려 하지 않았다)
  - The engine **wouldn't start**. (엔진이 도무지 시동이 걸리지 않았다)
  - No stone **would shatter** the glass.
      (어떤 돌을 던져도 그 유리는 깨어지지 않을 것이다)

- She had the art of pleasing anyone she **would**.
 (그녀는 자기 마음에 드는 사람이면 누구나 즐겁게 해주는 기술이 있었다)
- They **wouldn't accept** my sincere[wholehearted/cordial] apology. (그들은 나의 진심어린 사과를 받아들이려 하지 않았다)
- He never **would have** her thwarted.
 (그는 그녀를 낭패케 할 마음은 전혀 없었다)
- I **would** rather **not do** it.
 ((어느 편인가 하면) 나는 그렇게 하고 싶지 않다네)
- " I'm not going a step in either direction until you tell me which you **would** rather **do**," I **would say** to her.
 ----- Erskin Caldwell의 단편소설 "Rachel" 중에서

 (난 네가 어느 것을 더 하고 싶은지를 말해 주기까지는 어느 쪽으로든 한 걸음도 내딛지 않을 거야)

 ※ 위 문장에서 앞절의 would는 주어의 「강한 의지」를, 뒷절의 would는 「과거의 불규칙적인 습관」을 나타낸다.

<현재나 과거의 가능성·상상·추측, 또는 당시에는 미래였으나 지금은 과거가 된 일에 대한 판단>

▶ 「아마 ~일/였을, ~할/했을 것이다」, 「나중에서야 알게/생각되었다」 의 뜻으로 쓰인다.
▶ 과거에 대한 상상·추측에서도 단순미래적인 경우와 의지미래적인 경우가 있을 수 있으나, 모두 Would로 통일되게 사용하는 것이 일반적이다.
▶ 한편, [Would have +과거분사] 형태의 서술동사 파트는 과거형 또는 과거완료형 시제로 해석해야 한다.
 — 가정법 귀결절에서(드물게는 조건절에서도) 이와 유사한 용법으로 흔히 쓰이지만, 조건절과 귀결절이 서로 짝을 이룬 전형적인 가정법 문장에 대해서는 이 책의 마지막 장(章)인 「가정법 편」에서 따로 상술할 것임

① 현재에서의 「추측」을 완곡하게 표현할 때
- It **would seem** that something is wrong with the radio set.
  (어쩐지 라디오에 뭔가 문제가 있는 것 같다)
- I don't know what it **would be**.
  (나는 그것이 무엇인지/무엇일지 알 수 없다)
- I'm sure John **would help** you.
  (나는 존이 분명 당신을 도와줄 것이라고 봐요)
- That's what most men **would say**.
  (아마 대부분의 사람들이 그렇게 말할 것이다)
- A man who wanted to live to a worthy life(, he) **would not waste** even a fraction of a moment.
  [If a man wanted to live ~, he **would not waste** ~]
  (가치있는 인생을 살고 싶은 사람이라면, 한 순간도 허비하지 않을 것이다)
- I **would be** a great help to me for you to come.
  (당신이 와준다면 나한테는 큰 도움이 되겠는데)
- **Would** it indeed **help** if you had an assistant?
  ― It **would** indeed.
  (조수가 있으면 정말 도움이 되시겠어요? ― 물론이죠.

② 과거 속의, 또는 과거에 대한 「추측」과 「판단」을 나타낼 때
- She **would be** eighty when she died of old age.
  (그녀가 노령(老齡)으로 죽었을 때는 아마도 80세가 되었을 것이다)
- I suppose he **would be** about fifty when he obtained a doctorate. (내 짐작에 그가 박사학위를 딴 것은 50세 쯤 되었을 때일 거다)
- It **would be** around[about] three o'clock when he arrived.
  (우리가 도착했을 때는 아마 3시 쯤이었을 것이다)
- I **would have been** 3 years old when the earthquake occurred.
  (그 지진이 일어났을 때 나는 아마 (이미) 세 살이었을 것이다)

- I **wouldn't have thought** he **would do** a thing like that.
  (나는 설마 그가 그런 짓을 하리라고는 미처 생각지 못했었다)
- I <u>thought</u> you **would have finished** it by then.
  (그때까지는 네가 그 일을 마쳤을 것이라고 나는 생각했다)
- I <u>knew</u> that the old man **would have preferred** me to her.
  (나는 그 노인이 그녀보다는 나를 택했을 것으로 알았다)
- One **would have thought** that. (누구든 그렇게 생각했을 것이다)
- Who **would have thought** it? (누가 그것을 생각했을까?)
- Why **would** John **have left** without sayng a word?
  (왜 존이 한 마디 말도 없이 떠나버렸을까?)

※위 문장들 중에서 [would have + 과거분사] 형식을 쓴 경우는, 서술하는 시점이나 관련 부대(附帶)문절보다 한 단계 앞선 시제임을 암시한다.

〈 과거나 현재에서 주어의 수용력, 가능성, 허용성을 나타낼 때 〉

> ▶「~할 능력이 있었다/있다 」, 「~ 할 수(가) 있었다/있다」 등의 뜻으로 쓰인다.
> ▶ 시설물이나 차량, 기타 장비 등의 수용능력을 나타내는 「Will」의 특수 용법의 과거형이다.
>   ― 그러나, 문맥에 따라서는 현재시제나, 미래시제(이 경우는 조심스러운 가정이나 추측을 의미) 로 해석해야 할 경우가 있다.
> ▶ 수반되는 본동사로서는; do, be 외에도, 특히 hold, seat, admit 등이 흔히 쓰인다.

- The hall **would seat** 500 people.
  (그 홀은 500명을 수용할 수 있었다/있다)
- He <u>bought</u> a car that **would hold** six people easily.
  (그는 6인이 편히[족히] 탈 수 있는 차를 샀다)
- The theater **would seat**[admit] 2,000 persons.
  (그 극장은 2,000명을 수용할 수 있었다/있다/있을 게다)

- None of his attemps **would do** for him. ------〈미래시제로 해석〉
  (그의 시도는 어느 하나도 그에게 도움이 되지 못할 것이다)
- That **would** scarcely **be** fair. (그런 행동을 정당하다고는 할 수 없겠다)
- **Would** your 'large meat pizza' **be enough** for a family of three?
  (당신네 가게의 '라지 미트 피자'이면 3인 가족용으로 충분할까요?)

〈 강한 선호성이나, 간절한 소원/소망을 조심스럽게 나타낼 때 〉

> ▶ 「정말~했으면 좋겠다」, 「차라리 ~ 하는 편이 좋겠다], 「오히려 ~ 하고 싶다」 등의 뜻으로 쓰인다.
>
> ▶ 「rather/sooner/liefer ~ than 」, 「as soon/lief ~ as 」 따위의 비교부사적인 성격을 띤 "분리 상관 접속사"와 함께 쓰일 때가 있다.
>   ― 위와 같은 분리 상관접속사 사용시; 전자(前者)의 경우처럼 비교급 형태일 때는 그 뒤에 반드시 "than"을 쓰고, 후자(後者의 경우처럼) 원급 형태일 때는 "as"를 쓰는 점에 유의해야 한다.
>
> ▶ 한편, 「would like/love to-부정사」는 긍정문에서는 조심스러운 소망을 나타내고, 의문문에서는 정중한 권유나 문의의 뜻을 지닌다.

① 강한 선호성(선택의지)을 표현할 때

- I **would** <u>rather</u> **stay** at home tonight <u>than</u> **go** there.
  [= I **would** just <u>as soon</u> **stay** at home <u>as</u> **go** there]
  (거기 가느니 차라리 오늘 밤에는 집에 있고 싶어요)
- I **would** <u>rather</u> **die** <u>than</u> **aopologize** to her.
  (그녀에게 사과하느니 차라리 죽겠다)
- **Would** you <u>rather</u> **see** a movie or **go** to a hocley game?
  (영화 보는 게 좋아요, 아니면 하키 경기 보러 갈래요?)
  cf ; I **wouldn't hold**[keep] my breath.
     (나는 (숨을 죽이며/애타게) 기대하고 싶지 않아요)

- I **would prefer** to go there at once. (나는 당장 거기에 가고 싶어요)
- I **would** sooner[rather] **try** to get off **than stay** with them.
  (그들과 함께 있기보다는 차라리 도망쳐 버리는 게 낫겠다)
- I'**d** sooner[liefer] **be** idle **than do** it.
  (그것을 하느니 차라리 빈둥거리겠다)
- I **would** as soon **die** as **live** in slavery.
  (노예로 사느니 차라리 죽겠다)
- I **would** as lief **go** there **as** (**go**) anywhere else.
  (딴 곳에 가느니 차라리 그곳으로 가는 편이 좋겠다)

② 간절한 소원/소망을 나타낼 때

- My parents **would like** to meet you.
  [= my parens want to meet you]
  (우리 부모님께서 당신을 만나고 싶어 하세요)
- I **would**[I'**d**] **like** to go home as fast as possible.
  (가능한 한 빨리 집에 가고 싶어요)
- I'**d like** to add a word of gratitude to Mr. Smith.
  (스미스 씨에게 감사의 말씀을 한 마디 더 드리고 싶어요)
- I **would like**[love] (to drink) a cup of iced-coffee
  [a glass of orange juice]. ---- 〈영국식 ; I shoud like to~〉
  (얼음 채운 냉커피[오렌지 주스] 한 잔 했으면 좋겠다)
- This is the place where she **would be** sincerely[eagerly].
  (여기가 바로 그녀가 간절히 살고 싶어 하는 곳이다)
- Do to others as you **would be done** by (them).
  (속담; 남에게서 당신 자신이 대접받고 싶어 하는대로 남에게 대접하라)
- I'**d hate** to miss anything. (아무것도 놓지고 싶지 않다)
- I'**d hate** her to suffer. (나는 그녀가 괴로워하는 것이 싫다)

- I wish you **would give up** smoking[drinking].
   (당신이 담배를[술을] 끊었으면 좋겠는데)
- I <u>wish</u> they **wouldn't make** so much noise.
   (그들이 저렇게 너무 떠들지 않았으면 좋겠어요)
- Andy <u>wished</u> her mom **would stop** talking now.
   (앤디는 엄마가 이제 그만 좀 말했으면 좋겠다고 생각했다)
- I <u>wish</u> **I'd been** a bit more careful.   ---〈종절내 과거완료형은 :
   (내가 좀더 조심했어야 했는데) 잘못된 과거에 대한 조심스러운 후회를 표현〉
   cf : I <u>wish</u> I **hadn't said** that. (그런 말을 하지 말았어야 했는데)

※ [I wish (that) 주어+would+동사] 형태의 문장에서 : 주절의 wish가 현재형이든 과거형(wished)이든 상관없이 종속절에서는 그냥 [would/could/might + 과거형 또는 과거완료] 형태로 쓰인다.

- (Ⅰ) **Would** that I <u>were</u> young again.
   (다시 한번 젊어졌으면 (좋으련만))
- **Would** (to God) that I <u>were</u> a bird.
   (내가 새라면 좋겠는데; 새가 되기를 신께 빌고 싶다)
- What **would** I **not give** to do that?
   (그일을 위해서라면 무엇이든 안 주겠는가 ; 무엇이든 아낌없이 주고 싶다)
- If you **would** (indeed) **succeed**, you must work hard.
   [= If you <u>wish to succeed</u>, you must work hard]
   (당신이 (정말) 성공하고 싶다면, 열심히 일해야 한다)

〈 의뢰·권유·제안 등을 정중하게 표현할 때

▶ 「~해 주시겠습니까」, 「~하시겠습니까」 등의 뜻으로서
  「will you~?」보다 더 정중·공손한 느낌을 준다.
▶ 「would you + 본동사」 외에, 「would you like/love+to-부정사」나
  「would you mind + 동명사」의 형태로도 자주 쓰인다.

- **Would** you please **show** me the way to the station?
  (역(驛)으로 가는 길을 좀 가리켜 주시겠습니까)
- **Would** you **tell** me what to say?
  (뭐라고 말해야 좋을지 가르쳐 주시겠습니까)
- **Would** you **help** me carry this baggage?
  (이 짐 나르는 것을 거들어 주시겠습니까)
    — Certainly, I **will**. (예, 그러고 말고요)
    — I'm afraid I **can't**. (죄송하지만, 안 되겠어요)
- It **would be** a shame to stay indoors on such a lovely day.
  (이런 날씨 좋은 날에 집안에 틀어박혀 지내다니 말이 안됩니다)
- **Would** you **like** (to have) a cup of tea?
  (차 한 잔 하시겠습니까)
    — **I'd love** to (have). (정말 그러고 싶어요)
- **Would** you **care** for a cup of coffee?
  (커피 한 잔 하실래요?)
- **Would** you **like** (to have) another drink?
  ((술을) 한 잔 더 하시겠어요?)
- **Would** you **like** to go out to dinner?
  (저녁 식사 하러 나가지 않으시겠습니까)
- **Would** you **join** us for dinner?
  (저희와 저녁 같이 하시겠어요?)
- **Would** you **help** me with my spelling?
  (제가 철자를 제대로 썼는지 좀 봐주시겠어요?)
- **Would** you **mind** my smoking?
  (제가 담배를 좀 피워도 괜찮으시겠습니까)
- **Would** you **mind** opening/shutting the door?
  (문을 좀 열어/닫아 주시겠습니까)
- **Would** you **mind** waiting here? (여기서 좀 기다려 주시겠습니까)

- **Would** you **mind** showing me the way to a supermarket near [around] here?
  (이 근처에 있는 슈퍼마켓 가는 길을 좀 가리켜 주시겠습니까)
- **Would** you mind If I opened[open] a window?
  (창문을 좀 열어도 괜찮으시겠습니까)
- **Would** you **mind** if I smoked[smoke]?
  [=Would[Do] you mind my smoking?]
  (담배를 좀 피워도 되겠습니까)
  ―(승낙시) No, I don't (mind). (또는) No, not at all.
  ―(거절시) Yes, I do. (또는) I'd rather you didn't.

  ※ 위 문장에서와 같이 주절에서 「Will you~」보다는 「Would you~」가 더 정중한 것처럼, 종속절에서도 현재형보다는 과거형을 쓰는 것이 더 정중하다.

- **If you'd[you would] like** to take a seat for a moment.
  (잠시 앉아 주시면 (감사하겠습니다))
- I **should be** most obliged **if you would grant** my request.
  [= I **would be** very grateful if you would grant my request]
  (저희의 요청을 귀측에서 들어주신다면 참으로 감사하겠습니다)

  ※ 조건절에 강한 불확실성(의구심)과 주어(you)의 의지가 전제된 "가정법 미래형" 문장이다. 한편 공식적 통신문(상거래 서간문 등)에서 격식을 갖추어 표현할 때 흔히 주절의 조동사를 would 대신에 should로 사용하는 경향이 있다.

- I **would say** it is late. (때늦은 감이 있다고 하겠습니다만)
- I **would like** you to go to a private[Chinese emigrants'] school.
  (나는 네가 사립[화교] 학교에 다녔으면 한다)

〈 놀람·뜻밖임을 나타낼 때 : 주로 의문사가 포함된 의문문에서 〉

▶ 「Why/Who would + 동사원형」의 형태를 취하며,
「~하다니」, 「과연 누가 ~할까」, 「누군들 ~하지 않겠는가」 등의
뜻을 나타낸다.

- Why **would** he **talk** like that?
 (어째서 그는 그런 식으로 말하는 거지?)
- Who **would take on** such a hard work?
 (누가 그런 중노동을 떠맡아 주겠다고 하겠는가?)
- Who **would not weep** at the news of his death?
 (그가 죽었다는 소식을 듣고 과연 울지 않을 자가 누가 있겠는가?)

〈 주어의 행태에 대해 화자(話者)의 짜증·비난, 또는 초조함을 표현 〉

▶ 「~할 때면 으레/꼭 ~한다」, 「기어이 ~해버렸구나」의 뜻으로 쓰인다.
▶ 상습적인 나쁜 버릇이나 행위에 대한 짜증·불만을 나타내기 위하여
고집·습관의 뜻이 있는 Would를 쓴다.

- He **would be** <u>unavailable</u> when we want him.
 (그는 우리가 그를 필요로 할 때면 꼭 없어지거든)
- He **would be** <u>absent</u> when we are most busy.
 (그는 우리가 제일 바쁠 때면 꼭 결근을 하더라)
- He **would go and spoil** the fun!
 (그는 기어이 가버려서 흥을 깼구나)
- That's exactly like him — he **would lose** the key again !
 (열쇠를 또 잃어버리다니, 딱 그 사람답네)

〈 과거의 불규칙적 습관을 나타낼 때 〉

▶ 「would」와 「used to~」는 둘다 과거의 습관이나 상태를 나타낸다. 그러나 둘은 다음과 같은 점에서 용법상 차이가 있다. 즉,
― 「used to~」는 : 현재에 대비하여 과거의 상습적인(규칙적/반복적) 행위나 습관, 또는 과거 속에서의 지속적 상태를 나타낸다.
― 「would + 본동사」는: 과거에서의 불규칙적인(단속적인) 습관이나 행태를 나타낸다. 따라서 would는 통상 가끔/자주/종종/흔히 등의 뜻을 지닌 부사들(often, sometimes 따위) 또는 이들의 상당어구와 함께 문장을 구성한다.

- He **would** often **jog** before break fast.
   (그는 조식 전에 흔히 조깅을 했다)
   cf: I **used to think** I'd like to be a captain. --〈과거의 규칙적/
   (나는 (옛날에는) 선장이 되겠다고 (늘) 생각했었다) 지속적인 습관〉
   cf : The Tower of London **used to be** a prison.
      (런던 타워는 원래는 감옥이었다) -----〈과거 속의 지속적 상태〉
   cf : There **used to be** a grocery store over there.
      (예전에는 저기에 식료품 가게가 있었다) ---〈과거 속의 지속적 상태〉
   cf : He isn't (yet) **used to** walking. --〈형용사(~에 익숙한)로 쓰임〉
      (그는 아직 보행에 익숙하지 못하다)
- He **would** sometimes[often] **visit** us on Sundays.
   (그는 일요일이면 때때로 우리를 방문하곤 했다)
- He **would** often **go** fishing in the river when he was a child.
   (어렸을 적에 그는 종종 강으로 낚시하러 가곤 했다)
- She **would ge**t mad if we asked her for money.
   (우리가 돈을 달라고 조르면 그녀는 불같이 화를 내곤 했다)

- We **would** often **go** for a long walk in the park.
  (우리는 종종 공원에서 오랫동안 산책을 하곤 했다)
- He **would sit** vacantly[blankly] for hours doing nothing.
  (그는 몇 시간이고 아무것도 하지 않고 멍하니 앉아 있기가 일쑤였다)

(3) Shall의 특별용법

▶ 시제 조동사로서의 Shall이 주로 단순히 미래에 이루어질(또는 이루어져 있게 될) 상황을 나타내는 데 비해,
▶ 특별용법으로서의 Shall은 Will의 의지·의향보다 더 강력한 느낌의 결의(맹세), 요구, 금지·명령, 필연 등을 나타낸다.

1) 「결의」를 객관적으로 표현할 때

▶ 1인칭 의지미래 조동사인 「Will」보다 더 강력한 결의(다짐)를 표명하여 「기필코 ~하겠다/하련다/할 작정이다」의 뜻으로 쓰인다. 즉 Shall은
— 1인칭 주어 자신의 결의를 객관적·대외적으로 확약하는 의미를 지닌다.
— shall not의 단축형은 「Shan't」로 표기한다.

- I **shall do** everything I can. (내가 할 수 있는 일이라면 뭐든 하겠다)
- I **shall go**, come what may. (무슨 일이 있더라도 나는 꼭 가련다)
- I **shan't go** till you pay me.
  (지불해 줄 때까지 이 자리에서 움직이지 않겠다)
- I **shall never forget** your kindness.
  (당신의 친절을 결코 잊지 않겠습니다)
- I **shall never betray** your confidence.
  (귀하의 신뢰에 배반하는 일이 결코 없을 것입니다)

- We **shall return** to this[the] problem in the next chapter.
  (다음 장(章)에서 이 문제로 되돌아 오도록 하자)

2) 운명적인 필연•예언을 나타낼 때

> ▶ 「반드시 ~하리라」 등의 단언적/예언적인 주장을 펼 때의 어투이다.
> ― 흔히 성경이나 예언서, 또는 종교인•철학자•사상가들의 글에서 자주 쓰인다.

- All men **shall die**. All life **shall** one day **be extinct**.
  (모든 사람은 죽으리라. 모든 생명은 언젠가 사멸하리라)
- Heaven and earth **shall pass away**, but my words **shall not pass away**. ------〈마태복음 24 : 35〉
  (천지(天地)는 없어지겠으나, 내 말은 없어지지 아니 하리라)
- I will not drink of the fruit of the vine, until the kingdom of God **shall come**. ------〈누가복음 20 : 18〉
  (내가 이제부터 하느님의 나라가 임할 때까지, 포도나무에서 난 것을 다시 마시지 아니 하리라)
- Ask, and it **shall be given** you. (구하라, 그러면 얻을 것이다)
- East is East, and West is West, and never the twain **shall meet**. -------〈영국의 작가/시인 Kipling의 말〉
  (東은 東, 西는 西, 이 둘이 서로 만나는 일은 없으리라)

3) 명령•금지, 요구•제안 및 규정을 나타낼 때 : 「Must」의 의미

> ▶ 「~하라(해야 한다)」, 「~해서는 안된다」 등의 뜻으로서 명령•금지, 또는 강행적 요구•제안을 하는 문장 스타일로서 성경이나 법규•협정문 등에서 자주 쓴다.

- **Thou[You] shalt[shall] not kill** (men). (사람을 죽이지 말지어다)
- Thou[You] **shalt love** thy[your] neighbor as thyself[yourself].
  (이웃을 네 몸 같이 사랑하라)
- All payments **shall be made** by the end of the month.
  (모든 지불은 월말까지 끝내야 합니다)
- Payments **shall be made** by cheque[check] and the prices **shall be** as follows. (지불은 수표로 해야 하며, (거래하실) 가격은 다음과 같 같습니다 ; 같아야 합니다)
- The law demands that the money **shall be paid** immediately.
  (법률은 그 돈을 즉시 지불해야 할 것을 요구하고 있다)
- Our civilization demands that we **shall be** social creatures.
  (문명은 우리에게 사회적 동물이기를 요구한다)
- The umpires have unanimously agreed that the boat race **shall**[should] **be rowed** again.
  (심판들은 보트 레이스를 다시 하도록 하는 것에 만장일치로 합의했다)
- My aunt intends that you **shall accompany** (us).
  [= My aunt intends you to accompany (us)]
  (숙모님은 너를 우리와 동행시킬 예정이다)
- The fine **shall not exceed** $400 for each separate offense.
  (벌금은 위반건당 400달러를 넘지 않는 것으로 한다)

참고 : Shall을 많이 사용한 미국의 환경보호 법령문(예)

※ 법령문 영어의 구조와 용어, 그리고 그 표현법을 익히는 데 있어서, 아주 요긴한 실정 법령이니, 꼭 직접 한번 해석해 보세요.

(a) A person who knowingly, willfully or recklessly performs or reports an accurate test or analysis of an environmental sample// commits a misdemeanor of the third degree and **shall**, upon conviction, **be subject** to a fine of not less than $1,250 nor more than $ 12,500 or imprisonment for a peoriod of not more than one year, or both, for each separate offense.

(환경관련 표본에 대하여 부정확한 시험 또는 분석을 고의적•계획적으로 또는 무모하게 시행하거나 보고하는 자는// 제3급 경범죄를 범하는 것이 되며, 유죄로 입증될 경우 위반건당 1,250 달러 이상 12,500달러 이하의 벌금형, 또는 1년 이하의 징역형, 또는 그 두 가지 형벌 모두에 처한다)

(b) All vehicles used for the collection and transportation of solid waste(or materials which have been separated for the purpose of recycilng) // **shall be closed** or adequate provisions **shall be made** for suitable cover, so that while in transit there can be no spillage.

(고형 폐기물(또는 재활용 목적으로 분리된 물질)의 수집 및 운반에 사용되는 모든 차량은 운송 중에 흩뿌려지는 사고가 일어날 수 없도록 밀폐시키거나 적절한 차폐가 되기에 충분한 설비를 갖추어야 한다)

(c) The equipment used in the compaction, collection and transportation of solid waste // **shall be constructed**, **operated**, and **maintained** in such a manner as minimize health and safety hazards to soild waste management personnel and the public. This equipment **shall be maintained** in good condition and **kept clean** to prevent the propagation or attraction of vectors and the creation of nuisance.

(고형 폐기물을 채워넣고 수집하고 운반하는 데 사용되는 장비는 고형 폐기물 관리자 및 일반대중에게 미치는 보건 및 안전상의 위해를 최소화하는 방식으로 제작•운영 및 정비되어야 한다. 이들 장비는 해충의 번식이나 유인 및 그로 인한 폐해의 발생을 방지하기에 양호한 조건으로 정비되어야 하며 항상 청결하게 유지되어야 한다)

4) 기타 : 우연(단순미래)의 강조, 또는 목적/조건 부사절 속에서

▶ 우연(단순성)을 강조 시에는 주어의 인칭에 상관없이 Shall을 쓰는 경향이 있다.

▶ 조건 부사절이나, 목적 부사절 속에서 Shall을 쓰지만, 전자에서는 Shall 없이 본동사(원형 또는 현재형)만 쓸 때가 흔하고, 후자에서는 Shall 대신에 May나 Can도 흔히 쓰인다.

- I **shall never be startled** by the good things you **shall do**.
  (당신들이 하는 갖가지 좋은 일마다 꼭 경이의 눈으로 지켜볼 수도 없을 것이오)

- If you **shall look** carefully, you will find it to be so soon..
(주의해서 본다면, 그렇다는 것을 금방 알 수 있을 것이다)
- If the weather **shall clear up**, I will go with you.
(날씨가 개이면, 당신을 따라 가겠습니다)

    ※ 위 두 문장과 같은 조건의 부사절[if 절] 속에서는 Shall 없이 본동사의 원형이나 현재형을 쓰는 경우가 흔하다.

- I have to learn how to read and write <u>so that</u> I **shall not be ashamed** in the town.
(동네에서 창피한 꼴을 당하지 않도록, 나는 읽기와 쓰기를 배워야 했다)

    cf : Leave the book here, <u>(so) that</u> I **may**[can] **read** it later.
    (나중에 내가 읽을 수 있도록 그 책을 여기에 두고 가라)

    cf : He flatters <u>so that</u> he **may win** her favor.
    (그녀의 호감을 사려고 그는 알랑거리고 있다)

    ※ 위와 같이 목적을 나타내는 부사절(예; so that가 이끄는 종속절) 속에서는 조동사를 shall 대신에 흔히 may나 can으로 쓰기도 한다.

(4) Should의 특별용법

▶ Should는 Shall의 과거형이지만, 현재형 Shall에 정확히 대응해 과거형 시제로서 사용되는 경우는 극히 제한적이다.
▶ 그대신 요즈음에는 가정법 전용의 조동사로, 또는 Must나 Ought to 처럼 시제와 관계 없이 독립된 조동사로 쓰이는 예가 늘고 있다.
▶ <u>가정법에서는 조건절에 Should가, 귀결절에는 Would가 대칭되게 사용되는 예가 흔하며</u>, 이 경우 귀결절의 Would는 Will로 대용하기도 한다.
■ 요컨대 : Should는 Shall의 과거형으로 쓰이는 외에, 특별용법으로서 의무의 표현, 당연·의외·유감·회의(懷疑) 등의 감정 표현, 정중한 표현, 준(準) 가정법 형태의 종속문 등에 자주 사용된다.

1) Should가 시제일치를 위해 Shall의 과거형으로 쓰일 때

▶ 간접화법 등 종속절 안에서는 "단순미래 과거"인 경우 시제일치를 위하여 인칭에 상관 없이 Shall의 과거형인 Should를 쓰는 것이 일반원칙이다.
▶ 그러나 현대영어에서는 주어가 2, 3인칭인 경우, 흔히 단순문장에서처럼 해당 인칭에 맞게 Would로 바꿔 쓰기도 한다.
  ─ 나아가, 미국식 영어에서는 1인칭이라도 Would로 쓰는 경향이 있다.

① 종속절내 "단순미래의 과거형"으로서 : 시제일치를 위해

- I promised I **should be** back before 5 o'clock.
  (나는 5시 이전에 돌아온다고 약속했다)
  cf : (직접화법이라면) " I **shall be** back."

- I thought that I **should be** quite well soon.
  (나는 병이 곧 말끔이 나으려니 생각했다)
  cf : (직접화법이라면) " I **shall** soon **be** quite well."

- Teacher said that I **should be** a prize winner.
  (선생님께서는 내가 입상할 것이라고 말씀하셨다)
  cf : (직접화법이라면) "You **will be** a prize winner."

- **Did** the doctor **say** (that) I **should recover** soon.
  (의사 선생님은 제가 얼마 안가서 회복되리라고 말씀하셨나요?)
  cf : (직접화법이라면) "He **will recover** soon."

- He **was nervous** in case anything **should go** wrong.
  (그는 무슨 문제라도 생길까 초조해 하고 있었다)
  cf : (단순문장이라면) " in case anything **will go** wrong."

  ※ 위 3개 문장에서 종속절의 주어는 직접화법 또는 단순문장일 때 2, 3인칭이어서 단순미래형이 「Will」이므로 간접화법에서도 해당 인칭에 맞춰 그대로 시제만 바꿔 Would를 쓸 수도 있겠으나, 일반원칙에 따라 인칭에 무관하게 Should를 사용함으로써 단순미래임을 분명히 나타내고 있다.

【간접화법내 종속절에서 단순미래 과거형을 사용함에 있어서 :
일반원칙인 Should로 통일해 사용하지 않은 예외적 문장(예)】

- He <u>told</u> me that he **would be** <u>free</u> in a few minutes.
  (그는 조금 지나면 시간여유가 생길 것이라고 내게 말했다)
  cf : (직접화법이라면) "I **shall be** <u>free</u> in a few minutes."

  ※ 위 간접화법 종속절의 주어는 3인칭(he)이므로, 해당 인칭의 단순미래 과거형인 Would로 바꾸어 쓴 경우이다.

- I never <u>realized</u> that some day I **would be living** in California. -----〈미국식 영어에서〉
  cf : (단순문장이라면) " some day I **shall be living** in California."

  ※ 위 간접화법 종속절의 주어는 1인칭이므로 단순미래 과거형은 Should로 사용해야 일반원칙(인칭에 상관없이 모두 Should를 사용해야)에도 부합하고, 해당 인칭에도 맞는 것임에도 불구하고, 이 두 규칙을 완전 위반하여 Would를 사용해 버린 예이다. 이처럼 특수한 경우 외에는 단순미래와 의지미래의 구분 없이, 또한 인칭에도 무관하게 Shall/Should 대신에 Will/Would로 통일해서 쉽게 사용하기를 선호하는 경향은 현대 미국식 영어의 한 특징이다.

  ※그러나 격식을 갖춰야 하는 공식적 문장이나 논문 등 문어체에서는 가급적 문법적 원칙에 따라야 합리적이며 오해의 소지를 방지할 수 있을 것이다.

② 종속절내 "화자(話者)의 강한 「의향·결의」의 과거형"으로서 : 시제일치를 위해

- I <u>said</u> that I **shoud be** <u>willing</u> <u>to</u> <u>help</u> him.
  (나는 기꺼이 그를 돕겠다고 말했다)
  cf : (직접화법이라면) " I **shall be willing** <u>to</u> <u>help</u> <u>him</u>."

- He <u>said</u> (that) he **should never forget** it.
  (그는 그것을 결코 잊지 않겠다고 말했다)
  cf : (직접화법이라면) " I **shall never forget** it."

③ 종속절내 "상대편「의지」를 확인하는 과거형"으로서 : 시제일치를 위해

- He <u>asked</u> me if he **should call** a taxi.
  (그는 택시를 부를까요라고 내게 물었다)
    cf : (직접화법이라면) " **Shall** I **call** a taxi?"

- He <u>asked</u> half playfully if he **should call** her Eve.
  (그는 그녀에게 당신을 '이브'라고 부를까요라고 반 장난삼아 물었다)
    cf : (직접화법이라면) " **Shall** I **call** you Eve? "

2) (모든 인칭에서) 의무•당연성(또는 권유)을 나타낼 때

▶ 이것은 「Should」가 독립적인 고유의미를 지닌 조동사로서의 전형적인 용법이다. 「Ought to+동사원형」이나 「Must」처럼, 「(마땅히) ~해야 한다」의 뜻으로 쓰이지만, 「Must」보다는 약한 뜻이다.

▶ 「Should do(원형동사)」는 현재시점에서의 당위성을, 「Should+have done(현재완료형)」은 과거에 그렇게 되었어야 할 당위성을 나타낸다.

① 현재 또는 향후의 당위성 : 의무•당연

- You **should love** your neighbor.
  (사람은 (마땅히) 자기 이웃을 사랑해야 한다)
- Every English sentence **should start** with a capital letter.
  (모든 영어 문장은 대문자로 시작해야 한다)
- You **should obey** your parents.
  (사람은 (마땅히) 자기 부모님에게 순종해야 한다)
- We **Should obey[observe]** traffic regulations strictly while driving.
  (운전할 때는 교통법규룰 엄수해야 한다)
- You **should be** <u>more punctual</u> for an appointment.
  (너는 약속 (시간)을 좀더 잘 지켜야 한다)

- All passengers **should have** their passports ready.
 (승객들께서는 모두 각자의 여권을 준비해 주셔야 합니다)

- Teachers **should be** careful not to discourage students,
 (교사들은 (모름지기) 학생들을 위축시키지 않도록 주의해야 한다)

- You **should try** whatever is worth doing at all.
 (적어도 할 가치가 있는 일이라면 무엇이든 해보야 한다)

  cf : The painting **is worth** over $1million.
   (그 그림은 1백만달러 이상의 값어치가 있다)

  cf : Do you know how much the ring **is worth** □ ?
   (그 반지가 값이 얼마나 되는지 아세요?)

  cf : Whatever **is worth** doing at all // **is worth** doing well.
   (속담; 적어도 할 가치가 있는 일이라면 훌륭히 해낼 가치가 있다)

   ※ worth의 용법 : worth는 '불완전형 형용사'로서 전치사적인 기능을 가져
    그 뒤에 반드시 명사 또는 명사적 어구(동명사 따위)를 수반해야 뜻이
    완성되는 특성이 있다.

- Once you have made a promise, you **should keep** it.
 (일단 약속을 했으면, 그것을 지켜야 한다)

- You **should not speak** indoors so loud.
 (실내에서 그렇게 큰 소리로 이야기하는 게 아니다)

- You **shouldn't be scared** of bites or scratches.
 (물리거나 긁히는 것을 무서워하지 않아야 해요)

- We **should study** harder than before[usual], **shouldn't** we?
 (우리는 이전[평소]보다 더 열심히 공부해야겠네요 그렇죠?)

- You **should see** a doctor.   --------- 〈 권유적 당위성 〉
 (너, 의사에게 진찰을 받아봐야겠다)

- We **should meet up** for dinner together ! ---〈 권유적 다짐/당부 〉
 (우리 (꼭) 만나서 저녁 같이 먹자)

- Should I **wait for** her to the last[end]? ----〈겸손한 물음〉
  (그녀를 끝까지 기다려야 하나요?)
- We **should be** in Chicago, but we're still two hours away.
  (우리는 시카고에 도착해 있어야 하는데, 하지만 아직 2시간이나 남아 있다)

② 과거에 그렇게 되었어야 할 당위성 : 의무·당연

> ▶ 「~했어야 했다」의 뜻으로서, 과거에 실제로 그렇게 하지 않은/못한 일 (동작/상태)에 대해 질책·후회하는 의도가 담겼다.
> ▶ 「Should+현재완료(have/has+과거분사)」의 형태를 취한다.

- You **should** really **have been** more careful.
  (자네는 정말 좀더 조심했어야 했어)
- They **should have called** the police then and there.
  (그들은 진작 경찰에 신고했어야[경찰을 불렀어야] 했다)
- I **should have sent** her home in my car.
  (나는 그녀를 내 차로 집에 데려다 줬어야 했다; 그런데 그렇게 못해 줬다)
- Our team **should have won** the atheletic meet this time.
  (이번에는 우리 팀이 그 육상대회에서 우승했어야 했는데)
- I **shouldn't have come** then. (난 그때 가지[오지] 말았어야 했는데)
- You **shouldn't have done** it. (너는 그런 짓을 하지 말았어야 했다)
- You **should have seen** the film.
  (자네는 그 영화를 보았어야 했는데 ; 보았더라면 좋았을 텐데)
- **Should** I **have gone** to the party yesterday. ----〈의구심을 표현〉
  (어제 나는 과연 그 파티에 갔어야 하는 것이었을까 ; 가는 게 옳았을까))
- Oh, no. I **never should have left** you to try cook all by yourself.
  (이런, 당신 혼자서 요리를 죄다 하게 내버려 두는 게 아니었어요)
- We **never should have bought** it in the first place.

(우린 애시당초 그걸 사는 게 아니었어요)

※ 부정부사의 위치 : not은 조동사 should의 뒤에 붙이지만, never는 should의 앞에 붙인다.

- He began to think that he **shouldn't have hike**d so long.
(그는 그렇게 오랫동안 걷지 말았어야 했는데 하는 생각이 들기 시작했다)
- I <u>don't think</u> I **should have tried** yoga yesterday. Now I've got a stiff shoulder.
(어제 요가를 하지 말았어야 했나 봐요. 지금 어깨가 뻐근해요)
※ 「~를 안 했어야 한다고 생각된다」: 위 문장에서처럼, 영어에서는 실질 내용이 되는 종속절 서술동사(try)에 걸릴 부정을 삽입주절의 동사(think, suppose 등)에다 부정부사(not)를 갖다 붙이는 관행이 있다.

3) (격식을 갖추어) 정중•완곡한 표현을 할 때

▶ 「~하고 싶습니다만」, 「~하겠는데」, 「~였을 테죠」 등의 뜻으로 정중•완곡하게 표현할 때 쓰인다. 특성상 주어는 당연히 1인칭(I/We).
— [should + 동사원형]이나, 「should like +to-부정사」의 형태를 띤다.
— 과거시제로 나타내려면 [should+have+과거분사] 형태로 한다.
▶ 이 용법에서 Should를 사용함은 영국식 어투이며,
미국식으로는 Should 대신에 Would를 흔히 사용한다.
— 그러나 문어체에서는 아직도 should가 종종 쓰인다.

- I **should like** <u>to visit</u> England some day.
[= I would like to visit England some day]   -----〈 미국식 표현 〉
(언젠가는 영국을 방문하고 싶습니다만)
- I **should like** <u>to see</u> Rome before I die.
(죽기 전에 나는 로마를 한번 보고 싶다)
- I **should like** <u>to go</u> there with you.
(거기에 당신과 함께 가고 싶습니다)

- I **should be surprised** if many people voted for him.
  (그가 많은 표를 받는다면 난 아마도 놀랄 것입니다)
- I **should be grateful** if you could help me.
  (당신이 날 도와주실 수 있다면 고맙겠습니다)
- I **should have liked to stay** here.
  [= I **should like** to have stayed here]
  (나는 여기에 머무르고 싶었습니다만)
- I **should have thought** it was worse than that.
  (그보다 더 지독하리라고[그 정도로는 끝나지 않을 거라고] 생각했었는데)
- I **should think** that he's stuck in traffic.
  (제 생각엔 아마도 그는 교통정체 때문에 꼼짝 못하고 있는 걸 거에요)
- I **should say** (that) he is over fifty.
  (그는 아마 50세는 더 됐을 테죠 ; 50세는 더 됐을 것으로 봅니다만)
- Can you do it for me? (저를 위해 그렇게 해주시겠습니까)
  — Yes, I **should think** so. (예, 해드려야죠)
  — I **should** (surely) **think** not. (그런 일은 아마도 없을 것입니다)
  　　　　　　　　　　　　　　　[= 못해 드릴 것 같습니다]
- He is a fool, I **should think**. (아무래도 그는 바보인 것 같아요)
- I **should refuse** a bribe. (나라면 뇌물은 사절하겠네)

4) 강한 상상, 기대, 가능성, 추측을 나타낼 때

▶ 현재나 미래시제로 「~아마 ~임에 틀림없다」, 「틀림없이~일 거다[일 것 같다]」의 뜻으로 쓰려면 ; [should+동사원형]의 형태를 취한다.
▶ 과거시제로 「아마 ~였음/했음에 틀림없다」, 「~해버렸을 거다」의 뜻으로 쓰려면 ; [should+have+과거분사]의 형태를 취한다.

- I guess it **should be** Mr. Brown.
  (그건 틀림없이 브라운 씨일 것으로 생각한다)
- If you leave now, you **should get** there by five o'clock.

(지금 출발하면 5시에는 거기에 도착할 것이다)
- There **should be** some milk **(left)** in the fridge.
  (냉장고에 아마도 우유가 좀 (남아) 있을 거야)
- Shortly I **should get used** to the work.
  (머지 않아 나는 그 일에 익숙해질 것이다)
- Our plane **should be landing** soon.
  (우리가 탄 비행기는 곧 착륙할 예정임에 틀림 없다)
- It **should have been** a great surprise to him, for he turned pale.
  (새파랗게 질린 것을 보니, 그것은 그에게 뜻밖이었음에 틀림없는 것 같다)
- It was not to be expected thay they **should help** each other.
  (그들이 꼭 서로 도울 거라고는 기대하지 말았어야 했다)
  - She was shocked that her son **should have seen** the sight.
    (그녀는 자기 아들이 그 광경을 목격했으리라고 생각하니 오싹했다)
  - He **should have arrived** at the office by now. --〈과거적 추측〉
    (그는 지금 쯤은 회사에 도착해 있을 것이다)
  - We **should arrive** by 8 o'clock.   --------〈미래적 추측〉
    (우리는 8시까지는 도착하게 될 것이다)
  - We **should have finished** the job by next week. --〈미래완료적
    (우리는 아마도 다음 주면 그 일을 다 끝내어 있을 것이다)   추측〉
  - This **should be done** by later this after noon.
    (이것은 오늘 오후 늦게까지는 다 완료될 것이다) ---〈미래완료적 추측〉
    ※ [be done] ; 수동태이지만, 완료형적인 느낌을 준다.
  - It should seem that **there's[has] been**[there must have been] a misunderstanding.(아무래도 어떤 오해가 있었던 것 같다)
  - You **should be** proud of yourself. (당신은 스스로가 자랑스럽겠다)
  - With his riches, he **should worry** about a penny. -〈반어적 표현〉
    (그 사람 정도의 부자가 동전 한 잎에 신경 쓸 필요가 있을까)

- I **shouldn't wonder** <u>if he wins</u> the first prize. ---〈관행적 용법〉
  (그가 1등상을 탄다 해도 이상한 일이 아니다 ; 나는 놀라지 않을 게다)

5) (의문사와 더불어)강한 의문이나 어이없음•놀람을 나타낼 때

> ▶ 주로 How/Why/Where/What/Who 등 의문사를 동반하며
> ▶ 「도대체 누가/어디서/어째서 ~인가요?」라든가」, 「대체 어떻게 해야 하나요?」 따위의 뜻으로 쓰인다. ※ Should 대신에, Would를 쓰기도 함
> ▶ [의문사+should+동사원형+but+명사(또는 명사상당 어구)]의 형태는
>   ―「~한 것은 다름 아닌 A이지 않는가」, 또는 「어이없게도(어떻게 해서) 하필 A인가」라는 어이없음/놀람 등 특별한 의미를 나타낸다.

- **How** on earth **should** I **know** it?
  (대체 내가 그것을 어떻게 알겠는가)
- **Why should** they **have destroyed** all of those buildings?
  (대체 어째서 그들은 저 건물들을 죄다 허물어버렸는가)
- **Why should** you **stay** in Seoul in this sultry weather?
  (자네는 이런 무더운 날씨에 왜 서울에 남아 있는가)
- **Where** on earth[in the world] **should** you **have lost** the room key? (도대체 너는 그 방 열쇠를 어디서 잃어버렸단 말인가)
- **Who** on earth **should**[would] **live** in a place like that?
  (도대체 누가 저런 곳에 살겠어)
- There is <u>no reason</u> **why** philosophers **should not write** novels.
  (철학자가 소설을 쓴다고 해서 안 될{쓰지 않아야 될} 이유는 없다)
- **By what right should** the oil **belong** <u>to any of these countrie</u>?
  (도대체 어떤 권리로 그 석유가 이들 나라 중의 한 나라에 속한단 말인가)
  cf : **What would** I **not give** to do it? ------〈주어의 의지가 가미될 때〉
     (그걸 위해서라면 내가 무엇인들 아끼겠는가)
- I can't get[wrap] my head[mind] around **why** he **would**[**should**]

do something so stupid.
(나는 그 사람이 왜 그런 바보스러운 짓을 하는지 도무지 이해할 수 없다)

【「다름아닌 A 아닌가」, 「하필 어떻게 A인가」 등 특별한 의미로 표현시】

- **Who should come** next **but** my old Friend A?
  (다음에 찾아온 사람은 뜻밖에도 나의 옛 친구 A아닌가)
- **Who should** they **see but** Hannah?
  (그들이 본 것은 다른 사람이 아닌 한나 아닌가)
- **Who should** I **meet but** my old pal, Frank?
  (다름 아닌 내 오랜 친구 프랭크를 만나게 되다니!)
- **Who should be** there **but** Tom?
  (톰 말고는 누가 거기에 있겠는가; 톰 말고는 누가 거기 있다고 생각하겠는가)
- **What should** I **find** in my soup **but** a silver coin?
  (국 안에 내가 본 것은 다른 것도 아닌 은화(銀貨)가 아닌가)
- **What should happen but** (that) my elevator stopped half way?
  (글세 어이없게도[어떻게 돼서] 하필 내가 탄 엘리베이터가 도중에 멈춰버렸단 말인가)

6) 유감, 놀라움, 당연, 명령/요구, 주장/의향을 나타내는 주절에 이어서 나오는 that절 속에서

> ▶ 주로 「It ~ that+주어+should」의 구문으로서, that절 속의 뜻은 "~하다니" 또는 "~하는/라는 것은" 등으로 해석된다.
> — 형식은 "현재형(또는 미실현 사항)"이면 「should do」로, "과거형(실현된 사항)"이면 「should have done」의 형태를 취한다.
> ▶ that절의 앞에 나오는 주절(대개 It절)에는 감성, 판단, 제안 등을 나타내는 형용사, 명사 또는 동사에 의해 서술된다.

① 주절(앞절)이 놀라움, 뜻밖, 노여움, 유감을 나타낼 때

- It is <u>a pity</u> **that** he **shoud have died** so young.

(그가 그렇게 젊은 채 죽다니(죽었다니) 애석하군)
- It is <u>a pity</u> **that** she **have been deserted** like that.
(그녀가 그런 식으로 버림을 받았다니 안타까운 일이다)
- It is <u>surprising</u> **that** it **should come** to this.
(일이 이 지경이 되다니 놀랍군요)
- It is <u>strange</u>[odd] **that** you **shouldn't know** it.
(자네가 그걸 모르고 있다니 이상하군)
    cf : It is **odd (that)** I **can't think** of her name.
    (그녀의 이름이 생각나지 않으니 참 이상해) --〈can은 should 불요〉
- It is <u>strange</u> **that** he **should have gone** there.
(그가 그곳에 가버렸다니 이상한 일이야)
- I'm <u>surprised</u> **that** your wife **should object** to the proposal.
(자네 부인이 그 제안에 반대한다니 정말 놀랍다)
- I'm <u>sorry</u> **(that)** you **should think** I spoke ill of you.
(내가 자네를 비방한 줄로 생각하다니 유감이네)
- I <u>regret</u> **that** you **should have been caused** inconvenience.
(여러분[당신네들]에게 불편을 겪게 해드린 것을 유감으로 생각합니다)
- I <u>wonder</u> **(that)** such a man as he **should commit** an error.
(그와 같은 사람이 잘못을 저지르다니 이상해)

② 주절(앞절)이 필요/당연, 중요성, 불가능성 등의 뜻을 나타낼 때

- It is <u>not necessary</u> that I **shoud go** there.
[= It is not necessary for me to go there]
(내가 반드시 거기 갈 필요는 없다)
- It is <u>necessary</u> that he **should be informed**.
(그에게 반드시 알려야 할 필요가 있다)
- It is <u>imprtant</u> that she **should learn** to control her temper.
(그녀는 자신의 감정을 다스리는 법을 익히는 것이 중요하다)

- It seemed logical that they **should declare** war.
  (그들이 선전포고를 하는 것은 필연적이라고 생각되었다)
- It is quite natural that he **should have refused** our request.
  (그녀가 우리의 요구를 거절한 것은 지극히 당연하다)
- It is right[proper] that you **should have declined** his proposal.
  (자네가 그의 제의를 거절한 것은 당연하다)
- It's most unlikely that he **should have written** such a letter.
  (설마 그가 그런 편지를 썼으랴 ; 썼을 가능성이 거의 없다)
- It is impossible that he **should have missed** the train.
  (그가 열차를 놓쳤다니 당치도 않다)

③ 주절(앞절)이 명령/요구, 제안/권고, 주장/의향, 판단/결의, 우려 등의 뜻을 나타낼 때

- The king commanded that all the people **should be assembled** at once. (국왕은 모든 사람들이 즉시 집결하도록 명령했다)
- I demanded that he **(should) be presented**.
  (나는 그에게 출석할 것을 요구했다)
- My boss ordered that I **(should) go** abroad to work.
  [= My boss ordered me to go abroad to work]
  (상사는 내게 해외출장[해외근무]를 명령했다)
- It was proposed[suggested] that he **should stay** with his uncle.
  (그는 숙부 님 댁에 머무는 것이 어떻겠느냐는 제안을 받았다)
- I suggest that he **should join** us.
  (당신도 우리 측에 가담[합류]하실 것을 권하는 바입니다)
- We suggested that the meeting **(should) be held** on schedule.
  (우리는 회의를 예정대로 열자고 제안했다)
- The proposal that **should join us** // was reasonable.
  (그를 우리측에 참여시키자는 제안은 타당했다)

- I am afraid that I **should be fired** sooner or later.
  (나는 조만간 해고되지 않을까 두렵다)
- I am anxious that the affair **should be settled down** as soon as possible. (나는 그문제가 조속히 해결되기를 간절히 바라고 있다)
- The doctor insisted that she **should keep her bed**.
  [= The doctor insisted her to keep her bed]
  (의사는 그녀가 자리에 줄곧 누워 있어야 한다고 주장했다)
- The physician in charge ordered that the patient **should take** a long rest.
  [=The physician in charge ordered her to take a long rest]
  (주치의는 그 환자에게 장기 요양을 권유했다)
- She insisted that he **(should) be invited** to the party.
  (그녀는 그가 파티에 초대돼야 한다고 주장했다)
- It was his wish that It **should be kept secret**.
  (그 건은 비밀이 준수되어야 한다는 것이 그의 소망이었다)
- We decided that the apparatus **should be used** as an ironing table. (우리는 그 장치를 다리미질 하는 탁자로 사용하기로 결정했다)
- It was decided that all of our hospitals **should close** for the present. (우리 병원들은 당분간 모두 폐쇄하기로 결정되었다)
- The committee resolved that the step **(should) be authorized**.
  [= The committee resolved to authorize the step]
  (위원회는 그 조치를 승인하기로 결의했다)
- Resolved[We resolved] that our salary **(should) be raised**.
  [= It has been resolved that our salary **should be raised**]
  (봉급을 인상해 주시기를 결의함 ; 결의하였습니다)
- It has been resolved that the question (should) be adjourned for a week.
  ((본 회는) 그 의제를 1주일 후에 계속 심의하기로 휴회/연기를 결의한다)

※ 위의 일부 예문에서 보는 것처럼, 간혹 That절 내의 Shoud가 생략되어 동사 원형만 남게 되는 경우가 종종 있다(특히 미국식 영어에서).

※ 또한 확실성이나 의지가 명확한 경우에는 : 주절(앞절)의 decide를 받는 That절 등 종속절 속에서 Should 대신에 Shall(또는 Will)이 쓰이기도.

- It has been decided that the conference **shall be held** next week.
  (회의는 다음 달에 개최하기로 결정되었다)
- Have you decided who **shall build** the house?
  (누구에게 집을 짓게 할 것인지를 결정했나요?)
- He has decided that he **will become** a doctor.
  (그는 의사가 되기로 결심했다)

7) Who, Lest, So that, As soon as에 이끌리는 종속절 속에서

▶ **Who**에 의해 이끌리는 "형용사적 관계사절" 속에 쓰여 :
— 「~하는」의 뜻을 나타내고,
▶ **Lest**에 의해 이끌리는 "조건 부사절" 속에 쓰여 :
— 「~ 하지 않도록」의 뜻을 나타내고,
▶ **So that**에 의해 이끌리는 "목적 부사절" 속에 쓰여 :
— 「~하도록」의 뜻을 나타내며,
▶ **As soon as**에 의해 이끌리는 「시간 부사절」 속에 쓰여 :
— 「~ 하는 대로」, 「~ 하자 마자」의 뜻을 나타낸다.

① Who에 의해 이끌리는 「형용사적 관계사절」 속에서

- He who **should content** himself with what he is ∥ will never be a great man.
  (현재의 자기에 만족하는 자는 결코 위인이 되지 못한다)
- I won't marry a man who **shouldn't** whole heartedly **love** me.
  (저를 진심으로 사랑하지 않는 사람하고는 결혼하지 않을 거예요)

- It can be tested by anyone who **should choose** to try.
  (해보겠다고 희망하시는 분이면 누구든지 검사 받으실 수 있어요)

② Lest 또는 (So) That 에 의해 이끌리는 「조건 부사절」 속에서

> ▸ Lest 이하는 부정문(否定文)으로 해석해야 한다.
> ▸ Should 대신에 Would/Will, Might/May, Could가 쓰이기도 한다.
> ▸ Fear, be Afraid, be Anxious 등에 연계된 That 절 속에서도 Should가 흔히 쓰인다.

- Be careful **lest** you **should fall** from the tree[horse].
  [= Be carful **not so as to fall** from the tree/horse]
  (나무/말에서 떨어지지 않도록 조심해라)

  cf : I fear[am afraid] that you **should fall** from the tree.
       (나는 네가 나무에서 떨어지지 않을까 걱정된다)

- He jotted her name down **lest** he **should forget** it.
  (그는 그녀의 이름을 잊지 않도록 적었다)

- She moved back from the window **lest** anyone **should see** her.
  (그녀는 아무도 자신을 보지 못하도록 창문에서 뒤로 물러섰다)

- She worked harder **lest** she **should fail**.
  [=She worked harder for fear (that) she **should fail**]
  [= She worked harder so that she **might not fail**]
  (그녀는 실패[낙제]하지 않도록[않기 위하여] 더욱 열심히 공부[일]했다)

- I am afraid **lest** I **should miss** the last train for Seoul.
  (나는 서울행 마지막 열차를 놓칠까 걱정이다)

- I was afraid **lest** I **(should) say** too much at the first meeting.
  (나는 초대면에서 말을 너무 많이 하지나 않을까 두려웠다)

- I was afraid **lest** he **should come** too late.
  (나는 그가 너무 늦게 오지 않을까 걱정했다)

- They <u>were afraid</u> <u>lest</u> they **should be caght** by the police.
  [= They were afraid of getting[being] caught by the police]
  (그들은 자신들이 경찰에 붙들리지나 않을까 겁이 났다)

- He took his umbrella <u>for fear</u> <u>(that)</u> it **should rain**.
  (그는 비가 올까봐 우산을 갖고 나갔다)

- Josh didn't say anything because he <u>was afraid</u> <u>that</u> the other kids **would laugh**.
  (조쉬는 다른 아이들이 웃을까봐 걱정이 돼서 아무 말도 하지 않았다)

- <u>Fears were entertained</u> that the railroad **would be blocked** by snow. (눈 때문에 철도가 불통되지는 않을까 걱정되었다)
  ※ **entertain** : 감정이나 생각을 품다, ~라는 생각을 하다

- <u>There was always the fear</u> that the crisis **could get worse**.
  (위기가 더 악화될 수 있다는 불안이 상존했다)

- She didn't give her name <u>for fear</u> <u>that</u> her family **might find** her. (그녀는 가족들이 자신을 찾을까봐 이름을 알려 주지 않았다)

※ 유의점 : 「I am afraid」가 단순히 「죄송합니다만…」과 같은 의례적인 겸양의 뜻으로 형식적인 주절로서 쓰인 경우, 이를 받는 종속절 속에서는 should/would 등 대신에, 일반 평서문처럼 서술동사 파트가 그 내용에 따라 현재형, 완료형, 미래형 따위로 자유롭게 사용된다.

- That is the most **we can offer** you, <u>I am afraid</u>.
  (<u>죄송합니다만,</u> 그것이 저희가 귀측에 해드릴 수 있는 최대한입니다)

- <u>I am afraid</u> (that) **you'll just have to wait**.
  (<u>죄송하지만,</u> 여러분들은 그냥 기다리는 수밖에 없습니다)

- I'm afraid that **your application has been unsuccessful**.
  (<u>유감스럽게도,</u> 귀하의 지원 결과는 안 좋게 나왔습니다 ; 불합격됐습니다)

③ So that 에 의해 이끌리는 「목적 부사절」 속에서

> ▸ So that가 이끄는 목적 부사절 내에서는 주절의 시제에 상관 없이 Should/Might/Could 등을 쓰면 완곡하고 신중한 느낌을 나타내며,
> ― 「~하도록」, 「~하려고」의 의미를 지닌다.
> ▸ 그러나 이 원칙은 요즘 현대 영어에서는 주로 주절이 과거형일 때로 국한해 적용하는 경향이 흔하며,
> ― 주절이 명령문이거나 현재진행형 등이어서, 종속절(목적 부사절)이 그 성격상 '구체적 능력'을 표현하는 경우에는 Shall/May/Can 등으로 대용하는 경우가 흔하다.

- He lent her the book so that she **should study** the subject.
  (그는 그녀가 그 주제를 연구할 수 있도록 책을 빌려 주었다)
- They sent her out of the room, so that they **could talk** freely.
  (그들은 자산들이 자유롭게 말할 수 있도록 그녀를 방에서 내보냈다)
- I lowered my voice so (that) she **shouldn't[wouldn't] hear**.
  (나는 그녀가 듣지 못하도록 목소리를 낮췄다)
- He stayed there a day longer so (that) he **could[should] avoid** the holiday traffic congestion.
  [= He stayed there a day longer so as to **avoid** the holiday traffic jams]
  (그는 휴일의 교통혼잡을 피하려고 그곳에 하루 더 머물렀다)

〈 목적 부사절 내에서 Shall/May/Can을 사용한 경우 〉

- Talk louder so that I **may[can] hear** you.
  (내가 들을 수 있도록 더 큰 소리로 말해 주시오)
- Switch[Turn] the light on so that we **can see** what it is.

(그게 뭔지 우리가 볼 수 있도록 전등 불을 켜라)

※ 참고 : 촛불을 켜다(get a candle alight, light a candle)
  가스 등을 켜다(light a gas lamp, burn a gas light)
  성냥 불을 켜다(strike a match/light)

- I'm going to the theater early so that I **may get** a good seat.
  (나는 좋은 좌석을 차지하려고 일찍 극장[영화관]에 가고 있는 중이다)
- He is working hard so that he **may pass** a[the] civil-service examination.
  (그는 공무원 시험에 합격할 수 있도록 열심히 공부하고 있다)

④ As soon as 에 의해 이끌리는 「시간 부사절」 속에서

> ▸ As soon as 절 속의 동사는 통상 주절의 동사와 시제를 같이 하는 것이 일반적이다(단, 주절이 미래시제이더라도 As soon as 절 내에서는 미래시제는 쓰지 않고 현재시제로 써야 한다).
> ▸ 그러나 주절 시제에 상관없이 개연성·가정성을 더 부각시키기 위하여 Should를 쓰기도 한다.

- He was most anxious to be informed as soon as you **should arrive** in Seoul[at the airport].
  (그는 당신이 서울에[공항에] 도착하는 대로 곧 알려주기를 간곡히 바라고 있었습니다)

  cf : As soon as I **walked** into the room, I knew there was something wrong.
  (나는 방에 들어서자마자 뭔가 잘못됐다는 것을 알았다)

  cf : I will pay you as soon as I **receive** the parcel. --〈현재시제〉
  [X= I will pay you as soon as I **will receive** the parcel]
  (소포를 받자마자 바로 귀측에 (대금을) 지불하겠습니다)

2 전문적 의미부여 조동사들의 기본/특별 용법

(1) 능력/가능, 허가/금지 등을 나타내는 조동사들

▶ 이 부류에 속하는 전형적인 조동사로서는 **Can과 Could**, 그리고 이에 대한 대용으로서 「 **Be able to** 」가 쓰인다.
  • Can의 부정은 관행상 Cannot로 붙여 쓰며, 단축형은 **Can't**이다.
▶ Could는 직설법 문장에서 능력/가능을 나타내는 Can의 과거형으로서 주•종절간 시제일치를 위해 쓰이는 외에, 몇 가지 그 나름의 특별항 용법으로 쓰인다.
  • 직설법에서 긍정문의 Could는 습관적이 아닌 경우, 「was/were able to 」로 써서 가정법에서의 Could와의 혼동을 피하기 위해 구분 사용하기도 한다.
▶ Could는 특히 가정법에서 그 활용도가 높은데, 현재사실에 반대되는 조건절과 귀결절에서, 과거사실에 반대되는 귀결절에서 흔히 쓰이며, 조건절의 내용을 언외(言外)에 함축한 주절(귀결절)에서 개연성이나 추정을 완곡하게 표현할 때도 자주 사용된다.
  ― 또한 허가•의뢰를 나타내는 의문문에서 Can보다 더 공손한 표현을 할 때도 Could를 쓴다.
▶ **Can/Could은 다음과 같은 경우에는 같은 뜻을 지닌 「 Be able to 」 (Could는 「 Was/Were able to 」로 대체하여 쓴다.**
  ① 미래시제와 과거완료 시제에서
     ※ will can do[X], can/could had done[X]
  ② May, Should 등의 조동사 뒤나, 분사나 to-부정사와 연계해 사용시
  ③ 지속적/습관적 능력이 아니고, 단순히 일과성 행위일 때(특히 Could)

1) 수행 능력 및 발생 가능성을 나타낼 때

① 일반적 및 특정분야의 「수행 능력」을 나타낼 때 :
「~할 수 있다/없다」

【Can의 용례】

- I will do what[whatever/anything] I can (do). ---〈일반적인 능력〉
 (제가 할 수 있는 일이라면 무엇이든지 하겠습니다)
- We helped him as much as **we could**.
 (우리는 할 수 있는 한까지 그를 도왔다)
- I'm sure **we can win** the game.
 (우리는 그 경기에서 반드시 이길 수 있어)
- **The child can't**[cannot] **walk** yet. (그 아이는 아직 걸을 수 없다)
- Try as I may, **I can't solve** it.
 (아무리 해보아도, 그것을 해결하지 못하겠다)
- I **can speak English**, but **cannot** (speak) **French**.
 (나는 영어는 말할 수 있지만, 프랑스어는 못한다) ---〈특정분야 수행능력〉
- I **can swim**, but **cannot dance**.
 (나는 수영은 할 줄 알지만, 춤은 출 줄 모른다)
- **Can you play** the piano? (너 피아노 칠 줄 아느냐)

【Could의 용례】

〈직설법중 직접화법에서 단순히 「Can」의 과거형으로 쓰인 경우〉

- **She could barely understand** English.
 (그녀는 영어를 간신히 이해할 수 있었다)
- I **could run** faster in those days.
 (당시에 나는 더 빨리 달릴 수 있었다)
- **Grandfather could read** without glasses when he was eighty.
 (할아버지께서는 80세가 되어서도 안경 없이 글을 읽으실 수 있었다)
- He was so angry that **he could not speak**.

(그는 너무 화가 나서 말문이 열리지 않았다)
- **I couldn't catch** the bird at all.
(나는 도저히 그 새를 잡을 수 없었다)

〈 직설법중 간접화법 문장 등의 종속절에서 주절과의 시제일치를 위하여 Can의 과거형으로 쓰인 경우 〉

※ 순수 간접화법이 아니더라도, 주절과 종속절이 서로 연계된 일반복합문에서도 절대진리나 사실 등 특별한 경우를 제외하고는 「시제일치」원칙이 적용된다.

- She told me that **she could go** there alone.
  (그녀는 거기에 혼자 갈 수 있다고 내게 말했다)
  cf: (직접화법이라면) He said to me, " I **can go** there alone."

- He asked me if **he could go** home.
  (그는 집에 돌아가도 되는지를 내게 물었다)
  cf : (직접화법이라면) He said to me, " **Can I go** home?"

- I thought (that) **he could drive** a car,
  (나는 그가 운전을 할 수 있다고 생각했다)
  cf : (현재형이라면) I think (that) **he can drive** a car.

- I thought (that) **he could swim** across the river.
  (나는 그가 그 강을 헤엄쳐 건너 갈 수 있을 것으로 생각했다)
  cf : (현재형이라면) I think (that) **he can swim** across the river.

② 권력•재력 또는 특정한 권리의 「보유 능력」을 나타낼 때

- A dictator **can impose** his will on the people.
  (독재자는 (권력으로) 자신의 의지를 국민에게 강요할 수 있다)

- He **can change** whaever he wishes in the script.
  (그는 자신이 원하는 대로 대본을 변경할 수 있는 권한을 지니고 있다)

- I **can't afford** such a latest=model car.
  (나는 그런 최신형 자동차를 살 만한 능력[재력]이 없다)

- We **can** now **vote** when we are eighteen.
  (우리는 이제 18세가 되면 선거할 수 있는 권한이 주어진다)

③ 지각·인지 상의 능력을 나타낼 때

> ▶ Can과 Could는 지각동사나 인지동사와 함께 쓰여 지각·인지상의 능력을 표현 :
> ※ 이들 동사는 다소 수동적인(자동사 같은) 의미의 능력이지만, 그것을 분명히
>   강조해 나타내기 위해 타동사로 쓴 경우이다.
> • 지각동사들 ; See, Hear, feel, Smell 등 감각기관을 통한 지각행위를 지칭
> • 인지동사들 : Remember, Know, Understand, Believe, Decide 등
>   사고(思考)과정을 통해 이해 및 판단하는 행위를 지칭

- Here they are, **I can see** their car.
  (여기 오네요, 그들이 탄 차가 (분명히) 보여요)
  cf : **I see** them. (그들이 보여요)   -----〈can see보다 약한 어조〉
- **I can see** the lake from this room.
  (이 방에서는 호수가 (뚜렷이) 보인다)
- **We can see** hundreds of stars twinkling in the night sky.
  (밤 하늘에는 수백 개의 별들이 반짝이는 것이 (뚜렷이) 보인다)
- **I can't see** that far with the naked eye.
  (육안으로는 그렇게 멀리 보이지 않는다)
  cf : **Can't you see** (that) you've already fallen far behind
       in your work? ------〈이때의 「see」는 인지행위적 성격을 띔〉
       (너는 네 일이 (예정보다) 크게 뒤쳐졌음을 모르겠느냐)
- **Can you hear** that noise? (저 떠들썩한 소리가 들리느냐)
- **I can hear** somone knocking at the door?
  (누가 문을 노크하는 소리가 들린다)
- **I can smell** something burning in the kitchen.
  (부엌[주방[에서 뭔가 타는 냄새가 난다]

- **I could smell** the milk wasn't fresh.
  (우유가 신선하지 않다는 냄새가 났다)
- **I could hea**r <u>the door</u> <u>slamming</u>. ----〈한동안 들렸음을 의미〉
  (문이 쾅하고 닫히는 소리가 (한동안) 들렸다)
- I listened carefully but **could not hear** any sound.
  (나는 주의깊게 귀를 기울였으나, 아무런 소리도 듣지 못했다)
- **I couldn't hear** what he was saying.
  (나는 그가 뭐라고 하는지 들리지 않았다)

 ※ 위의 3개 문장의 경우: 습관적(항상적)/지속적이 아니고, 특정의 행위이거나 순간적인 단순 지각(知覺) 행위/동작일 때에는 Could 대신에 「Was/Were able to」로 바꿔 쓸 수 있다.

- **I can't understand** why you're so upset.
  (당신이 왜 그렇게 기분이 안 좋은지 모르겠군)
- **I can** still **remembe**r it well.
  (나는 아직도 그 일을 잘 기억하고 있어요)
- **I can hardly believe** it.
  (나는 그게 거의 믿어지지 않는다; 믿을 수 없다)
- **I can't believe** <u>(that)</u> <u>he's getting married</u> her after all these months. [= I'm extremely surprised he's getting married~]
  (나는 그가 그녀와 고작 근래 몇 달 사귄 뒤 결혼한다니 믿어지지 않네)
- **I couldn't believe** <u>how much</u> <u>he had aged</u>.
  (그가 얼마나 늙어버렸던지 믿을 수 없을 정도였다)
- There are so many places to visit in London that **I can't decide** where to go.
  (런던에는 가볼 곳이 너무 많아서 어디로 가야할지 판단할 수가 없네요)

④ 수행/발생의 가능성 여부(여건 및 의향 등)을 나타낼 때 :
「 ~할/일 수가 있다/있었다 」

〈 수행여건과 수행의향을 나타낼 때 〉

- What **can I do** for you? [= May I help you?]
 (무엇을 해드릴/도와드릴까요?)
- Will you lend me some money? — Sorry, **no can do**.
 (돈 좀 빌려 줄래요? — 미안하지만, 안될 것 같아요)
- **I can't stand** parting from her.
 (그녀와 헤어진다는 건 견딜 수 없어요 ; 견딜 수 없을 것 같아요)
- Never put off till tomorrow what **you can do** today.
 (속담; 오늘 할 수 있는 일을 내일로 미루지 마라)
- Wow, the food is magnificent, but **I can't eat** any bite.
 (와, 음식이 정말 훌륭해요. 하지만 더는 한 점도 못 먹겠어요)
- If it is ok, **I can come** to your place after school[work].
 (괜찮다면, 방과후[퇴근후] 내가 너의 집[네 있는 곳]으로 갈 수 있어)
- **I can assure** you I never catch cold.
 (장담할 수 있겠는데, 난 절대로 감기 따윈 걸리지 않아)
- I am now (as) happy **as I can (be)**.
 (나는 지금 더할 나위 없이 행복해)
- **Can you come** to the party tomorrow?
 (내일 파티에 나오실 수 있겠습니까)
- With what **can you help** mom? — I **can do** with peering.
 (너는 엄마가 뭘 하시는 일을 도와줄 수 있겠니? — 양파 까는 일을요)
- When I lived by the station(,) **I always could reach** the office
 on time.   -----〈 항상적 가능성〉
 (내가 역 근처에 살고 있을 땐, 언제나 제 시간에 직장에 도착할 수 있었다)

cf : **I was barely able to reach** the office on time this morning.
(오늘 아침에는 가까스로 정시에 출근할 수 있었다) ---〈일시적 가능성〉

〈 **강한 주관적 추측이 섞인 발생 가능성을 나타낼 때** 〉

【긍정문과 의문문에서】

- **Anybody can make** mistakes.
(누구나 실수를 저지를 수 있다)

- **He can be** very rude sometimes enough to do so..
(그 녀석은 매우 무례해서 때로 능히 그런 짓을 할 수도 있다)

- **You can get** a burn if you are not careful.
(주의하지 않으면 화상을 입을 수 있다)

- **Coctail parties can be** boring.
(칵테일 파티는 지루할 수도 있다)

- **Pet animals can** sometimes **be** a nuisance.
(애완동물도 때로는 귀찮은[성가신] 존재일 수 있다)

- **The sun** here **can be** very hot.
(이곳의 햇살은 몹시 뜨거울 때가 있다)

- **It can get** pretty cold here at night.
(여기는 밤이 되면 제법 추워지기도 한다)

- **It can take** years to learn a new language as an adult.
(성인(成人)으로서 새 언어를 배우는 데는 몇 년씩 걸리기도 한다)

- **Can the news be** true? (그 소식은 과연 사실일까)

- **Can it be true** that he was once in prison?
(그가 한때 교도소 생활을 했다는 게 과연 사실일까)

- **It can be** true. (그게 어쩌면 사실일 수도 있지)

- **Can it be** true in a capitalistic society?
(대체 그게 자본주의 사회에서 정말 가능할까)

- **Can hatred be** described as a religious emotion?
(증오심을 종교적 감정이라고 말할[설명할] 수 있을까)

- Could such things be tolerated? — Never!
  (이런 일이 과연 용서받을 수 있을까 — 말도 안되는 소리!)
- Do you think he can yet be living?
  (너는 그가 아직도 살아 있을 거라고 생각하느냐)
- How can we be so cruel?
  (어떻게 우리가 그런 잔인한 짓을 할 수 있을까)
- How can you be so unkind[stupid]?
  (너는 어쩌면 그렇게 불친절[멍청]할 수 있을까)
- Who can he be? (도대체 그는 누구일까)

  cf : What can he be like? (대체 그는 어떤 사람일까)
- What can he be doing now?
  (대체 그는 지금 뭘 하고 있다는 거야?)
- Can he have said so? (과연 그가 그런 말을 했을까)
- Can he have killed her? (정말로 그는 그녀를 죽일 수 있었을까)
- She cannot have done such a foolish thing.
  (그녀가 그런 어리석은 짓을 했을 리가 없다)
- I can have got the dinner ready by ten o'clock at latest.
  (나는 늦어도 10시까지는 만찬[또는 오찬] 준비를 다 끝내고 있을 게다)

※ [Can+현재완료]은 통상 과거에 대한 추측성 발생 가능성을 나타내지만, 위 마지막 문장에서는 "10시까지"라는 부사구와 병행해 씀으로써 미래완료적 느낌이 나게 한 특수한 경우이다.

【부정문(否定文)에서】

- It cannot be true. (그게 사실일 리가 없다)
- You can't be serious! (정말일 리가 없어; 농담이겠지)
- There cannot be any doubt that he is guilty.
  (그가 유죄라는 것에는 의심의 여지가 있을 수 없다)
- I cannot be mistaken. (내가 틀렸을 리가 없다)

- I am sure **she can have** <u>no objection</u> to that.
  (장담하거니와 그녀가 그 일에 반대할 리가 없어)
- **This can't be** <u>the right road</u>. ― We should have taken the other one.
  (이 길이 맞을 리가 없어. ― 우린 다른 길을 택했어야 했어)
- **Working so hard cannot be** <u>good</u> for (your) health.
  (그렇게 과로하는 게 네 건강에 좋을 리 없다)
- **This can't happen** again. (이런 일이 다시 일어나면 안 돼)
- He **cannot have done** such a thing.
  (그가 그런 짓을 했을 리가 없다)
- **She cannot have told** such a whopping[fabulous/wild] lie.
  (그녀가 그런 터무니 없는 거짓말을 했을 리가 없다)
- **You can't have been paying** attention.
  (너, 주의를 집중하지 않고[잘 안듣고] 있었지?
  ※ 위 3개 문장에서 보는 것처럼, 과거에 대한 추정 가능성은
   [can/can't + 현재완료형] 형태로 한다.

〈 사물의 구득/이용 및 물리적 여건 등의 가능성을 나타낼 때 〉

- **You can buy** <u>the English-Korean ditionaray</u> in any book store.
  (그 영한사전은 아무 서점에서나 살 수 있다)
- In those days **you could buy** <u>a car</u> for a hundred dollars.
  (당시에는 100달러이면 차 한 대를 살 수 있었다)
- **This car can hold** <u>five persons</u>.
  (이 차량에는 다섯 사람이 탈 수 있다)
- **This room can hold**[contain] <u>eighty persons</u>.
  (이 방에는 80명이 들어갈 수 있다)
- **Computers can store** <u>huge amounts of inforfmation</u>.
  (컴퓨터는 방대한 양의 정보를 저장할 수 있다)

- Courage coud not available aginst the enemy fire.
  (용기란 것도 적(敵)의 포화 앞에서는 아무런 소용이 없었다)

⑤ 능력/가능 표현시에 「Be able to」를 쓰는 경우

> ▶ 능력•가능 표현시에 한해 현재형, 과거형, 미래형, 완료형 시제에서 Can의 뜻으로 「Be ablle to+동사원형」을 쓸 수 있다(과거형은 「was/were able to」).
> — 「be able to」로 표현되는 능력은 본질적•항시적•일반적 능력이라기보다는, 주로 일과성•한시적•특정한 경우의 능력이다.
> — 그러나 이는 상대적인 개념상의 차이일 뿐, 절대적 기준이 아니므로 종종 병용되기도 하며, 현재•과거형 시제에서는 「be abl to」를 쓰면 can보다 되레 능력•가능성이 강조되는 느낌을 준다.
> — 하지만 시제상으로는 「Can」은 미래시제, 과거완료시제, 미래완료시제를 결코 쓸 수 없으므로, 이때는 당연히 「Be able to」로 대체해 써야 한다.
> ▶ 한편 「Could」는 능력•가능 표현시에도 Can의 과거형으로 사용될 수는 있지만, 가정법에서 조건•가정의 뜻으로 더 널리 사용되고 있어서 자칫 이것과 혼동될 우려가 많다.
> — 따라서 직설법인 능력•가능 표현시에는 Could를 쓰는 대신에 「was/were able to」로 바꿔 쓰면 뜻이 더 명확해진다.

〈 현재•과거 시제에서 〉

- They **are able** (enough) **to find** their own food.
  (그들은 저희들 먹을 음식을 (능히) 찾아낼 수 있어요)
- He **is able to live** on a small income.
  (그는 적은 수입으로도 살아갈 수 있다)
- **Were** you **able to enter** the school you wanted?
  — No, I failed the exam,
  (당신은 지망한 학교에 들어갈 수 있었나요? — 아뇨, 시험에 떨어졌어요)
- I visited her on Sundays whenever I **was able to**.
  (나는 일요이이면 시간이 날 때마다 그녀를 방문했다)
- That night I **was not able to come.**

(그날 밤 나는 올[갈] 수가 없었다)

 cf : I **couldn't come** on account of my illness.
   (나는 병 때문에 올[갈] 수가 없었다) ----〈본질적·항시적 능력〉

- At that party he **was not able to sing** under the infuence of drink. (그 파티에서 그는 (술에) 취해서 노래를 부를 수 없었다)

 cf : He **couldn't sing** at all on account of his laryngitis.
   (그는 후두염으로 전혀 노래를 부를 수 없었다) ---〈본질적·항시적 능력〉

- <u>Under a lamplight</u> he **wasn't able to read** the small print.
(등잔불 아래에서 그는 작은 글자를 읽을 수 없었다)

 cf : He **couldn't read** the small print <u>due to[because of] old age</u>. -------〈본질적·항시적 능력〉
   (그는 연노하여 작은 글자를 읽을 수 없었다)

- I **was able to help** you <u>by good luck</u>.
(나는 다행히 너를 도울 수 있었다)

 cf : I **could help** you. -----〈가정법상 조건·가정의 뜻을 내포〉
   (나는 너를 도울 수도 있었다)

〈미래 시제에서〉

- At last he **will be able to swim** in a month.
(드디어 그는 한 달이면 헤엄칠 수 있게 될 것이다)
- In a few days the baby **will be able to walk**.
(며칠만 지나면 아기는 걸을 수 있게 될 것이다)
- You **will be able to speak** English soon.
(당신은 곧 영어를 말할 수 있을 거예요)
- **Shall you**[Will he] **be able to come** here tomorrow?
(당신은[그는] 내일 여기로 오실 수 있을까요?)
- You **will never be able to swim** if you don't try.
(시도해 보지 않고는 당신[여러분]은 절대 수영을 하지 못할 것이오)
- I **won't**[will not] **be able to see** you today.

(오늘은 너를 못 만날 것 같아; 만날 여건이 안될 것 같다)
- I **won't be able to go** on a blind date this Saturday.
(나는 이번 토요일 주 소개팅에 못 나갈 것 같아)

〈 **완료 시제에서** 〉

- I **havn't been able to read** that report yet.
(나는 그 보고서를 아직 읽지 못했어요)
- I **havn't been able to come** all this while.
(나는 지금까지 내내 올 수 없었다)
- No one **has ever been able to solve** the problem.
(지금까지 아무도 그 문제를 풀 수 없었다)

   cf : You **can't have been paying** attention.
      (당신은 분명히 잘 안듣고 있었죠? ; 주의깊게 들었을 리 없어요)
                            ---〈 가능성 없음을 강하게 추측 〉

- If I **had been able to know** your address, I would have written to you. ---〈 조건절(종속절)은 과거완료 시제를, 귀결절(주절)은 과거 시제를 나타냄 〉

(만약 내가 너의 주소를 알 수 있었더라면, 네게 편지를 써보냈을 거야)

2) 허가·금지, 가벼운 명령을 나타낼 때

① 「허가」의 뜻을 나타낼 때 : 「~해도 된다(할 수도 있다)」

- You **can use** this pen. (이 펜을 사용해도 됩니다)
- You **can smoke** here. (여기서는 담배를 피워도 괜찮습니다)
- **Can I go** home?— Yes, you **can (go** home) now.
(집에 돌아가도 되겠습니까 — 예, 당신은 이제 집으로 가도 좋습니다)
- Pencils[Ball point pens] **can be red**.
(연필[볼펜]은 빨강 색도 좋습니다)
- Anyone **can join** the club. (누구나 클럽에 가입할 수 있습니다)

- If you like, we **can go fishing**.
  (네가 좋다면, 우린 낚시하러 갈 수 있어)
- Those days, anyone **could enroll** for the course.
  (당시에는 누구나 이 과장에 등록하는 게 인정되고 있었다)
- The patient **can start** exercising again as soon as he is able.
  (그 환자는 운동을 할 수 있게 되면 곧 바로 다시 운동을 시작해도 좋다)
- Tonight **you can dance** if you wish, but you could have **danced** last night as well.
  (원한다면 당신은 오늘밤 춤을 출 수 있다. 하지만, 어제도 마찬가지로 춤출 수 있었다 : 그런데 어제는 춤추지 않았다)
- When she was 15, she **could** only **stay out** until 9 o'clock.
  [=She was allowed only to stay out unyil 9 o'clock]
  ----〈과거속의 허가〉
  (15살 때, 그녀는 9시까지만 외출이 허용되었다 ; 9시 이후는 귀가해야)
- **Can I look at** it? (그것 좀 구경해도 됩니까)
  — Yes, **you can**.(예, 해도 됩니다)
  — No, **you can't**. (아니오, 해선 안됩니다)
  [=No, you must not]
- **Can I talk** to you for a few minutes?
  (잠깐 얘기 좀 할 수 있을까요?)
- **Can I have** a glass of water?
  (물 한잔 마셔도 될까요? ; 물 한잔 주시겠어요?)
- **Can I take** this medicine with other ones?
  (이 약을 다른 약과 같이 복용해도 됩니까)

② 「금지」의 뜻을 나타낼 때 : 「~해서는 안된다」

- You **can't run** here or (can't) **make a noise**[uproar, disturbance]. (여기서는 뛰거나 떠들어서는 안 된다
- You **can't litter** with your cigarett butts.

(담배 꽁초를 함부로 버리시면 안됩니다)
- You **can't do** that sort of thing. (그런 짓을 해선 못써)
- You **can't go in** there without an admission tickets[pass].
(거기에는 출입증 없이는 들어갈 수 없어요)
- Mother often says I **can't do** that sort of thing.
(어머니는 종종 나에게 그런 짓을 해서는 안된다고 말씀하신다)
- **No visitor can remain** in the hospital after nine p.m..
(오후 9시 이후에는 어떤 면회자도 병원내에 머물러 있을 수 없습니다)
- You **can't leave** the kids by themselves.
(아이들을 저희들대로 내버려 두면 안됩니다)
- **No one can blame** her for being angry.
(그녀가 화내는 걸 아무도 나무랄 수 없습니다)

③ 가벼운 명령, 권고, 또는 비난·원망을 나타낼 때 : 「하시오」
- You **can go out**. (좀 나가시오)
- If you won't keep quiet, you **can get out**.
 (조용히 있지 않으려면, 나가시오)
- You **can wait** till I've finished my beer with all the rest.
(내가 마시던 맥주를 마저 다 마실 때까지 기다려줘)
- She **can wait**, and it **can wait**.
(그녀는 기다리면 되고, 그 일은 미루는 게 좋겠어)
- You **can stop** lying now. (이제 거짓말 좀 작작해)
- You **can forget** about it. (그 일은 이제 그만 잊어버리게)
- You **can put[discard]** that idea out of your head.
(이제 그런 생각일랑 뇌리에서 내버리는 게 낫겠어)
- He **can go** to prison[hell].
(그 녀석, 감옥[지옥]에나 가거라 ; 그런 곳에 가는 게 맞겠다)

3) 공손함, 또는 기분·심정 등을 완곡하게 나타낼 때

① 제의·의뢰 등을 공손하게 나타낼 때 : 「~해 주시겠습니까」
「~해드릴까요」

> ▸ Can과 Could 중 어느것을 쓰도 위와 같은 뜻을 나타내지만, Could가 더 공손의 어감이 강하다.
> ▸ 즉 Could에는 본래 가정(假定)의 뜻이 내포되어 있어서 자신의 제안에 대해 불응할를 수도 있는 여지를 감안하는 것이므로, 직설법적인 Can보다는 덜 노골적이기 때문이다.

- **Can/Could you tell** me what floor the restaurant[cafeteria] is on? (식당[구내식당]은 몇 층에 있는지 좀 알려주시겠습니까)
- **Can/Could you tell[show]** me how to get to the Youth Hostel? (유스 호스텔 가려면 어떻게 가야 하는지 좀 알려 주시겠습니까)
- **Can/Could you help** him (to) stand on his own feet. (그가 자립할 수 있게 지원을 좀 해주시겠습니까)
- **Can/Could you help** me (to) move this table? (이 테이블 옮기는 일을 좀 도아주시겠습니까)
- **Can you help** me up[down] the case? (이 상자 들어 올리는[내리는] 일을 좀 도와 주시겠어요?)
  cf : **Can you help** her off[on/into] her coat? (그녀가 옷 벗는[입는] 걸 좀 도와주시겠어요?)
- **Can[Will] you help** her to some cake? (그녀에게 케이크를 좀 집어주시겠습니까)
- **Can I get** you something to drink? (뭐 마실 것 좀 갖다 드릴까요?)

- **Can I have** the check, please? (계산서 좀 주시겠어요?)
- **Can you pass** me that knife[salt], please?
  (그 나이프[소금] 좀 건네주시겠습니까)

② 기분·심정 등을 완곡하게 나타낼 때 : 「~해도 될지」, 「~하고 싶다」, 「~할 것 같다」

- I wonder if[whether] **I could use** your phone.
  (전화를 좀 빌려 써도 될까요?)
- I wonder whether[if] **I could[might] ask** you a question.
  (질문을 하나 해도 괜찮을지 모르겠습니다)
- I wonder if[whether] **you could tell** me where the bus station [stop] is. (버스 정류장이 어디 있는지 좀 가르쳐 줄 수 있으신가요?)
- I wonder whether[if] **I could[might] trouble** you to open the window. (죄송하지만, 창문 좀 열어 주시겠습니까)
- He aked whether he **could help**.
  (그는 거들어 드릴까 하고 물었다)
- Okay, but what **can you bring** on the (deal) table?
  (좋습니다. 하지만, (거래협상) 테이블에 어떤 조건[제안]을 내놓으실 건가요?)
- **Can[Could] you pick** us up at the hotel?
  (호텔로 저희를 차로 마중나와 주실 수 있겠습니까)
- **Could I get** the 4th room on fourth floor?
  (4층의 4호실을 받을 수 있나요?)
- **Could you spare** me a copy?
  (저에게 한 권/부만 주실 수 있겠습니까
- **Could you come and see** me tomorrow?
  (내일 오셔서 저를 좀 만나 주시겠습니까)

- How are you feeling? — Fine. (I) **Couldn't be** better.
  (기분이 어때? — 좋아. 더 이상 좋을 수 없어; 없을 것 같아)

  cf : The system **couldn't be** simple.
  　　(그 시스템은 더 없이 간단해요)　　----〈기분·심정의 완곡 표현〉

  cf : Nothing **can give** us so great a pleasure as this.
  　　[= Nothing **can give** greater pleasure than this]
  　　(이렇게[이보다 더] 기쁜 일은 있을 수 없다)　----〈가능성 표현〉

- **I could do** with a cold drink. (찬 음료 한잔 마셨으면 좋겠다)
- This room **could do** with some new furniture.
  (이 방에는 새 기구가 좀 필요하다: 새 기구가 있었으면 좋겠다)
- Your clothes **could do** with being washed.
  (네 옷은 세탁을 좀 해야 겠다)
- **I could smack** his face[=smack him on the face]!
  (그의 뺨을 한 대 갈겼으면 싶다 ; 갈겼으면 하는 심정이다)
- **I could have danced** for joy.
  (기뻐서 (덩실덩실) 춤을 추고 싶었다)
- **I could eat** a horse!
  ((너무 배가 고파서) 말이라도 잡아먹을 수 있을 것 같아요)
- **I could be drinking** water. (마치 물을 마시고 있는 것 같다)
- He **could have been speaking** to a large audience.
  (그는 마치 많은 청중에게 이야기하고 있는 것 같았다)
- **I couldn't sew** it. (나는 그것을 꿰맬 수 을 것 같지 않다)
- **I couldn't think** of that. (그런 일은 생각할 수조차 없을 것 같다)

4) Can과 연계된 관용적 표현들

① 「**Can help**」: 「~할/될 수 있는 한」, 「되도록이면」

- Don't be longer than you **can help**.
  (될 수 있는 대로 빨리 해라)

- Don't spend more money than you can help.
  (쓸데 없이 돈을 쓰지 말라)
- I shan't[shall not] stay until that later hour, if I can help it.
  (되도록 그렇게 늦게까진 있지 않겠습니다)
- Are you going to stay long? — Not if I can help it.
  (오래 계실 건가요? — 될 수 있으면 안 그러려고요)

② 「Can't help」, 「Cannot be helped」 : 「어쩔 수 없다」

- I cannot[can't] heip it. I hear that song and I have to dance.
  (나도 어쩔 수 없다. 그 노래만 들으면 춤을 추게 되니)
- That cannot be helped. (그건 어쩔 수 없다; 부득이하다)
- I can't heip it if Bill doesn't like me.
  (빌이 날 좋아하지 않는다 해도 난 어쩔 수 없다)
- I cannot help his bad manners.
  (그의 나쁜 버릇은 어찌할 수 없다)
- There was no help for it to wait.
  (그건 기다리는 길[도리]밖엔 없었다)
- I fell in love. — I couldn't help myself.
  (저는 사랑에 빠졌어요 — 저도 어쩔 수 없었어)

③ 「Cannot (help) but+동사원형」: 「~할 수밖에 없다」
　　　　　　　　　　　　　　　　　「~할 따름이다」

- We cannot but wait a little longer.
  (우리는 좀 더 기다릴 수밖에 없다)

  cf : We can but[only] do our best. (우리는 최선을 다할 뿐이다)

  cf : I can but[only] advise him.
  (나는 그에게 충고만 할 수 있을 따름이다)

  cf : They had no coice but to part ways and head towards their different destinies.
  (그들은 결별하고 각자의 다른 운명을 향해 갈 수밖에 없었다)

- We **cannot (help) but protest** against injustice.
  (우리는 부정에 대해 항의하지 않을 수 없다)
- The employees **could not but dance** to the employer's pipe.
  (종업원들은 고용주의 장단에 춤을 출 수밖에 없었다)
- We **couldn't (help) but laugh** cheerfully at his joke.
  (우리는 그의 농담을 듣고 깔깔대고 웃지 않을 수 없었다)

④ 「**Cannot help + 현재분사**」: 「~하지 않을 수 없다」
- I **cannot help thinking**[feeling] that I've made a very big mistake. (내가 정말 큰 실수를 저질렀다는 생각을 안 할 수가 없네)
- I **could not help laughing**. (나는 웃지 않을 수 없었다)
- I **cannot help wonderng** about the child.
  (나는 그 아이에 대해 이상하게 여기지 않을 수 없다)
- I **couldn't help her doing** that.
  (나는 그렇게 하는 것을 막을 수 없었다)
- We **can't help her being** so foolish.
  (우리는 그녀가 그렇게 어리석게 되는 것을 어떻게 할[고칠] 방법이 없다)
- We **couldn't help her looking** furtively at us.
  (우리는 그녀가 우리를 훔쳐보는 것을 어떻게 할 수 없었다)

〈 지금까지 예거한 Help 연계 문장들과는 좀 다른 의미의 표현들 〉

cf : That **won't help** (to) solve the question.
    (그것은 이 문제 해결에 도움이 안 된다)
cf : **Help yourself** to a drink[the wine].
    (음료수[포도주]를 마음껏 가져다 드세요)
cf : **Will you help** her to some cakes?
    (그녀에게 과자를 좀 집어주시지 않겠습니까)
cf : **She helped herself** to my wallet.
    (그녀는 내 지갑의 돈을 마음대로 가져갔다)

⑤ 「Can't wait+to-부정사(또는 for+명사)」:
　　　　　　　「기다릴 수 없을 지경이다」
　　　　　　　「어서 빨리 ~하고 싶다/해야겠다」
　　　　　　　「너무 기다려진다」

- I **can't wait to tell** her the good news.
  (당장 그녀에게 이 희소식을 전해야 겠다)
- I **can't wait for** the foot ball season to start.
  (축구 시즌이 빨리 시작되었으면 좋겠다)
- I **can't wait for** my summer vacation.
  (여름휴가가 너무나 기다려진다)

⑥ 「Cannot~too[enough]~」:「아무리 ~해도 지나치지 않다」

- You **cannot be** too careful in choosing friends and a spouse.
  (친구와 배우자를 선택함에 있어서는 아무리 주의해도 지나치다 할 수 없다)
- It **cannot be** too late in correcting[to correct] one's shortcomings[=It is never late to mend].
  (결점을 고침에 있어서 너무 늦다는 법은 없다)
- We **cannot estimate** his spirit of self-sacrifice too much.
  (우리는 그의 희생정신을 아무리 높게 평가해도 지나치지 않다)
- We **cannot speak** too severly[ill/bitterly] of his behavior.
  (그의 처신에 대해서는 아무리 혹평을 해도 지나치지 않다)
- I **cannot**[can never] **thank** you enough.
  [=I can't find the words to thank you]
  (무어라고 감사드려야 할 지 모르겠습니다)

⑦ 「Cannot~without+동명사」:「~하면 반드시~하게 된다」

- I **cannot see** him without thinking of his father.
  [=He (always) reminds me of his father]
  (그를 보기만 하면 꼭 그의 부친 생각이 난다)

- I **cannot hear** the song <u>without thinking of my mother</u>.
  (나는 그 노래를 들으면 반드시 어머니 생각이 난다)
- I **cannot eat** anything <u>without worring about calories</u>.
  (나는 무엇을 먹을 때면 꼭 칼로리를 생각[고려]한다)

〈 유사 용법의 표현 : cannot 대신에 never/not를 사용한 경우 〉

cf : He **never goes out** <u>without losing his umbrella</u>.
　　(그는 외출했다 하면 꼭 우산을 잃어버린다)

cf : They **never meet** <u>without quarreling</u>.
　　(그들은 만나기만 하면 꼭 다툰다)

cf : It **never rains** <u>without pouring</u> cats and dogs.
　　[=It **never rains** <u>but it pours</u> cats and dogs]
　　(비가 내렸다 하면 억수같이 퍼붓네 ; 억수같이 퍼붓는 날씨네)
　　※ 억수같이; in torrens, in sheets로도 표현함

cf : **Not a week passed** <u>without her writing to me</u>.
　　(그녀는 한 주(週)도 거르지 않고 꼬박 꼬박 내게 편지를 써보냈다)

5) Could의 가정(假定) 유사용법(실제 아닌 가능성 추측 등)

▸ **Could**는 실제 현실은 아니지만 그럴 가능성을 추측[가정]해 표현할 때 흔히 쓰인다.
　— 따라서 Could의 시제는 (미래를 감안한) 현재시제로 해석해야 할 경우가 대부분이지만, 드물게는 문맥에 따라 과거로 해석할 수도 있다.
▸ 하지만 **과거의 실제 아닌 상황을 추측한 것임을 분명하게 표현하려면 [Could+현재완료] 형태를 사용해야** 한다.
　— 복합문 또는 중문(重文)에서는 주절 또는 앞절과의 시제일치 원칙이 반드시 적용되는 것은 아니며, 문맥에 따라서는 주절 또는 앞절의 시제변화에 상관없이 과거시제 형태(Could) 그대로 둬야 할[둘] 수도 있다.

- She **could** sometimes **be annoying** as[when she was] a child.
  (어렸을 때 그는 가끔 속을 태웠을 게다 ; 성가신 존재였을 수도 있다)
  ※ annoying ; 형용사로서 "성가신", "귀찮은"의 뜻임

- We **could**[might] **get along** without his help.
  [=We **could get along** even if his help shouldn't be]
  (그의 도움이 없다고 해도 우린 잘 지낼 수 있을 것 같아요)

- She hoped (that) she **could**[might] **slip** into her office without anyone noticing.
  (그녀는 아무도 모르게 자기 사무실로 살짝 들어갈 수 있으면 좋겠다고 생각했다 ; 들어갈 수 있게 되기를 기대했다)

- It **could be**[take/cost] weeks before[[until we get a reply.
  (우리가 답신을 받는 데까지는 몇 주나 걸릴 수도 있습니다)

- You **could hurt yourself** if you're not careful.
  (조심하지 않으면 다칠 지도 몰라요)

- Where **could they be hiding**? (대체 그들이 어디에 숨어 있는 걸까)

- I **couldn't do** something as cruel as that.
  (나라면 차마 그런 잔인한 짓은 못할 거예요)

- One small spark **could easily cause** a terrific explosion.
  (작은 불꽃 하나라 해도 무시무시한 폭발을 일으킬 수도 있어요)

- The same thing **could easily happen** again.
  (같은 일이 언제라도 쉽게 일어날 수 있지 ; 있는 법이다)

- It **is** so quiet there that **you couldn't hear** a pin drop.
  [= Even if a pin should drop, **you couldn't hear it**]
  (그곳은 핀 떨어지는 소리도 들을 수 없을 만큼 너무나 조용하다)
  ⇩ (주/종절간 시제일치 원칙이 적용된 경우)
  cf : It **was** so quiet there that **you couldn't have heard** a pin drop.
  (그곳은 핀 떨어지는 소리도 들을 수 없었을 만큼 너무나 조용했다)

- Do you figure the blow **could have killed** him?

(당신은 그 일격이 그를 죽게 했다고 보십니까)
— (It) **Could have** (**killed**). (그러했을 수도 있죠)

- It seemed like hours, but **it couldn't have been** more than three or four minutes.
 (몇 시간이나 지난 것 같았지만, 실은 3, 4분 이상 지나지 않았을 수도 있다)
- They **could have gotten lost** (themselves) on their way back.
 (그들은 어쩌면 귀환 도중에 길을 잃었을 지도 몰라요)
- Do you think (that) **he could have forgotten** the promise?
 (당신은 그가 약속을 잊어버렸을 지도 모른다고 생각하나요?)

(2) 추측, 허가/가능, 목적, 양보 등을 나타내는 조동사

▶ May/Might는 불확실한(약한) 추측, 허가•허용 및 가벼운 명령, 가능•능력, 소망/기원, 양보, 목적 등을 나타낼 때 쓰인다.
  • 추측의 강도(强度), 즉 확실성은 Might 〈 May 〈 Could 〈 Should 〈 Ought 〈 Would 〈 Will 〈 Must 순(順)으로 점점 더 강해진다.
▶ May와 Might는 모두 추측이나 가능을 나타내지만, Might는 가정성이 더 진하므로(즉 불확실성이 더 강하므로) 추측성 의문문에서는 주로 Might가 쓰인다.
▶ 과거에 일어났을지도 모르는 일을 추측하여 말할 때 [May+현재완료]나, [Might+현재완료] 형태 모두가 사용될 수는 있지만,
  • 실제 일어나지 않은 과거사를 반대로 가정해서 말할 때는 가정성, 즉 의구심이 더 강한 Might를 쓴다.
▶ Might는 May의 과거형이므로 시제일치가 필요한 문장에서 주절이 과거 시제일 때 종속절은 [Might+동사원형]이나, [Might+현재완료]의 형태를 취한다.

1) 불확실한 가정/추측을 나타낼 때 : 「~할/일지도 모른다」
　　　　　　　　　　　　　　　　　「~할/일 수도 있다」

> May와 Might 둘 다 쓸 수 있으나, 불확실성을 더 강하게 하거나(특히 현재나 과거에 대한 반대상황을 추측시에는), 보다 더 공손/겸허하게 표현할 때도 통상 Might를 쓴다.

① May : 통상적인 추측

〈 현재 및 미래에 대한 추측 〉

- I **may be** late, so don't wait for me.
  (내가 늦을지도 모르니 날 기다리지 말게)

  cf : I **might do** it if I wanted to (do). ---- 〈 현재사실에 반대적 추측 〉
  　　(하고 싶다면 할 수 있을 것이다 : 사실은 원하지 않아 안한다)

- He **may be swimming** in the pool.
  (그는 풀장에서 수영하고 있는지도 모른다)

- It **may be** that they're lost. -- 〈 [be+과거분사]=현재완료와 같은 의미 〉
  (그들은 길을 잃었을지도 모른다)

- It **may be** that our team will win this time.
  　(이번에는 우리 팀이 이길지도 모른다)

- It **may be** that I'll visit America on official business[duty] this spring. (올 봄에 나는 공무로 미국을 방문할지도 모른다)

- An opportunity **may present** itself any time.
  　(기회는 언제 올지 모른다 ; 어느 때라도 올 수 있다)

- It **may be** just my imagination, **but** I think someone is following me all the while.(이건 단지 내 느낌일지도 모르지만, 누군가가 줄곧 내 뒤를 따라오고 있다는 생각이 들어)

- The salary **may be** poor, **but** the work is enjoyable.
  (월급은 적을지 모르지만, 일은 재미있답니다)

- He **may come**, or he **may not**. (그는 올지도 모르고, 안 올지도 모른다)
- It **may be** true, or **may not be** (true).
  (그건 사실일지도 모르지만, 사실이 아닐 수도 있다)
- I'm afraid (that) the rumor **may be** true.
  (어쩌면 그 소문은 사실인지도 몰라요)
- The rains **may yet come**. (비는 아직 올[내릴]지 모른다)
- It **may rain** this evening. (오늘 밤에는 비가 올지도 모른다)
- With the sky like this, it **may rain** at any moment.
  (하늘이 이러면 비가 언제 쏟아질지 모른다)
- We must find his daughter. She **may be** penniless now.
  (우리는 그의 딸을 찾아줘야 한다. 그 애는 지금 한 푼도 없는 처지일 거야)
- We **may never know** what really happened there.
  (우리는 거기서 실제로 무슨 일이 일어났는지 영원히 모를 수도 있다)
- He **may not like** it very much. ----------- 〈부분 부정을 추정〉
  (그는 그것을 별로 좋아하지 않을지도 모른다)
  cf : It **may not be** a very interesting film.
      (그건 그리 재미 있는 영화가 아닐지도 모른다)
- He **may not be** at home today. (그는 오늘 집에 없을지도 모른다)
- This task **may not be** so easy. (이 일은 그렇게 쉽지 않을 수도 있다)
- They **may not be able to come** in time.
  (그들은 제 시간에 올 수 없을지도 모른다)
- your action was, **If I may say** so, rather unwise.
  (이런 말 해도 될지 모르겠지만, 당신 행동은 좀 어리석었어요)
- Strange **as it may seem**, I actually prefer cold weather.
  -----〈도치에 의한 양보의 조건절〉
  (이상하게 보일 수도 있겠지만, 사실 저는 추운 날씨가 더 좋아요

〈 과거에 대한 추측 〉

※ **과거에 일어났을지도 모르는 일에 대한 대한 추측 시에는 May/Might 둘 다 사용할 수 있다.** 다만, 추측의 강도(불확실성/의구심)는 Might 쪽이 더 강하다.
— 동사파트의 구성은 [May/Might+ 현재완료(have+과거분사)] 형태로 한다.
※ 단, 과거사실과 반대되는 추측을 할 때는 [Might+have+과거분사]로 해야 한다.

- Something **may have happened** to the motor.
 (모터에 무슨 이상이 생겼는지도 모른다)
- He **may have seen** me at the party last night.
 (어제 밤 파티에서 그는 나를 보았을지도 모른다)
- He **may have heard** your name called.
 (그는 당신 이름이 불리어지는 것을 들었을지도 모른다)
- It **may been** true. (그것은 사실이었는지도 모른다)
- I **may have been** wrong about the date of their wedding..
 (내가 그들의 결혼 날짜를 잘못 알고 있었는지도 모른다)
- It **may not have been** he[him] who did it.
 (그렇게 한 사람은 그가 아니었을지도 모른다)
- He **may not have been** so rude as they assert.
 (그는 그들이 주장하는 만큼 무례하지는 않았는지도 모른다)
- He **may have decided** not to come at the start[beginning].
 (그는 당초에 오지 않기로 작정했을지도 모른다)
- Bill **may have left** for London yesterday.
 (빌은 어제 런던으로 떠났을 테죠)

 cf : Had I been more perceptive, I **might**[x=may] **have noticed** that she was not happy. (내가 눈치가 좀 더 빨랐더라면, 그녀가 행복하지 않다는 사실을 알아차렸을 텐데)
 -----〈 과거사실과 반대되는 추측을 한 경우 〉

〈 의문사를 수반하여 불확실성을 강조 시 :「도대체 ~일까」〉

- I <u>wo</u>nder <u>wh</u>at **may be** the cause[reason].
  (그 원인은 대체 누구일까)　　　-----〈의문사가 종속절의 주어〉

  ※ Wonder와 유사기능의 주절 동사로서 Ask, Doubt, Think 등을 쓸 수 있음

- I <u>wo</u>nder <u>who</u>[whom] he **may be**.
  (저 분은 대체 누구일까)　　------〈의문사가 종속절의 명사적 주격보어〉
- <u>Who[Whom]</u> **may/might** you **be**?
  (당신은 대체 누구신지요?)　-----〈의문사가 명사적 주격보어〉

  ※ (종속절이 없는) 단순문에서는 의문사가 문두에 오며, 그 다음에는 조동사가 주어보다 앞에 오는 도치현상이 일어난다.

- <u>Who knows</u> but that he **may be** <u>ri</u>g<u>h</u>t?
  (혹시 그의 말이 맞을지 누가 알랴) ----〈의문사가 주어인 복합문〉

  cf : <u>Who knows</u> that he **may not be** <u>ri</u>g<u>h</u>t?]
  　　　(그의 말이 맞지 않다고 누가 감히 말할 수 있으랴)

- <u>How old</u> **may/might** she **be**?
  (그녀는 대체 몇 살이나 됐을까)--〈의문사가 형용사적 주격보어인 단순문〉
- <u>What</u> **may**[can] I **do** for you?　-----〈의문사가 목적어인 단순문〉
  (뭘 도와드릴까요[무슨 일로 오셨죠]?)
- <u>What</u> **may** they **call** <u>him</u>?　-----〈의문사가 목적보어인 단순문〉
  (그들은 그를 대체 뭐라고 부를까)

② Might : 불확실성을 더 나타내어 완곡하게 추측

- Be careful. You **might hurt** yourself. (조심해. 다칠지도 모르니까)
- It **might rain** before evening.
  (어쩌면 밤이 되기 전에 비가 올지도 몰라)
- Mother <u>is afraid</u> <u>that</u> I **might catch** a cold.
  (어머니는 내가 혹시 감기가 걸릴까봐 걱정하고 계신다)
- I **might be** <u>wro</u>n<u>g</u>, but I think he's French.

(틀릴 수도 있겠지만, 내 생각에 그는 프랑스인 같다)

- As you **might expect**[image/guess], she is very poor.
(짐작하고 계실지도 모르겠으나, 그녀는 매우 가난합니다)
- I'm worried this sweater **might be too loud** for a company event. (나는 이 스웨터가 회사 행사에 (입고 가기엔) 너무 요란하지나 않을지 걱정이다)
- As **might be expected**, a knowledge of psychology// is essential for a good advertisement.
(당연한 일이지만, 좋은 광고에는 심리학 지식이 절대로 필요하다)
- The project **might** well **fail**. (그 프로젝트는 아마도 실패할 것 같다)
- She **might not want** to come with us.
(그녀는 우리와 함께 가고싶지 않을지도 모른다)
- There **might be** some truth in what she says.
(그녀의 말에 어느 정도 진실이 있을지도 모른다)
- You **might fail** if you were lazy. (게으르면 실패할지도 모른다)

〈강한 불확실성 외에, 시제일치도 염두에 둔 경우〉

- She said that she **might be** late.
(그녀는 자기가 늦을지도 모른다고 말했다)
cf : (직접화법이라면) She said, " I **may be** late."
- He told me that he **might come** again.
(그는 내게 자기가 또 올지 모른다고 말했다)
- I thought it **might rain**, so I brought an umbrella.
(나는 혹시 비가 올지 모른다는 생각에, 우산을 들고 나갔다)

〈과거의 일에 대한 추측, 또는 미래완료적 상황에 대한 추측 시〉
※ [Might+have+과거분사] 형태로 동사파트를 구성한다.

- She **might have been** happier at that time.
(그녀는 어쩌면 그때가 더 행복했을지도 모른다)

- I **might have gone** to the party, but I <u>decided not to</u>.
  (그 파티에 가려면야 갈 수도 있었지만, 가지 않기로 작정했다)
- <u>It's no use dreaming about what</u> **might have been**.
  (있었을지도 모르는 일을 이제 와서 꿈꾸는 것은 아무 소용이 없다)
- He **might have got** a train already.
  (그는 아마 열차에 탔을지도 모른다)
- You **might** first **have apologized**.
  (네가 먼저 사과할 수도 있었잖아)
- <u>Do you think</u> he **might have** purposedly **disappeared**?
  (그는 의도적으로 자취를 감추었을까요?)
- We **might**[will] **have finished** <u>by the end of the week</u>.
  (주말 쯤이면 아마 우리는 일을 끝내 놓고 있을 수도 있다)
  ------ 〈 미래완료적 상황 추측 〉
  ※ 이 경우에는, 통상 미래 관련 부사구를 수반한다.

〈 정중하게 충고, 희망 등을 제안 시 〉

- It **might be** <u>a good idea</u> to write a list.
  (목록을 한 부 작성하는 것도 좋은 생각일 것 같습니다)
- You **might ask** him some (other) time.
  (언제 한번 그에게 물어보는 게 어때요)
  cf : **May I suggest** that we take a short break?
       (잠깐 쉬면 어떨까 합니다만)
- I <u>thought</u> (that) we **might try** that new Chinese restaurant across the street.
  (길 건너 저 새로 생긴 중국식당에 한번 가봤으면 하는 생각이 들었다)
- You **might tell** me what he said.
  (그가 무슨 말을 했는지 나에게 좀 알려주면 좋겠는데)
- You **might have helped** me with the work.
  (내 일을 좀 거들어 주었더라면 좋았을 것을)

2) 허가/허용 및 가벼운 명령을 표현 : 「~해도 좋다/괜찮다」 「~하려면 하시오」

> ▸ May와 Might 둘 다 쓸 수 있으나, Might가 좀더 공손함을 나타낸다.
> ▸ '금지'를 나타낸다.

- You **may go** now wherever you like.
  (이제 너는 어디로든 네가 좋아하는 곳으로 가도 좋다)
- The bill **may be paid** by cash or credit card.
  (계산은 현금이나 신용카드 어느 것으로든 지불이 가능합니다)
- These books **may not be removed[carried/taken out]** from the library. (이 책들은 도서관 밖으로 가지고 나갈 수 없습니다)
- Visitors **may not take** photographs[pictures/snapshots] in a sermon hall. (설교실/법당에서는 사진촬영을 삼가해 주십시오)
- Anyone over the age of 18 // **may join** the club.
  (18세 이상이면 클럽에 누구나 가입할 수 있습니다; 가입해도 됩니다)

〈 If 절을 사용하여 ; 상대편의 양해[허가]를 구하는 경우 〉

- I'll have another biscuit, **if I may**.
  (괜찮으시다면, 비스켓을 하나 더 먹겠습니다)
- I'd like to stay here longer **if I may**.
  (괜찮으시다면, 여기 좀더 오래 머물고 싶습니다만)
- Your action was, **if I may say so**, rather unwise.
  (이런 말 해도 될지 모르겠으나, 당신의 행동은 좀 어리석었어요)
- He asked **if he might leave earlier**.
  (그는 좀더 일찍 떠나도 될지[좋은지]를 물었다)
- **If I might interrupt** for a moment, there's a phone call for you. [=**May I interrupt** you a while, there's a phone call~]

(도중에 끼어들어 괜찮을지 모르겠으나, 선생님을 찾는 전화가 와 있어요)

〈 의문문 형태로 ; 상대편의 양해[허가]를 구하는 경우 〉

- **May I see** your passport, please? — Here you are.
(여권을 좀 보여 주시겠습니까 — 예, 여기 있습니다)
- **May I use** your telephone? (전화를 좀 사용해도 됩니까)
    - Yes, **you may**. (예, 좋습니다)   -------〈 허락 〉
    - No, **you may not**. (아니오, 안 됩니다)   -------〈 불허락 〉
    - No, **you must not**. (아니오, 절대 안 됩니다) ----〈 강한 금지 〉
      [No, absolutely not]
- **May I say**, how much I admire your works.
(이런 말씀 드려도 괜찮을지 모르겠으나, 제가 선생님의 작품을 얼마나 좋아하는지 모릅니다)
- **May I ask** a rather personal question?
(좀 개인적인 질문을 해도 될까요?)
- **May/Might I come in and wait** for a while?
(잠깐 좀 들어가 기다려도 될까요?)
    - Yes, **certainly**[=Yes, you **may**] ---[=0]
    - Yes, you might.   --------- --- [=X}
- **Might I borrow** your dictionary, please?
(댁의 사전을 좀 빌려도 될까요?)
- **Might I see** your list ? (리스트 좀 봐도 될까요?)
- **Might I ask** how old you are? (연세를 좀 여쭤봐도 될까요?
- **You might pass** me the newspaper, please?--〈문미를 올려 발음〉
  [= I request you to pass me the newspaper]
  (그 신문을 좀 제게 건네 주시겠습니까) ----〈you를 주어로 한 경우임〉
- **You might post** this letter for me?   --〈문미를 올려 발음〉
(이 편지를 저 대신에 좀 부쳐주시겠습니까) --〈you를 주어로 한 경우임〉

♦주의 : 위 2개 문장에서 [Might/May you pass/post ~]로 쓸 수는 없음

3) 가능성 및 능력을 나타낼 때 : 「~할 수(도 있다」

▸ May와 Might 둘 다 쓸 수 있으나, Might가 좀더 공손함을 나타낸다.
▸ 앞에서 설명한 「추측」이나 「허가」의 용법과 유사한 측면이 있다.

- You **may call** him a scholar, but you **may not**[cannot] **call** him a genius.
  (그를 학자라고 부를 수는 있지만, 천재라고 할 수는 없다)
- You **may say** that Korea is a beautiful country.
  (한국은 아름다운 나라라고 말할 수 있다)
- Gather roses while you **may** (gather).
  (속담; 장미는 딸 수 있는 동안 실컷 따라[매사엔 제 철이 있는 법])
- The bill **may be paid** by cash, check, or credit card.
  (계산은 현금이나 수표 또는 신용카드 모두 지급이 가능합니다)
- It Is possible that he **may come** tomorrow.
  (어쩌면 내일 그가 올 수도 있습니다)
- You **may get** this at that store.
  (저 상점에서 이 물건을 살 수 있습니다)
- I'll help you as best (as) I **may**[can/could].
  (할 수 있는 데까지 힘껏 도와 주겠소)
- We **might go** to the concert. (우리는 콘서트에 갈 수(도) 있다)
- What you say// **might be** true.
  (당신이 말씀하시는 게 사실일 수 있다)
- He who runs // **may read**. (그는 달리면서도 읽을 수 있다)
- He **might have got** a train already.
  (그는 이미 열차에 탔을 수(도) 있다; 탔을지도 모른다)
- Do you think he **might have** purposedly **disappeared**?
  (당신은 그가 의도적으로 자취를 감추었을 수도 있다고 보세요?)

4) 소망/기원(또는 저주), 요구/희망, 불안을 나타낼 때 : 「~하기를 빈다/바란다」, 「~일/할까봐」

> ▶ 소망/기원시 단순문의 경우에는 : [May+주어+동사] 순의 도치구문으로 구성하며,
> — 강조하려는 핵심부사(long 등)을 May 앞에 선치하기도 한다.

- **May** you **succeed**! (그가 성공하기를!)
- **Long may** he **live**! (그의 장수를 비나이다)
- **May** you **never worry**. **May** you **be** happy!
  (근심 걱정 마시옵고, 행복하소서!)
- **May** we **never have to fight** another war!
  (다시는 전쟁을 치르지 않아도 되기를 (소망합니다))
- **May** the present moment **be** the worst of our lives!
  (이 순간이 우리 생애에서 겪는 최악의 상황이기를!)
  [이런 순간이 우리 생애에서 다시 없기를!]
- **May** he[his soul] **rest**[repose] in peace!
  (그의 영혼이여 고이 잠드소서)
- **May** heaven **protect** thee[you]!
  (당신에게 하느님의 가호가 있으시기를!)
  ※ 격조 높은 종교적 표현의 2인칭 대명사 : **thou**(제1격 : 당신은),
              thy(제2격 : 당신의), **thee**(제3/4격 : 당신에게/당신을)
- God **forgive** me! [= **May** god **forgive** me!]
  (신(神)이시여, 저를 용서하소서)
  ※ 위 기원문에서처럼, 현대영어에서는 흔히 May 를 생략하기도 한다.
  그러나 May를 생략하더라도 본동사는 현재형 대신에 원형을 써야 한다.
- It's a fine tradition, and **long may** it **continue**!
  (이것은 훌륭한 전통이니, 오랫동안 지속되기를!)

- I hope he **may[will] succeed**. (나는 그가 성공하기를 바란다)
  cf : I hope we **shall be** in time.
      (우린 시간에 댈 수 있겠지)
- We heartedly hoped he **might succeed**.
  (우리는 그가 성공하기를 진정으로 바랐다)
- I only pray that she **may be** in time.
  (나는 그녀가 시간에 맞춰 도달하게 되기를 빌 따름이다)
- He prayed God that he **might win**.
  (그는 이기게 해달라고 신에게 빌었다)
  ※ 위 두 문장에서의 may/might는 「기원」의 뜻 외에,
    「목적」의 뜻도 나타낸다.
- I fear lest the rumor **may be** true.
  (나는 그 소문이 사실이지나 않을까[사실일까봐] 걱정이다)
  cf : We **shall be late** in time, I'm afraid.
      (우린 시간에 늦지 않을지 모르겠다)
  cf : We fear (that) he **will not come**.
      (그가 오지 않을까 걱정이다)
- I have a fear that I **may fail**.
  (나는 실패하지 않을까 걱정하고 있다)
  cf : We feared lest he **should fail**.
      (우리는 그가 실패하지나 않을까 걱정했다)
  cf : I fear[am afraid] lest he **(should) fall** from the tree.
      (그가 나무에서 떨어지지나 않을까 걱정이다)
  ※ 위에 예거된 여러 문장들에서 보는 것처럼, 우려하는 뜻의 조동사로서는
    단순미래 조동사인 will/shsll보다는 가정[추정]의 뜻이 내포된 should/may/
    might가 더 우려의 정도가 강하다. 또한 관련된 접속사의 경우 that보다는
    lest가 더 우려의 정도가 커서 부정적[비관적] 상황까지 염두에 두는 편이다.
    따라서 우려의 정도가 약한 2개 요소가 결합된 복문의 종속절that+wll/shall)
    형태에서는 부정부사 not를 넣어 줘야 비관적 상황까지 추정하는 의미를 띤다.

5) 양보를 나타낼 때 : 「비록 ~일지라도」, 「~라 할지라도」

> ▶ 전형적으로는 [**특수의문사**(의문사+ever)+주어+**may**+동사원형]이나
> [**no matter**+**의문사**+주어+**may**+동사원형]의 형태로 쓰인다.
> — 복합문에서는 주절·종속절 간 시제를 일치시키기 위해 과거시제인
>   경우 may 대신에 might를 쓴다.
> — 현대영어(특히 구어)에서는 종종 may/might를 생략해 쓰기도 한다.
>   (이 경우 본동사는 당연히 원형이 아니라, 현재형 또는 과거형으로 바꿔야)
> ▶ 한편, 분사구문이나, [동사/형용사+as+주어+may/might]의 도치구문
>   형태로도 「양보」의 뜻을 나타낼 수 있다.
> ▶ 특수의문사나 no matter도 쓰지 않고, 그리고 도치도 하지 않은 일반적
>   정순(正順) 문장의 문절(전절)에서도, 후절에서 반전(反轉)의 뜻을 지닌 접
>   속사(but 등)로 받는 경우에는 may/might를 써서 「양보」의 의미를
>   표현할 수 있다.

- **Wherever you may go**, you will be welcomed.
  (당신은 어디를 간다 해도, 환영받을 것입니다)

- **Whatever** <u>he may say[he says]</u>, don't go there.
  [=**No matter what** <u>he may say[he says]</u>, don't go there]
  (그 사람이 무어라 말해도, 너는 거기 가지 마라)

- **However we may go**, we must get there by six.
  (어떤 방법으로 가든, 우리는 6시까지는 거기 도착해야 한다)

- **However tired you may be,** you must do it.
  [=**No matter how tired you my be,** you must do it]
  (아무리 지쳤더라도, 너는 그 일을 해야 한다)

- **However rich a man may be**, he should work.
  (아무리 부자라도 사람은 일을 해야 한다)

- **However hard he might try**, <u>he never succeeded</u>.
  (그는 아무리 열심히 노력해 보아도, 잘 되지 않았다)

※ 위 문장에서는 앞/뒷절 간 시제일치를 위해, may 대신에 might가 쓰였다.

- **Whoever may say** so, you need not believe him.
  [=**No matter who may say** so, you need not believe him]
  (누가 그렇게 말 하더라도, 여러분/당신은 그의 말을 믿을 필요는 없다)
- **Whichever** (side) **might win** the game, I was just delightful.
  [= Whichever (side) won the game, I was just delightful]
  (어느 쪽이 그 경기에서 이기든, 나는 그저 기쁘기만 했다)
- **Whoever might have said** so, you needn't have believed him.
  (누가 그런 말을 했던간에, 여러분/당신은 그의 말을 믿을 필요가 없었다)
  ------〈 과거사실에 반대되는 후회나 실망이 담긴 추정적 표현; 완료형으로 〉
- **No matter how difficult the work may be**, he will go through with it. (그 일이 아무리 어렵더라도, 그는 그것을 해내고야 말 것이다)
- **No matter how busy he may be**, he never fails to send his best regards to his parents.
  (아무리 바쁘더라도, 그는 부모님께 반드시 극진한 안부를 전해드린다)
- **No matter where you may go**, I'll follow you.
  (당신이 어디를 가든, 나는 당신을 따라 가겠어요)
- **No matter what you do**, I will help you.
  (당신이 무엇을 하든, 나는 당신을 돕겠어요)

〈 도치구문에서 **may/might**를 사용한 「양보」의 문장 〉

- **Come/Happen what may**, I won't care.
  (무슨 일이 일어나든, 나는 아랑곳하지 않겠다)
- **Do what you may**, I don't mind.
  (네가 무엇을 하든, 나는 상관하지 않는다)
- He was determined to go, **come what might**.
  (무슨 일이 일어나든, 그는 가기로 결심하고 있었다)
- **Say what you may**, I cannot believe the story.
  (네가 뭐라고 말하든, 나는 그 이야기를 믿을 수 없다)

- **Be** the matter **what it may,** (그것이 무엇이든)
  [=**No matter what it may be**]
  cf : **Admitting what you say,** I cannot yet believe the story.
   [=**While admitting what you say,** I cannot yet believe ~]
   [=**Though I admit what you say,** I cannot yet believe ~]
   (네가 말하는 것을 인정한다 해도, 나는 아직 그 얘기를 믿을 수 없다)

〈 **[동사/형용사+as+주어+may/might] 형태의 도치구문에 의한 양보의 절** 〉

- **Try as you may,** you will find it impossible to solve the problem.(아무리 애써봐야, 당신은 그 문제를 풀 수 없음을 알게 될 것이오)
- **Try as I might,** I couldn't figure out the answer[solution].
  (아무리 노력해 보았으나, 나는 그 답[해결책]을 찾아낼 수 없었다)
- **Be that as it may,** you are wrong.
  (그것이 (그렇다) 해도[아무튼], 네가 나쁘다[그르다])
- **Be that as it may,** remarks like that// can offend people.
  (그렇다 하더라도, 그런 말은 다른 사람들의 기분을 상하게 할 수 있어요)
- **Strange as it may seem,** I actually prefer cold weather.
  (이상하게 보일 수도 있겠지만, 사실 나는 추운 날씨가 더 좋아요)

〈 **정순(正順) 문장에서 후절의 but와 연계해 may/might를 사용해 「양보」의 뜻을 나타낼 수 있는 경우** 〉

- **Times may change, but** human nature stays the same.
  (세월은 변할지언정, 사람의 본성은 변하지 않는다)
- **He may rich, but** he is not refined.
  (그는 부자인지는 몰라도, 세련되지는 않았다)
- **The salary may be poor,** but the work is enjoyable.
  (월급은 적을지 모르겠으나, 하는 일은 재미 있다)
- **Heaven and earth will[may] pass away, but** my words will never pass away.   -------- 〈 마태복음 24: 35 〉

(천지는 없어질지언정, 내 말은 없어지지 아니 하리라)

6) 「목적」을 나타내는 that/lest 절에서 : 「~하기 위해」, 「~할/일 수 있도록」

> ▸ 「목적」을 나타내는 (So) that, lest절 내에서 may/might가 흔히 쓰인다.
> — 앞절(주절)이 명령문이나 현재형이면 may를, 과거이면 might를 쓴다.
> — may/might 대신에, can/could, will/would, shall/should가 쓰이기도 한다.
>   ※ 한편, 고어(古語)에서는 so that절이 「목적」외에, 「~하기만 하면」의 뜻 으로 「조건」을 나타내기도 한다.
> ▸ so that의 앞에 콤마가 쳐지면, "계속용법"으로서 이때 so that 절은 「결과」를 나타낸다.
> ▸ so ~ that가 분리 접속사로 쓰여 그 사이에 형용사/부사 또는 동사가 끼인 문장에서는 대개 「정도」, 또는 「결과」를 나타낸다.
> — 이 경우, 앞절(주절)이 부정문(否定文)이면, 뒷절(종속절)은 that 대신 에 but가 받으며, 이때 but절은 긍정문 형태이지만 부정으로 해석해야 한다.

① **May 가 쓰이는 경우**

- He flatters so that **he may win** her favor.
 (그는 그녀의 환심[호감]을 사려고 알랑거리고 있다)
- He is working hard (so) that **he may**[can] **pass** the examination.
 [= He is working hard in order that **he may pass** ~]
 (그는 시험에 합격하고자[하도록] 열심히 공부하고 있다)
- Great men often sacrifice their lives (so) that **people may prosper.** (위인들은 종종 사람들이 번영할 수 있게 자신의 생애를 희생한다)
- We don't live so that **we may eat**, but eat so that **we may live.**
 (우리는 먹기 위해 사는 게 아니라, 살기 위해 먹는다)

- Let us meet sooner or later so that **we may discuss** the matter fully. (이 문제를 충분하게 논의하도록 조만간 한번 만납시다)
- Talk{Speak} a little louder so (that) **we may[can[all hear** (you). (우리 모두가 당신 말을 들을 수 있도록 좀더 크게 말하시오)
- Swich the light on so that **we may[can] see** what it is. (그게 무엇인지 우리가 볼 수 있도록 불을 켜시오)
- Turn it from time to time so (that) **it may be cooked** alike on both side. (양쪽이 고르게 익도록 그것을 가끔 뒤집어라)
- Come home early, so that **we may eat** dinner together. (함께 식사를 할 수 있도록, 일찍 집에 들어오너라)
- Walk as lightly as possible, so that **the baby may not wake up**. (아기가 깨지 않도록, 될 수 있는 대로 가만 가만 걸어라)
- You may go out so that **you are[may be] back** by dinner time. (고어체: 저녁시간까지 돌아오기만 한다면 외출해도 좋다)

〈 so ~ that로 분리되어 그 사이에 동사, 형용사, 부사가 끼인 경우 〉

- We should so act that **we may[shall] have** nothing to regret. (우리는 후회하는 일이 없도록 행동해야 한다)
- It is so dark that I **may not**[cannot] **see** my hand before me. (눈앞의 손이 보이지 않을 정도로 어둡다)
  [너무 어두워 눈앞의 손도 안 보인다]
- We should act so carefully that **we may not fail** again. (우리는 두 번 다시 실패하지 않도록[않을 정도로] 신중하게 행동해야 한다)
- Those ponds and streams are so small that **they may not [cannot] be shown** in your maps. (그 연못이나 시내는 너무 작아서 여러분들이 가진 지도에는 안 나타날 수 있어요)

〈 no/not+so+but절 형태에서 may가 사용된 경우 〉

- **No man is so bad but he may have** some redeeming point [feature].((결점을 상쇄하는) 장점이 없을 정도로 나쁜 사람이란 없다)
- He is not so deaf but he may[can] hear a cannon.
  [= He is not so deaf that he may not[cannot] hear a cannon]
  (그는 대포 소리를 들을 수 없을 만큼 귀머거리는 아니다)

② Might 가 쓰이는 경우

〈 목적을 나타낼 때 〉

- I lent her the book so that she might[should] study deep into the subject.
  (나는 그가 그 주제로 깊이 연구해 들어갈 수 있도록 그 책을 빌려 주었다)
- I lowered my voice so (that) she might[would] not hear.
  (나는 그녀가 듣지 못하도록 목소리를 낮췄다) ※ 단축형 : mightn't/wouldn't
- He hurried to the station so that he might catch the last train. (그는 마지막 열차를 탈 수 있도록 서둘러 역으로 갔다)
- I moved forward so that I might have a better view.
  (나는 좀더 잘 볼 수 있게[있도록] 앞쪽으로 이동했다)
- We gave them some bread and meat, **lest they might**[should] **starve**. -----〈 that 대신에 lest를 쓰면 not 없이도 부정의 뜻을 내포 〉
  (우리는 그들이 굶어 죽지 않게[죽지나 않을까 하여] 빵과 고기를 좀 줬다)
- He hurried **lest**[for fear that] **he should**[might] **miss** the train.
  [= He hurried so that he would/might not miss the train]
  (그는 열차를 놓치지 않도록[놓치지나 않을까 하여] 급히 서둘렀다)

〈 결과/정도를 나타낼 때 〉

- He was so exited that he might[could] not speak.
  (그는 너무 흥분해 있어서 말을 할 수 없었다; 없을 정도였다)
  cf : It so happened that he was not at home.
  (공교롭게도 그는 집에 없었다)

7) well, as well에 연계해 쓰이는 관용적 표현

① may/might well be/do: 「~하는 것은 당연하다(무리가 아니다)」 「~하기 십상이다」, 「~할 수(가능성)도 있다」

■ 이 때의 might는 may의 과거시제로 쓰는 경우 외에, 그냥 좀더 겸손한 [조심스러운] 느낌을 나타내기 위해 쓰기도 한다.

〈 「~하는 것은 당연하다」의 뜻으로 쓰인 경우 〉

- **You may well say** so. (네가 그렇게 말하는 것은 당연하다)
- **You may well be proud** of your son.
  (당신이 아들 자랑하는 것도 당연하다)
- **He might well ask/think** that[so].
  (그가 그렇게 묻는[생각하는] 것도 당연할 테지)
- **He might well be described** as the world's greatest player.
  (그는 세계 최고의 선수라고 일컬어질 만하다)
- He turned pale at the news, **as well he might**.
  (그는 그 소식을 듣자 얼굴이 창백해졌는데, 그것은 당연한 일이었다)
- This fact made people nervous, **as well it might**.
  (이 사실은 사람들을 불안하게 만들었는데, (당연히) 그럴 만도 했다)

〈 「~할 수(도)있다, ~하기 십상이다」의 뜻으로 쓰인 경우 〉

- **He may well change** his mind.
  (그는 충분히 마음을 바꿀 수[가능성]도 있다)
- Suh a mistake **may well[easily] result** in serious damage.
  (그런 실수는 심각한 손실을 초래하기 십상이다)

〈 「아마 ~일 것이다」의 뜻으로 쓰인 경우 〉

- The document **may well come** before each of us.
  (그 서류는 아마도 우리들 각자 앞으로 올 것이다)
- It **may well be** true. (그건 아마도 정말일 것이다)

① may/might as well be/do: 「~하는 편이 좋다[=had better]」 「~하는 것이나 마찬가지다」, 「~해도 좋겠다」

- You **may as well begin** at once.
  [= You **would do well to begin** at once]
  (자네는 곧 시작하는 게 좋겠다)

    cf : You **well do to be** quiet. (조용히 하는 게 좋겠다)
    cf : You **did well to come**. (잘 오셨습니다)
        [= It was well done of you to come]

- There is nothing happening, so **we may as well go** home.
  (아무 일도 없으니, 이제 우리는 집에 가는 게 좋겠다)

- You **may** (just) **as well confess** now.
  (자네는 이제 자백하는 편이 좋을 것이네)

- You **might** just as well leave now.
  (당신은 이제 돌아가셔도 좋겠는데요)

- You **might as well give** him a letter.
  (그에게 편지를 보내면 좋겠는데: 보내면 어떨까)

- You **might** just **as well take** your brother's part.
  (너는 이제 네 형의 편을 들어도 좋(겠)다)

- You **might**[would] **be just as well** for you to write to him.
  (네가 그에게 편지를 사는 편이 좋을 것이다)

    cf : you **might just as well wait** till Friday.
        (금요일까지 기다려도 좋지 않겠어요; 완곡한 권고)

- You **may as well know** that I am a strict instructor.
  (여러분은 내가 엄격한 교사라는 걸 알아두는 편이 좋을 것이다)

    cf : It's just as well that you didn't go there.
        (네가 거기에 가지 않기를 잘했다 ; 가지 않은 게 잘한 것이다)

- It **may be as well** to explain in detail[full].
  (자세하게 설명해 주는 게 좋겠다)

② [might just as well + 현재완료] : 「~한 /인 것이나 다름없다」

- You **might** just **as well have confessed**.
  ((그렇게 말한다면) 너는 자백한 거나 다름 없다)
- You **might** just **as well have hit** him in the face.
  ((그분 에 대한 너의 무례함은) 그의 얼굴을 때린 거나 다름 없다)
- I **might as well** (that) **I have been talking** to a brick wall.
  [= I **might as well have been talking** to a brick wall]
  (나는 담벼락에다 대고 말하고 있었던 것이나 마찬가지였다)
- Australia **may** just **as well have been** a different planet.
  (오스트레일리아는 (너무 멀리 떨어져 있었기에) 다른 행성이었던 것이나 마찬가지였다)

③ may/might as well A as B : 「B 하기보다[할 바에]는 A하는 게 낫다」
　　　　　　　　　　　　　「B 하는 것은 A하는 거나 다름 없다」
　　　　　　　　　　　　　「A할 수 없듯이, B할 수 없다」

■ 양절 비교시 As와 Than의 용법 차이: as 는 than과 유사하게 쓰이지만 than과 달리, 앞절에 비교급을 붙이지 않는다.

- You **might as well throw** money away **as spend it** in gambling.
  (도박에 돈을 없애느니 차라리 버리는 게 낫다)
- You **might as well throw** your money into the sea **as lend it** to him.　(그에게 돈을 빌려주느니 차라리 그걸 바다에 집어던지는 게 낫다)
- You **might as well stay** at home as not.
  (차라리 집에 있는 편이 그러지 않는 것보다 낫다)
- You **might as well expect** a_wolf_to_be_generous as ask him for_money.
  (그에게 돈을 부탁하는 것은 늑대에게 관대함을 기대하는 것이나 다름 없다)
- One **may as well be hangled for a sheep as** (be hangled) **for a lamb.**

(속담; 새끼 양을 훔치는 것이나 다 자란 양을 훔치는 것이나 교수형에 처해지기는 마찬가지다[마늘 도둑이나 소 도둑이나 도둑이기는 마찬가지다]
[이왕 훔치려면 크게 훔치는 게 낫다?]
- You **might as well call** a horse a fish as call a whale the one.
(말을 물고기라고 부를 수 없듯이 고래를 물고기라고 부를 수 없다)

(3) 강한 의무/강제, 주장/의지, 권고, 추정 등을 나타내는 조동사

▸ 「Must(긍정)」와 「Must not(부정)」은 이 부류의 조동사들 중 가장 격식적이고도 강한[단호한] 느낌을 준다.
▸ Must에 비해 어감은 약하지만, 평서문 긍정시에는 「have (got) to」, 「ought to」, 「Should」, 또는 「be bound/obliged/compelled/forced to」로도 나타낼 수 있으며. 부정시에는 「Do not have to」, 「Haven't (got) to」, 「Oughtn't to」, 「Need not[Needn't]」, 「Cannot[Can't]」를 쓸 수 있다.
　― 「Have to」는 어느 경우에서나 Must에 대체해 쓸 수 있으나, 어감이 좀더 부드러우며 객관적 당위성의 느낌이 있다.
▸ 「Must」와 「Ought to」는 현재형으로 고정되어 있기 때문에 다른 시제로 변경하거나, 다른 조동사 뒤에 붙여 쓰려면, 먼저 기본형을 「Have to」로 바꾼 다음에 이를 각 경우에 맞게 변형해서 써야 한다.
　― 다만, 간접화법(전달식) 문장에서는 Must/Ought to를 그대로 사용할 수도 있다.
　― 한편, Ought to 의 과거형은 [Ought to+현재완료]로 쓴다.
▸ 의문문에서는 「Have to」의 경우, 통상 Do를 주어 앞에 선치한다.
　― 즉 "Do you have to go?"로 한다.　--------〈미국식 영어〉
　　　(당신은 꼭 가야만 합니까)
　― 그러나 Have도 조동사이므로 Do의 도움 없이 의문문을
　　"Have you to go?"로 쓰기도 한다.　--------〈영국식 영어〉

1) 강한 의무나 강제를 나타낼 때 : Must, Have (got) to

▶ 「~해야(만) 된다」, 「~하지 않으면 안된다」 ---------- 〈긍정시〉
▶ 「~해서는 안된다」, 「~하는 것은 금지다」 ---------- 〈부정시〉

① 긍정시 : Must, Have (got) to, Ought to
※ **Must와 Ought**는 주어의 인칭에 따른 변화는 하지 않는다.
※ **[Have got to= Have to]**이지만, 전자(前者)가 좀더 강조하는 느낌을 준다.

- You **must do** it right now.
 (너는 지금 당장 그 일을 하지 않으면 안 된다)
- We **must hurry** if we are to arrive on time.
 (우리가 제 시간에 도착하려면 서둘러야 해요)
- Predatory aimals **must eat** meat to llve.
 (육식동물이 생존하기 위해서는 고기를 먹어야 한다)
- Now all passengers **must wear**[fasten] seat belts[life jackets/ life vests].
 (승객 여러분들은 이제 모두 안전벨트[구명조끼]를 착용해야 합니다)
- We **must leave** this town before the sunset.
 (우리는 해가 지기 전에 이 읍(邑)을 떠나야 한다)
- You **must keep** your word[promise] to work hard.,
 (너는 열심히 공부하겠다던 언약[약속]을 반드시 지켜야 한다)
- Children **must obey** their elders.
 (아이들은 어른들에게 순종해야 한다)
- It's getting late. I rally **must go**[be going] now.
 [=It's getting late. I really **have got to go** now]
 (벌써 늦었어요. 저는 이제 정말 가봐야 해요)
- You **must do** as you are told.
 (당신은 들은[지시받은] 대로 해야 합니다)

- I **must ask** you <u>not to tell</u> anyone else this fact.
  (이 사실을 다른 누구에게도 말하지 말아 주시오) ---〈정중•단호한 요청〉
- I always **have to work hard** to win[gain] a scholarship.
  (나는 장학금을 받기 위해 언제나 열심히 공부하지 않으면 안 된다)
- I **have to repay** her kindness.
  (나는 그녀의 은혜를 꼭 갚아야 한다)
- You **have** <u>only</u> **to pay** your debts.
  -----〈to-부정사 형태에서의 부사위치에 유의〉
  (당신은 당신이 진 빚을 갚기만 하면 된다)
- You**'ve**[=You have] **got to eat** more vegetables.
  (너는 야채를 더 많이 먹어야 한다)
- There **has to be** <u>an end</u> to the violence.
  (폭력 사태는 종지부를 찍어야 해요)
- Sooner or later, one **has to choose** a good subject for one's essay. (조만간, 자신이 쓸 논문에 적합한[좋은] 주제를 골라야 한다)
- It **ought**[has] **to be done** at once.
  (그 일은 당장 실행해야[실행돼야] 해요)
- The company **ought**[≠oughts] **to make** changes in its marketing strategy.
  {=The company **must**[≠musts] **make** changes in its ~]
  (그 회사는 자사의 마케팅 전략에 변화를 주어야 한다)
- You **ought to be** <u>ashamed</u> of yourself.
  (너는 자신이 부끄러운 줄 알아야 한다)
- Coffee **ought to be drunk** while it is hot. ---〈충고/소망을 표현〉
  (커피는 뜨거울 때 마셔야 한다[마시는 게 좋다]).
- We **ought to call**[send for] the doctor promptly.
  (우리는 빨리 의사를 부르는 게 좋겠다)
- You **ought to go out and take a walk**.
  (밖에 나가서 산책이라도 (좀) 해라)

- You **ought to see** the beautiful view!　----〈 '놀람'을 내포한 권고 〉
  (그 멋진 경치를 너도 꼭 (한번) 봐야 돼 : 대단해)
- You **ought to hear** her play the violin!
  (그녀가 바이올린 켜는 걸 꼭 (한번) 들어봐 ; 대단해)

〈 의문문의 경우 〉

- **Must I do** it?
  [=**Do I have to do** it?]　　----〈 미국식 〉
  [= **Have I to do** it?]　　-----〈 영국식 〉
  (그것을 꼭 내가 해야만 합니까)
  　― Yes, **you must**[=**have to**]. (예, 당신이 해야 해요)
  　― No, you **need not**. (아뇨, 그럴 필요가 없어요)
  　　[=No, you **don't have to**]
- **Must I stay** here longer? (여기에 내가 더 있어야 합니까)
  　― No, you **don't have to**. (아니오, 그러지 않아도 돼요)
- **Must** you so **shout**? [= Why must you so shout?]
  (당신은 꼭 그렇게 소리를 질러야 해요?)
- **Why must it** always **rain** on Sundays? ---〈 짜증스런 불평을 표현 〉
  (왜 하필 일요일만 되면 으레 비가 오는 거지?)
- **Do I have to go** with you?　　-------〈 미국식 〉
  [= **Have I to go** with you?]　--------〈 영국식 〉
  [= **Must I go** with you?]
  (당신과 함께 가지 않으면 안 됩니까)
- **Ought I to start** at once? (지금 당장 출발해야 합니까)
  　― Yes, you **ought to** (start). (예, 그래야 합니다)

② 부정시 : Must not[Mustn't], Ought not[Oughtn't], Don't have to

> ▶ Must/Ought not[Mustn't/Oughtn't] : 「~하면 안 된다」
> ------------ 〈본동사를 부정하는 효과〉
> ▶ Don't have to : 「~하지 않아도 된다 」
> ------ 〈조동사(have to)를 부정하는 효과〉

- This information **mustn't**, in no circumstances, **be given** to the general public.
  (이 정보는 어떤 여건하에서도 일반대중에게는 제공해서는 안 된다)
- You **mustn't talk** to your mother like that.
  (너는 엄마한테 그런 식으로 말하면 안 돼)
- You really **mustn't**[must not] **tell** anyone about this.
  (당신은 이에 관해서는 누구에게도 절대로 발설해서는 안 됩니다)
- The notice says, Prams **must not be left** outside the shop.
  (게시판에는, "가게 밖에 수레를 놔둬서는 안 된다"라고 적혀 있다)
- You **mustn't smoke** in here. (이 안에서는 금연입니다)
- Any cars **must not be parked** here.
  (여기는 어떤 차량도 주차할 수 없습니다; 주차금지 구역이다)
- We **mustn't be late** any more.
  (우린 이제 더 이상 늦어서는 안된다)
- You **must not tell** a lie, and **must not break** faith with your friends. (여러분은 거짓말 해서는 안되고, 친구들과의 신의를 깨뜨려서도 안 됩니다)
- May I take this book? — **No**, you **mustn't**.
  (이 책을 가져가도 좋습니까? — 아니오, 안 돼요)
- Such things **ought not to be allowed** any longer.
  (그런 일이 더 이상 허용되어서는 안 된다)

- Oughtn't we to phone for the police.
  (경찰에 연락해야 되지 않을까요?)   -----〈부정 의문문; 해석시 요주의〉
- Oughtn't we to think about it before we decide?
  (우리는 결정을 내리기 전에 그 점에 대해 생각해봐야 하지 않을까요?)
- You **don't have to work** so hard. ----〈have to에 대한 부정〉
  [= You **haven't** (got) **to work**]   -----〈영국식 영어〉
  (그렇게 열심히 일하지 않으셔도 됩니다)
- You **don't have to pay** any attention to what he says.
  [=You **havn't to pay** any attenion to what he says]
  (그가 하는 말에는 전혀 신경을 쓸 필요가 없다)
- You **don't have to come** to the office tomorrow.
  [= You **haven't to come** to the office tomorrow]
  (내일은 사무실에 나오지 않으셔도 됩니다)

③ 과거·미래 시제 및 간접화법에서의 용법

〈과거 및 미래 시제에서〉

※ Must : 의무/강제의 의미로는 과거 및 미래 시제를 나타내지 못하므로
「Have to」로 전환·대체해야 한다.
— 다만, 과거에 대한 강한 추측의 의미로 사용할 때에는
[Must+현재완료] 형태로 나타낼 수 있다.

※ Ought to : 과거시제는 [Ought to+현재완료] 형태로 나타낼 수 있다.
—다만, 미래시제는 「Have to」로 전환·대체해야 한다.

- I **had (got) to go** there that day[the very day].
  [= I **ought to have gone** there that day]
  (그날 나는 거기에 꼭 가야만 했다)
- They **ought not to have spent** all that money.
  (그들은 그 돈을 다 쓰지 말았어야 했다)
- That step **ought not to have taken**.
  (그 조치[수단]는 취하지 않았어야 했다)

- I **had (got) to do** it myself.
  (나는 그 일을 직접 하지 않으면 안 되었다)
- <u>All</u> she **had to do**// <u>was</u> to sit and wait.
  (그녀가 해야 했던 것이라곤 가만히 앉아서 기다리는 것뿐이었다)
- He **had** <u>but</u> **to repeat** the words.
  (그는 그 말을 되풀이 하기만 하면 되었다)

  cf: Applicants **must** <u>have finished</u> the senior high school.
  　　(지원자는 고등학교를 <u>졸업했어야만 한다</u>)　---〈must의 과거가 아니라,
  　　　　　　　　　　　　　　　　　　　　　　　본동사 자체의 과거(=현재완료)임

- We **didn't[won't] have to wait** so long.
  (우리는 그렇게 오래 기다릴 필요가 없었다[없을 것이다])
- He **did not have to take** it into consideration.
  (그는 그것을 고려할 필요가 없었다)
- He **will have to leave** tomorrow.
  (그는 내일 출발하지 않으면 안 된다)
- We **will have to run** some more tests.
  (우리는 몇 가지 검사를 더 해봐야 할 것 같아요)
- They **will have to build** their own house.
  (그들은 자기 집을 손수 짓지 않으면 안 될 것이다)
- You **will not**[=won't] **have to pack and leave** this house.
  (당신은 당장 짐을 싸서 이 집에서 안 나가도 될 것이오)

〈 간접화법 또는 복합문에서 〉

※ 주절(전달부)이 과거이라도 종속절(피전달부)에서 Must와 Ought to를 그대로 쓸 수 있다.

- He **said** that he **must**[had to] **go**.
  (그는 가지 않으면 안 된다고 말했다)
- He **said** that he **must**[had to] **finish** it in a week.
  (그는 그 일을 1주일 내에 끝마치지 않으면 안 된다고 말했다)

- She **said** that she **must**[had to] **find** a new job by summer.
  (그는 여름까지는 새 일자리를 구해야 한다고 말했다)
- I **told** him that he **ought to**[had to] **do** it.
  (나는 그에게 그 일을 꼭 해야 된다고 말했다)
- I **thought** that I **must**[had to] **bite** my tongue at that moment.
  (그 순간 나는 (하고 싶은) 말을 꽉 참아야 한다고 생각했다)

2) 주장, 강한 의지 및 간청•요망•충고를 나타낼 때

▶ 1)에서 살펴본 강한 "강한 의무"나 "강제"의 용법과 문장형태는 같다. 다만, 그보다는 약간 누그러진 여건이나 심리상태를 표현하며,
- 주어 또는 화자(話者)의 주장, 의지 및 의향을 나타낸다.
  (다만, 이 경우의 must는 좀 강하게 발음해야)
▶ 이 용법에서의 의미와 느낌은 다음과 같다.
- 주어/화자의 강한 주장/의지 : 「꼭 ~해야 한다」, 「꼭 ~하고 싶다」
- 화자가 주어에게 간청/요망 : 「부디 ~해주기 바란다 ; 해주세요」

① 주어/화자의 강한 의지, 주장, 또는 필연 등을 나타낼 때

- We **must ask** your name and address. ---〈주어의 의지/주장〉
  (선생님의 존함과 주소를 꼭 좀 알았으면 싶습니다)
- I **must ask**[insist] you not to tell anyone else.
  (다른 누구에게도 말하지 말아 주시기 바랍니다)
- He **must** always **have** (everything) his own way.
  (그는 늘 무엇이든 자기 방식대로 하고야 만다) --〈화자의 주장〉

- It **must** be remebered that there were no computers in 1939.
  (1939년에는 컴퓨터가 없었다는 사실을 기억[유념]하셔야 해요)

- I **must admit**[say/comfess] that I don't really like his music.
(솔직히 말해 저는 그의 음악을 별로 좋아하지 않아요 ; 좋아하지 않는다고 말해야 겠죠)
- If you <u>must</u>, you **must**. (꼭 해야만 한다면, 하는 수밖에 없죠)

- All men **must die**. (모든 인간은 반드시 죽는다) ----〈필연을 나타냄〉
- Bad seed **must produce** bad corn.
(나쁜 씨앗에서는 나쁜 곡식이 생기게 마련이다)
- One **must have lived** long to see[before one can see] how short life is.   -----〈필요를 나타냄〉
(오래 살아보지 않고는 인생이 얼마나 짧은지 알 수가 없다)

〈회상적 서술, 또는 과거의 의외의 일에 대한 '어이 없음'을 표현 시〉

- She was unfit for the work : She **must** always **be stopping** to rest.   -----〈회상적 서술〉
(그녀는 그 일에 맞지 않았다. 항상 일을 중단하고 쉬어야 했으니까)
- Just when I was busiest, he **must come** for a chat.
(하필이면 내가 가장 바쁠 때, 그가 와서 잡담을 하다니) ----〈어이없음〉
- The baby **must catch** <u>measles</u>, just when we were ready to go away for the holidays.
(온 집안이 모처럼 휴일을 보내려 가려는데, 아기가 홍역에 걸리다니)

〈주어에게 간청·요망·충고를 나타낼 때〉

- You **must stay** to dinner. (부디 남아서 식사를 하고 가주세요)
- You **must know** (that) he is quiet shrewd about money.
(당신은 그가 돈(벌이)에는 조금도 빈틈이 없다는 걸 알아두셔야 해요)

3) 단정적·논리적인 추정/추측을 나타낼 때

> ▶ 현재에 대한 추정 : [must + 동사원형]으로 구성한다.
> ─ 의미 : 「~임에 틀림없다」, 「틀림없이 ~일/할 것이다」
> ─ 부정문은 ; 「Cannot be」(~일 리 없다)로 하며
> ─ 맞장구 칠 때는 ; (의문사 없이) "Are you sure?" 정도로 응대
> ▶ 과거에 대한 추정 : [must + 현재완료]로 구성한다.
> ─ 의미 : 「~했음/였음에 틀림없다」

① 현재에 대한 단정적 추정 : 「~임에 틀림없다」, 「틀림없이 ~일/할 것이다」

- It **must be** true. But he mustn't be there.
  (그건 정말임에 틀림없어. 하지만 그는 거기에 없음이 틀림없어)

- He **must be** over sixty. ─ No, he **cannot be** so old.
  (그는 예순이 넘었음에 틀림없어. ─ 아니야, 그렇게 나이를 많이 먹었을 리 없어)

- Don't bet on horse races ; You **must loose** in the long term.(경마 도박을 하지 마시오 ; 결국 손해 볼 것이 뻔하니까요)

- You **must know** this, **mustn't you**? ─ **Must I** ?
  (자네는 틀림없이 이것을 알고 있을 테지, 안 그런가? ─제가요?)

- War **must follow** if we take all the circumstances into consideration.
  (제반여건을 감안할 때, 틀림 없이[필연코] 전쟁이 일어날 것이다)

- You **must feel tired** after your long walk.
  (당신은 먼 길을 걸은 뒤라서 피곤한 느낌이 드는 게 틀림 없을 거예요)

- She **must be** the new teacher. (그녀는 틀림 없이 신임 교사 같아요)

- He **must**[has to] **be joking**. (그는 틀림 없이 농담하고 있는 거야)
- I heard you skipped lunch. you **must be starving** (to death). (점심을 걸렀다면서요. 배가 고파 죽을 지경이겠어요)

② 과거에 대한 단정적 추정 : 「~했음/였음에 틀림없다」

- He **mustn't have known** it.
  (그는 그것을 모르고 있었음에 틀림 없어요)
- He **must have forgotten** all abut it.
  (그는 그 일을 까맣게 잊어버리고 있었음에 틀림 없어요)
- You look very tired. You **must have been working** too hard.
  (몹시 피곤하신 것 같군요. 아마 틀림 없이 계속 과로했기 때문일 겁니다)
- You **must have caught** the train if you had hurried (a little more). (당신은 (조금만 더) 서둘렀다면, 그 열차를 탈 수 있었을 텐데)
- That man **must have stolen** the purse[wallet].
  (저 사람이 그지갑을 훔친 게 틀림 없어)
  — No, he **cannot have stolen** it.
  (아니오, 그가 그것을 훔쳤을 리가 없어요)
  — No, he **mustn't have stolen**.
  (아니오, 그는 틀림 없이 훔치지 않았을 것이오)
- I **must have called** the switchboard five times by mistake.
  (아마 틀림 없이 제가 실수로 교환대에 다섯 번이나 전화 했던가봐요)
- There's nobody here — they **must have** all **gone** home.
  (여기엔 지금 아무도 없네 — 모두 집으로 가버린 게 틀림 없어요)

〈 간접화법 등 복합문에서의 추측 〉

- I thought (that) you **must have lost** your way in the woods.
  (나는 네가 틀림 없이 숲속에서 길을 잃었을 것이라고 생각했다)
  -----〈 과거에 대한 추측 〉
  cf : I thought that it **must be** false. -----〈 현재에 대한 추측 〉

(나는 그것이 거짓[가짜]임에 틀림 없다고 생각했다)

〈 How : 문장전체에 걸치는 감탄사와 통상적 감탄사로서의 의미상 차이 〉

※ 통상 감탄문에서 How 등 감탄사[의문사] 다음에는 형용사나 부사가 오며 도치구문이 되는 게 상례이다. 그러나

※ How 등이 문장 전체에 걸치는 경우에는, 단순히 "정말", "얼마나", "대체 무슨 연유로" 등 강조의 뜻을 지닌, 일종의 허사(虛辭)의 성격이다.

☐ **How가 문장 전체에 걸친 경우**
- How you **must have hated** me! ----〈과거에 대한 단정적 추정〉
  (얼마나 나를 증오했을는지 ; 틀림 없이 나를 무척이나 증오했을 테지)
  cf : How I **wish** I **could travel** around[round] the world!
    (전세계를 두루 여행할 수 있으면 얼마나 좋을까!)
  cf : How it **rains**! (대체 무슨 비가 이렇게 오는지!)

☐ **How가 바로 뒤의 형용사/부사를 수식하는 통상적인 감탄문의 경우**
- How **foolish** you are! (너[너희들]는 참으로 어리석구나!)
- How **kind** of you! (당신은 참으로 친절하시군요!)
- How **well** she sings! (그녀는 정말 노래를 잘 부르네!)

4) 「Have/Has to」와 「Ought to」에 대한 추가적 이해

① 「Have to」에 대한 추가적 이해

> ▸ 「Have/Has to」는 앞에서 살펴본 바와 같이 「Must」와 거의 같은 의미와 기능을 가진다.
> ▸ Have 조동사 그 자체가 본래 시제와 관련된 조동사이기도 하므로, 「Have/Has to」역시 현재는 물론이고, 과거·미래 및 완료형 시제를 원활하게 나타낼 수 있어서,
> — 「Must」와 「Ought to」가 만들 수 없는 시제관련 역할을 대행하기도 한다.
> — 「Would have to」는 고질적 습관을 표현 : 「~으레/꼭 ~하다」
> ▸ 「Have/Has to」는 의문문과 부정문을 만들 때는 조동사 Do의 도움을 받아야 한다.　　　　　　　　　　　　----〈 미국식 영어 기준 〉
> — **Do** I **have to** sing, too? (저도 꼭 노래를 불러야 하나요?)
> — No, you **don't have to** do so. (아니오, 그렇지 않아도 됩니다)

〈 강한 의무나 강제를 표현 〉

- I **have to go** to work now.
  (나는 지금 일하러[직장에] 가야 한다)
- I always **have to work** hard day and night[night and day].
  (나는 밤 낮 없이 열심히 일하지 않으면 안된다)
- All you **have to do**// is (to) wait patiently.
  (당신은 오로지 참을성 있게 기다리기만 하면 된다)
- You **have only to see** him enjoy his bath to realize he has a real passion for cleanliness. (목욕을 자주 하는 것만 보아도 그가 매우 청결을 좋아한다는 것을 알 수 있다)
- You **have only to follow** her advice.
  [**All (that) you have to do** is (to) follow her advice]

(너는 그녀의 충고를 따르기만 하면 된다)

- I <u>hate</u> **having to get up** so early.   ----〈동명사로 된 목적어 파트〉
 (나는 그렇게 일찍 일어나야 하는 게 싫다)

- **Do you have to go** to the gym even today?
 [=**Have you to go** to the gym even today?]   ----〈영국식 영어〉
 (너는 오늘도 헬스클럽에 나가야 하느냐?)

- You **don't have to attend** the meeting.
 [= You **haven't (got) to attend** the meeting]   ----〈영국식 영어〉
 (당신은 그 회의에 참석하지 않아도 된다)

- You **don't have to answer** <u>all the questions</u>.   -----〈부분 부정〉
 (당신은 모든 질문에 다 대답할 필요는 없습니다)

- You **don't have to work** so <u>hard</u>.
 (당신은 그렇게 열심히 일하지 않아도 된다)

- You **don't have to go** if you don't want.
 [= You **haven't (got) to go** if you don't want]
 (당신은 원하지 않으면 가지 않아도 돼요)

- I **had to go** to see him.   -----〈과거 시제〉
 (나는 가서 그를 만나야 했다 ; 그를 만나러 가야 했다)

- We're snowed in! We'**ll have to dig** a tunnel to the car.
 I'll get a shovel[spade/scoop].   -----〈미래 시제〉
 (우리는 지금 눈속에 갇혔어요! 차 있는 데까지 통로를 터야 할 것 같아요, 제가 삽을 가져 올 게요)

- We **will have to get** approval from him. He signs checks.
 (우린 그의 승인을 받아야 할 거예요. 그가 수표에 서명하니까요)

- He **will have to do** it himself after all.
 (결국 그는 스스로 그것을 하지 않을 수 없을 것이다)

〈주어의 주장, 강한 의지나 짜증을 표현〉

- It **has to be** champagne — no other wine will do.
  (꼭 샴페인이어야 합니다 — 다른 술은 안 돼요) ----〈주어가 사물〉

- There **has to be** an end to (the) irregularities[injustice] and corruption. [=We **have to put** an end to ~]
  (부정부패에 종지부를 찍어야 한다)   ----〈주어가 사물〉

- It **has to be done** by tomorrow.   ----〈주어가 사물〉
  [= You **have to get** it done by tomorrow]
  [= You **have to finish** it by tomorrow]
  (너는 그 일을 내일까지 끝내야 한다)

- I **have to admit**[say/confess], I didn't uderstand most of the question.
  (솔직히 말하면, 나는 그 질문의 대부분을 이해하지 못했다)

- **Why does** it always **have to be** me that gets blamed?
  (어째서 비난받는 건 항상 나란 말인가)   -----〈짜증 섞인 불만을 토로〉

- She **would have to call** when I'm taking a bath.
  (그녀는 으레/꼭 내가 목욕하고 있을 때 전화를 한다니까)
                              ------〈주어의 고질적인 습관〉

〈화자(話者)의 간청, 충고, 또는 자기 확약 : 「~해줘요」, 「~하겠소」〉

- You **have to mix** flour and salt **and whip**[stir/churn] **up** them.
  (밀가루와 소금을 섞어서 잘 휘저어 주세요)
- You'll **have to come** for a meal with us some time.
  (언제 한번 꼭 우리 집에 오셔서 함께 식사하도록 해요)
- I'll **have to phone**[call] you later. (나중에 내가 전화하겠소)

〈 단정적 추정 : 「~임이 분명하다」〉

- This **has to be** a mistake. (이건 실수임이 분명해)
- That **has to be** the supidest idea I've ever heard.
  (그건 내가 들어본 것 중 가장 어리석은 생각임이 분명해)

② 「**Have got to**」에 대한 추가적 이해

> ▸ 현대 영어에서는 Must 대신에 「Have got to」를 쓰는 경향이 흔하다.
> ▸ 「Have got to」는 외견상으로는 완료형이지만, 「Have to」와 기본적으로 같은 뜻이지만,
> — 단정적인 어감이 좀 더 강하며, 구어체에서 주로 사용된다.

〈 화자의 의무나 강제, 또는 주어의 주장/의견 : 「~해야 해」〉

- You'**ve got to believe** my word. (너는 내 말을 믿어야 해)
- We **have gto to win** this game.
  (우리는 이번 경기에서 꼭 우승해야 한다)
- I'**ve got to go** home now. (난 이제 집으로 가야 해요)
- You'**ve got to clear**[put] **away** the snow in front of your house (for) yourself.
  (여러분은 자기 집 앞의 눈은 자신이 직접 치워야 합니다)
- We'**ve got to sweep away**[wipe out] social abuses[evils] as soon as possible. (우리는 가능한 한 조속히 사회적 악폐를 일소해야 합니다)
- I'**ve got to send**[give] my regards to my parents over the phone. (나는 지금 부모님께 전화로 안부를 전해야 해요)
- You'**ve got to eat**[take] a low-salt or salt-free diet for (quite) some time.
  (당신은 한동안 저(低)염식 또는 무(無)염식 식사를 하셔야 해요)

〈 화자(話者)의 단정적 추정 : 「~하는 거죠?」, 「~하단 말예요」〉

- You**'ve got to be kidding**[joking] !
 [You are kidding (me)!]의 강조(놀람, 짜증 등을 내포하여)
 (너, 지금 농담하는 거지?)

- With the wind chill factor, It**'s**[It has] **got to be** much colder.
 (바람이 차기 때문에, (체감온도는) 훨씬 더 춥단 말이에요)

③ 「**Ought to**」에 대한 추가적 이해

> ▶ 「Must」와 유사하게 의무·당연·필요·추측 등을 나타내며, Should보다는 의무 관념이 더 강하다.
> ▶ 항상 to-부정사를 수반하며, 과거형을 나타내려면 보통 완료형 부정사를 쓴다.
> ▶ 시제는 현재형만 있고 과거형이 없으며, 주어가 3인칭 단수라도 어미에 S를 붙이지 않는다(즉 인칭에 따른 어미변화 불요).
> ▶ 부정문은 Ought not[=Oughtn't]로, 의문문은 「Ought+주어+to~」의 형태를 취한다.

〈 현재 및 가까운 장래의 의무·당연 또는 필요 〉

- You **ought to do** it at once.
 [= It **ought to be done** at once]
 (그것은 즉시 시행하지 않으면 안된다)
- You **ought to be shamed** of yourself.
 (너는 자신을 부끄러운 줄을 알아야 해)
- Such things **ought not to be allowed**.
 (그런 일이 허용되어서는 안 된다)
- We **ought to call** the doctor at once.
 [=We **ought to send for** the doctor ~]
 (즉시 의사를 부르는 게 좋겠어요)

- **Oughtn't we to phon**e for the police?
  (경찰에 연락해야 되지 않겠는가)
- **Ought we to teach** them good manners, too?
  (우리가 그들에게 예의범절도 가르쳐야 하나요?)
- **Oughtn't we to think** about it before we decide?
  (우린 결정을 내리기 전에 그 점에 대해 생각해 봐야 하지 않을까요?)

〈 과거사실에 대한 반대적 당연성 토로 : 질책·후회 조로 〉

- I **ought to have listened** to your advice.
  (너의 충고를 들을 걸 그랬어; 듣지 않은 것이 잘못이었다)
- You **ought to have consulted** with me.
  (너는 내게 사실대로 말했어야 했다)
- They **ought not to have spent** all the money.
  (그들은 그 돈을 다 쓰지 말았어야 했다)
- You **ought not to have taken** the car without asking me.
  (너는 나한테 물어보지도 않고 차를 가지고 나가지 말았어야 했어)
- That step **ought not to have been taken**.
  (그 조치[수단]는 취하지 않았어야 했는데)

〈 장차의 가망성, 또는 당연한 결과 〉

- It **ought to be fine**[rainy] tomorrow.
  (내일은 틀림 없이 날씨가 좋을[비가 올] 것이다)
- He **ought to be**[have arrived] at home by now[this time].
  (그는 지금 쯤 집에 도착해 있을 것이다)

〈 권고/간청, 추측 등 〉

- You **ought to try** a yachting[sailing/cruising in a yacht]
  (요트를 꼭 한번 타보세요)
- Just one more screw — there, that **ought to do** it.
  (딱 한번만 더 조여 — 그래, 그 정도면 될[충분할] 거야)

(4) 가정문에서의 조동사 사용법 :
가정형태별 조건절/귀결절내 관련 조동사들
(be,have,will/shall,can,may)의 사용법

▶ 한국어에서는 가정법의 형태가 딱 2가지로 대별되는데, 그중 하나는 실현되지 않은 현재나 미래의 상황을 가정하는 것이고, 다른 하나는 이미 실현된 과거의 사실과 반대되는 상황을 가정하는 것이다.
▶ 이에 비해 영어에서는 전자(前者)의 경우를, 3가지로 더 세분함으로써 결국 다음과 같이 가정법의 기본형태가 모두 4가지가 된다.

〈 영어 가정법의 기본형태 〉

실현되지 않은 현재나 미래의 상황을 가정할 때	이미 실현된 과거의 사실과 반대상황을 가정할 때
①가정법 현재 ② 가정법 미래 ③가정법 과거	④가정법 과거완료

▶ 영어 가정문의 구성 절(節) : 전형적으로는 「~이라면」에 해당하는 조건절[If절]과, 「~이다[하다]/일[할] 것이다」에 해당하는 귀결절[Then절] 의 2개 절로 짝을 이뤄 구성되며, 조건절에는 통상 접속사 「If」가 문절 앞에 선치된다.
  ─그러나, 조건절과 귀결절 중 어느 한쪽이 외견상 생략되어 있기도 하고, 조건절에서도 접속사 「If」가 없이 [서술동사+주어]로 도치하여 가정을 하기도 하며, 직설법의 특정 종속절(명사절/부사절)이나 부사구(句), 반어적 접속사(otherwiser 따위), 그리고 to-부정사나 분사구문 속에도 가정의 뜻이 내포된 경우 등 여러 가지 형태를 띤다. 하지만, 이들 경우에도 해당 문장의 맥락에 부합되게 상기 4가지 기본적 가정형태 중 하나를 적절히 활용하면 된다.
▶ 한편, 조건절의 If나 도치법 중에는 문맥에 따라 「~라면」이라는 뜻의 조건[가정]대신에, 「~일/할지라도」(even if, though)라는 양보의 뜻을 나타내기도 하므로 전체 문맥을 잘 파악하여 해석해야 한다.

1) 실현되지 않은 현재나 미래의 상황을 가정할 때
① 가정법 현재

> - 현재나 기까운 미래의 있을 수 있는 불확실한 상황을 가정한다.
> - 조건절의 동사는 주로 현재형을 쓰지만, 때로는 가정문임을 확실히 나타내기 위하여 동사원형을 쓰기도 한다(도치형 문장일 때는 반드시 동사원형을 써야).
>   — 드물게는 때나 단순한 조건을 나타낼 때에는 '우연성(단순미래성)'을 강조하기 위하여 [shall+동사원형]의 형태를, '의지 미래성'를 강조하기 위하여 [will+동사원형]의 형태를 취하기도 한다.
> - 귀결절의 동사파트에는 주로 [will(때로는 shall, can/may)+동사원형]이라는 형태로 미래형 시제를 쓰지만,
>   —드물게는 습관적 행위나 인과관계에는 그냥 현재형 시제로 쓰기도 한다.

- If it rains[rain] tomorrow, the parade **will be canceled**.
  (내일 만약 비가 온다면, 퍼레이드는 취소될 것이다)
- If it **be**[is] fine, we **shall**[will] **go** on a picnic.
  (내일 날씨가 좋으면, 우리는 피크닉을 가게 될 것이다)
- **What will happen if crops fail** In an important agricultural area? (만약 중요 농업지역에서 흉작이 된다면, 어떤 일이 일어날까?)
- If he **comes**[shall come, come], I **will give** him this.
  (만약 그가 오게 된다면, 나는 그에게 이걸 줄 것이다)
- If I'm not tired, I usually **get up** at six.   ----〈습관적 행위〉
  (피곤하지 않으면, 나는 통상 6시에 일어난다) ※조건절의 동사는 원형동사로
- If I **get up** early, I always **go swimming**. ----〈습관적 행위〉
  (나는 일찍 일어나면, 언제나 수영하러 간다)
- He **will work if need be**[there need be, there is need].
  (필요하면, 그도 일할 테지)
- If you **be qualified**, I **may offer** you a job.
  (네가 자격을 갖춰 있다면, 나는 직장을 제공할 수도 있다)

- My parents **will** surely **get mad if I don't come** home 9 o'clock at latest. (내가 늦어도 9시까지 귀가하지 않으면, 부모님께서는 필시 화를 내실 것이다)
- Anyone **can suceed if he carves out** a niche market. (틈새시장을 개척한다면, 누구든지 성공할 수 있다)
- **If I drink** too much coffee, I **can't sleep**. (나는 커피를 너무 많이 마시면, 잠을 못 잔다)
- **Come summer**, we **shall meet** again.   ---〈도치법에 의한 가정〉
 (여름이 되면, 우리 다시 만나자; 만나게 될 것이다) ※조건절의 동사는 원형동사로
- She **will be** nineteen, **come May**.   ---〈도치법에 의한 가정〉
 (5월이 오면, 그녀는 열아홉 살이 된다)

② 가정법 미래

- 미래의 있을 법 하지 않는 일, 의구심·걱정이 많이 되는 일, 또는 불확실성 정도가 강한 미래의 상황을 가정하며, 가정법 중 가장 흔히 쓰이는 형태이다.
- 조건절에는 주로 [Should+동사원형]을 쓰지만, 드물게는 Should 대신에 would를 쓰기도 한다.
  ※ 직설법에서도 특정 접속사(lest, so that 등)가 이끄는, 불확실성이 내포된 종속절에서는 이 규칙을 준용하여 「Should」가 흔히 쓰인다.
- 귀결절에는 주로 [Would+동사원형]을 쓰지만, 드물게는 Would 대신에 Should나 Will/Shall을 쓰기도 한다.
- 조건절(If절) 속의 Should/Would는 인칭에 상관 없이 일률적으로 쓴다.
  ―즉, 단순히 「만약 ~이라면」의 뜻으로는 Should를 쓰고,
  ―「만일 ~하고 싶으면」의 뜻으로 '의지'를 내포한 가정에는 Would를 쓴다.

- **If it should rain** tomorrow, we **would not start**. (<u>혹시라도</u> 내일 비가 오면, 우리는 출발하지 않을 것이다)
- **If I should die** suddenly, **offer** <u>my heart to some one</u> who needs it. (혹시라도 내가 갑자기 죽으면, 내 심장을 누군가 필요로 하는 사람에게 기증해 주게)

- **If anyone should call on** me, **tell** him (that) I am not at home.
 (혹시 누가 나를 찾아오면, 내가 집에 없다고 말해 주시오)
- **If you should**[would] really succeed, you **would have to do**
 your best in every thing.
 (네가 정말로 성공하고자 한다면, 매사에 너의 최선을 다해야 할 것이다)
- **If you should fail to keep** your promise, I **would stay** from
 you.(혹시라도 네가 약속을 지키지 않으면, 난 너를 멀리할 것이야)
- **If there should be a** change in the room location, I **will call**
 you without delay.
 (혹시라도 방 위치가 바뀌면, 지체 없이 전화 드리겠습니다)
- **if it should happen to be fine** tomorrow, we **should go** out.
 (행여 내일 날씨가 개이게 되면, 우리는 외출할 것이다)
- **If** suh a thing **should happen**, **wha**t shall we do?
 (혹시 그런 일이 생기면, 우린 어떻게 하지?)
- **If you would care to leave** your name, we'll **contact** you as
 soon as possible.(성함을 남겨 주시면, 가능한한 빨리 연락드리겠습니다)
- We **should be grateful if you would keep** it a secret.
 (귀측이 이 일을 비밀로 해주시면, 고맙겠습니다)
- **If I should pass** the job inntervew, I **would**[will] **be** happy.
 (내가 만약 취업면접에 통과[합격]한다면, 나는 기쁠 텐데)
- **Should you need** help, please **call me** (at) any time.
 (혹시 도움이 필요하시면, 언제든 저에게 전화[연락]해 주십시오) --〈도치법〉
- **Should he come, tell him** about it.   -----〈도치법〉
 (혹시 그가 온다면, 그에게 그 일에 관해 말해 주어라)
- <u>If it should rain</u> tomorrow, I <u>shall not come</u>.
   (조건절: 가정법 미래)   (귀결절 ; 가정법 현재)   -------〈혼합 가정〉
 (혹시라도 내일 비가 온다면, 나는 오지 못합니다)
- <u>If[=Even if]</u> he should deceive me, I **would still love** him.
 (설령 그가 나를 <u>속이더라도</u>, 나는 계속 그를 사랑할 것이다) ---〈양보의 절〉

③ 가정법 과거

- 현재의 사실과 반대되는 상황을 가정·상상하는 경우에 쓰인다.
- 조건절의 동사로서는 과거형이 오고, 귀결절의 동사부에는 미래 과거형인 주로 [Would+동사원형]을 쓰지만, 해당 문절의 내용에 따라 Would 대신에 Should/Might/Could 등이 쓰이기도 한다.
  — 조건절의 동사가 Be 동사일 때는 과거형으로서 인칭에 상관없이 일률적으로 「Were」를 쓴다.
  — 조건절에서 동사파트가 [were to-부정사] 형태를 취하면, 불가능의 정도가 심정적으로 매우 높은 일이 미래에 발생할 것을 가정하는 경우이다.
- 가정법 과거를 직설법과 비교해 보면 다음과 같이 정반대의 구조와 뜻을 지닌다. 즉 시제는 과거→현재로, 긍정은 부정으로, 부정은 긍정이 된다.
  〈가정법 과거〉 if I were a bird, I would[could] fly to you.
      (만일 내가 새라면, 너에게 날아갈[날아갈 수 있을] 텐데)
  〈직설법 현재〉 As I am not a bird, I don't[can't] fly to you.
      (나는 새가 아니므로, 너에게 날아가지 못한다)

- **If I had** two pencils, **I would give** you one.
  (만일 내게 연필이 두 자루 있다면, 너에게 하나는 줄 텐데)
- **If I could skate**, **I would go** there with you.
  (내가 스케이트를 탈 줄 안다면, 너와 함께 거기에 같이 가겠는데)
- **If she had** a job, **she could pay back** the money.
  (그녀가 직업이 있다면, 그 돈을 갚을 수 있을 텐데)
- **What would you do if you won** the lottery?
  (만약 네가 복권에 당첨된다면, 넌 어떻게[무엇을] 하겠니?)
- **It might be** very dangerous **if you pushed** the button.
  (네가 만약 그 버튼을 누른다면, 그건 매우 위험할 수도 있다)
- **If we didn't go** to their wedding, **they would[they'd] be deeply offended.** (만일 우리가 그네들의 결혼식에 가지 않는다면, 그들은 몹시 기분이 상할 거야)

- I think (that) **my boss would be** greatly[extremely] surprised **if I quit**[quitted] my job. ※ quit, quitted ; 둘 다 과거형임
(내가 만일 직장을 그만둔다면, 사장님께서는 크게 놀라실 거라고 생각해)
- **Were I in your position, I would study** civil/architectural engineering. 　　　　　　　　　　-------〈도치법에 의한 가정〉
(내가 만일 너의 입장이라면, 나는 토목/건축 공학을 공부할 것이다)
- **Were it not** for your help, **I should be** lost.--〈도치법에 의한 가정〉
[=If it were not for your help, I should be lost]
(당신의 도움이 없다면, 나는 낭패를 볼 것입니다)
- **Without**[=But/Except for] **water, nothing could grow** on the earth. 　　　　　　　　----〈특정 부사구에 조건절이 내재된 경우〉
(물이 없다면, 지구상엔 아무것도 자랄 수 없을 것이다)
- **What kind of business would it be if you owned** a company?
(네가 만일 회사를 하나 소유한다면, 그건 어떤 업종(業種)이 될 것 같니?)
- **If I were born** in America, **I could speak** English fluently.
(내가 만약 미국 태생이라면, 영어를 유창하게 말할 수 있을 거야)
- <u>**Unless he were**</u> a genius, **he <u>couldn't have got</u>** 100 point.
　　(가정법 과거)　　　　　　　　(가정법 과거완료)　　　　----------〈혼합가정문〉
[=**If he were not** a genius, **he couldn't have got** 100 point]
(그가 만약 천재가 아니라면, 100점을 받을 수는 없었을 것이다)
　※ unless ; 부정의 가정을 하는 접속사이므로, 이것이 이끄는 조건절은 긍정문이라도 부정문으로 해석해야 한다.
　※ 위 문장은 조건절과 귀결절이 서로 다른 형태의 가정을 한 "혼합 가정(문)"이다.
  - If I **were to be** young again, I would go to America.
(만일 내가 다시 젊어진다면, 난 미국에 갈 것이다) --〈불가능한 사실의 가정〉
  - If the sun **were to collide** with the moon, **what would become** of us[=what would happen to us]?　　--〈불가능한 사실의 가정〉
(만약 해와 달이 충돌한다면, 우린 어떻게 될까?)
- **What would do if war <u>were to break out</u>?** --〈불가능한 사실의 가정〉
(만일 전쟁이 일어난다면, 우린 어떻게 하죠?)

- **If I were to die** tomorrow, **I should never forget** your name.
  (설사 내가 내일 <u>죽는다</u> 해도, 당신의 이름은 잊지 않을 것이오)--〈양보절〉

2) 이미 실현된 과거사실과 반대되는 상황을 가정할 때
① 가정법 과거완료

> ■ <u>주로 이미 실현된 과거사실의 반대상황을 가정•상상하지만</u>, 때로는
>   <u>이루어지지 못했던 사실에 대한 질책이나 후회를 표현하기도</u> 한다.
> ■ <u>조건절의 동사로서는 과거완료형인 [had+과거분사]를 쓰고,</u>
>   <u>귀결절에서는 과거 속의 미래완료형인 [would(때로는 should/could/might)+ have+과거분사]를 쓴다.</u>
> ■ 가정법 과거완료를 직설법과 비교해 보면 다음과 같은 관계에 있다.
>   ─ 시제는 과거완료→과거로,
>   ─긍정은 부정으로, 부정은 긍정으로 서로 반대관계가 성립된다.
>   〈가정법 과거완료〉 if I had worked hard, I could] have succeeded.
>   (만일 내가 열심히 일했더라면, 성공할 수 있엇을 텐데)
>   〈직설법 과거〉 As I didn't work hard, I could not succeeded.
>   (나는 열심히 일하지 않았으므로, 성공할 수 없었다)

- **If I had not bee**n there, **you might have been** <u>thrown</u>.
  (만약 내가 거기 없었더라면, 너는 익사했을지도 모른다)
- **If they had arrived** any sooner, **the surprise** (party) **would have been** <u>ruined</u>.(그들이 조금만 더 일찍 왔다면, 그 깜짝 파티는 망쳤을 거다)
- **If you had got up** earlier, **you could catch** the plane.
  (네가 좀더 일찍 일어났더라면, 그 비행기를 탈 수 있었을 것이다)
- **If she had taken** my advice, **she should have been** <u>happier</u>.
  (그녀가 내 충고를 받아들였다면, 더 행복했을 것이다)
- **If he had done** it in time, **he would not have been** <u>punished</u>.
  (만일 그가 그 일을 제때에 해냈더라면, 벌 받지 않았을 것이다)

- **Had you not refused** my proposal, **you would've had fun** at the party last night. (내 제안을 거절하지 않았더라면, 너는 지난 밤 파티에서 즐거운 시간을 보냈을 텐데)　　　　　------ 〈도치법에 의한 가정〉

- **Had I had** any money, **I would have lent** him some.
  [= If I had had any money, I would have lent him some]
  (내가 돈이 얼마라도 있었더라면, 그에게 약간 빌려 주었을 텐데)

- **Had it not been** so hot, **I would've gone** hiking today.
  (날씨가 그렇게 덥지 않았더라면, 나는 오늘 하이킹하러 갔을 텐데)

- **If it had not been** for your positive support, **my business might have failed**.
  (당신의 적극적인 지원이 없었더라면, 내 사업은 실패했을지도 모릅니다)

- **Having left** here at 11;00 a.m., **he should have arrived** in Honolulu by now. ※ 분사구문상의 완료시제는 주절(귀결절)의 시제보다 앞선 시제이므로, 「Having left」 = As he had left로 간주됨
  (그는 오전 11시에 떠났으니까, 지금 쯤은 이미 호노룰루에 도착했을 테다)

- **If he had joined** the army then, **he would be** free[discharged] from it[military service] now.　　　　----- 〈혼합 가정문〉
  ※조건절은 가정법 과거완료]인데, 귀결절은 가정법 과거(주로 상태의 지속일 때 흔히 사용)
  (그가 그때 입대했더라면, 지금 쯤은 제대해 있을 텐데)

- **If you had not helped** me, **I would be** in a big trouble now.
  (네가 날 돕지 않았더라면, 난 지금 큰 어려움에 처해 있을 텐데)

(5) 기타 조동사 : 준(準) 조동사적 기능을 병행하는 조동사들(Need와 Dare)

1) 「Need」: 「~할 필요가 있다」

▶ 「Need」는 조동사로서의 기능 외에, 본동사(일반동사)의 기능, 그리고 준 조동사로서의 기능이라는 3개 기능을 병행한다.
― 어감 면에서 본다면; 조동사로서는 금후(장차)의 행위를 강조하고, 준조동사와 본동사로서는 현상을 강조하는 느낌을 준다.

▶ 조동사 Need가 이끄는 의문문에 대한 응답(대동사)로서는 긍정시에는 Must[=Need to]를, 부정시에는 Need not를 쓴다.

▶ 의문문·부정문을 만들 때 ; 조동사로서의 Need는 Do 조동사의 도움을 필요로 하지 않는다.

① 일반동사(본동사)로서의 Need의 용례 (주로 타동사로 쓰여)

- Do you have money on you? I **need** some money very badly.
  (너, 수중에 돈 가진 것 있니? 나, (지금) 긴급히 돈이 좀 필요해)
  cf : It **takes**[X=needs] a lot time and money to build a school.
      (학교를 지으려면 많은 시간과 돈이 **든다**) -〈시간/돈의 **소요**〉

- This chapter **needs** rewriting. (이 장(章)은 다시 써야 겠다)
  [=This chapter **needs to be** rewritten]   ----〈준조동사 기능〉

- I **need** my shoes mending/mended. (내 구두는 수선할 필요가 있다)
  [= My shoes **need** mending]

- My camera **needs** mending. (내 카메라는 수선할 필요가 있다)
  [= My camera **needs to be** mended]   ----〈준조동사 기능〉

- The ceiling **needed** painting. (천장은 페인트 칠을 할 필요가 있었다)
- I **need** you to help me with the cooking.
  (네가 날 요리하는 걸 좀 거들어 줘야 겠어)
- It **needs** much skill for this wok. (이일에는 많은 기술이 필요하다)
- It **needs** no account for. (그것은 설명할 필요가 없다)
- There **needs** no apology.   ---〈 there를 형식상 주어로 본다면
  (변명할 필요는 없어)   needs는 타동사이지만, 엄밀하게는
                                  진주어(no apology)에 걸린 자동사에 해당 〉
- The company is providing **a much needed service**.
  (그 회사는 정말 필요했던 서비스를 제공하고 있다)
- It **needs** practice to play well. (경기를 잘 하려면 연습이 필요하다)
- I need someone to look after my son.
  (누군가 내 아들을 돌봐줄 사람이 필요하다)
- I **don't need** you to help me. (당신 도움 따위는 필요 없어요)
- I **don't need** any at the moment. (지금 당장은 더 필요 없다)

② 준(準) 조동사로서의 Need의 용례

> ▶ 항상 to-부정사를 수반하여 「Need to + 동사원형」의 형태를 취한다.
>   — 연구자에 따라서는 이 형태를 일반동사로, 또는 조동사로 분류하기도 하나,
>   본서에서는 기능 및 특성상 위 양자와는 차이가 있으므로 이를 「준(準) 조동
>   사」로 별도 분류하였다.
> ▶ 의미상으로는 「Have to」나 「Ought to」와 비슷하다.
> ▶ 과거형인 경우 : 「didn't need to+동사원형」으로 쓰지만,
>   — 드물게는 「didn't need to + 현재완료형」을 쓸 수도 있다.
>   • 그러나 엄밀하게는 전자(前者)는 "~할 필요가 없어서 안 했다"의 뜻을,
>   • 후자(後者)는 "~할 필요가 없었는데 해버렸다"의 뜻으로서, 이는 주로
>   「need not have done」 형태의 조동사 용법으로 쓴다.

- Each of us **needs to**[=has to] **master** such a foolish fear.
  (우리 모두는 그같은 어리석은 공포심을 극복해야만 한다)
- These criminals (will) **need to be punished** severely.
  (이러한 범죄자들은 엄중히 처벌받아야 한다)
- Something **needed to be done** about the problem without delay. (그 문제에 관해 뭔가를 시급히 조치할 필요가 있었다)
- He **doesn't need to be told**.
  (그에게는 알릴 필요가 없다; 이미 알고 있으므로)
- She **didn't need to be told** twice.
  (그녀에게는 되풀이 해 말해줄 필요가 없었다; 이미 알고 있었으므로)
- I **didn't need to tell** him who I was.
  (내가 누구인지를 그에게 말해줄 필요가 없었다; 그는 이미 알고 있었기에)
- We **didn't need** [=didn't have] **to so hurry.**
  (우리는 그렇게 서둘 필요가 없었다)
- I **don't need to keep** awake, do I?
  (나는 깨어 있지 않아도 되지요?)
- I **need to call** my friend's cell.
  (내 친구에게 휴대전화를 걸어야 해요)
- You **need to**[=have to] **wax** the floor right now.
  (너는 지금 당장 마루에 왁스를 칠해야 한다)
- You'll **need to stay** in the hospital overnight.
  (당신은 하룻밤 입원하셔야 해요)
- **Do you** always **need to**[=have to] **work** so late at night?
  (당신은 늘 그렇게 밤 늦게까지 일해야 합니까)
- **Why do you need to work** so hard?
  (당신은 왜 그렇게나 열심히 일해야 합니까)

③ 조동사로서의 Need의 용례

> ▸ 조동사로서 전형적인 기능을 수행하려면, 부정문과 의문문을 만들 때 다른 조동사(통상 Do 조동사)의 도움을 받지 않는 것이 원칙이다.
> — 「Need」 역시 조동사로 쓰일 때는 이러한 원칙을 따른다.
> — 한편, 조동사로서의 「Need」는 「Must」 등의 조동사처럼 주어의 인칭에 따른 변화를 하지 않는다.
> ▸ 또한 조동사 「Need」는 과거형이 없으므로 과거시제를 표현하려면 「Need/Needn't have done」 태의 형태를 취해야 하지만, 이 경우
> — 통상 긍정문에서는 「must」나 「have/has to」로 대용하며,
> — 주로 부정문에서만 쓰이되, 그 의미는 "그럴 필요가 없었던 일을 실제로는 해버린/행해진 것을 나타낸다.
> — 간접화법 등 복합문에서 주·종절 간 시제일치를 위한 경우에도 조동사로서의 Need는 예외적으로 과거형도 그대로 Need로 쓴다.
> ▸ 조동사 Need가 이끄는 의문문에 대한 응답(대동사)로서는 긍정시에는 Must[=Need to]를, 부정시에는 Need not를 쓴다.

- All that we **need do**// was to hide and wait until the danger was past.
  (우리가 해야 했던 일이라곤 위험이 가실 때까지 숨어 기다리는 일뿐이었다)
- **Need** you **go** there? (거기에 네가 꼭 가야 하느냐?)
  — **Yes**, I **must**. (예, 가지 않으면 안돼요) ------- 〈긍정적 응답〉
  — **No**, I **need not**. (아니오, 갈 필요가 없어요) ------- 〈부정적 응답〉
- You **needn't keep** awake all night through.
  (너는 밤 새도록 계속 깨어 있을 필요가 없다)
- He **needn't be given**[be told] it.
  (그에게는 그것을 주지 않아도[말해 주지 않아도] 된다)
- We **need hardly tell** you that.
  (우리가 너에게 그것을 말해줄 필요는 없다)

- There **need be** no hurry, **need** there? (서둘 필요는 없겠죠?)
  (형식주어)   (진주어)   (조동사) (형식주어)
- You **need not have been** in such a hurry.
  [= You didn't need to have been in such a hurry]
  (너는 그렇게 서둘지 않았어도 괜찮았는데) -----〈(그런데도) 서둘렀다〉
  cf : You **didn't need to be** in such a hurry.
  (너는 그렇게 서둘 필요가 없었다) ----〈(그래서) 서둘지 않았다〉
- He **needn't have done** it once for all.
  (그는 굳이 그 일을 안 해도 괜찮았다 ; 그런데도 해버렸다)
- I **need not have worried** about that. Everything was fine.
  (그 일에 관해서는 걱정할 필요가 없었다, 실은 모든 게 순조로웠는데)
- We **needn't have ordered** so much food.
  (우린 이렇게 많은 음식을 주문할 필요가 없었다 : 필요 이상으로 주문했네)
- They **told** him that he **need not answer** a word. --〈과거시제〉
  (그들은 그에게 자신[그]은 한 마디도 대답할 필요가 없다고 말해 줬다)

2) 「Dare」: 「감히 ~하다/할 수 있다」

▶ 「Dare」역시 앞에서 살펴본 Need처럼 조동사로서의 기능 외에, 준(準)조동사적 일반동사의 기능, 그리고 순수 일반동사(본동사)로서의 기능이라는 3개 기능을 병행한다.
▶ 조동사로서는 부정문과 의문문에만 쓰이며, 항상 원형동사를 수반한다.
  • 조동사로서의 일반 위칙에 따라 타 조동사(Do)의 도움을 받지 않지만,
  • 다만, 부정 명령문에서는 「Don't dare to」의 형태를 취한다.
▶ 준(準)조동사적 일반동사로 쓰일 때는 항상 to-부정사를 수반한다.

① 순수 조동사로서의 Dare의 용례

- I **dare say** (that) you are right.
  (당신 말이 옳다고 나는 단언하네[단언컨대 당신 말이 옳을 것이오])

- I **dare swear** (that) you will win.
  (자네가 반드시 승리할 것이라고 나는 장담하네)
- I **dared not say** so before him[in his presence].
  (나는 그의 면전에서 감히 그렇게 말하진 못했다)
- They **dared not look** me right in the face.
  (그들은 감히 똑바로 내 얼굴을 쳐다보지 못했다)
- He **met** her, but he **daren't**[=dared not] **tell** her the truth.
  (그는 그녀를 만났으나, 진실을 말해줄 용기가 나지 않았다)
  ※ daren't tell : 앞절에서 서술동사가 과거형(met)으로 명백해진
     경우, 바로 이어지는 뒷절에서는 현재형(daren't)으로 대용하기도 한다.
- **Dare** he **admit** it? (그가 그걸 인정해 줄까)
- **Dare** he **do** it? (그가 감히 그걸 할 수 있을까요)
- **How dare** you **say**[speak] it[such a thing]?
  (네가 어떻게 감히 그런 말을 하느냐)
- **How dare** you **speak** to me like that?
  (네가 어떻게 감히 내게 그런 말을 하느냐)
- **How dare** you **steal** my roses?   ----〈"미녀와 야수" 중에서〉
  (그대는 어떻게 감히 나의 장미를 훔친단 말인가)
- **Don't dare come** into my room.   ---〈부정 명령문 ; Do 사용〉
  (뻔뻔스럽게/감히 내 방에 들어오지 말아라)

② 준(準) 조동사적 일반동사로서의 Dare의 용례

> ▶ 항상 「Dare+to-부정사」의 형태를 취한다.
>   ―to-부정사 대신에 동사원형이 오면 그때의 Dare는 조동사로 봐야 한다.
> ▶ 부정문•의문문에서는 Do 조동사(현재•과거형)나 Have 조동사(완료형)의
>   도움을 필요로 한다.

- He **dares to do** it. (그는 감히 그것을 한다)

- He **dared to doubt** my sincerity.
  (그는 무례하게도 나의 진심을 의심했다)
- I wonder how he **dared to say** that.
  [= I wonder how he *dared say* that] --〈dare가 조동사로 쓰인 경우〉
  (그가 어떻게 감히 그런 말을 했을까)
- He **doesn't dare to do** it. (그가 감히 그걸 해낼 수 없을 거야)
- He **does not dare to tell** us the story.
  (그는 우리들에게 그 얘기를 말해 줄 용기가 없다)
- I **have never dared to speek** to him.
  [= I *have never dared speak* to him]--〈dare가 조동사로 쓰인 경우〉
  (난 그와는 감히 말을 나누어 본 적이 없다)
- On and on he ran, **never daring to look back**. ----〈분사구문〉
  (뒤를 돌아볼 용기조차 없이, 그는 줄곧 앞으로만 내달았다)
- **Do** you **dare to ask** her?
  (당신은 뱃심좋게 그녀에게 물어볼 수 있습니까)
- **Do** you **dare to propose** to her?
  (당신은 뱃심좋게 그녀에게 청혼할 용기가 있나요?)
- **Don't** (you) **dare to touch** me.
  (건방지게 나한테 손을 대서는 안돼)

③ 순수한 일반동사(본동사)로서의 Dare의 용례

- He was ready to **dare** any danger.
  (그는 어떤 위험도 무릅쓸 각오가 되어 있었다)
- I **will dare** your anger   and (will) say.
  (나는 네가 화낼 것을 각오하고 말하겠다)
- He **dared** me to swim across the river.
  (그는 내게 그 강을 헤엄쳐 건널 수 있으면 건너 보라고 말했다)
- He **dared** me to a fight. (그는 나에게 덤빌 테면 덤벼라고 도전했다)
- I **dare** you to jump (across) that river.
  (저 냇물을 뛰어넘을 수 있으면 넘어봐라; 어림도 없을 걸)

- You **wouldn't dare**!　　------〈dare가 자동사로 쓰인 경우〉
  (너는 감히 못할 거야!)
- I would do it if I **dared**.--〈dared(자동사 과거형); 현재사실의 반대가정〉
  (할 수만 있으면 그걸 하겠는데 ; 용기가 없어서 못하겠다)

3 준(準) 조동사들(Quasi Auxiliary Verbs)

▶ 영어 조동사가 갖춰야 할 1차적 조건(원칙)은 본동사(동사원형) 앞에 선치되어 본동사의 뜻을 보완해야 하고, 2차적 조건은 의문문•부정문을 만들 때 다른 조동사(Do)의 도움이 필요하지 않아야 함이 원칙이다.

- 그러나 일견 조동사 같으면서도 그 뒤에 본동사 원형이 오지 못하고 항상「to-부정사」가 오는 "유사 조동사"들도 있다
  (예컨대. Used to~, Be going to~, Seem to~, Afford to~ 등)
- 앞에서 살펴본 조동사들 중에서 Need와 Dare 따위도 일부 그러한 유사 조동사적 성격이 있어서(즉 Need/Dare+to-부정사 형태), 이때 준(準) 조동사로 간주한 바 있었지만,
  — 어떤 때는 그 뒤에 본동사(원형)을 수반하기도 함으로써 그런 경우에는 조동사로 간주하였다.

▶ 한편, 조동사 뒤에 비교(급)의 의미를 지닌 특정 부사들(Better, Rather, Sooner, Liefer 따위)이 관용적으로 수반되어 본동사의 의미를 보완하는 특별한 의미로 쓰이는 경우도 있다.

▶ 따라서, 여기서는 위에 예거한 To-부정사류 형태의 유사 조동사들과 비교의 의미를 지닌 유사 조동사들을 모두 광의의「준(準)조동사」로 간주하여 설명키로 한다.

(1) Used to[júːstə] : 「늘/으레~하곤 했다」, 「전에는 ~였다/했다」

▶ 과거의 규칙적(상습적) 습관과 과거의 영속적 상태를 나타내며, 항상 과거 시제로만 사용된다.
  • 「Used to」는 과거의 습관적 동작을 현재의 상태와 대조적으로 표현하는 데 비해,
  • Would도 반복적 동작을 표현하지만, 상습적 성격이 적어서 "가끔(often, sometimes 따위)"이라는 부사를 병용하는 경우가 흔하다.
▶ 현대 미국식 구어체 영어에서는 「Used to」를 마치 일반 본동사처럼 취급하여 의문문과 부정문에서 종종 Did와 Didn't를 앞에 붙여 사용하는 경향이 있지만, 문법상 원칙적 용법은 아니다.

1) 과거의 규칙적 습관을 나타내는 준(準)조동사로서의 용법

〈 평서문(긍정문)에서의 「Used to」 용례 〉

- She **used to visit** me on Sunday.
  (그녀는 일요일이면 으레 나를 방문하곤 했다)
- We **used to go** fishing every Sunday.
  (우리는 일요일마다 낚시질 가기 일쑤였다)
- I **used to sleep** in the cold room in my school days.
  (나는 학창시절에 찬 방에서 자곤 했다)
- When I was a boy, I **used to think** (that) I'd like to be a sea captain. (소년 시절에, 나는 늘 선장이 되고 싶다고 생각했다)
- **It used to be said** that the house was haunted by the ghost of leper. (저 집에는 나 환자 귀신이 출몰한다고 늘 들어왔다)

〈 부정문·의문문에서의 「Used to」 용례 〉

- He **usedn't**[=usen't, used not] **to answer**.
  [= He **didn't used to answer**]   -----〈 미국식 구어체 〉
  (그는 대답을 하지 않는 것이 예사였다)

- **Used** he **to be** so <u>forgetful</u>?
  [= **Did** he **use(d) to be** so forgetful?]   ----〈 미국식 구어체 〉
  (그는 전에도 이렇게 잊어버리기를 잘 했는가)

- What **used** he **to say**?
  [=What **did** he **use(d) to say**?]   ----〈 **미국식 구어체** 〉
  (그는 늘 무어라고 말하던가)

2) 과거의 상태•존재를 나타내는 준(準)조동사로서의 용법

〈 과거의 습관적 상태/행위를 나타낼 때 「Used to」의 용례 〉

- She **used to live** in my neighborhood.
  (그녀는 전에는 우리 동네[이웃]에 살았다)
- Mr. Brown **used to live** in Paris. Oh, **did he**[=**used he**]?
  (브라운 씨는 전에 파리에 살고 있었어요—아, 그랬나요?)
- We <u>live in town now</u>, <u>but</u> we **used to love** in the country.
  (우리는 지금 도회에 살고 있지만, 원래[예전에]는 시골에서 살았어요)
- I **used to go** to the cinema a lot, but I never get time (to do so) now.
  (전에는 영화관에 자주 갔지만, 지금은 그럴 시간을 전혀 낼 수 없다)
- The church bell **used always to ring**[toll] (out) at one to welcome in the New Year.
  (전에는 언제나 한 시에 교회의 종이 울려서 새해를 환영했었지)
- He **usedn't**[=used not, usen't, didn't use(d)] **to fuss** like this.
  (그는 전에는 이렇게 난리법석을 떨지 않았다)

〈 과거의 존재/상태를 나타낼 때 「Used to」의 용례 〉

- There **used be** a grocery store over there.
  (예전에는 저기에 식료품 가게가 하나 있었다)
- There **used be** owels in this wood too.
  (전에는 이 숲에도 올빼미가 있었다)
- The Tower of London **used to be** a prison.
  (런던 탑은 원래 감옥이었다)
- He **usedn't to be** like that.
  [= He didn't use(d) to be like that]
  (그는 예전에는 저렇지 않았다)
- It **used to be believed** that the sun moved round the earth.
  (옛날에는 태양이 지구를 돈다고 믿었다)
- That is how automobiles **used to be made**.
  (그것이 바로 원래[옛날에] 자동차가 만들어지던 방법[제조법]이다)

〈 비교급 문장에서 「Used to」의 용례 〉

- He works harder than **he used (to)**.
  (그는 이전보다 더 열심히 일한다)
- He visits us oftener[=more often] than **he used (to)**.
  (그는 이전에 그랬던 것보다 더 자주 우리를 방문한다)
- He came to the office earlier than **he used (to)**.
  (그는 과거 어느 때보다 더 일찍 출근했다)
- The country inn was as pleasant as **it used to be**.
  (시골 여관은 옛날이나 다름 없이 즐거운 곳이었다)

3) 형용사로 쓰일 때의 용례 : 「~에 익숙해져 있다」

> ▸ 주로 [be/get/become used to + 명사•동명사]의 형태를 취한다.
> ▸ 드물게는 [to-부정사](주로 수동태 부정사)를 수반하여 쓰일 때도 있다.

- I **was used to** sleeping in the cold room.
  (나는 찬 방에서 자는 데 익숙해져 있었다)
- These men **are used to** painting big picture.
  (이들은 대형 그림을 그리는 데 익숙해져 있다)

  cf : These brushes **are used** to paint big pictures.
  (이 붓들은 큰 그림을 그리는 데 사용된다)

  ※ used;본동사(과거분사)

- I **am not used** to the spicy food.
  (나는 매운 음식에는 익숙해 있지 않다)
- He **isn't used to** walking through the mountain-paths.
  (그는 산길을 걷는 데 익숙하지 못하다)
- I **never get used to** going to bed so late.
  (나는 그렇게 늦게 취침하는 데는 전혀 익숙해 있지 않다)
- You'll **soon get used to** his way of bulling.
  (너는 그의 위협적인 태도에 곧 익숙해질 것이다)
- I **got**[became] gradually **used to** the vegetarian diet.
  (나는 차츰 채식에 익숙해졌다)
- The lighthouse people **were used to** raging seas and driving winds before they knew it.
  (등대 사람들은 어느덧 성난 파도와 몰아치는 폭풍에 익숙해져 있었다)
- I **am used to** be treated like this. ---〈 used to + to-부정사(수동태) 〉
  (나는 이같이 대접받는[취급되는] 데 익숙해져 있다)

「Used to」의 부정문과 의문문 구성법(요약)

문형	부정문	의문문
방법	ⓐ He **didn't use(d) to** ~ ⓑ He **used not[usedn't] to** ~	ⓐ **Did/Didn't he use(d) to** ~ ? ⓑ **Used/Usedn't he to** ~? ⓒ **Used he not to** ~ ?
예문	ⓐ He **didn't use(d) to** smoke! (그는 전에는 담배를 피우지 않았다) ⓑ You **used not[usedn't] to** fuss like this. (너, 전에는 이렇게 법석을 떨지 않았잖아)	ⓐ **Did you use(d) to** fight with your brother? (당신은 전에 형과 싸우곤 했나요?) ⓑ **Didn't she use(d) to** live in convent? (그녀는 전에 수녀원에서 살지 않았나요?) ⓒ **Used/Usedn't she to** live ~? ⓓ **Used she not to** live ~ ?

(2) 「To-부정사」 수반형 준(準) 조동사 : [be+to-부정사], 또는 [be+분사+to-부정사]

1) [be+to-부정사]형 준(準)조동사의 용법

▶ 예정, 의무/금지, 가능, 운명, 가정, 목적 등을 나타낸다.

① 「예정」을 나타낼 때

- I **am to meet** the president this afternoon.   ---〈단순 예정〉
 (나는 오늘 오후 사장님을 만나기로 되어 있습니다)
- He **was to have arrived** at 5.   -----〈미실현 예정〉
 (그는 5시에 도착하도록 (예정)되어 있었다 ; 그런데 도착하지 않았다)
- **When are you to break up** for the summer.
 (당신들은 언제 휴가가 시작됩니까)

- They **are to be married** in June.
  (그들은 6월에 결혼할 예정이다)
  - cf : They **were to have been married** in June.
    (그들은 6월에 결혼하기로 되어 있었다)
- We **were about to start**, when it rained.
  (우리가 막 출발하려는데, 비가 왔다)
- I **am not about to lend** you any money.
  (나는 너에게 더 이상 꾸어줄 마음이 없다)

② 「의무(긍정문에서)」와 「금지(부정문에서)」를 나타낼 때

- You **are to wait** here. (당신은 여기서 기다리셔야 합니다)
- All staff members **are to wear** uniforms.
  (모든 직원들은 제복을 입어야 한다)
- You **are to be** punctual. (시간을 엄수 해야 하네)
- Rules **are to be observed**. (규칙은 지켜야 한다)
- I **am to inform** that there is no lecture given today by prof. Kim. (금일 김교수 님의 강의는 휴강임을 알려드리는 바입니다)
- It **is to be hoped** that there nothing (should) happen all day. (종일 아무 일도 없기를 바라는 바입니다)
- You **are to be congratulated** on your splendid achievement.
  (당신은 당신이 이뤄낸 눈부신 성과에 대해 마땅히 축하받아야 합니다)
- When **am I to come**? (언제 오면 되나요?)
- Every pupil **is supposed to know and observe** the school regulations.
  (학생들은 모두 교칙을 알고 준수해야 되는 것으로 되어 있다)
- You **are not to speak** in this room.
  (이 방에서는 말을 해서는 안 됩니다)
- We **are not (supposed) to stay** in school after 6[school hours].
  (6시[방과] 후에는 학교에 남아 있어서는 안 된다)

- In England they **are not (supposed) to play** baseball on Sundays.
  (영국에서는 일요일에 야구를 해서는 안 되는 것으로 되어 있다)

③ 「운명적 귀결」이나, 「예상될 수 있는 일」을 나타낼 때

- He **was never to see**[return] (his) home again.
  [= He **was never to be back** his home again]
  (그는 두 번 다시 고향에 돌아오지 못할 운명이었다)
- She **was to die** two days later.
  (그녀는 이틀 후에 죽을 운명이었다)
- What **is to become** of her?
  (그녀는 어찌 될 것[운명]인가?)
- The worst **is still to come**.
  (최악의 사태는 이제부터이다 ; 그때는 아직 오지 않았다)
- That discovery **was to save** hundreds of lives.
  (이것은 수백명의 생명을 구할 발견이었다)
- Arguments between parents and chidren **are to be expected**.
  (부모와 자식들 간의 말다툼은 흔히 예상할 수 있는 일이다)

④「가능/불가능」을 강하게 표현할 때 : 수동 부정사를 수반하여

- No one[=Not a soul] **was to be**[=could be] **seen** on the shore.
  (해변에는 사람이라고는 한 사람도 보이지[=눈에 띄지] 않았다)
- My hat **was** nowhere **to be found**.
  (내 모자는 아무데서도 보이지 않았다)
- The watch **was not to be found** anywhere.
  (시계는 아무도 찾을 수 없었다)
- People **were to be seen** fighting for water.
  (사람들이 물을 구하려고 싸우고 있는 것이 보였다)

- The only sound **to be heard**// was the church bell.
  (들리는 소리라고는 교회 종소리뿐이었다)

⑤ 가정법 조건절에서 : 강한 필요성[의도]이나 예정 , 또는
불확실한/실현키 어려운 상황 등을 가정시

- If I **am to be blamed**, I shall be impressed with any
  punishment.   ----〈강한 필요성〉
  (내가 꼭 비난받아야 한다면, 어떤 처벌도 감수하겠습니다)

- If I **was to do** that, I would have done it to the last.-〈강한예정〉
  (내가 그것을 하기로 돼 있었다면, 난 그것을 끝까지 해냈을 게다)

- If you **are to succeed**, you must work hard. ----〈강한 의도〉
  (네가 꼭 성공하고 싶다면, 열심히 일[노력]해야 한다)

- If I **were to travel** abroad, I would go by ship.-〈실현가능성 희박〉
  (내가 만약 해외 여행을 하게 된다면, 난 배로 갈 것이다)

- If I **were to die** tomorrow, what would my children do?
  (내일 내가 죽게 된다면, 내 자식들은 어떻게 할까/될까) --〈현재사실과
                               반대되는 불확실한 상황을 가정〉

- If I **were to live again**, I would like to be a musician.
  (내가 인생을 다시 산다면, 난 음악가가 되고 싶어요) ---〈실현가능성 희박〉

⑥ 목적(의도)를 나타낼 때 : Be 다음에
meant/intended가 생략된 꼴

- The letter **was** (intended) **to** announce their engagement.
  (그 편지는 그들의 약혼을 알리기 위한 것이었다)

- The whiskey **is** (meant) **to** put you to sleep.
  (그 위스키는 너를 재우기 위한 것이다)

2) [be+자동사의 과거분사]형

> ▶ 동작의 결과인 「상태」를 나타내며,
> ▶ 주로 come/go, arrive, rise, set[fall], grow 등의 동사를 수반한다.

- Winter **is gone**, and spring **is come**. (겨울은 가고, 봄이 왔다)
  [= Winter has gone, and spring has come]
  [= Winter is over, and spring is in/here]
- He **is gone** out. (그는 막 외출하고 없다)
- **Be gone**[= Be/Get lost] ! (썩 꺼져버려!)
- **Gone are** the when my heart was young and gay.
  Gone are my friends from the cotton fields away.
  ────── Foster 작, 미국민요 "Old Black Joe" 중에서
  (내 마음이 젊고 환희에 찼던 그 시절은 가고 없어라)
  (목화 밭에서 (함께 뛰놀던) 내 친구들도 (이제는) 가고 없어라)
- The wall **is grown** all over[up] with ivy.
  (벽은 담장이 덩쿨로 온통 뒤덮여 있다)

3) [be+타동사의 과거분사+to-부정사]형

① **be bound/obliged/compelled/forced to:** ~할 의무가 있다, ~할 수밖에 없다, ~할 결심이다

> ▶ 위 동사들은 모두 「강제성」을 띤 동사들이라는 공통점이 있다.
> ▶ bound는 bind(묶다, 감다, 속박하다)의 과거분사로서 형용사로 쓰일 때와 형태가 같으며, 근원적 의미상으로는 양자 간에 큰 차이가 없다.

- The government **is bound** by the mutual security treaty[pact] **to** help the country.

(정부는 상호안보조약에 의해 그 나라를 도와줄 의무가 있다)

- I **am bound to** say (that) I don't really like the idea.
  (저는 그 생각이 별로 마음에 들지 않는다고 말할 수밖에 없군요)
- The team **is bound to** lose[win] the[this] game[match].
  (그 팀은 이번 경기[시합]에서 반드시 진다[이긴다] : 그럴 수밖에 없다)
- He **is bound to** have his way. (그는 제 고집대로 할 배짱 /결심이다)
- He **was bound to** go there. (그는 거기로 갈 결심을 했다)

<bound가 순수 형용사로 쓰였음이 확연한 경우 : 주로 행선지 관련>

cf : Where **are** you **bound**? (어디에 가십니까)

cf : The ship **is bound** for New York. (그 배는 뉴욕행이다)

- I **was compelled to** go with them.
  (나는 그들과 함께 가지 않을 수 없었다)

<compell이 직접 본동사로 쓰인 경우 >

cf : I **copelled** him to[into] submission.
 (나는 그를 굴복시켰다)

cf : Bad weather **compelled** us to stay another day.
 (날씨가 나빠서 우리는 부득이 하루 더 머물게 되었다)

- The hostages **were forced to** hand over ther passports.
  (인질들은 여권을 넘기라고 강요당했다)

<force가 직접 본동사로 쓰인 경우 >

cf : Bad health **forced** him into taking early retirement.
 (건강이 좋지 않아서 그는 조기 퇴직할 수밖에 없었다

cf : We **forced** our way through a[the] crowd.
 (우리는 군중을 억지로 제치고 길을 터 나아갔다)

cf : I **had to force** <u>myself to get up</u> this morning.
(나는 오늘 아침 힘겹게[억지로] 몸을 일으켜야 했다)

cf : He **forced** <u>the door</u> <u>open</u>.　----〈 open; 형용사 〉
(그는 억지로[힘을 잔뜩 쓰서] 문을 열었다)

② **be supposed to** : ~하기로 되어/정해져 있다, ~해야 한다, ~로 인식되다

- We're **supposed to** <u>check out</u> of the hotel by 11;00 a.m.
(우리는 11시까지 호텔에서 체크아웃을 하게 되어 있다 ; 해야 한다)

- You **are supposed to** <u>be here</u> at eight every morning.
(당신은 매일 아침 8시에 여기로 출근해야 합니다)

- Everybody **is supposed** <u>to know</u> the law.
(누구든지 법률은 알고 있어야 할 의무가 있다)

- you **are not supposed to** <u>do</u> that.
(너, 그런 짓을 하는 게 아니다)

- We **are not supposed to** <u>smoke</u> in the class room.
(교실에서는 담배를 피우지 않기로 되어 있다)

────◆────◆────◆────

- These new regulations **are supposed to** <u>protect</u> chidren.
(이 새 규정들은 아이들을 보호하게 될 것이다: 보호할 것으로 인식된다)

- He **was** generally **supposed to** <u>have left</u> the country.
(그는 그 나라를 떠난 것으로 일반적으로 인식되었다)

- Every pupil **is supposed to** <u>know</u> the school regulations.
(학생들은 모두 교칙을 알고 있는 것으로 간주된다 ; 몰랐다고 해도 위반 시 처벌을 면할 수 없다)

- The castle **is supposed to** <u>be haunted</u> (by a phantom).
[= It is rumored that the castle is haunted]

(그 성(城)에는 유령이 나온다고 한다)

- What's that **supposed to** mean? ----〈당혹•노여움을 나타내어〉
(그게 무슨 뜻이야?)

③ **be expected to** : ~하기로 되어 있다, ~할 것으로 예상되다,
　　　　　　　　　　~하도록 요청되어 있다, ~하지 않으면 안된다

- A new edition **is expected to** come out next month.
(신판이 내달 나오기로 되어 있다)
- Profits are exepeted to be higher next year.
(내년에는 이익이 증가할 것으로 예상된다)
- Candidates **will be expected to** have had experience of teaching. (지원자들은 교사직을 경험한 적이 있는 사람이어야 한다)
- The students **are expected to** be present at the lecture.
(학생들은 그 강의에 출석하지 않으면 안된다)

　　〈epect가 직접 본동사로 쓰인 경우〉

cf : I **will expect** you next week.
　　　(내주에 당신이 올 것을 기다리고 있겠습니다)
cf : I **expected** something worse.
　　　(더 나쁜 일이 있을 것을 각오하고 있었다)
cf : I **expect** nothing from such people.
　　　(그런 사람들한테는 아무것도 기대하지 않는다)
cf : I **expected** that he would come some time (or other).
　　　(나는 그가 언젠가는 오리라고 생각했었다)
cf : I **expect** (that) you have been to Europe.
　　　(당신은 유럽에 갔다 오신 적이 있지요 — 그렇게 생각돼요)

cf : Paul and Sylvia **expect** their second right after Christmas. (폴과 실비아 사이에는 크리스마스 직후에 둘째 아이가 태어난다)

cf : I **expected** him to come. (나는 그가 오리라고 생각했었다)
  [= I **expected** that he would come]

cf : What time **do** you **expect** him home?※ home; 동사적 부사
  (그가 몇 시에 귀가하리라고 예상하십니까)

4) [be+자동사의 현재분사+to-부정사]형

① be going to : ~하려고/되려고 한다, ~하려는 참이다, ~할 것같다

- I'm going to be a woman aviator[pilot].
  (나는 여류 비행사가 될 거야)
- What was the story you **were going to** tell me?
  (나에게 말하려던 것이 무슨 이야기였느냐?)
- What **are** you **going to** do this evening?
  (오늘 저녁에는 뭘 하실 건가요?)

  <will과 be going to간의 차이점>
  — will : 말하는 시점에서의 결정이나 의도
  — be going to : 이전에 세운 계획이나 이미 품고 있던 의도

- I **am** just **going to** write [= I am about to write]
  (나는 지금 막 편지를 쓰려는 참이다)
- It's **going to** rain in a moment[in a little while].
  (곧[얼마 안 있어] 비가 오겠네 ; 비가 올 것 같다)
- This **is going to** be a big issue!
  (이건 엄청난 이슈가 되겠군!)

- You **are going to** see a lot of me.
  (당신은 앞으로 저를 자주 만나게 될 겁니다)

② **be meaning to** : ~할 생각이다, ~할 마음을 먹고 있다
※ **be meaning to** 대신에 **mean to**로도 쓸 수 있다

- I **am meaning to** ask you if you'd like to come over for a drink. (한잔 하러 오겠느냐고 물어볼 생각이었어요)
- I **meant to** wait for him. (그를 기다릴 작정이었다)
- He **didn't mean to** do it. (그는 그런 일을 할 생각은 아니었다)
- I **didn't mean** you to do it.
  (자네에게 그걸 시킬 작정은 아니었다네)

<mean이 직접 본동사로 쓰일 때>

— What **does** this word **mean**? (이 말은 어떤 뜻입니까)
— What **do** you **mean** by that word?(그 말은 무슨 뜻입니까)
— This sign **means** that cars must stop.
  (이 표지는 정차하라는 의미입니다)
— I **mean** it for[as] a joke. (그건 농담으로 하는 말입니다)
— I **mean** that you are a liar. (넌 거짓말쟁이라는 말이다)

③ **be planning to** : ~할 작정/계획이다
※ **be planning to** 대신에 **plan to**로도 쓸 수 있다

- I'm **planning to** go to Europe this summer.
  [= I'm **planning** on visiting Europe this summer]

<plan이 직접 본동사로 쓰일 때>

— We **planned** (out) a new book on chemistry.
  (우리는 화학에 관한 새 책을 기획했다)

— We **planned** for a dinner party. (우리는 만찬회 계획을 세웠다)
— We **didn't plan** on his being late.
　(그가 늦으리라고는 예상조차 하지 않았다)

(3) [be+형용사+to-부정사]형 유사 준(準) 조동사

▶ 이 부류는 문장형식상으로 보면 제2형식 문장중 주격보어인 형용사만으로는 의미가 불명료하여 그 뒤에 「to-부정사」나 「전치사+명사」 형태의 보완구를 필요로 하는, 이른바 "불안정형 2형식" 문장에 속한다.

▶ 이 부류는 일반 원칙상으로는 준 조동사로 보기는 어렵지만, 그 전체가 관습적으로 다른 동사의 의미확장에 조력하는 데다가, 「be able to」도 이 부류와 동일형태인데도 엄연히 문법책에서는 조동사로 분류하고 있는 점을 감안할 때, 적어도 이와 유사하게 조동사적으로 자주 쓰이는 몇개는 준 조동사로 취급하여 이해하는 것이 영어학습에서 효율적이고 실용적일 것이다.

1) 동사에서 유래된 [형용사+to-부정사]형

※ **본래 동사의 분사(현재분사·과거분사)였으나, 관습적으로 형용사로 쓰인 경우이다**

① **be willing to : 기꺼이 ~하다, ~해서 기쁘다**

- I **am** quite **willing to** do anything for you.
  (당신을 위해서려면 무엇이든지 기꺼이 하렵니다)
- How much **are** they **willing to** pay?
  (그들은 돈을 얼마나 내려고 하나요?)
- He **was ready and willing to** comply with my proposal.
  (그는 정말 기꺼이 나의 제안에 응해 주었다)

※ be ready to도 「기꺼이 ~하다」의 뜻으로서, willing to와 중복하여 사용함으로써 의미를 더 강조하는 효과를 냄
- I told him (that) I **was willing to** help.
 (나는 그에게 기꺼이 돕겠다고 말했다)

② **be delighted to** : 기꺼이~하다, ~해서 기쁘다

- I **was delighted to** undertake the work.
 (나는 그 일을 기꺼이 떠맡았다)
- I shall[will] **be delighted to** come and see you.
 (저는 당신을 기꺼이 찾아뵙겠습니다)
  cf: He **was much delighted with** this idea.
   (그는 이 아이디어에 무척 기뻐했다)
  cf : He **delights in** (tending) his garden.
- She **was much delighted to** hear the news.
 [= She **was much delighted at** hearing the news]
 (그녀는 그 소식을 듣고 무척 기뻤다)
- I'm **delighted to** see you. (당신을 만나뵙게 되어 반갑습니다[기쁩니다])
  cf : He delights in tending his garden.
   (그는 자기 집 뜰 가꾸기를 좋아한다)

③ **be pleased to** : ~하게 된/될 것을 기쁘게 생각하다, 기꺼이 ~하겠다

- I **will be pleased to** come there.
 (제가 기꺼이 그쪽으로 가겠습니다)
- I **shall be very pleased to** see you tomorrow.
 (내일 당신을 만나뵙게 될 것을 기쁘게 생각합니다)
 [= 내일 당신을 만나뵙게 되면 기쁘겠습니다]

- We **will be pleased to** offer any_assistance you need.
  (우리는 귀측이 필요로 하는 어떠한 지원도 기꺼이 제공하겠습니다)
- I**'m pleased to** see (that) you've had your hair cut short.
  (나는 네가 머리를 짧게 자른 것을 보니까 기쁘구나)

<please가 직접 본동사로 쓰일 때 >

— You may say what **you please**.
   (무엇이든 네 마음대로 말해도 된다)
— His boss **was very much pleased** with his_work.
   (그의 사장은 그가 해놓은 일에 무척이나 만족해 했다)
— We **are** all **pleased** that you_could_come.
   (네가 올 수 있다니 우리 모두가 기쁘다)
— I **am pleased** that you_have_come[consented].
   (당신이 와주셔서[승낙해 주셔] 저는 기쁩니다)
— I **was very pleased** with[at] your_success.
   (당신이 성공하셔서 저는 무척 기뻤습니다)
— I **was pleased** at finding_him_so_well.
   (나는 그가 그렇게 건강한 걸 보니 기뻤다)

④ be entitled to : ~할 권리[자격]가 있다/부여된다

- At the age of 19 we **are entitled to** vote (starting) from this year. (금년부터는 19세이면 투표권이 부여된다)
- Employees **are entitled to** free health insurance.
  (직원들은 건강보험을 자유로이 이용할 혜택[권리]을 부여받는다)
- You **are entitled to** enter the laboratory.
  (당신은 연구실에 들어갈 권리가 주어져 있다)

<entitle이 직접 본동사로 쓰일 때 >

— This is a book entitled "Gulliver's Travels".
　(이것은 '걸리버 여행기'라는 제목의 책이다)
— The book was entitled "The Wealth of Nations".
　(그 책은 '국부론(國富論)이라는 표제가 붙여져 있다)
— The last song is entitled "Into the Woods."
　(마지막 곡은 제목이 '숲속으로'입니다)
— They entitled him Sultam.
　　(그들은 그에게 술탄[터키 황제]의 칭호를 주었다)
— He is entitled to a pension. (그는 연금을 받을 자격이 있다)
— This ticket entitles you to free drinks.
　(이 표가 있으면 무료로 음료수를 마실 수 있다)
— The achievement entitles him to a place among the great scientists.(그 업적으로 그는 대과학자들의 반열에 들게 되었다)
　[=그 업적은 그를 대과학자들의 반영에 들게 했다]
— Your long experience entitles you to the the respect of the young people. (당신은 다년간 쌓은 경험으로 인해 젊은 사람들에게서 존경을 받을 자격이 있다)
— Nothing can entitle you to ask such personal questions.
　(당신이 그런 개인적인 질문을 할 권리는 전혀 없다)

2) [본래의 형용사+to-부정사]형

① be glad to : 기꺼이 ~하겠다, ~하게 되어 기쁘다

· I shall be glad to go, if you will accompany me.
　[= I shall be pleased to go, if you will accompany me]
　(당신이 동행해 주신다면, 저는 기꺼이 가겠습니다)

- I **shall be glad to** do what I can.
  (제가 할 수 있는 일이라면, 기꺼이 해드리겠습니다)

- Would you give me a hand? — **I'd be glad to** (do).
  (좀 도와주실래요? —기꺼이 그럴 게요)

- I **'m very glad to** see you.
  (만나 뵙게 되어 매우 기쁩니다)

- I **should be glad to** know why.
  (그 이유를 들어보고 싶소)

<be glad 가 직접 본동사[형용동사]처럼 쓰일 때 >

— I **was glad** at the news. (나는 그 소식을 듣고 기뻤다)

— I**'m very glad** (that) I wasn't there.
  (거기에 있지[가지] 않았던 것이 천만다행이다)

— We**'re very glad** (that) you were able to come[you have come].
  (당신이 오실 수 있었던 것이[당신이 와주셔서] 저희는 무척 기쁩니다)

— I **am glad** of that. (그거 잘 됐군)

② be sure to : 반드시/꼭 ~하다/이다

- He **is sure to** come. (그는 꼭 온다)
- **Be sure to** close the window before going to bed.
  [= **Be sure** (that) you close the window before going to bed) (취침 전에 반드시 창문을 닫도록 하세요)
- **Be sure to** read all the directions carefully before taking the medicine.
  (그 약을 복용하기 전에 지시사항을 모두 반드시 주의깊게 읽으세요)
- **Be sure and[to]** remember what I told.
  ((어떤 일이 있어도) 내가 한 말을 꼭 잊지 않도록 해라)

- The weather **is sure to** be wet[rainy].
  (날씨는 틀림없이 비가 올 것이다)
- He's **sure to** get nervous and say something wrong.
  (그는 분명 긴장해서 바보 같은 말을 할 거야)
  - cf : United must beat Liverpool **to be sure of** winning the championship. (그 선수권대회에서 유나이티드 팀이 확실히 우승하려면 리바플 팀을 이겨야 해요)

<sure가 직접 형용사[또는 형용동사]로 쓰일 때 >

— I'm **not sure** where to put the key.
  (열쇠를 어디에 두어야 할지 잘 모르겠어요)
— The general **was sure** that he could defeat the enemy.
  (장군은 적(敵)을 쳐부술 수 있다고 확신했다)
— None of the doctors **were sure** what the trouble was.
  (의사들 모두 그 병이 무엇인지[병의 정체를] 정확히 알 수 없었다)
— I **made sure** (that) she would consent, but she didn't.
  (나는 그녀가 꼭 승낙하리라 믿었는데, 그녀는 그렇지 않았다)
— You had better **make sure** which is your carriage.
  (어느 것이 네 차(車)인지 확인해 보는 게 좋다)
— **Make sure** of having (got) your belongins with you.
  [=**Make sure** whether you have (got) your belongings with you] (여러분, 각자 소지품을 휴대하고 계신지 확인하세요)

③ be about to : 막 ~하려 하다, ~할 의향(마음)이 있다
※「about」는 전치사·부사의 기능 외에도, 위와 같이 형용사로서 「막 ~하려고 하여」, 「움직이고/활동하고/돌아다니고 있는」, 「시작/유행되고 있는」 등의 뜻을 지닌다.

<「막 ~하려 하다」의 뜻으로 쓰일 때 >

- Something unusual **was about to** happen.
  (어떤 예사롭지 않는 일이 일어나려 하고 있었다)
- I **was about to** leave, when the phone rang noisily.
  (내가 막 나가려던 참에, 전화벨의 요란스럽게 울렸다)
- We **were about to** start, when it began to rain.
  (우리가 막 출발하려는데, 비가 오기 시작했다)
- I **was** just **about to** say the same thing as you did[said].
  (저도 지금 막 당신과 똑같은 말을 하려던 참이었어요)
- He looked like a leopard **about to** spring.
  (그는 막 뛰어 오르려는 한 마리 표범 같았다)
- He looked like a man **about to** faint.
  (그는 금방이라도 기절할 것 같은 사람처럼 보였다)

<「 ~할 의향이 없다」의 뜻으로 쓰일 때 ; 주로 미국식 영어 >

- I'**m not about** to lend him any more (money).
  (나는 그에게 더 이상 돈을 빌려줄 마음이 없다; 마음이 내키지 않는다)
- I'**m not about to** pay ten dollars for it.
  (나는 거기에다 10달러를 지불할 생각은 없다)

④ be likely/unlikely to : ~할 것 같다/같지 않다, ~할 듯하다

- He **is likely to** come. (그가 올 것 같다)
  [= It **is kikely** that he will come]
- It **is likely to** rain soon. (아마도 곧 비가 올 것 같다)

- It **is likely to** be cold in November.
  (11월이면 추워질 것 같다)
- The weather **is unlikely to** improve over the next few days.
  [= It **is unlikely** that the weather will improve over the~]
  (앞으로 며칠 동안에 날씨가 좋아질 것 같지는 않다)

  cf : It **is not likely** that he should have written it.
  (그가 그것을 쓴 것 같지는 않다)

  <유의점 : unlikely와는 다른, 「unlike」의 용법>

  ▶ 형용사로 쓰인 경우
  —The brothers **are** very **unlike** in character.
  (그 형제는 성격이 아주 다르다)
  —They **seemed** utterly **unlike**, despite being twins.
  (그들은 쌍둥이인데도, 전혀 닮지 않은 것 같았다)

  ▶ 전치사로 쓰인 경우
  —It's **unlike** him to be late for the dinner engagement with friends. (친구들과의 회식 약속에 지각하다니 그답지 않네)
  —She **was unlike** any woman I have ever known.
  (그녀는 내가 알고 지낸 어떤 여자와도 같지 않았다)
  —**Unlike** most people in the office, I don't come to work by car.
  (대부분의 사무실[직장] 사람들과는 달리, 나는 차로 출근하지 않는다)

⑤ **be liable to : ~할 것 같다, 자칫 ~하기 쉽다**

- It **is liable to** rain. (비가 올 것 같다)
- We **are liable to** be in New York next week.
  (아마도 우리는 내주에 뉴욕에 갈 것 같다)
- Difficulties **are liable to** occur in succession.
  (어려운 일이란 자칫 잇달아 일어나기 쉽다)

- He **is liable to** get angry.
  (그는 걸핏하면 화를 잘 낸다)
- She **is liable to** start crying if you mention her ex-boyfriend.
  (자네가 그녀의 전(前) 남자친구 얘기를 꺼내면 그녀는 자칫 울음을 터뜨릴지도 모른다 ; 울음을 떠뜨리기 쉽다)

<liable이 위와 다소 다른 의미와 용법으로 쓰일 때 >
※ 「be liable+전치사(to/for)+명사」의 형태를 띠는 경우임

— Man **is liable** to disease. (사람은 병을 모면할 수 없다)
— He **may be liable** to a fine. (그는 벌금을 내야 할지도 모른다)
— You **could be liable** for income tax.
  (당신은 소득세를 내야 할 수도 있어요)
— Children are liable to infectious diseases.
  (어린이들은 전염병에 걸리기 쉽다)
— Citizens **are liable** to jury duty.
  (시민들은 누구나 배심의 일을 맡을 의무가 있다)
— The firm **is liable** for any damage caused.
  (그 회사는 발생한 모든 손해에 대해 배상할 책임이 있다)

⑥ **be apt to** : ~하기 쉽다, ~의 경향이 있다

- We **are apt to** think so. (우리는 흔히 그렇게 생각하기 쉽다)
- Lovers' vows **are apt to** be broken.
  (연인들끼리의 맹세는 깨어지기 쉽다)
- Iron **is apt to** rust, while man **is apt to** forget the past.
  (쇠는 녹슬기 쉽고, 사람은 과거를 잊기 쉽다)
- This kind of weather **is apt to** occur on days in late July.
  (이런 날씨는 7월 하순에나 흔히 접하게[나타나게] 마련이다)
- There are few things of which we **are apt to** be so wasteful as time. (시간만큼 몹시 낭비하기 쉬운 것은 없다)

- It is a blunder that young men **are apt to** make.
  (그것은 젊은이들이 흔히 저지르는 과오이다)
- **Am** I **apt to** find her in the park?
  (공원에 가면 그녀가 금방[쉽게] 눈에 띨까요?)
- She **is apt to** learn. (그녀는 이해가 빠르다; 쉽게 익힌다)

    cf : My brother **is apt at** devising new means.
    　　　　　　　　　　　　　　(동명사)
    (내 형은 새로운 방법을 잘 고안해 낸다 ; 고안해 내기를 잘한다)

⑦ **be ready to** : ~할 각오/준비가 된, 언제라도/기꺼이 ~하는, 막 ~하려고 하는, ~하기 쉬운

- He **was** always **ready to** help people in trouble.
  (그는 곤경에 처한 사람들을 언제나 기꺼이 도왔다)
- The soldiers **were ready to** defend the fortress even in the intense cold.
  (병사들은 혹한 속에서도 요새를 방어할 준비가 되어 있었다)

- He **was ready and willing to** comply with our request.
  (그는 매우 기꺼이 우리의 요구를 수락했다)
  ※ 위에서 ready와 willing은 같은 뜻이면서도, 전자가 후자를 부사처럼 강조.수식하는 효과를 낸다.
- A tiger **was getting ready to** jump on him.
  (호랑이 한 마리가 막 뛰어올라 그를 덮치려 하고 있었다)
- He **is** too **ready to** suspect. (그는 곧잘 남을 의심한다)
- The man who is too lazy to work for his living// is the most **ready to** beg or to steal.
  (게을러서 생계를 위해 일하는 것조차 싫어하는[안 하는] 사람은 거지 노릇이나 절도를 하기 가장 쉬운[십상인] 사람이다)

<ready가 위와는 다른 의미와 용법으로 쓰일 때 >

— I **got** my camera **ready to** take the photogaph.
    (나는 사진을 찍으려고 카메라를 준비했다)
— You **had better have** games **ready** for a party.
    (파티를 열 때는 게임을 준비해 두는 게 좋다)
— As soon as she gets home, she **has to get ready** for supper.
    (그녀는 귀가하는 즉시 저녁식사 준비를 하지 않으면 안된다)

(4) [동사+to-부정사]형 유사 준(準) 조동사

1) [자동사 + to-부정사] 형

① **tend to** : ~하기 쉽다, ~하는 경향이 있다, ~하는 데 도움이 되다

- Fruits **tends to** decay, while milk **tends to** go[turn] sour.
  (과일은 썩기 쉽고, 우유는 시어지기 쉽다)
- Woolen **tends to** shrink after washing.
  (모직물은 세탁하고 나면 쭈그러들기 쉽다)
- People **tend to** sleep less as they get older.
  (사람은 나이들수록 잠을 적게 자는 경향이 있다)
- We **tend to** use more and more electric appliances in the home. (우리는 가정에서 더욱 더 많은 전기 기구류를 쓰는 경향이 있다)
- Moderate exercise **tends to** improve our health.
  (적당한 운동은 우리들의 건강 증진에 도움이 된다)
- Good heath **tends to** make people cheerful.
  (건강하면 통상 사람은 쾌활해진다; 건강은 사람을 쾌활케 하는 데 기여한다)

② happen to : 마침/공교롭게 ~하다, 우연히/실은 ~하다, 혹시 ~하다

- When he dropped in at my office, I **happened to** be out.
  (그가 내 직장[사무실]에 들렀을 때, 공교롭게도 나는 외출중이었다)
- I **happen to** be his uncle. (실은[마침] 내가 그의 숙부이다)
- This **happens to** be my house! (여긴 (실은) 내 집이거든요)
- I **happened to** sit down by May (on) the/that (very) day.
  (나는 그날 우연히 메이 옆에 앉게 되었다)
- My friend **happened in to** see me.
  (내 친구가 우연히 들러 나를 만나게 되었다)
- I **happened to** see James just yesterday on the subway train.
  (나는 어제 바로 우연히 지하철에서 제임스와 마주쳤어)
- Do you **happen to** know what time it is (now)?
  (혹시 지금 몇시인지 아세요?)
- Should you **happen to** need anything, I am entirely at your service. (혹시 무슨 용건이라도 생기면, 서슴없이 하명해 주십시오)

<happen이 직접 본동사로 쓰일 때 >

— It **happened** that we were in London then.
   (마침 그때 우리는 런던에 있었다)
— It (so) **happened** that a mouse had just been caught in the trap. (공교롭게[마침] 쥐 한 마리가 덫에 걸렸다)
— It (so) **happened** that I had no money[not a penny] with me. (공교롭게도 나는 수중에 한 푼도 없었다)
— Please let me know, If anything **happens** to her.
   (그녀에게 무슨 일이 생기면, 내게 좀 알려 주시오)
— What may have **happened** to this lock?
   (이 자물쇠는 대체 어찌된 거야?)

― **As it happens**, I have left the book at home.
　(공교롭게도 나는 책을 집에 놓고[두고] 왔다)
― **Happen what may[will]**, I should be back home until 10:00 p.m.　-----〈도치법에 의한 양보의 절〉
　(무슨[어떤] 일이 있더라도, 나는 밤 10시까지는 집에 돌아가야 한다)

③ seem/appear to : ~인 것처럼 보이다, ~인 것 같다, ~같아 보인다

【seem to】
- She **seems to** like study to me.
  (내게는 그녀가 공부하기를 좋아하는 것 같아 보인다)
- He **seemed to** think so to me.
  (내게는 그가 그렇게 생각하고 있는 것 같아 보였다)

- I **seems to** see her still. (그녀의 모습이 아직도 눈에 선하다)
- I **seem to** have heard his name.
  (그의 이름을 들어본 적이 있는 것 같다)
- Lack of money **seems to** be the main problem.
  (자금 부족이 가장 큰 문제인 것 같다)
- He **seems to** be[have been] ill.
  (그는 아픈[아팠던] 것 같다)
- He **seems to** be an honest man.
  (그는 정직한 사람처럼[사람 같아] 보인다)
- There **seems (to** be) no need to so hurry.
  (그렇게 서두를 필요는 없을 것 같다)
- There **seems (to** be) no point in going.
  (간다고 해도 아무런 의미[효과]가 없을 것 같다)

<seem이 직접 본동사로 쓰일 때 >

— He **seems** young. (그는 젊어 보인다)
— She **seems** glad to see us.
  (그녀는 우리를 만나 기뻐하는 것 같아 보인다)
— It **seems** likely to rain. (비가 올 듯하다)
— It **seems** that he was not there.
  (그는 거기에 없었던 것 같다)
— It **would seem** that the weather is improving.
  (날씨가 회복될 것 같다)

【appear to】

- He **appears to** be [have been] rich. (그는 부자인[부자였던] 듯하다)
- There **appears to** have been an accident.
  (무언가 사고가 난 것 같다)
- The man **appeared to** be in his late twenties.
  (그 남자는 20대 후반인 것으로 보였다)
- She **appeared to** get better after the treatment.
  (그녀는 치료후 회복되는 것 같아 보였다)
- The stars in the northern sky// **appears to** move around the North Star.
  (북쪽 하늘의 별들은 북극성 주위를 돌고 있는 것 같아 보인다)

<appear가 직접 본동사로 쓰일 때 >

— The orange **appears** rotten inside.
  (그 오렌지는 속이 썩은 것 같다)
— It **appears** to me quite wrong.
  [=It **appears** to me that you are all mistaken]
  (그것은 나에게는 (너희들 모두) 아주 잘못된 것처럼 보인다)
— Strange as it **may appear**, it is true for all that.
  (이상하게 보일지 모르지만, 그럼에도 불구하고 그건 사실이다)

— The house **appeared** deserted. (그 집은 빈 집인 듯 싶었다)
— It **appeared** to me that he was telling a lie.
 (내게는 그가 거짓말을 하고 있다는 생각이 들었다)
— Gradually it **appeared** that things were no worse than before. (만사가 전보다 더 나빠진 게 전혀 없음이 점차 명백해졌다)

④ feel free to : 마음대로/거리낌 없이 ~하다, 주저 않고/편하게 ~하다

※ 주로 구어체의 명령문에 쓰이며, 「be free to」와 유사하다.

- Please **feel free to** make suggestion.
 (자유롭게 제안해 주세요)
- **Feel free to** ask me about anything related to accounting.
 (회계에 관련된 건 뭐든지 저한테 편하게 물어 보세요)

 cf : You **are free to** choose as you please.
  (당신은 원하는 대로 자유로이 골라도 됩니다)
 cf : You **are free to** go or stay as you please.
  (가든 머무르든 당신이 좋을 대로 하세요)
 cf : **Make free use** of it. (그것을 마음대로 사용[이용] 하시오)
 cf : He **was free** with his money. (그는 돈을 아끼지 않았다)
 cf : Have you any rooms **free**? (빈 방이 있습니까)
  [Do you have any rooms available?]

2) [타동사 + to-부정사] 형

① pretend to : ~인체 하다, 감히/주제넘게 ~하고 싶다

- He **pretended to** be indifferent. (그는 무관심한 체했다)
- They **pretended not to** know[notice] me.
 (그들은 나를 모르는 체[못본 척]했다)

- The boys **pretended to** be indians[pirates].
  (소년들은 인디언[해적] 놀이를 했다)
- I don't **pretend to** be a musian for myself.
  (나는 (주제넘게) 스스로 음악가라고 말하고 싶지 않다)
- I **cannot pretend to** ask him for money.
  (내가 감히[주제넘게] 그에게 돈 빌려달라고 부탁할 수(는) 없다)

<pretend가 직접 본동사로 쓰일 때 >

※「pretend+명사[명사절], 또는「pretend+부사구(전치사(to)+명사)」형태

— He **pretends** illness.[=He **pretends** that he is ill]
  (그는 아픈 체를 하고 있다 ; 꾀병을 앓고 있다)

— He **pretended** (that) he knew nothing about it.
  (그는 그것에 관해서 전혀 모르는 체했다)

— **Lets pretend** (that) we are pirates. (우리, 해적 놀이를 하자)

— Both James Stuart and his son Charles **pretended** to the throne.
  (제임스 스튜어트와 그의 아들 찰스는 둘 다 왕위 계승(권)을 주장했다)

— She **pretends** to beauty (for herself).
  (그녀는 미인으로 자부하고 있다)

— The young man **pretended** to the lady.
  (청년은 그녀에게 결혼하고 싶다고 했다 ; 구혼했다)

② like/love to : ~하기를 좋아하다, ~를 하고 싶다

- I **like to** swim across the lake.
  (나는 저 호수를 헤엄쳐 건너가기를 좋아한다 ; 헤엄쳐 건너가고 싶다)
- She **likes to** play piano in front of people.
  (그녀는 사람들 앞에서 피아노 치기를 좋아한다)
- I **like to** enjoy Saturday evening.
  (나는 토요일 밤을 즐기는 것을 좋아한다)

- I **like to** enjoy talking with friends over our school days.
  (나는 친구들과 우리의 학창시절에 대하여 이야기하며 즐기기를 좋아한다)
- I **like to** put mustard on my sausage.
  (나는 소시지에 겨자 넣어 먹기를 좋아한다)
- I **didn't like to** disturb you while you were working.
  (일하시는 동안 당신을 방해하고 싶지 않았습니다)
- He **would have liked to** come alone.
  [=He **would like to** have come alone]
  (그는 (가능하면) 혼자 오고 싶어 했는데)

- She **loves to** watch TV in bed.
  (그녀는 침대에 누워 텔레비전 보는 것을 좋아한다)
- She **loves to** go dancing on Saturday evenings.
  (그녀는 토요일 밤이면 춤추러 가기를 좋아한다)
- She **loves to** be admired by young men.
  [= She **loves** being admired by young men]
  (그녀는 젊은 사내들이 (자신을) 치켜올려 주는 걸 좋아한다)
- We **loved to** talk about our school days then.
  (우리는 모두 그때 우리들의 학창시절에 대해 얘기하기를 좋아했다)
- Will you join us? — I **should love to**.
  (우리와 합치지 않겠어요? — 기꺼이 그렇게 하겠어요)

<like가 직접 본동사로 쓰일 때 >

— **Would you like**[=care for] another cup of coffee?
   (커피 한잔 더 드시겠습니까)
— If **you would like** me to tell you about Korea, I will do so.
   (저한테서 한국에 대해 듣고 싶으시다면, 얘기해 드리지요)
— I **like** boys to be lively. (나로선, 사내아이들이란 활발한 게 좋대요)
— I **like** my tea hot. (난, 뜨거운 차가 좋아요)

— I like the eggs boiled. (난, 삶은 계란이 좋다)

③ expect to : ~할 것으로 예상하다, ~하려고 하다[할 작정이다]

- We **didn't expect to** win that game.
  (우리가 그 경기에서 이길[우승할] 줄은 예상하지 못했다)
- I **expect to** succeed[do it] by all means[at any cost].
  (나는 꼭 성공하려고 한다[그걸 꼭 해낼 작정이다])
- Profits **are expected to** be higher next year.
  (내년에는 수익이 증가할 것으로 예상된다)
- The students **are expected to** be present at the lecture.
  (학생들은 그 강의에 출석하지 않으면 안된다)

<expect가 직접 본동사로 쓰일 때 >
— I **will expect** you next week. (내주에 당신을 기다리고 있겠습니다)
— I **expected** him to come
  [=I **expected** that he would come]
  (나는 그가 오리라고 생각했었다)
— I **expect** that you will obey your parents.
  (나는 네가 너의 부모님 말씀을 잘 따르리라고 생각한다)
— The scenery was not so fine **as we expected**.
  [=The scenery was not so fine **as was expected**]
  (그 풍경[장면/배경]은 우리가 기대했던 만큼은 멋지지 않았다)
— She **was expecting** a remittance from home.
  (그녀는 고향으로부터 올 송금을 기대하고[기다리고] 있었다)
— She **is expecting** (a baby) this month.
  (그녀는 이 달에 (아기를) 출산하게[낳게] 될 것이다)
— **As expected**, Williams won the game.
  (예상한 대로, 윌리엄스가 그 경기에서 이겼다)

— Arguments between parents and chidren **are to be expected**.
(부모와 자식들 간의 말다툼은 흔히 예상될 수 있는 일이다)

④ want to : ~하고 싶다, ~해야/이어야 한다, ~하는 편이 좋다

- I **want to** go there to be rich.
 (나는 거기 가서 부자가 되고 싶다)
- Do you **want to** take a ride in my new car?
 (너는 내 새 차를 타고 싶으냐?)
- I **want to** have[get] it typed up.
 (이것을 타자로 쳐주시오)
- You **want to** see a doctor at once.
 (너는 즉시 의사에게 진찰을 받아야 한다; 받는 게 좋겠다)
- You don't **want to** be rude.
 (너는 버릇없이 굴어서는 안된다)

<want가 직접 본동사로 쓰일 때>

— Children **want** plenty of sleep.
 (아이들에게는 충분한 수면이 필요하다

— It **wants** careful handling. (그것은 조심해서 다룰 필요가 있다)

— He **wants** strength to walk. (그는 걸을 힘이 필요하다)

— My shoes **want** mending. (내 구두는 수선해야 한다)

— These clothes **want** washing.(이 옷은 빨아야 한다)

— The teacher **wants** you. (선생님께서 너를 찾으신다)

— You **are wanted** on the phone. (당신에게 전화가 왔어요)

— If you **want for** anything, let me know.
 (무엇이든 필요한 게 있으면, 내게 알려라)

— She **wants** me to go with her.
 (그녀는 나더러 자신과 동행해 주기를 바라고 있다)

― I **want** my trousers (to be) ironed out.
   (내 바지를 좀 다려줬으면 좋겠다)
― I **want** everything ready by five o'clock.
   (5시까지는 모든 준비가 완료되기를 바란다)

⑤ hope/wish to : ~이기/하기를 바란다, ~하고 싶다

- I **hope to** see you soon. (당신을 빨리 만나 뵙고 싶습니다)
- Allison **is hoping to** be a high-school teacher.
- I **wish to** go abroad. (외국에 나가고 싶다)
- Julie **wishes to** have a child. (줄리는 아이를 갖고 싶어 한다)

⑥ afford to : ~할 여유가 있다, ~할 수 있다
   ※ **can, cannot**와 함께 쓰인다.

- I **cannot afford to** buy[keep] a new car.
   (나는 새 차를 살[가질] 여유가 없다)
- We **can afford to** sell cheap. (우리는 헐값으로 팔아치울 수 있다)
- I **cannot afford to** be generous. (나는 선심 쓸 마음의 여유가 없다)
- She **could not afford to** go there every night.
   (그녀는 매일 밤 거기 갈 수는 없었다)
- I **cannot afford (to** have) holidays.
   [=I won't be able to afford holidays]
   (나는 휴가를 가질 여유가 없다)
- I **can't afford to let** a (good) chance like this go by.
   (내가 이런 (좋은) 기회를 그냥 놓칠 수는 없지)

<afford가 직접 본동사로 쓰일 때 >
― I'm not rich enough to **afford** a car.
   (나는 부유하지 않아서 차를 살 여유가 없다)

— I **can't afford** <u>the rent</u>. (나는 집세를 감당할 수 없다)
— I **can't afford** <u>the time</u> **nor** <u>the money</u>.
　(나는 그럴 여가[시간]도 돈도 없다)
— **Can** you **afford** <u>5 dollars</u>? (5달러만 빌려줄 수 있겠니?)
— Some trees **afford** <u>resin</u>. (수지(樹脂)를 채취할 수 있는 나무도 있다)
　[=어떤 나무들은 수지를 제공한다]
— Reading **affords** <u>pleasure</u>. (독서는 즐거움을 가져다 준다)
— History **affords** <u>several examples</u> of it.
　(역사에는 그러한 예가 몇가지 있다)
　[=역사는 그것에 관해 몇가지 예를 제공한다]
— Your presence **will afford** <u>us great pleasure</u>!
　(당신이 참석해 주시면 저희들에게는 큰 기쁨이 되겠습니다)
　[= 당신의 참석은 우리들에게 큰 기쁨을 제공하게 될 것입니다]

⑦ **try to** : ~하려고 시도하다/애쓰다

- I **tried to** <u>write</u> it in pencil before I got it typed up.
　(나는 그것을 활자화하기 전에, 연필로 쓰 보려고 했다)
- **Try to** <u>behave</u> better. (좀더 점잖게 행동하도록 노력해라)
- She **tried** hard **to** <u>forget</u> about what had happened.
　(그녀는 이전에 일어났던 일에 대해서는 잊으려고 무척 애썼다)
- She **tried** hard **not to** <u>laugh</u>. (그녀는 웃지 않으려고 몹시 애썼다)
- He **didn't try to** <u>do</u> the work from the first[outset/start].
　(그는 애초부터 그 일을 해보려고 하지 않았다)
- You **must try to** <u>get</u> it <u>finished</u> tonight.
　(너는 그 일을 오늘밤에 끝내도록 노력해야 한다)
- I **tried to** <u>persuade</u> him but (it was) in vain.
　(나는 그를 설득하려고 노력했으나 허사였다)
- She didn't get wind[scent] of <u>what</u> the man **was trying to** <u>do</u>.

(그녀는 그 남자가 무슨 짓을 하려는 건지를 눈치 채지 못했다)

<try가 직접 본동사로 쓰일 때 >

— I **tried** persuading him and succeeded.
　(내가 그를 설득해 보았더니 잘 되었다)
— I **will try and**[to] **do** something about this.
　(이 일에 대해 뭔가 조치를 애써 취하겠습니다)
— **Try and**[to] **get** your work done before 3 o'clock.
　(당신이 맡은 그 일을 3시 전에 끝내도록 하시오)
　※ 위의 2개 문장에서는 강조[다그침/급박함]의 느낌을 더 내기 위하여
　　 to 대신에 and를 사용한 경우이다.

⑧ manage to : 그럭저럭/가까스로/어떻게든/용케 ~해내다,
　　　　　　 어쩌다/본의 아니게/멍청하게/불행히도 ~해버리다

- I finally **managed to** get home last night.
　(나는 어제 밤 그럭저럭[간신히] 집에 도착했다)
- I'll **manage to** be[get] there in time.
　(나는 어떻게 해서든 시간에 대어[맞춰] 거기에 가겠다)
- I **managed to** get out at the right station.
　(나는 간신히 목적한 역에서 내릴 수 있었다)
- I just **managed to** pass the driver's license test.
　(나는 간신히 운전면허 시험에 합격했다)
- I somehow **managed to** remain calm.
　[= I somehow **managed to** stay/keep cool]
　(나는 어떻게든 가까스로 침착함을 유지했다)
- She had somehow **managed to** lose keys.
　(그녀는 어쩌다 열쇠를 잃어버렸다)
- He **managed to** make a mess of it.
　(그 녀석은 그걸 엉망으로 만들어 놓았군)

- He **managed to** fail in the term-end examination.
  (그는 본의 아니게 기말시험에서 떨어졌다)

⑨ begin[=be beginning] to : ~하기 시작하다, ~에 착수하다

- The baby **began to** cry for the[his mother's] breast.
  (아기는 젖 달라고 울기 시작했다)
- Suddenly it **has begun to** rain hard with a clap[peal] of thunder. (갑자기 천둥 소리와 함께 비가 세차게 내리기 시작했다)
- Even his greatest admirers **are beginning to** wonder if he is too old for the job. (그를 가장 격찬하는 사람들조차 그가 그 직무를 감당하기에는 너무 연로한 것이 아닐까 의심쩍게 여기기 시작한다)
- She **was beginning to** feel hugry and tired.
  (그녀는 시장함과 피곤해짐을 느끼기 시작했다)
- It was not until he was thirty that he **began to** paint.
  (그는 30세가 되어서야 비로소 그림을 그리기 시작했다)
- That suit **doesn't** even **begin to** fit you.
  (그 옷은 도무지 너에게 맞을 것 같지 않다)

<begin이 직접 본동사로 쓰일 때 >

— School begins[will begin] at eight o'clock[on Monday, in March].
  (학교는 8시에[월요일부터, 4월에] 시작된다)
— The war began[broke out] in 1939 and ended in 1943.
  (그 전쟁은 1939년에 발발하여 1943년에 끝났다)
—In England spring really begins with the first of May.
  (영국에서는 봄이 실제로는 5월 1일부터 시작된다)
— What shall I begin with? (무엇부터 시작할까요?)
— We will begin by dancing[with a story-telling] at the beginning.
  (우리는 처음엔 춤추는 것[이야기 해주기]으로 시작하겠어요)

— The novel **began** with the death of a reporter.
  (그 소설은 (줄거리가) 어떤 기자의 죽음으로부터 시작되었다)
— Well[Then], **let's begin** at page seven[at the beginning].
  (자 그러면, 7페이지부터[처음부터] 시작합시다)
— She **began** learning English five years ago.
  (그녀는 5년 전에 영어를 배우기 시작했다)
— She **began** a club for bird-watchers.
  (그녀는 조류 감시자들을 위한 클럽을 설립했다)

⑩ **make to** : ~하려고 하다, ~하기 시작하다

- He **makes to** act like a barbarian.
  (그는 야만인처럼 굴려고 한다)
- He **made to** strike her and then stopped.
  (그는 그녀를 치려고 하다가 멈추었다)
- As I **made to** leave the tent, I heard a sound again.
  (천막을 나오려는 순간, 또 소리가 들렸다)

『말은 각별히 조심해서 해야』

- The walls have ears. (벽에도 귀가 있다)
- **Talk of the Devil, and he is sure to appear.**
  (악마도 제말 하면 나타난다; 호랑이도 제말 하면 온다)
- Out of the mouth coms evil.
  (해악은 입에서 나온다)
- Think today and speak tomorrow.
  (오늘 생각하고, 내일 말하라)

(5) [had better/rather, would rather/liefer+동사] 형 준(準) 조동사

1) [had better/rather+동사원형] : 「~하는 편이 좋다」
※ rather를 쓰는 경우에는 뒤에 than을 수반하기도 한다.

- **You had**[You'd] **better** <u>keep</u> your mouth shut about this.
  (당신은 이 일에 대해서는 입 다물고 있는 게 좋다)
- **You'd better** <u>hurry</u> (up) if you want to catch[take] the train.
  (너는 기차를 타려면 서두르는 게 좋겠어)
- **You'd better** <u>roll up</u> your sleeves and <u>get started</u> in haste.
  (당신은 팔을 걷어부치고 빨리 시작하는 게 좋겠어요)
- You **had better** <u>not go</u> through the woods after dark.
  (당신은 어두워진 뒤에는 그 숲속을 지나가지 않는 게 좋겠어요)
- You **had rather** <u>not mention</u> them at all.
  (너는 그것들에 대해서는 전혀 언급하지 않는 것이 좋다)
- **You'd better**[**rather**] <u>eat</u> breakfast before 9 o'clock.
  (당신[여러분]은 9시 전에 아침식사를 드시는 편이 좋습니다)
- He **had rather** <u>dance</u> than <u>eat</u>. (그는 밥보다는 춤추기를 더 좋아한다)

※수동태 가능여부	
▸ had better[O]	▪ Breakfast <u>had better be eaten</u> before 9[= O]
▸ had rather[X]	▪ Breakfast <u>had rather be eaten</u> before 9[= X]

- **hadn't** you **better** <u>ask</u> straight?
  [=You might as well as ask a spade a spade]
  (솔직히 물어보는 게 좋지 않겠니?)

- You **had better** have visited him then. ---〈과거의 못했던 일 표현〉
  　　　　　　　　(현재완료형)
  (당신은 그때 그를 찾아가는 편이 나았다; 찾아갔어야 했다)
- I **had rather** never have been born **than** have seen this day of
  　　　　　　　　(현재완료 부정형)　　　　　　　　　　　　　　　　　　　　　shame.
  (오늘의 이런 수치를 당하느니 차라리 태어나지 않았더라면 좋았겠다)

2) [would rather+동사원형+than~] : ~하느니 차라리 ~하겠다, ~보다 ~하는 편이 낫겠다, 무척 ~하고 싶다

- I **would rather** die **than** apologize to her.
  (나는 그녀에게 사과하느니 차라리 죽겠다)
- I **would** stay home **rather than** go out.
  [= I **would rather** stay home **than** go out]
  (나는 밖에 나가느니 차라리 집에 있고 싶다)
- I **would rather** not see her tonight.
  (오늘밤에는 그녀를 만나고 싶지 않다)
- I'**d rather** like a cup of coffee now.
  (나는 지금 커피를 무척 마시고 싶다)
- Which **would you rather** do, go to the inema or stay at home.
  (극장에 가는 것과 집에 있는 것 중, 어느 쪽을 더 하고 싶으냐?)
- I **would rather** die **than** live in this agony.
  (이런 고통속에서 사느니 차라리 죽는 편이 낫겠다)
  - I'**d rather** get a new one **than** keep getting this one fixed every few weeks.
    (몇 주마다 이런 걸 계속 수리하느니 차라리 새 것을 사는 게 낫겠어)

〈 would rather+that 절(節) 〉
※ that절 속에서의 서술동사는 항상 과거형으로

- I **would rather** (that) he came tomorrow **than** today.
 ((내 생각엔) 그는 오늘보다는 내일 오는 게 낫겠다)
- I'd **rather** (that) you didn't go out alone.
 (네가 혼자 나돌아 다니지 않았으면 좋겠다)
- I'd **rather** (that) you went home now.
 (나는 네가 집으로 가주었으면 좋겠다)

<rather가 그밖의 뜻과 용법으로 쓰일 때>

— I like peaches **rather than** apples.
 (나는 사과를 좋아하는 게 아니라, 복숭아를 좋아한다)
— I like peaches **better than** apples.
 (나는 복숭아와 사과 둘 다 좋아하지만, 그중 복숭아를 더 좋아한다)
— It's a wall closet[cup-board] **rather than** a room.
 (그것은 방이라기보다는 벽장[찬장]이다)
— He is a writer **rather than** a scholar.
 (그는 학자라기보다는 문필가[작가]이다)
— It is rather cold (than not[otherwise]).
 (날씨는 (어느 쪽이냐 하면) 추운 편이다)
— It is rather hot today. (오늘은 (예상보다) 꽤 덥다)
— I feel rather tired. (나는 좀 피곤하다)
— I am feeling rather better this morning.
 (나는 오늘 아침은 (평소보다) 다소 기분이 좋다)
— The attempt was **rather** a failer.
 (그 시도는 오히려[되레] 실패였다)
— This book **may be rather** too easy for you.
 (이 책은 너에게는 오히려 너무 쉬울지도 모른다)

— He woke early, **or rather**, he was pulled out of bed.
   (그는 일찍 일어났다기보다는, 오히려 잠자리에서 억지로 끌려 나왔)

2) [would/had lief[soon], liefer[sooner]+동사원형] 형

① [would/had as lief/soon+동사원형+as~]

> ▶ 「~하느니 차라리 ~하는 편이 낫다」의 뜻을 지닌다.
> ▶ as ~ as : 비교급의 형용사/부사와 접속사 than이 없지만, 비교의 성격을 나타낸다.
> ▶ lief와 soon : 서로 대체 사용이 가능하다.

- I **would as lief**[soon] go there **as** (go) any where else.
   (어디 그밖의 딴 곳에 가느니 차라리 그곳으로 가는 편이 낫다)
- I **would as lief**[soon] go out **as** stay home.
   (집에 있느니 차라리 외출하는 편이 낫겠다)
- I **had as soon**[lief] go **as** not go.
   (안 가는 것보다는 가는 편이 낫다)

② [would/had liefer/sooner+동사원형+than~]

> ▶ 「~하느니 차라리 ~하는 편이 낫다」의 뜻을 지닌다.
> ▶ liefer/sooner으로 비교급을 쓰면, 반드시 뒤에 than이 수반된다.
> ▶ 같은 비교급의 뜻이지만, 「as ~ as」보다는 「비교급+than」의 어감이 더 강하고 명확하다.

- I **would liefer**[sooner] die **than** do it.
   (그런 짓을 하느니 차라리 죽는 편이 낫다)
- I **would liefer**[sooner] cut my throat **than** do such an act.
   (그런 짓을 하느니 차라리 목을 베고 죽는 편이 낫겠다)

- I **would liefer**[sooner] <u>find</u> a new job **than** <u>work</u> in[under] this labor condition.
  (이런 근로조건에서 일하느니 차라리 새 일자리를 찾는 게 낫다)

a fine Selection of Maxims & Proverbs

『스스로의 노력과 모험 없이 그저 얻을 수 있는 성취와 이득은 없다』

- **Nothing ventured**, nothing gained[=No pain, no gain].
  (모험이 없이는 아무것도 얻지 못한다[=고통 없이는 얻는 것도 없다])
- **Nothing sought**, nothing found. (애써 찾아야 눈에 띈다)
- **Nothing great** is easy. (위대한 일 치고 쉬운 것은 없다)
- **Fortune favors** the bold. (행운은 용기 있는 자의 몫이다)
- **Easy/Lightly come**, easy/lightly go. (쉽게 얻은 것은 쉬 사라진다)

◪ 유사 명언

▸ **Ask** and it will be given to you(구하라, 그리하면 너희에게 주실 것이요),
  Seek and you will find it (찾아라, 그리하면 너희는 찾아낼 것이며),
  Knock and the door will be opened to you.
  (두드려라, 그리하면 너희에게 문이 열릴 것이니라)
  ----------- 신약성서(마태복음 제7-7)

▸ **Impossibility** is **the excuse** made by the untried.
  (불가능이란 시도해 보지 않은 자의 변명이다)
  ----------- 하버드대(학훈 중에서)

Expression Exercises

[1] 그는 언제나 어디서나 제멋대로 하려고 한다.

> 힌트) 고집스러움을 나타내는 조동사로는 Will을 사용,
> 언제나(always, any/every time, all the time), 어디서나(every/any where),
> 제멋대로 하다(have his own way/taste/fancy/style, do as he pleases)

☞ _____

_____

[2] 이 창문은 도무지 닫히지 않네.

> 힌트) 사물의 고집스러움/완고성을 나타낼 때도 조동사 Will을 사용하며, 부정일 때는
> will not[won't]를 사용

☞ _____

_____

[3] 좋은 의사는 당신/여러분을 편하게 해준다[해주기 마련이다].

> 힌트) 습성/경향을 나타낼 때는 조동사 Will을 사용,
> 편하게 해주다(make one relaxed/comfortable)

☞ _____

_____

[4] 그는 5명이 편히 탈 수 있는 차를 샀다.

> 힌트) 수용능력은 조동사 Will(과거형은 Would) 사용, 수용하다(hold), 편히(easily)

☞ _____

_____

[5] 그는 내 말은 말할 것도 없고, 아버지의 말씀조차 들으려 하지 않았다.

　　(힌트) 주어의 강한 의지(고집스러움)을 나타내는 조동사 사용,
　　　　　 ~에조차도 ~하지 않다 (nor yet to~)

　☞ _____

_____

[6] 당신의 연설에 청중이 어떻게 생각할지 알 수 없군요.

　　(힌트) 현재에서의 추측을 완곡하게[조심스럽게] 표현할 때는 조동사 Would를 사용

　☞ _____

_____

[7] 태평양 전쟁이 일어났을 때, 그녀는 (아마) 3살이었을 게다.

　　(힌트) 현재에서의 추측을 완곡하게[조심스럽게] 표현할 때는 조동사 Would 사용.
　　　　　 ~때는 ~이었을 것 : 종소절(When 이하)는 과거, 주절의 동사파트는 [would + 본동사의 현재형 또는 현재완료형으로, 태평양 전쟁(the Pacific War)

　☞ _____

_____

[8] 나는 노예처럼 사느니 차라리 죽어버리겠다.

　　(힌트) "~하느니"에 해당하는 종속절을 이끄는 접속사를 than으로 할 때와 as로 할 때의 2가지 문형으로 작성키로 한다. ~(간절히) 하고 싶다(would ~

　☞ (than 사용시) _____

　☞ (as 사용시) _____

[9] 나는 냉커피 한 잔 마셨으면 싶다[좋겠다].

　　(힌트) ~했으면 좋겠다 ; I would loke[love] (to have) ~, 냉커피(iced-coffee)

　☞ _____

_____

[10] 이 편지를 좀 써 주시겠습니까?

　　(힌트) ~해 주시겠습니까 : 직설적으로 표현시에는 " Would you+본동사"로,
　　　　　 더 정중하게[우회적으로] 표현시는 "Would you mind+동명사",
　　　　　 또는 "Would you be kind (enough)+to-부정사"로 한다.

☞ _____

_____

[11] 그는 학생이었을 적에 흔히 공부로 밤을 새우곤 했다.
　　힌트　~로 밤을 새우다(sit/stay up all night for~), 불규칙적 습관에는 would 사용
　　☞ _____

_____

[12] 우리는 종종 해변을 오랫동안 산책하곤 했다.
　　힌트　산책하다(go for a walk, take a stroll/walk), ~종종 하곤 했다(would often ~)
　　　　　해변을(along the beach, about the seashore)

　　☞ _____

_____

[13] 나는 무슨 일이 일어나더라도 꼭 돌아 오겠소.
　　힌트　자신의 결의를 강력하게 객관적으로 표명시 조동사 Shall을 사용,
　　　　　어떤 일이(whatever), 일어나다(come, happen, occur),
　　　　　~하더라도(도치법, 또는 whatever나 no matter what을 주부로 하여)
　　☞ _____

_____

[14] 네가 그녀와 관계를 끊었으면 좋겠는데.
　　힌트　나는 네가 ~해주면 좋겠다(I wish you would ~),
　　　　　~와 관계를 끊다(break up with~)
　　☞ _____

_____

[15] 세입자는 금월말까지 집주인에게 월세를 지불하고 열쇠를 반납할 것
　　힌트　법령•규칙 및 판결 등의 문장에서는 「~할 것」, 「~하라/해야한다」의
　　　　　뜻을 표현시에는 조동사 Shall을 사용, 세입자(tenant), 집주인(landlord)

　　☞ _____

_____

[16] 그는 6시에 나를 깨울 것인지를 내게 물었다.

> **힌트** 3인칭 평서문의 경우 상대편(I)의 의지/의향을 확인할 때의 조동사로서는 shall(과거형; should)을 사용, ~인지(if가 이끄는 종속절)

☞ _____

[17] (여러분은) 일단 약속을 했다 하면, (반드시) 그것을 지켜야 합니다.

> **힌트** 의무나 당연성을 표현시는 조동사 Should를 사용, ~했다 하면(once~), once 등이 이끄는 조건절이나 준동사(to-부정사, 분사구문, 동명사) 등에서 과거시제는 현재완료형으로 해야, 약속하다(make a promise)

☞ _____

[18] 나는 그런 절호의 기회를 놓치지 말았어야 했다.

> **힌트** 과거에 이루어지지 않은 사실(행위/상태)에 대한 후회(또는 질책)를 표현시는 [should+현재완료] 형식을 사용

☞ _____

[19] 그의 죽음은 그녀에게 큰 충격이었음에 틀림 없다.

> **힌트** 틀림없이 ~할/일 것이다 ; should[must] ~ (과거일 때는 should/must+현재완료)

☞ _____

[20] 도대체 누가 이처럼 누추한 곳에 살겠는가?

> **힌트** 강한 의문이나 놀람을 나타낼 때는 조동사 Should[때로는 Would]를 사용, 도대체(on earth, in the world, under the sun), 누추한(sqalid, shabby, dirty)

☞ _____

[21] 그가 성공한 것은 지극히 당연하다.

> 힌트) ~는 당연하다; It~that절, 또는 to-부정사 용법을 사용, that절 속에서는 조동사로 should를 사용, that절에서나 to-부정사 구문에서 과거시제는 현재완료형을 사용해야 함

☞ _____

[22] 그는 어느 쪽으로 따를 것인지를 정할 수 없었다.

> 힌트) 따르다[지향/행동하다] ; go, 선택/판단 등의 주절 본동사에 연계된 종속절 (that 절이나 의문사절)에서는 조동사 should를 흔히 사용

☞ _____

[23] 나는 대출금을 감액할 것을 제안했다

> 힌트) 감액할 것을[감액될 것을], 제안(propose, suggest) 등에 연계된 종속절내에서는 흔히 조동사로서 should를 사용

☞ _____

[24] 우리는 모두 당신히 무사히 돌아오기를 염려하고 있었습니다.

> 힌트) 무사히(safely, in safety, without accident/mishap), 염려하다(be anxious), 근심/걱정 등의 의미에 연계된 종속절(that절, lest절 등)에서는 조동사 should를 흔히 사용

☞ _____

[25] 계단에서 떨어지지 않도록 조심하시오.

> 힌트) ~않도록(lest절), 계단에서 떨어지다(fall down/off the stairs)

☞ _____

[26] 나는 그 누구도 읽지 못하게 그 편지들을 태워 버렸다.

> 힌트) ~하도록; 목적/의도 등을 나타내는 so that절내에서는 조동사 should 사용, 그 누구도(nobody/no one else)

☞ _____

_____

[27] 그는 아무리 노력해 보아도 그녀를 가도록 설득할 수 없었다.

> 힌트) 동사가 문두에 선치된, 목적성을 가진 양보의 부사절에서 조동사는 might(또는 would)를 사용하되, as가 이끄는 도치법을 적용, 주절에서의 가능성/능력은 조동사 could를 사용. ※ 명사/형용사/부사가 선치되어 as가 이끄는 양보의 절에서는 조동사 불요.

☞ _____

_____

[28] 밤 하늘에는 종종 유성(流星)이 빠르게 떨어지는 것이 보인다.

> 힌트) 자동사 see에는 수동적 성격이 있으므로 "we can see"로, 유성(shooting stars)

☞ _____

_____

[29] 그 아기는 첫돌 무렵에는 걸을 수 있게 될 것이다.

> 힌트) 미래시제에서의 '가능성'을 나타낼 때는 can 대신에 be able to를 사용, ~ 무렵에는(by~)

☞ _____

_____

[30] 지금까지 아무도 그것을 해낼 수 없었다.

> 힌트) 현재까지의 계속된 상태는 현재완료형으로, can은 시제관련 조동사와 결부시에는 be able to로 바꿔 쓰야

☞ _____

_____

[31] 그가 그런 어리석은 짓을 했을 리가 없다.

> 힌트 "~했을 리 없다"는 can의 부정어와 현재완료형을 섞어 쓰서

☞ _____

_____

[32] (당신이) 코트 입는 것을 제가 도와드릴까요?

> 힌트 도와드릴까요(can/may I help you), 입는 것 ; 사역동사 help의 영향을 받는 본동사 격으로서 동사 대신에 동사적 의미를 띠는 부사를 사용한다.

☞ _____

_____

[33] 시내까지 저를 좀 태워주실 수 있으신지 모르겠네요.

> 힌트 ~해주실 수 있겠는지(if/whether you could ~), 모르겠네요; I wonder 또는 I am wondering, 태워주다; give a person a ride, 시내까지(into town)

☞ _____

_____

[34] 우리는 그에게 감탄하지 않을 수 없었다.

> 힌트 2가지 표현형식이 있다; 하나는 [couldn't (help) but + 동사원형], 다른 하나는 [couldn't help + 동명사]

☞ _____

_____

[35] 그녀에게 아이스크림을 좀 드시게 해(집어) 주시겠습니까?

> 힌트 ~에게 ~을 드시게 도와주다; [help a person to + 음식]

☞ _____

_____

[36] 그의 처신(행동)에 대해서는 아무리 혹평을 해도 지나치지 않는다.

　　힌트　[cannot ~ too ~] 의 형태로

　☞ _____

　　_____

[37] 나는 나팔꽃을 보면 꼭 시집간 누님이 생각난다.

　　힌트　[cannot see ~ without ~]의 형태로

　☞ _____

　　_____

[38] 그는 귀가 도중 숲속에서 길을 잃었을지도 모른다.

　　힌트　길을 잃다(get/be lost); 추측을 강하게 나타내려면 조동사 could[might]를 사용, 또는 [it may be that절]의 형태로도 쓸 수 있되, 시제는 현재완료형으로 해야

　☞ _____

　　_____

[39] 그렇게 말한 사람은 그녀가 아니었을지도 모른다.

　　힌트　[It ~ who~]의 구문형태로 who 이하를 진주어처럼,

　☞ _____

　　_____

[40] 저 여인은 대체 몇 살이나 됐을까?

　　힌트　의문사를 문두에 선치하되, 조동사와 주어가 도치되는 형태를 취한다. 즉 [의문사+조동사+주어 +본동사]의 형태로 구성.

　☞ _____

　　_____

[41] 누가 그런 말을 했던 간에, 너는 그 말을[그를] 믿을 필요가 없었다.

    힌트   특수 의문사(의문사+ever) 또는 [no matter+의문사]에 조동사 might를 써서 양보적 추측을 나타낸다. 본동사 시제는 현재완료형으로 한다.

☞ _____

_____

[42] 나는 좋은 좌석을 차지하려고[사려고] 일찍 극장에 가고 있는 중이다.

    힌트   ~ 차지하려고(so that I may get/occupy)

☞ _____

_____

[43] 천장만 바라보고 있느니 소설이라도 읽는 편이 낫겠다.

    힌트   ~하느니 ~하는 편이 났겠다 ; [may/might as well+본동사+as+본동사]

☞ _____

_____

[44] 임산부의 음주는 태아에게 심각한 폐해를 초래하기 십상이다.

    힌트   ~을 초래하기 십상이다(may well/easily result in~), 폐해(evil effects), 임산부(expectant/pregnant mother), 태아(fetus/embryo)

☞ _____

_____

[45] 조심해! 너, 다리를 다칠지도 몰라.

    힌트   불확실성을 완곡하게 표현하기 위해서는 조동사 might를 사용,
~를 다치다 ; hurt your self in ~. get[be] hurt/injured/wounded in~

☞ _____

_____

[46] 그들이 실수를 했을지도 모른다.

> 힌트) 과거의 일에 대한 완곡한 추측은 [might+현재완료형]의 형태를 취한다.
> 실수하다 ; make[commit] a mistake[blunder]

☞ _____

[47] 이 구내식당에서는 주류(酒類) 판매를 해서는 안됩니다.

> 힌트) 가벼운 명령(금지)조는 [may+not/no~]의 형태로, 구내식당(cafeteria).
> 수동태 문장에서는 주류가 주어, 능동태 문장에서는 주어를 they나 you로 한다.

☞ _____

[48] 선생님의 연세가 얼마이신지 좀 여쭈어 봐도 될까요?

> 힌트) 지극히 정중[겸손]하게 물을 때는 조동사로서 may나 can 대신에 might로

☞ _____

[49] 한반도에서 다시는 동족상잔의 전쟁을 치르지 않아도 되기를!

> 힌트) 기원문이므로 조동사 may를 문두에 선치, 주어는 불특정 다수인 We로,
> 동족상잔의 전쟁(fratricidal war), 전쟁을 치르다(fight /make /wage a war)

☞ _____

[50] 그 일이 아무리 어렵더라도, 그는 그것을 (끝까지) 해내고야 말 것이다.

> 힌트) 앞절(종속절)은 양보의 절로서 [No matter how difficult]나 [However difficult],
> ~을 해내다(go through with~)

☞ _____

[51] 이상하게 들릴지 모르지만, 사실 나는 비오는 날이 더 좋다.
   힌트 [형용사+ as it may] 형태로 도치법을 쓰서 양보의 종속절(앞절)을 만든다.
   ☞ _____
   _____

[52] 부모들은 대개 자녀들이 번영할 수 있도록 자신의 생애를 희생한다.
   힌트 ~할 수 있도록 ; [(so) that 주어+may+본동사] 형태로
   ☞ _____
   _____

[53] 그는 천둥소리도 들을 수 없을 만큼 귀가 어둡지는 않다.
   힌트 ~할 수 없을 만큼 ~하지 않다 ; 다음 2가지 형태가 있다.
   [be not so+형용사+but절] , 또는 [be not so+형용사+that절].
   but절과 that절 내에서의 조동사는 may 또는 can으로 같지만,
   but절에서는 부정어를 쓰지 않아도 그 자체 부정의 뜻이 내포되어 있다.
   천둥소리: rolls[a peal, a clap] of thunder
   ☞ _____
   _____

[54] 당신이 그에게 그렇게 몹시 분개하는 것도 당연하다.
   힌트 ~하는 것도 당연하다 ; [may well+본동사] 형태로 한다.
   분개대상별 전치사 ; 언행에는 at, 사물엔 about, 사람에겐 with를 사용.
   ~(사람)에게 몹시 분개하다 ; be hotly iindignant with~
   ☞ _____
   _____

[55] 당신이 아들에게 말해 주는 것도(주는 편이) 좋을 것 같군요.
   힌트 ~하는 것이 좋겠다 ; [may/might as well+본동사] 형태이지만,
   may 보다는 might가 더 정중한 느낌을 준다.

☞ _____

[56] 국외로 (항공편으로) 도망가느니 차라리 경찰에 자수하는 게 낫다.

(힌트) ~보다[하느니] ~하는 편이 낫다 ; [might as well 본동사(A) as 본동사(B)]
경찰에 자수하다 ; deliver oneself to the polic[=give oneself up to the authority]

☞ _____

[57] 직장에서는 상사(上司) 의 명령에 복종해야 한다.

(힌트) 명령/요구를 나타내는 조동사로서는 must와 should가 있으나, should는 주로 종속내에서 쓰이고, 의문사(who, why, what 등)와 함께 쓰여 놀람/우스움을 표현할 때 사용, 직장(work place), 상사(superior), cf : 부하(subordinate, follower)

☞ _____

[58] 우리는 여기서 그렇게 오래 기다릴 필요가 없을 것이다.

(힌트) 미래시제에서는 의무•필요 관련 조동사로서 must 대신에 "have to"를 사용

☞ _____

[59] 그는 이 집을 당장 떠나야 한다고 말했다.

(힌트) 간접화법 속에서의 과거시제에서는 의무•필연 관련 조동사로서 must를 그대로 쓰도 되고, "had to"로 쓰도 된다.

☞ _____

[60] 나쁜 종자에서는 나쁜 곡식[곡초]이 생기게[나게] 마련이다.

(힌트) 필연을 나타내는 조동사는 must, 주어는 '나쁜 종자', 생기다(produce), 곡식(corn)

☞ _____

[61] 나는 그가 경마에서 돈을 상당히 잃었을 거라고 짐작했다.

> **힌트** 강한 추측을 나타내는 조동사로는 must를 사용, 주절이 과거인 종속절 속의 과거(즉 과거속의 과거)는 현재완료형으로 한다. 짐작하다(guess/suppose), 상당한 돈/손실(a large amount of money, a heavy loss)

☞ _____

_____

[62] 서두르지 않았더라면, 우리는 틀림없이 열차를 놓쳤을 거야.

> **힌트** 과거에 대한 강한 추측은 [must+현재완료] 형태로, 가정/조건절(종속절)에서는 과거사실의 반대상황을 나타내는[가정하는] 것이므로 과거완료형 시제로 한다.

☞ _____

_____

[63] 우리는 토요일 오후에는 일을 하지 않아도 된다.

> **힌트** [must not(mustn't) to~]는 「~을 해서는 안된다」의 뜻이므로 부적절, 「~을 하지 않아도 된다」의 뜻으로는 [don't have to ~], 또는 [have'nt got to~]로 바꾸어 써야 한다. ※ 이 때의 「got」은 강조 또는 운률을 좋게 하기 위한 허사(虛辭).

☞ _____

_____

[64] 그가 병이 났을 리 없다.

> **힌트** 「~했을 리가 없다」는 과거에 대한 강한 부정이므로 [cannot+현재완료]로, 병(病)이 나다(be/get ill)

☞ _____

_____

[65] 너는 오늘도 꼭 헬스클럽에 나가야 하느냐?

> **힌트** ~해야 하느냐 ; ~해야 하다의 의문형이므로 [Do you have to~]로 조동사를 개입시켜야(물론 영국식 영어로는 「Have you to~」로 쓰기도), 헬스클럽(gym)

☞ _____

_____

[66] 그들은 지금쯤 그 마을을 나섰을 것이다.

> 힌트 「~했을 것이다」의 뜻으로 장차의 일에 대한 강한 가망성(추측)은 [ought to/must]+현재완료]의 형태로

☞ _____

[67] 간호사를 전화로 불러야 되지 않겠는가?

> 힌트 「~해야 하지 않겠는가?」; [Oughtn't+주어(we)+to-부정사], 또는 [Don't+주어 have to+본동사]로, ~를 전화로 부르다 ; phone for ~, call ~ on the phone

☞ _____

[68] 우리는 이렇게 많은 음식을 주문할 필요가 없었어.

> 힌트 할 필요가 없는 일을 이미 해버렸을 때 후회 섞인 표현은 [needn't +현재완료] 형태로, 또는 need를 준조동사처럼 취급하여 [didn't need to+현재완료]로도 사용가능

☞ _____

[69] 나는 그녀에게 전혀 걱정할 필요가 없다고 말해 주었다.

> 힌트 조동사 need는 주절이 과거이라도 종속절 속에서 그대로 need로 쓰인다.

☞ _____

[70] 자네가 어찌 내 얼굴을 똑바로 쳐다 본단 말인가?

> 힌트 감히 ~하다(dare+동사원형), 조동사 dare는 의문문에서도 다른 조동사(Do)의 도움을 필요로 하지 않는다.

☞ _____

[71] 감히 내 정원에서 장미를 꺾지 말아라.

> 힌트 감히 ~하지 말라; dare는 조동사이지만 명령문에서는 다른 조동사(Do)의 도움을 필요로 한다. need의 경우와 같이 준조동사처럼 [dare to+동사원형]으로도 쓸 수 있다.

☞ _____

[72] 저 집에는 흡혈귀/식인귀가 출몰한다고 들어왔다[들려오곤 했다].
  힌트) (관습적으로) 늘 ~하다(used to~), (귀신 따위가) 출몰하다(be haunted), 문장구조는 [IT used to ~ that 절]로, 흡혈귀(vampire, blood-sucker), 식인귀(cannibal denon)
  ☞ _____
  _____

[73] 예전에 저 길모퉁이에는 목공소가 하나 있었다.
  힌트) 과거의 상태/존재는 「used to~」로 표현, 목공소(carpenter's shop)
  ☞ _____
  _____

[74] 그녀는 예전에도 저렇게 부지런했던가요?
  힌트) 과거의 습관적 사실을 나타내는 「used to」는 조동사이므로 자력으로 의문문을 만들 수 있다. 다만, 미국식 구어체에서는 타 조동사(do)를 붙여서 쓰기도 한다.
  ☞ _____
  _____

[75] 그런 경우에 그는 으레 뭐라고 말하던가요?
  힌트) 과거의 습관적 사실은 「used to」로 표현하며, 조동사이므로 의문사 뒤에서도 do 없이 그대로 사용하되, 주어를 사이에 두고 used와 to-부정사가 분리 배열돼야 한다.
  ☞ _____
  _____

[76] 그는 과거 어느 때[과거 으레 그랬던 것]보다 더 일찍 출근했다.
  힌트) 과거 어느때보다 ; [than he used (to)], 출근하다; come to the office/work
  ☞ _____
  _____

[77] 나는 이렇게 아침 일찍 기상하는 데는 전혀 익숙해 있지 않다.
  힌트) ~에[하는 데] 익숙해져 있다 ; [get/be/become used to+동명사]
           (형용사구; ~에 익숙한)
  ☞ _____
  _____

[78] 우리는 오늘 오후에 우리 회사 사장님과 만나기로 예정되어 있다.
> 힌트) 정해진 예정·운명 등을 나타낼 때는 [be to+본동사 원형] 형태를 취한다.

☞ _____
_____

[79] 이 제과점에는 애완견을 데리고 들어가서는 안 된다.
> 힌트) ~해서는 안 된다(안 되게 규정돼 있다) ; [be not (supposed) to ~] 형태로,
> ~을 대동하고 : accompanied by ~ , 제과점 ; bakery[confectionery]

☞ _____
_____

[80] 그는 장차 어찌될 것[운명]인가?
> 힌트) 「어찌될 것인가」는 What would happen이나, What is to become을
> 염두에 둘 수 있으나, 운명적인 느낌을 주려면 후자의 표현이 더 적절하다.
> 이처럼 형식상의 주어가 의문사(What)인 경우, 운명의 대상인 실제 주어는 관행상
> [happen to+대상(실제 주어)], [be matter with+대상] [become of 대상]이 된다.

☞ _____
_____

[81] 거리에는 한 사람도 눈에 띄지 않았다.
> 힌트) 주어(한 사람도/아무도)는 No body 보다는, No one이나 Not a soul로
> 해야 더 강조하는 느낌을 준다. "눈에 띄지 않았다"도 강조하기 위해 [could be seen]
> 보다는 [was to be seen]이 더 적절하다.

☞ _____
_____

[82] 내가 이 일에 꼭 책임이 있다면, 어떤 처벌도 감수하겠소.
> 힌트) 필연적인 조건은 [If I am to ~] 형태로, ~에 책임이 있는(be responsible for~),
> ~을 감수하겠소; shall be impressed with ~

☞ _____
_____

[83] 우리는 모두 법률을 지킬 수밖에 없다[지킬 의무가 있다].
> 힌트) ~하지 않을 수 없다 ; be bound/compelled/forced to~,
> (법률/규칙 따위를) 준수하다 ; obey/observe/follow~, abide by, adhere/confirm to

☞ _____

[84] 수험자들은 전원 시간에 맞춰 학생회관에 출석해 있지 않으면 안된다.
　(힌트) 수험자들(examinees), ~하지 않으면 안된다[하기로 돼 있다]; be expected to~
☞ _____

[85] 아버지께서는 선원이셨는데, 저도 선원이 되려고 합니다.
　(힌트) ~하려고 한다; [be going to~]의 형태로
☞ _____

[86] 곧[얼마 안되어] 소나기가 올 것 같다.
　(힌트) ~할 것 같다; [be going to+동사원형], 또는 [look/feel like+명사/동명사],
　　소나기가 오다 ; shower(shower=동사, 명사 겸용), 기후 관련시 가주어(It) 사용
☞ _____

[87] 이번 가을에는 유럽을 구석구석 여행할 작정[계획]이다.
　(힌트) ~할 작정/계획이다; [be planning to~] , 구석 구석(from end to end),
　　~를 여행하다(travel/visit~, make a trip to~),
☞ _____

[88] 당신을 위해서라면 무엇이든 (정말) 기꺼이 하겠습니다.
　(힌트) (정말) 기꺼이 ~하다 ; [be (quite) willing/ready/delighted to~]
☞ _____

[89] 우리측의 조건이 합당하다고 보신다면, 주문을 해주시면 좋겠습니다.
　(힌트) ~해주시면 기쁘겠다 ; [shall be pleased to~] ※ will be도 가능하지만,
　　shall be가 더 강하고 정중한 표현임.
　　주문하다; [make/place an order], 주문받다; take/receive/have one's order

우리의 조건이 합당하다고 보다 ; find/recognize our terms (to be) reasonable
☞ _____

[90] 당신이 나를 동행해 주신다면, 나는 기꺼이 가겠소.
힌트 기꺼이 ~하겠다; [I shall be glad/pleased to~], 동반하다 ; accompany

☞ _____

[91] 당신의 편지를 읽게 되어 매우 기쁩니다.
힌트 ~하게 되어 기쁘다 ; [be glad/pleased to~]

☞ _____

[92] 보험에 들기 전에 반드시 보험약관을 주의깊게 읽어 보시오.
힌트 반드시 ~을 하다; [be sure to~], 보험에 들다; [be insured], 보험약관(insurance terms/clauses)

☞ _____

[93] 내가 막 외출하려던 참에 그가 나를 찾아왔다.
힌트 막 ~하려고 하다; [be about to~]

☞ _____

[94] 그런 일에 거금 천만원을 투자할 생각은 없다.
힌트 ~할 생각은 없다; [be not about to~], 거금 천만원; as much as [=no less than] ten million won

☞ _____

[95] 금년에는 11월이면 무서리가 내릴 것만 같다.
힌트 ~할 것 같다 ; be likely to-부정사, 또는 be likely that절, 무서리; early frost

☞ _____

[96] 오늘 밤에는 통행이 많지 않을 것이다[것 같다].
  힌트 ~하지/이지 않을 것이다 ; [be not likely to~]
☞ _____

[97] 전(前) 남편 얘기를 꺼내면, 그녀는 자칫 울음을 터뜨리기 십상이다.
  힌트 울음을 터뜨리다; burst out crying, burst into tears, start crying,
       ~하기 십상이다; be liable to~, 언급하다[꺼내다]; mention, bring up forward,
       broach, draw out, start talking, introduce
☞ _____

[98] 외투 없이 외출하면 감기가 들 것 같다[들기 쉽다].
  힌트 ~하기/이기 쉽다; [be apt/likely to~], 감기 들다; catch/take (a) cold
☞ _____

[99] 사람들은 나이가 들수록 남의 일에 참견하려는 경향이 있다.
  힌트 ~하는 경향이 있다; tend to~, ~에 참견하다; meddle in~, interfere with~
       나이 들수록[나이가 듦에 따라]; as they get old(er)
☞ _____

[100] 나는 그 신년 연회에서 우연히 애니(Annie)를 만났다.
  힌트 우연히 ~하다; happen to~, 신년연회; the New Year's feast
       ※ feast 대신에 banquet, dinner, party도 사용 가능
☞ _____

[101] 그에게 충고를 하는 것은 의미[그다지 의미]가 없는 것 같다.

> 힌트) ~인 것 같다; [seem/appear to~], ~하는 것은 의미가 없다; There is no [not much] point in~

☞ _____

[102] 시민들은 고인이 된 전(前) 시장을 추모하여 기념비를 세웠던 것 같았다.

> 힌트) ~했던 것 같다 ; [appear to+현재완료], 기념비(monument), ~을 추모하여; to the memory of~

☞ _____

[103] 그 사고에 관련된 건 뭐든지 저에게 편하게 물어 주세요.

> 힌트) 편하게 ~하다; [feel free to ~]

☞ _____

[104] 그녀는 나를 못 알아본 척[체]하고는 그대로 지나쳤다.

> 힌트) ~아닌[않은] 척하다; [pretend not to~], 알아보다; notice/recognize

☞ _____

[105] 나는 서재에서 혼자 라디오 듣기를 좋아한다.

> 힌트) ~하기를 좋아하다; [like/love to~], 혼자(alone, by oneself)

☞ _____

[106] 나는 죽어 부잣집에 다시 태어나고 싶다.

> 힌트) ~하고 싶다; want to~, 죽어 태어나다[연속적 동작] ; die to[and] be born, 부잣집에[부자 가문의 태생으로] ; of a rich family

☞ _____

[107] 이 부대내의 전 장병과 그 가족들은 기지내 매점에서 쇼핑할 권리가 있다.

> **힌트** ~할 권리가 있다(be entitled to~), 장병(soldiers), 기지내 매점(BX ; Base - Exchange), 부대(unit), 쇼핑하다(shop, do one's shopping, go shopping)

☞ _____
_____

[108] 너는 지체없이 의사의 진찰을 받아야 겠다.

> **힌트** ~해야 겠다; want/need to ~, 의사의 진찰을 받다; see/consult the doctor

☞ _____
_____

[109] 나는 지금 다른 사람에 대해서 전혀 관심을 둘 여유가 없다.

> **힌트** ~할 여유가 없다; cannot afford to+동사원형, ※ afford 뒤에 명사가 올 수도
> ~에 관심을 두다; pay attention to~

☞ _____
_____

[110] 당신은 내가 돌아올 때까지 그 일을 끝내도록 노력해야 하오.

> **힌트** ~하려고 노력하다; try to~, ~ 그 일을 끝낸다; get it finished/done

☞ _____
_____

[111] 우리는 그럭저럭 그곳에 시간에 대어 갔다.

> **힌트** 그럭저럭[애쓰서 겨우] ~해내다; manage to~

☞ _____
_____

[112] 나는 어쩌다 현관 (문의) 열쇠를 잃어버렸다.

> **힌트** 어쩌다 ~하다: manage to~, 현관 (문); the front door

☞ _____
_____

[113] 멀리서 뇌성[포성]이 우르릉 울리기 시작한다.

> 힌트) ~하기 시작하다; be beginning to~[또는 begin to~], 우르릉 울리다; rumble, 뇌성(우뢰/천둥); thunder, 포성[포화]; gun-fire, the roar of guns

☞ _____

[114] 어두워진 뒤에는 골목길을 걷지 않는 게 좋겠다.

> 힌트) ~하지 않는 게 좋겠다; had better not ~, 골목길; alley, back street

☞ _____

[115] 그들은 적(敵)에게 항복하느니 차라리 죽을 것이다.

> 힌트) ~하느니 차라리 ~하겠다[할 것이다]; would/had rather/liefer~ than~

☞ _____

[116] 이런 무더운 날에는 외출하느니 그냥 집에 있으면서 DVD나 보는 게 낫겠다.

> 힌트) ~하느니 ~하는 게 낫겠다; as soon/lief ~ as ~ ,
> 무더운; sultry/sweltering/humid

☞ _____

[117] 만약 그가 오면 (그에게) 말하겠다.

> 힌트) '가정법 현재'의 조건절에서 동사는 현재형 또는 원형을 사용,
> 귀결절에서는 "~하겠다"라고 공언하는 경우에 will보다는 shall이 더 적절

☞ _____

[118] 설사 그녀가 오지 않는다 해도, 나는 괜찮습니다.

> 힌트) '가정법 현재'의 양보절로서 동사는 현재형으로, 귀결절은 [shall/will+동사] 형태로

☞ _____

[119] 그는 이제 다 컸는데도, 여전히 어린애처럼 군다.

> 힌트 다 컸다(be grown up), 귀결절에서 ~처럼 군다(행동한다)는 '습관'이므로 현재형

☞ _____

_____

[120] 톰이 계속 자신의 돈을 경마 같은 데에 흩뿌린다면, 그는 곧 돈이 남아 있지 않을 것이다.

> 힌트 ~에 돈을 흩뿌리다; throw one's moey around /about (to the things),
> 돈이 전혀 남아 있지 않을 것이다; won't have any money left

☞ _____

_____

[121] 만약 네가 한 달 내에 이 노트북 컴퓨터를 능숙하게 사용할 수 있다면, 너는 그것을 가져도 좋다.

> 힌트 가정/조건절(if 절) 속에서는 미래의 일이라도 [will/shall be able to~] 대신에 can을 사용

☞ _____

_____

[122] 기온이 0도 이하로 내려가면, 물은 언다.

> 힌트 가정법 현재형의 조건절과 귀결절간 인과관계일 때, 귀결절도 현재형을 쓴다.

☞ _____

_____

[123] 다가오는 입학시험에 꼭 합격해야 한다면, 지금 열심히 공부해야 한다.

> 힌트 강한 필요성을 나타내는 조건절에서는 [be +to+동사]의 형태로 한다.

☞ _____

_____

[124] 설사 그가 왕(王)이라 할지라도, 나는 그에게 원수를 갚겠다.

> 힌트 조건절(양보절)에서 가정을 강하게 단언적으로 나타내려면, 동사를 현재형보다 원형으로 하는 게 효과적이다.
> ~에게 원수를 갚다 ; have/take one's revenge on ~, revenge oneself on~

☞ _____

[125] 혹시라도 그에게 기회가 한 번 더 주어진다면, 그는 최선을 다할 것이다.

　　(힌트) 조건절에서 강한 가정(불확실성)을 나타내려면 가정법 미래형을 쓴다. 즉 조건절에서는 should를, 귀결절에서는 would를 쓴다.

　　☞ _____

[126] 혹시나 그녀가 나를 배신하더라도, 나는 끝까지[여전히] 그녀를 사랑할 것이오.

　　(힌트) 양보절이지만, 가정법의 조건절과 귀결절의 용법을 준용 가능

　　☞ _____

[127] 혹시 비 바람이 잦아들면, 우리는 외출할 것이다.

　　(힌트) 가정법 미래형을 써서 불확실성을 강조.

　　☞ _____

[128] 혹시 더 자세한 내용을 원하신다면, 주저 없이 저에게 연락하세요.

　　(힌트) 불확실성을 강조키 위해 조건절에서는 가정법 미래형을 쓰지만, 명령형인 귀결절에서는 직설법으로 한다.

　　☞ _____

[129] 만일 내가 독습으로 피아노를 칠 수 있다면, 그것에 대해 레슨을 받지 않아도 되겠는데.

　　(힌트) 독습으로; by one's self, ~에 대해 레슨을 받다; take/have lessons in it

　　☞ _____

[130] 만일 내가 너의 휴폰번호를 알고 있다면, 너에게 종종 메시지를 보낼 수 있을 텐데.

> **힌트** 조건절은 현재 사실(휴폰번호를 모름)의 반대상황을 가정하는 것이므로, '가정법 과거' 용법을 사용해야.

☞ _____

_____

[131] 조심하지 않으면 다리를 다칠 지도 모른다.

> **힌트** 조심하다 ; be careful[take care], 다치다; be/get hurt[wounded/injured], 조심하지 않으면 ; 본동사(be, take)에 직접 부정어를 붙이기보다는 강조하기 위하여 [be not to+동사]로 해야 더 적절

☞ _____

_____

[132] 내가 만약 미국 태생이라면, 영어를 유창하게 말할 수 있을 텐데.

> **힌트** 현재 사실의 반대상황을 가정하는 문장이지만, be 동사의 경우 인칭에 상관없이 「were」로 통일해서 사용한다.

☞ _____

_____

[133] 만약 사막에 오아시스가 없다면, 대상(隊商)들은 광막한 사막을 횡단하는 장거리 장삿 여행을 할 수 없을 것이다.

> **힌트** ~이 없다면; If it were not for~, 여행하다; make a trip/journey, go on a journey, travel, 대상(隊商) ; caravan

☞ _____

_____

[134] 만약 거대 혜성이 지구와 충돌한다면, 우리는 어떻게 될까?

> **힌트** 불확실성이 높은, 현재 있을 법하지 않는 상황을 가정하는 '가정법 과거' 용법으로서, [be to +동사원형]의 형태를 취해야, 거대한; huge, giant, gigantic, ~와 충돌하다; collide with~, clash against~, come into collision with~

☞ _____

_____

[135] 만약 그들이 조금만 더 일찍 떠났더라면, 그런 끔찍한 사고를 피할 수 있었을 텐데.
　　　힌트　과거 사실의 반대상황을 가정하는 것이므로 조건절은 '가정법 과거완료'형을, 귀결절은 과거 속의 미래완료형을 사용
☞ _____
　　_____

[136] 그녀는 병세가 조금이라도 나아졌었더라면, 더 행복해졌을 것이다.
　　　힌트　과거 사실의 반대상황을 가정하는 것이므로 조건절은 '가정법 과거완료'형을, 귀결절은 과거 속의 미래완료형을 사용
☞ _____
　　_____

[137] 당신의 적극적인 지원이 없었더라면, 내 사업은 실패했을지도 모른다.
　　　힌트　~가 없었더라면; (가주어 it를 쓰서) [If it had not been for~]의 형태로
☞ _____
　　_____

[138] 나의 제안을 받아들였더라면, 당신은 지난 밤 파티에서 더 즐거운 시간을 보냈을 텐데.
　　　힌트　과거 사실의 반대상황을 가정하는 것이므로 '가정법 과거완료' 형으로서, 조건절은 If 없이 도치형으로 작성키로 함. 귀결절은 과거 속의 현재완료형으로.
☞ _____
　　_____

[139] 아침 일찍 이곳을 떠났으니, 그는 지금쯤 이미 도쿄에 도착했을 것이다.
　　　힌트　조건절은 분사구문 완료형으로, 귀결절은 과거 속의 미래 현재완료형으로.
☞ _____
　　_____

[140] 딱정벌레는 비록 작지만, 자기 체중의 2배를 들어올릴 수 있는 강한 인양력을 지녔다.
　　　힌트　양보의 절로서, 도치법을 쓰서 [형용사+as+주어+동사] 형태로 한다.

딱정벌레; beetles, 인양력; lifting-power

☞ _____
_____

[141] 누가 그렇게 말했든지 간에, 당신은 그 말을 믿을 필요가 없었다.

　(힌트) 누가 ~했든지 간에; Whoever[No matter who]+ might+현재완료] 형태로.
　　　　~할 필요가 없었다; need와 결합된 과거는 현재완료로 해야

☞ _____
_____

[142] 나는 문산행 마지막 열차를 놓치지나 않을까 몹시 걱정이 된다.

　(힌트) ~가 무척 걱정이다; be much afraid,
　　　　~하지나 않을까; lest+주어+should+본동사

☞ _____
_____

[143] 시키는 대로 해라. 그렇지 않으면 너는 처벌될 것이다.

　(힌트) 명령절 뒤에 오는 가정적 접속절에서는 접속사로서 or나 otherwise를 사용,

☞ _____
_____

[144] 그렇게나 장점이 있음에도, 그는 모두에게서 미움을 받고 있다.

　(힌트) ~에도 불구하고 ; [전치사+명사구] 형태의 부사구를 사용,
　　※ 부사구; with/for+명사구 , 또는 in spite of+명사구, 장점; merits/advantages

☞ _____
_____

[145] 찬장에 나면이 몇 봉지 남아 있을지도 몰라.

　(힌트) 있을지도 모른다; 존재[유/무]를 나타낼 때는 문두에 유도부사 there를 외견
　　　　상 주어처럼 선치하여 "there might be+진주어" 형태로 구성.

☞ _____
_____

Answer Sheet 3

[1] He **will** always and everywhere **have** his own way.

[2] This window **won't shut**.

[3] A good doctor **will make** you **feel** <u>relaxed</u>.

[4] He bought a car that/which **would hold** <u>five people</u> easily.

[5] He **wouldn't listen** to me **nor yet** to my father.

[6] I don't know what the audience would think <u>of your speech</u>.

   [= I am not sure what the audience would think <u>of your speech</u>]

[7] She **would be**[**have been**] 3 years **old** <u>when</u> the Pacific War **broke out**.

[8] than 사용시: I **would rather**[sooner/liefer] **die** <u>than</u> **work** like a slave.

   as 사용시: I **would as soon die** <u>as</u> **work** like a slave.

[9] I would like/love (to have) <u>a cup of iced-coffee</u>.

[10] Would you write <u>this letter</u> for me?

   [=**Would you mind** <u>writing this letter</u> for me?]

   [=**Would you** be kind <u>enough to write this letter</u> for me?

[11] He **would sit up** all night for study when he was a school boy. [= He **would sit up** all night for study as a school boy]

[12] We **would often** go <u>for a long walk</u> alont the beach.

   [=We **would often take** <u>a long stroll</u> about the seashore]

[13] I **shall be**[**come**] back whatever may happen.

   [= I **shall get bck**, come what may]

[14] <u>I wish</u> you **would break up** <u>with her</u>.

[15] The tenant **shall pay** <u>monthly rent</u> to the landlord, and **(shall) return** the keys to him, too.

[16] He <u>asked me</u> **if he should call me** at 6.

[17] **Once you have made** a promise, you **should keep** it.

[18] I **shouldn't have missed** <u>such a golden opportunity</u>.

[19] His death **should**[must] **have been** <u>a great shock</u> to her.

[20] Who on earth should[would] live in such a squalid place as this.

[21] <u>It</u> is quite natural <u>that</u> he should have succeeded.
 [=It **is quite natural for him to have succeeded**]

[22] He <u>could not decide</u> where he should go.
 [= He <u>could not decide</u> where to go]

[23] I proposed <u>that</u> the loan should be reduced,

[24] We **were all anxious** <u>that</u> **you should return** safely.

[25] **Be careful** <u>lest</u> you **should fall** <u>down the stairs.</u>

[26] I **burned** the letters <u>so that</u> **nobody else should read** them.
 [= I **burned** the letters <u>lest</u> someone else **should read** them]

[27] **Try as he might**[would], he **could not persuade** <u>her</u> <u>to go</u>.

[28] We **can often see** <u>shooting stars</u> <u>falling</u> fast in the night sky.

[29] The baby **will be able to walk** by his first birthday.

[30] No one[Nobody/None] **has ever been able to do** it.

[31] He **cannot have done** such a stupid[foolish/silly] thing.

[32] **Can[May] I help** <u>you</u> <u>on</u> with your coat?

[33] I wonder if[whether] you could give <u>me a ride</u> into town?

[34] We **couldn't (help) but** <u>admire</u> him.

[= We **couldn't help** admiring him]

[35] Would[Will] you help her to some ice-cream?

[36] We **cannot speak** too severely of his behavior.

[= We **cannot criticize** too bitterly for his behavior]

[37] I **cannot see** a morning glory **without thinking of** my married-elder sister.

[38] He **could**[might] **have got lost** in the woods on his way home.

[=It **may be** that he **has lost** in the woods on his way home]

[39] **It may not have been** she[her] **who said it**[that].

[40] **How old may** the woman **be**?

[41] Whoever might have said so, you needn't have believed him.

[=**No matter who might have said** so, you **needn't have believed** him]

[42] I am going to the theater so that I **may get** a good seat.

[43] You **may as well read** a novel **as look at** the ceiling.

[44] Drinking of an expectant[pregnant] mother **may well**[easily] **result in** serious evil effects on the fetus.

[45] Be careful. You **might hurt** yourself in the leg.

[46] They **might have made** a mistake.

[47] **No alcholic liquors may be sold** in this cafeteria.

[=**They may not sell** alcholic liquors in this cafeteria]

[48] **Might I ask** how old you are?

[49] **May we never have to fight** another fratricidal war in the Korean Peninsula.

[50] **No matter how difficult** the work **may be**, he will go through with it.

[=**However difficult** the work **may be**, he will go through with it]

[51] **Strange as it may sound**, I actually prefer rainy weather[day].

[52] Paernts mostly sacrifice their lives (so) that their chldren **may prosper**.

[53] He is not so deaf but he may[can] hear even the rolls of thunder.

[= He is not so deaf that he may/can not hear even the rolls of~]

[54] You may well be so hotly indignant with him.

[= **It is natural** that **you should be** so hotly indignant with him]

[55] You **might** (just) as well talk to your son.

[56] You **might as well deliver** yourself to the police **as fly** the country.

[57] You must obey your superiors in the work place.

[58] We **won't**[will not] **have** to wait here so long.

[59] He **said** that **he must**[had to] **leave** this house at once.

[60] Bad seed must produce bad corn.

[61] I guessed (that) he must have (got) lost a large amount of money in horse racing.

[=I **guessed** he **must have sufferd** a heavy loss in horse racing]

[62] We **must have missed** if we **had not hurried**.

[63] We **don't have to work** on Saturday afternoons.

[=We haven't got to work on Saturday afternoons]

[64] He **cannot have been**[got] ill.

[65] **Do you have to go** to the gym today, too?

[66] They **ought to have left** the village by now.

[67] **Oughtn't we to phone** for a nurser?

[68] We **needn't have ordered** so much food.
[=We didn't need to have ordered so much food]

[69] I **told** her that she **need not worry**.

[70] **How dare** you **look up**[straight] me in the face.

[71] **Don't dare pick**[pluck] **off** the roses in my garden.
[=Don't dare to pick off the roses in my garden]

[72] It **used to be said** that the house was haunted by the vampire[cannival demon].

[73] It **used to be** a carpenter's shop on[at] the/that street corner.

[74] **Used** she **to be** so diligent?
[=Did she use(d) to be so diligent?]

[75] **What used he to say** in such a case?
[=**What did he use(d) to say** in that case]

[76] He came to the office[work] than used (to).

[77] I never **get**[become] **used to rising** so early in the morning.
[= I **am not/never used to rising** so early in the mornihg]

[78] We **are to meet** the president of our company this afernoon.

[79] They **are not (supposed) to come** accompanied by their pets into this bakery[confectionery].

[80] What **is to become** of him in the future?

[81] **No one**[Not a soul] **was to be seen** on the street.

[82] **If I am to be** responsible for this, I **shall be impressed** with any punishment.

[83] All of us[We all] **are bound to obey** the laws.

[84] All[The whole] examinees **are expected to be** present on

time at the Students' Hall.

[85] My father was a sailor and I **am going to be** <u>a sailor</u>, too.

[86] It**'s going to shower** in a moment.
[=It **looks/feels like** <u>a shower</u> in a moment]

[87] I'm planning to visit <u>Europe</u> from end to end this autumn.

[88] I **am (quite) willing to do** <u>anything</u> for you.

[89] **If you find** <u>our terms</u> <u>reasonable</u>, **we shall be pleased to take** <u>your orders.</u>

[90] **I shall be glad to go, if you will accompany** <u>me.</u>

[91] **I'm very glad to read** your letter.

[92] **Be sure to read** <u>the insurance terms</u> carefully before you are insured.

[93] I **was about to go out**, when he **called on** <u>me</u>.

[94] **I am not about to inves**t <u>as much as ten million won</u> for it.

[95] It is likely that an early frost will fall in November this year.
[= <u>An early frost</u> is likely to fall in November this year]

[96] **There isn't likely to be** <u>much traffic</u> tonight.

[97] **She is liable to burst out**[start]<u> crying</u> **if you mention** her ex-husband.

[98] You **are apt to catch** <u>cold</u> **if you go out** without your **overcoat**.

[99] **People tend to meddle** <u>in another's business</u>.

[100] **I happened to see** <u>Annie</u> at the New Years's feast.

[101]**There seems (to be)** <u>no</u>[<u>not much</u>] <u>point</u> <u>in giving him advice</u>.

[102] Citizens **appear to have set[put] up** a monument to the memory of the deceased former mayor.

[103] **Feel free to ask** me about anything related to the accident.

[104] She **pretended not to notice** me and just passed by (me).

[105] I **like to listen** to the radio alone in my study.

[106] I **want to die to[and] be born** again of a rich family.

[107] All the soldiers and their families of[belonging to] this unit//**are entitled to shop**[do shopping] at the BX.

[108] **You want to see** a doctor without delay.

[109] Now I **cannot afford to pay** any attention to other people.

[110] **You must try to get** it finished[done] till I come back.

[111] **We managed to get** there in time.

[112] I **managed to lose** a key to the front door.

[113] The thunder[gunfire] **is beginning to rumble** in distance.

[114] **You'd**[You had] **better not walk down** an alley after dark.

[115] **They would rather die than surrender** to the enemy.

[116] **I'd**[=I would] just **as soon stay** at home and **watch a DVD as go out** on such a sultry day.

[117] **If he comes**[=come], **I shall tell** him.

[118] I **shan't**[=shall not] **mind** (even) **if**[=though] **she doesn't come**.

[119] **Even though**[=if] **he's grown up**, he still acts like a child.

[120] **If Tom keeps on throwing** his money **around** (to the things) like horse races, **he soon won't have** any money left.

[121] **If you can use skillfully** this note-book computer in a month, **you may keep**[have] it.

- 466 -

[122] **If the** (atmospheric) **temperature falls** below zero, **water frrezes**[is frozen].

[123] **If you are to succeed** in[=to pass] the forth-coming examination, **you must study**[work] **hard** now.

[124] **I will have my revenge on him,** (even) **though he be** a monarch.

[125] **If he should be given** another chance, **he would do** his best.
[=**Should he be given** another chance, **he would do** his best]

[126] **Even if she should betray** me, **I would still love** her.

[127] **If the rainstorm should fall, we should go out.**

[128] **If you should like to know** further details, please do not hesitate to contact me.

[129] **If I could play** (on) the piano by myself, **I wouldn't have to take** lessons in it.

[130] **If I knew** your mobile[cellular] phone number, **I could** often **send messages** to you.

[131] **If you were not to be careful**[to take care], **you might get hurt**[injured] in the leg.
[= **If you didn't take care, you might be wounded** in the leg]

[132] If I were born in America, I could speak English fluently.

[133] **If it were not for** oases in the desert, **the caravan could not make** a long distance business trip across the vast desert.

[134] **If a giant comet were to collide** with the earth, **what would become of us**[=what would happen to us]?

[135] **If they had left** any sooner, **they could have avoided** that [such a] terrible[horrible] accident.

[136] **If she had been**[gotten] any better, she should have been

happier.

[137] **If it had not been** <u>for your positive help</u>, my business **might have failed.**

[138] **Had you accepted** my proposal, **you would have had** more fun at the party last night.

[139] **Having left** here early in the morning, **he should have arrived** in Tokyo by now.

[140] **Small as they are**, beetles **have twice as strong** <u>lifting power</u> **as their** (body) **weight.**

[141] **Whoever**[No matter who] **might have said** so, **you needn't have believed** him.

[142] I **am much afraid lest I should miss** the last train for Munsan.

  [=I **am much afraid** (that) I **should**[**might**] **miss** the last train for Munsan]

[143] **Do** <u>what you are told</u>, **otherwise**[or/else] **you will be punished.**

[144] **With**[For] **all his merits**, <u>he is hated</u>[detested] by all.

[145] **There might be** <u>some packets of ramen</u> <u>left</u> in the cupboard.

『말보다 실천이 중요하다』

- Example/Practice <u>is better</u> **than precept**. (본보기/실천은 교훈보다 낫다)
- <u>Easier said</u> **than done**. (말하기보다는 행하기가 어렵다)
- Deeds, not words. (말보다 실행이 중요)
- Promise little, do much. (약속은 적게, 실행은 많이)

a fine Selection of
Maxims & Proverbs

『노력 없이 그저 얻을 수는 없다』

- Heaven helps those who help themselves.
  (하늘은 스스로 돕는 자를 돕는다)
- Don't count your chickens before they are hatched.
  (까기도 전에 병아리를 세지 말라)
- You cannot eat your cake and have it.
  (꿩 먹고 알 먹을 수는 없다)
- If a thing is worth doing, it is worth doing well.
  (할 만한 가치가 있는 일이면 잘 할 만한 가치가 있다)
- Every man is the architect of his own fortune.
  (모든 사람은 각자 자기 운명의 설계자이다)

『일은 미루지 말고, 사전 준비에 만전을 기하라』

- Lock the stable after the horse is stolen. (소 잃고 외양간 고치기)
- A stitch in time saves nine.
  (제 때의 한 바늘은 나중의 아홉 바늘 수고를 든다)
- Never put off till tomorrow what you can do today.
  (오늘 할 수 있는 일을 내일까지 미루지 말자)
- Better early than late. (늦게 시작하기보다는 일찍 시작하는 게 낫다)
- Practice makes perfect. (연습하면 완벽해진다)

≡ 저자[박수규 | 朴秀圭] 약력 ≡

- 경북대학교 문리과대학(문학부) 졸업(재학시 학보사 기자)
- 고려대학교 경영대학원 졸업(경영학 석사)
- 한양대학교 대학원 졸업(경제학 박사/경영지도사)
- 공군대학 졸업(고급 지휘관 및 참모 과정)
- 공군장교로 국방부(한·미 합동기관) 정보분석과장
  (국내·외 VIP 대상의 전시실 홍보브리핑 장교 겸무),
- 한국경제신문사 : 출판부 부장 겸 「서강하버드비즈니스」
  편집간사, 비상임 논설위원
- 한국산업관계연구원 부원장, 한국산업연구소 소장 역임

- 한양대·경기대에서 : 국제경영, 외환론, 경영영어/무역영어/시사영어, 국제통상학 강의
- 한교고시학원/연세학원에서 : 공무원 취업영어 강의
- **공공기관/산업체 초빙강사 : 금호그룹**(신임임원 전략화 과정), **경찰청**(혁신담당자 창의혁신 과정),
  중소기업 연수원(원가기획/견적원가계산), **건설기계정비협회**(원가관리 등)
- 관공기관 초빙 심의/자문 위원 : 국토교통부(자동차 보험정비 분야), 한국교통개발연구원(버스 운송사업), 경기 시흥시(복지시설 민간위탁 심의), 서울시 성동구청(문화사업), 서울시 중구청(계약심의) 등
- 저서(단행본) :「예문중심 영어 표현패턴 종합연구」,「영어 표현패턴 숨은 이치 정밀해설」,
  「영어 전치사 사용설명서」,「영어 접속사·관계사 사용설명서」(상/하),「업종별 원가계산 시스템」,
  「견적원가 계산」,「원가기획」,「**대졸 경영학**」,「경영학 개론」,「**한국 자동차 대여산업의 변천 과정과 발전방향**」, 산문집 :「늘 들떠 있는 듯한 우리 사회— 지금은 차분히 전진할 때」

- 번역서(영문번역 단행본)
  「연인과의 약속」(상/하) (영·미 서정단편소설 영한대역),
  「첫사랑」(영·미 서정단편소설 한국어 번역),
  「영어 논술문 독해연구(영·미 각계 저명인사의 논평문, 에세이, 수기(手記), 관찰문 등 영한대역)
  「21세기 기업」(Organizing for the Future),「TQM과 인적자원 관리」(TQM & Human Resources)
  「당신의 상사를 관리하라」(How to Manage Your Boss),
  「상사·부하간 최상의 관계관리 전략」(How to Manage Your Boss, and others)
  「필요할 때 꺼내쓰는 아이디어 101」(101 Creative Problem-Solving Techniques)
  「국제경영 개론(introduction to Global Business)」

- 영문/일문 번역 기고문 : 중간관리자의 역할과 고뇌(General Managers in the Middle) **등 37편**
  (경영분야 영어 논평문 32편, 영/미 단편소설 3편, 일본어 경영/회계 논평문 2편 등)

≡ 이 책의 **발간작업 참여자** ≡

연구/편집 총괄 : 박 수 규(책임연구원 겸 원장)

조사 및 편집 : 김다솜(연구원), 백승훈(연구원)

임홍택(연구원), 박종민(연구원)

영어 조동사 사용설명서

2023년 11월 20일 초판 발행

편저자 : 박 수 규
펴낸이 : 박 수 규
펴낸곳 : (사) 한국자치행정연구원 (홈페이지 http://www.hjhy.or.kr)
　　　　　　　　(등록: 107-82-12837/09.2.26)
　　　　　　　 - 출판사 신고: 2014.7.3

주 소 : SGA 글로벌연구센터
　　　　경기도 남양주시 와부읍 덕소로 116번길 43
　　　　(덕소리 600-15) 현대홈타운 상가 203호
　　■ 전화 : 010-2572-7052, 031-521-6026, Fax : 031-521-6027

E-mail : sukyu23@naver.com

ISBN 979-11-86837-14-6 (03740)

정가 : 36,000원

※ 이 책의 내용은 저작권법의 보호를 받고 있으므로 무단 전재를 금합니다.

※ 잘못 만들어진 책은 본사나 구입하신 서점에서 바꾸어드립니다.